国浩法律文库

国浩律师（上海）事务所争议解决法律研究中心 编著

金融热点争议解决指引 ③

法律出版社 LAW PRESS · CHINA

北京

图书在版编目（CIP）数据

法握全局. 3，金融热点争议解决指引 / 国浩律师（上海）事务所争议解决法律研究中心编著. -- 北京：法律出版社，2025. -- ISBN 978-7-5244-0261-9

Ⅰ. D923.994

中国国家版本馆 CIP 数据核字第 2025828T5B 号

法握全局 3：金融热点争议解决指引
FAWO QUANJU 3：JINRONG REDIAN ZHENGYI JIEJUE ZHIYIN

国浩律师（上海）事务所争议解决法律研究中心 编著

责任编辑 慕雪丹 章 雯
装帧设计 汪奇峰 鲍龙卉

出版发行 法律出版社
编辑统筹 法商出版分社
责任校对 赵明霞
责任印制 胡晓雅
经　　销 新华书店

开本 710 毫米×1000 毫米 1/16
印张 20.75 **字数** 380 千
版本 2025 年 8 月第 1 版
印次 2025 年 8 月第 1 次印刷
印刷 保定市中画美凯印刷有限公司

地址：北京市丰台区莲花池西里 7 号（100073）
网址：www.lawpress.com.cn
投稿邮箱：info@lawpress.com.cn
举报盗版邮箱：jbwq@lawpress.com.cn

销售电话：010-83938349
客服电话：010-83938350
咨询电话：010-63939796

书号：ISBN 978-7-5244-0261-9
定价：79.00 元

凡购买本社图书，如有印装错误，我社负责退换。电话：010-83938349

本书编委会

（按姓氏拼音首字母排序，不分先后）

“国浩法律文库”总序

作为我国法治工作队伍的重要组成部分,中国律师已经成为协调推进全面建设社会主义现代化国家、全面深化改革、全面依法治国、全面从严治党的战略布局中一支不可替代、举足轻重的重要力量,并且越来越为党和政府以及社会各界所关注和重视。党的十八届三中全会审议通过的《中共中央关于全面深化改革若干重大问题的决定》特别指出,要“完善律师执业权利保障机制和违法违规执业惩戒制度,加强执业道德建设,发挥律师在依法维护公民和法人合法权益方面的重要作用”;党的十八届四中全会审议通过的《中共中央关于全面推进依法治国若干重大问题的决定》更加明确地指出,要“加强律师队伍思想政治建设,把拥护中国共产党领导、拥护社会主义法治作为律师从业的基本要求,增强广大律师走中国特色社会主义法治道路的自觉性和坚定性”。可以说,对律师行业的发展而言,“这是一个最好的时代”!

在律师业的发展过程中,对律师“专业人士”的角色定位已没有异议,而对于专业人士是应以“学者型”为方向还是以“工匠型”为目标之争却始终存在。其实这应是殊途同归的命题。“学者型”要求才高八斗、出口成章、理论扎实、结合实践,因此注重研讨、注重文章;而“工匠型”也要求一丝不苟、中规中矩、一针见血、心得颇多,所以注重琢磨、注重经验。因此,律师队伍中的“学者们”“工匠们”在日理万机的执业实践中,始终没有放弃研究、忘记总结,不时地成文、著作,并使之成为开拓业务、提高水平的重要手段,而鼓励、引导律师著书立说,一直是律师界的良好传统。

国浩律师事务所作为中国最大的法律服务机构之一,一直专注于服务我国投融资及其相关领域的发展与革新,并坚持在应用法律知识服务于经济社会的同时,不断总结经验,撰写理论与实践相结合的专业文章,并编辑成书。“国浩法律文库”系列丛书就是其成果之一。该丛书因其专业、实用、与时俱进等特点，赢得了各界朋友的较高评价、鼓励和支持。

搭建律师思想碰撞之平台、畅通律师信息传播之渠道、建设律师学问总结之道路、营造律师形象展示之舞台、创建律师文化交流之大厦，这正是我们编辑与出版这一文库的出发点与归宿。

我们真诚地希望“国浩法律文库”能让所有的读者朋友愿意读、读得懂、读后有收获。

中华全国律师协会第六、第七届会长
国浩律师事务所原主席
于　宁

中华全国律师协会监事长
国浩律师事务所首席执行合伙人
吕红兵

简　　目

法律关系解析篇

专题一　金融借贷与民间借贷之比较研究

专题二　保理业务中的法律关系解析与实务探讨

实证研究篇

专题三　营业信托纠纷中受托人责任的实证研究

专题四 资产证券化纠纷的争议焦点和司法实践研究

专题五 国有企业担保实务研究

法律适用篇

专题六 金融类犯罪案件的刑民交叉研究

专题七 涉外民商事案件中域外法查明的司法实践研究

应诉策略篇

专题八　证券虚假陈述民事赔偿案件中上市公司的减免责抗辩方向及司法实例

详　目

法律关系解析篇

专题一　金融借贷与民间借贷之比较研究

专题二　保理业务中的法律关系解析与实务探讨

实证研究篇

专题三　营业信托纠纷中受托人责任的实证研究

专题四　资产证券化纠纷的争议焦点和司法实践研究

专题五　国有企业担保实务研究

法律适用篇

专题六　金融类犯罪案件的刑民交叉研究

专题七 涉外民商事案件中域外法查明的司法实践研究

应诉策略篇

专题八　证券虚假陈述民事赔偿案件中上市公司的减免责抗辩方向及司法实例

法律关系解析篇

专题一

金融借贷与民间借贷之比较研究

国浩律师（上海）事务所　周喆人　黄佳楠

金融借贷与民间借贷同属资金融通的方式，在参与主体以及政策定位上存在诸多不同，又因此进一步在合同形式和效力认定、利率的司法保护上限方面存在不同。近年来，金融借款合同纠纷和民间借贷纠纷的案件数量总体都呈下降趋势，但案件数量仍居高不下。在司法审判实践中，管辖问题是金融借款合同纠纷和民间借贷纠纷共同关注的问题。金融借款合同纠纷关注的典型问题，包括贷款机构未披露实际利率能否据此收取利息、罚息能否计算复利、金融机构在利息外收取的费用是否有效以及如何认定等问题；民间借贷纠纷关注的典型问题，包括借款本金的认定、职业放贷人、虚假诉讼等。此外，当金融借贷与民间借贷在性质上出现交叉时，如委托贷款中委托人是非金融机构、金融不良债权转让中受让人是非金融机构等，如何认定相关行为的性质以及适用法律也值得关注。

本专题以金融借贷与民间借贷作为研究对象，并结合司法实践中金融借款合同纠纷和民间借贷纠纷的典型问题，对金融借贷和民间借贷在法律层面进行比较研究，以期为处于借贷关系中或拟发展借贷关系的各个主体更好地了解和比较金融借贷与民间借贷提供参考。

第一章 概 述

一、金融借贷概述

金融借贷是指特定的金融机构作为贷款人向借款人发放贷款提供资金，并通过书面形式约定在一定期限内收回本金及利息的资金融通行为。

根据中国人民银行发布的《贷款通则》①以及最高人民法院发布的《关于新民间借贷司法解释适用范围问题的批复》②的规定，经中国人民银行批准经营贷款业务，持有中国人民银行颁发的《金融机构法人许可证》或《金融机构营业许可证》的机构，以及地方金融监管部门监管的小额贷款公司、融资担保公司、区域性股权市场、典当行、融资租赁公司、商业保理公司、地方资产管理公司等七类地方金融组织，均属于经金融监管部门批准设立的金融机构。故可以依法从事金融借贷业务的机构分为三类：由国家金融监督管理总局监管的银行及其分支机构；由国家金融监督管理总局批准设立和监管的非银行金融机构，如信托公司、金融租赁公司、汽车金融公司、货币经纪公司等；由地方金融监管部门批准设立并监管的七类地方金融组织，这类金融机构也被称为“类金融机构”。前述金融机构（为便于表述，本专题中涉及金融借贷时，以“金融机构”泛称前述三类机构）与借款人签订借款合同，成立金融借贷关系，该借款合同即为金融借款合同。

金融借贷的参与主体通常涉及贷款人、借款人、担保人。具体而言，金融借贷的贷款人，如前所述，是由中央金融监管部门监管的金融机构以及地方金融监管部门监管的七类地方金融组织，它们依法设立、受中央或地方金融监管部门监管，具备发

---

① 中国人民银行于1996年6月28日发布、1996年8月1日实施的《贷款通则》（中国人民银行令〔1996年2号〕）第二十一条规定：“贷款人必须经中国人民银行批准经营贷款业务，持有中国人民银行颁发的《金融机构法人许可证》或《金融机构营业许可证》，并经工商行政管理部门核准登记。”

② 最高人民法院于2020年12月29日发布、2021年1月1日实施的《关于新民间借贷司法解释适用范围问题的批复》（法释〔2020〕27号）规定：“一、关于适用范围问题。经征求金融监管部门意见，由地方金融监管部门监管的小额贷款公司、融资担保公司、区域性股权市场、典当行、融资租赁公司、商业保理公司、地方资产管理公司等七类地方金融组织，属于经金融监管部门批准设立的金融机构，其因从事相关金融业务引发的纠纷，不适用新民间借贷司法解释。”

放贷款的业务资质。金融借贷的借款人可以是有资金需求并符合金融借贷条件的个人、企业或其他组织。同时,基于金融机构对外提供借款时风险控制的要求,金融机构通常要求借款人提供担保措施,因此,为借款人债务向金融机构提供保证担保或抵押、质押的个人、企业或其他组织,也是金融借贷常见的参与主体。

此外,在金融借贷的整个过程中,监管机构如国家金融监督管理总局等,始终发挥着制定借贷政策、持续监管和监督的作用,确保金融借贷活动的合法合规;另基于金融借贷的专业性,中介服务机构如律师事务所、信用评估机构等亦常参与其中,为金融借贷的双方提供专业服务。

二、民间借贷概述

根据《最高人民法院关于审理民间借贷案件适用法律若干问题的规定(2020年第二次修正)》(以下简称《民间借贷司法解释(2020年第二次修正)》)对民间借贷的定义,民间借贷是指自然人、法人和非法人组织之间进行资金融通的行为。与金融借贷不同,民间借贷主要是私人资金在社会各个领域内的融通过程①,具有未获得官方金融机构许可、游离于金融监管之外进行资金融通活动的本质属性②。形式上,民间借贷的双方可以通过口头或书面的形式达成借贷合意。

民间借贷的参与主体通常包括出借人和借款人,在部分民间借贷中,担保人亦作为民间借贷的参与主体出现。具体而言,民间借贷中的出借人可以是个人、企业或其他组织,他们拥有闲置资金并愿意出借以获取利息收益。民间借贷中的借款人通常是需要使用资金的个人或企业。就企业而言,相较于有着优质信用记录、雄厚资产实力的大企业而言,较多的中小企业可能因缺乏优质的信用记录或抵押物等原因而不得不将民间借贷作为常用的融资手段。民间借贷的担保人,是指为借款人因向出借人借款而负有的债务提供保证担保或抵押、质押的个人、企业或其他组织。

---

① 参见最高人民法院研究室编著:《最高人民法院新民事案件案由规定理解与适用》,人民法院出版社2021年版,第304页。

② 参见刘敏、张纯、唐倩:《新民间借贷司法解释的理解与适用》,载《人民司法》2021年第4期。

第二章　金融借贷与民间借贷的比较

金融借贷与民间借贷同属资金融通的方式，在参与主体以及政策定位上存在诸多不同。具体到法律层面，金融借贷与民间借贷因其不同的参与主体和特征又在合同形式和效力认定、利率的司法保护上限方面存在不同。

一、参与主体的比较

就贷款人而言，金融借贷中的贷款人由国家金融监管总局或地方金融监管部门批准设立并受其监管，具有一定的垄断地位，且在借贷活动中从事放贷业务，具有专业性。这也是金融借贷和民间借贷最显著、最本质的区别。

就借款人而言，金融借贷的借款人主要是有一定经济实力的经济主体，其通过金融借贷获得稳定的资金支持以发展相关产业；而民间借贷的借款主体则更加广泛，任何想要通过便捷、灵活的方式获得资金以实现周转的社会主体都可以成为民间借贷的借款人。

就担保人而言，金融借贷往往要求借款人提供担保措施，如保证担保、抵押担保、股权质押担保等多种类型的担保，以加强风险控制，因此金融借贷中普遍存在提供担保措施的主体；而民间借贷的贷款人对于风险把控措施的落实不如金融机构专业，较少要求借款人提供额外的担保措施，即使有，相较于金融借贷中种类多样的担保措施，保证担保在民间借贷中更为常见。

此外，区别于金融借贷的规范性和专业性，民间借贷的过程中通常不会出现国家或地方的金融监管机构的身影，为借贷双方提供专业信用评估、法律服务等服务的中介机构亦不常见。

从金融借贷和民间借贷的参与主体可以看出，金融借贷参与主体的种类通常更为丰富。除了资金实力稳定、雄厚的金融机构本身外，金融机构通常还基于金融监管、合规或是风险管控主动要求将担保人和中介机构纳入金融借贷，使金融借贷相较于民间借贷而言更为规范和专业，风险更为可控。

二、政策法规规制理念的比较

作为社会资金融通的两种方式,金融借贷与民间借贷因参与主体的不同,其功能定位和对应的政策规制也不同。金融借贷的主要功能是满足社会经济主体在扩大再生产过程中的资金需求,其受到国家和地方金融监管部门的监管,着眼于实体经济和产业经济长期、稳定的发展,因此金融借贷的政策定位着眼于国家发展和社会经济平稳运行;而民间借贷的主要功能则是通过民间主体之间灵活、便捷的拆借,满足社会主体短期内的资金融通需求,因此民间借贷的政策定位则着眼于民生①。

从适用法律法规和监管规则层面来看,金融借贷与民间借贷都适用《中华人民共和国民法典》(以下简称《民法典》)合同编的一般规定和第十二章关于借款合同的规定,又因担保行为涉及《民法典》合同编第十三章关于保证合同的规定,适用物权编关于担保物权、抵押权、质权等规定。由于金融机构自身的属性受到我国金融监管部门严格的监管,金融借贷中涉及的法律主要还有《中华人民共和国商业银行法》《中华人民共和国银行业监督管理法》等,金融机构办理的贷款业务还受到《贷款通则》及相关具体的贷款管理办法,如《固定资产贷款管理办法》《流动资金贷款管理办法》《个人贷款管理办法》等部门规章的规制。与金融借贷不同的是,金融监管部门并不直接监管民间借贷行为,民间借贷主要适用最高人民法院发布的《民间借贷司法解释(2020 第二次修正)》。

三、合同形式和效力认定的比较

从合同形式来看,《民法典》第六百六十八条第一款规定:"借款合同应当采用书面形式,但是自然人之间借款另有约定的除外。"因此,金融借贷中的金融借款合同必然为书面形式;而民间借贷中自然人和非自然人之间、非自然人之间的借款合同多为书面形式,但自然人之间的借款合同则既可以是书面形式也可以是口头约定。

从合同生效要件来看,根据《民法典》第四百九十条第一款"当事人采用合同书形式订立合同的,自当事人均签名、盖章或者按指印时合同成立。……"和第六百七十九条"自然人之间的借款合同,自贷款人提供借款时成立"以及第五百零二条第一款"依法成立的合同,自成立时生效,但是法律另有规定或者当事人另有约定的除外"的规定,金融借贷中的借款合同为诺成合同,自当事人订立时成立并生效;而民

① 参见胡云红:《金融借款合同利率司法保护上限问题研究》,载《中国政法大学学报》2024 年第 3 期。

间借贷中自然人和非自然人之间、非自然人之间的借款合同为诺成合同，但自然人之间的借款合同为实践合同，自贷款人提供借款时成立并生效。

从合同效力认定来看，金融借贷和民间借贷中若涉及高利贷合同，会因违反《民法典》第六百八十条"禁止高利放贷"的强制性规定而无效。此外，《民间借贷司法解释(2020 第二次修正)》第十三条对民间借贷合同无效的六种情形进行了列举，其中第三项规定民间借贷中职业放贷人的放贷行为无效，这一点与金融借贷中贷款人均为有权从事放贷业务显著不同，关于这一民间借贷的典型问题，将在后文"民间借贷纠纷的典型问题"中详细展开。

此外，从合同约定的内容来看，利息和违约金作为借贷双方自行约定的内容，在金融借贷中作为贷款人的一项重要营收来源必不可少，而民间借贷通常发生在相识的社会主体间，不必然约定利息或违约金。

四、利率司法保护上限的比较

对具有资金使用需求的借款人而言，无论是通过金融借贷还是民间借贷的方式满足融资需求，都要为此付出一定的成本，该等成本最显化的表现即为利息成本。《民法典》第六百八十条第一款明确规定："禁止高利放贷，借款的利率不得违反国家有关规定。"这必然要求对借贷行为中利率的司法保护上限予以明确。从目前我国的法律法规层面看，最高人民法院于 2020 年 8 月 19 日发布的《关于修改〈关于审理民间借贷案件适用法律若干问题的规定〉的决定》(以下简称《民间借贷司法解释(2020 修正)》)及此后的《民间借贷司法解释(2020 第二次修正)》明确地将民间借贷案件中利率的保护上限由原来的"两线三区"规定为 4 倍 LPR；但与此相对的是，《民间借贷司法解释(2020 修正)》发布后，金融借贷层面至今仍未有明确的法律法规或司法解释对金融借贷的利率保护上限进行明确，司法审判实践仍然沿用最高人民法院于 2017 年 8 月印发的《关于进一步加强金融审判工作的若干意见》(法发〔2017〕22 号，以下简称《金融审判工作意见》)中关于金融借款的利息、复利、罚息、违约金和其他费用总计不超过年利率 24% 的意见。我国金融借贷与民间借贷利率的司法保护上限实际上并不同步。

(一)民间借贷利率司法保护上限的确定

就民间借贷所涉利率而言，民间借贷缺乏明确的行政主管部门，实际由我国司法机关承担起规制民间借贷利率的责任。最高人民法院于 1991 年 8 月 13 日发布《关于人民法院审理借贷案件的若干意见》(法〔民〕发〔1991〕21 号，已失效)，该意见第六条将民间借贷利率司法保护上限确定为银行同类贷款利率的4倍(包含利率本数)。这一规定奠定了之后很长一段时间内我国民间借贷利率的基准,在之后的20多年间对我国民间借贷行为产生了重大影响。

但随着我国经济的快速发展和市场需求的变化,以及中国人民银行在2013年7月起不再公布同期贷款基准利率这一客观情况的出现,为了更好地适应新的经济环境,促进金融市场的健康发展,最高人民法院对利率保护上限进行了调整,并于2015年8月6日发布了《关于审理民间借贷案件适用法律若干问题的规定》(法释〔2015〕18号,以下简称《民间借贷司法解释(2015)》),《民间借贷司法解释(2015)》就民间借贷的利率保护确立了"以24%和36%为基准的两线三区"规则[①]——对民间借贷中双方约定的利率不超过年利率24%的部分予以保护,对于超过年利率24%但不超过36%的部分认可借贷双方的自愿履行,对于利息超过年利率36%的部分认定为无效。其中,24%、36%的数据是参考中国人民银行颁布的贷款基准利率后按照折中数据6%确定。

随着我国经济社会发展进入新的阶段,最高人民法院根据社会生活和审判实践中遇到的新情况对《民间借贷司法解释(2015)》进行了修改,并于2020年8月19日发布《民间借贷司法解释(2020修正)》。《民间借贷司法解释(2020修正)》对民间借贷利率标准进行了重大调整,将司法保护上限从原来的年利率24%、36%大幅降低至一年期贷款市场报价利率(LPR)的4倍。此后,《民间借贷司法解释(2020第二次修正)》沿用了该规定。以《民间借贷司法解释(2020修正)》发布时最新发布的一年期LPR 3.85%计算,利率司法保护上限为15.4%,而近年来LPR持续走低,2024年6月20日发布的一年期LPR已降低至3.35%,利率司法保护上限已下降为13.4%。

(二)金融借贷利率司法保护上限的确定

2003年以前,我国实行法定利息管理制度,由国务院批准和授权中国人民银行制定各项利率,其他任何单位和个人无权变动,中国人民银行曾于1996年发布《关于严肃金融纪律,严禁非法提高利率的公告》,严禁非法提高存款、贷款利率,并严格限制浮动利率。2003年12月10日,中国人民银行发布了《关于扩大金融机构贷款利率浮动区间有关问题的通知》(银发〔2003〕250号),扩大了利率浮动的区间;同

---

① 该解释第二十六条规定:"借贷双方约定的利率未超过年利率24%,出借人请求借款人按照约定的利率支付利息的,人民法院应予支持。借贷双方约定的利率超过年利率36%,超过部分的利息约定无效。借款人请求出借人返还已支付的超过年利率36%部分的利息的,人民法院应予支持。"

时，中国人民银行又发布了《关于人民币贷款利率有关问题的通知》（银发〔2003〕251 号），明确金融借贷的利息由借贷双方协商确定，逾期贷款罚息利率则在合同载明的贷款利率水平上按照不同情形在不同百分比区间内加收。可见，金融借贷的利率实际遵循意思自治。2013 年 7 月 19 日，中国人民银行发布《关于进一步推进利率市场化改革的通知》，更是对金融机构贷款利率的管制采取全面放开的态度，由金融机构根据商业原则自主确定贷款利率水平。但金融主管部门对于金融借贷利率的上限一直未予明确。

《民间借贷司法解释（2015）》发布后，大多数法院参照适用《民间借贷司法解释（2015）》的规定以年利率 24% 作为金融借贷利率司法保护的上限。2017 年 8 月 4 日，最高人民法院印发《金融审判工作意见》，从严格依法规制高利贷，有效降低实体经济的融资成本的角度对金融借贷的利率保护上限提出意见①，即金融借款合同的利息、复利、罚息、违约金和其他费用折合的利率之和不得超过年利率 24%。

（三）金融借贷利率与民间借贷利率的司法保护目前双轨运行

2019 年 11 月 8 日，最高人民法院发布《全国法院民商事审判工作会议纪要》（法〔2019〕254 号，以下简称《九民纪要》），其中指出："人民法院在审理借款合同纠纷案件过程中，要根据防范化解重大金融风险、金融服务实体经济、降低融资成本的精神，区别对待金融借贷与民间借贷，并适用不同规则与利率标准。"

然而，在我国经济社会发展进入新的阶段的大背景下，最高人民法院此后虽然通过《民间借贷司法解释（2020 修正）》《民间借贷司法解释（2020 第二次修正）》对《民间借贷司法解释（2015）》中民间借贷利率的司法保护上限进行了调整，但并没有出台新的规定对《金融审判工作意见》中参考民间借贷司法保护利率提出的金融借贷利率上限（年利率 24%）进行调整。

《民间借贷司法解释（2020 修正）》出台后，应如何规制金融借贷的利率保护上限引发了大量关注。2020 年 8 月 27 日，浙江省温州市瓯海区人民法院作出（2020）浙 0304 民初 3808 号一审民事判决书，对 PA 银行某分行与洪某金融借款合同纠纷中的利息及违约金等参照原告起诉时一年期 LPR 的 4 倍进行调整。此案引发司法

① 该意见指出："严格依法规制高利贷，有效降低实体经济的融资成本。金融借款合同的借款人以贷款人同时主张的利息、复利、罚息、违约金和其他费用过高，显著背离实际损失为由，请求对总计超过年利率 24% 的部分予以调减的，应予支持，以有效降低实体经济的融资成本。规范和引导民间融资秩序，依法否定民间借贷纠纷案件中预扣本金或者利息、变相高息等规避民间借贷利率司法保护上限的合同条款效力。"

界及银行界的广泛讨论。原告 PA 银行某分行随即上诉,温州市中级人民法院二审判决认为:"本案系金融借款纠纷,根据新民间借贷司法解释第一条第二款的规定,经金融监管部门批准设立的从事贷款业务的金融机构及其分支机构,因发放贷款等相关金融业务引发的纠纷,不适用该司法解释。"①此后,最高人民法院又于 2020 年 12 月 29 日发布《关于新民间借贷司法解释适用范围问题的批复》(法释〔2020〕27 号),对《民间借贷司法解释(2020 修正)》的适用范围再次进行了明确,指出因从事相关金融业务引发的纠纷不适用《民间借贷司法解释(2020 修正)》的规定。

由此,金融借贷利率与民间借贷利率的司法保护实际形成了"双轨制"的局面。在这样的情况下,从表面上看,民间借贷与部分金融借贷在利率上会形成倒挂,这有违反《民法典》第六百八十条"禁止高利放贷"的规定之嫌。《民法典》作为上位法,其禁止高利放贷的规定应当同时适用于金融借贷和民间借贷。从理论上讲,利率超过 4 倍 LPR 的借贷就可以被评价为高利贷,但目前《金融审判工作意见》和《民间借贷司法解释(2020 第二次修正)》对金融借贷利率和民间借贷利率的司法保护上限又分别作出规定,金融借贷的利率上限可以突破 4 倍 LPR 而达年利率 24%。这对于新形势下司法机关通过审判实践平衡、保护金融借贷与民间借贷在融通资金、激活市场方面的重要作用提出了新的挑战。

① 《温州中院终审:金融机构借款纠纷,不适用新修正的民间借贷司法解释》,载微信公众号"人民法院报"2020 年 11 月 12 日,https://mp.weixin.qq.com/s/tmngAvOpS_m6yxSr3-_bZA?poc_token=HNLO7Gaj8kjtrgaTwaTinpw7bI9JnYUZIF47ZXGB。

第三章　司法实践中的金融借贷与民间借贷

一、近年来金融借贷与民间借贷的裁判文书总体情况

司法实践中,金融借贷与民间借贷同属借款合同纠纷项下案由。笔者通过公开检索途径对全国法院自2021年1月至2024年6月作出的金融借款合同纠纷和民间借贷纠纷案件的裁判文书进行了检索。

就金融借款合同纠纷而言,全国法院通过网络公布的自2021年1月1日至2024年6月30日作出的民事裁判文书数量达1,494,833篇,其中2021年693,133篇,2022年468,240篇,2023年276,394篇,2024年上半年57,066篇,案例数量总体呈现逐年下降趋势。从作出裁判文书的法院的地域来看,上海、广东、山东案例数位居前三,分别占比13.98%、9.83%、7.38%。从法院级别来看,基层法院裁判文书数量占97.15%,最高人民法院裁判文书数量则占0.02%;96.89%的裁判文书为一审文书,二审的裁判文书占比1.95%,申请再审的案件占比0.53%。从案件标的额来看,超过87%的案件标的额在50万元以下,其中标的额在10万元以下的案件占比51.15%、标的额为10万~50万元的案件占比36.44%。此外,对上述期间金融借款合同一审案件的民事裁判文书进行统计可以发现,与银行、小额贷款公司有关的纠纷数量位居前列。2021年1月1日至2024年6月30日金融借款合同一审案件裁判文书共1,448,399篇,其中,银行为当事人的裁判文书达989,064篇,小额贷款公司为当事人的裁判文书达19,408篇,两者合计占比69.63%。

就民间借贷纠纷而言,全国法院通过网络公布的2021年1月1日至2024年6月30日作出的民事裁判文书数量达4,419,333篇,其中2021年1,315,596篇,2022年692,022篇,2023年418,088篇,2024年上半年117,210篇,案例数量总体呈现逐年下降趋势。从作出裁判文书的法院的地域来看,河南、山东、广东案例数位居前三,分别占比8.36%、7.49%、6.18%。从法院级别来看,基层法院裁判文书数量占91.58%,最高人民法院裁判文书数量则占0.02%;89.8%的裁判文书为一审文书,二审的裁判文书占比6.84%,申请再审的案件占比1.99%。从案件标的额来看,超过85%的案件标的额在50万元以下,其中标的额在10万元以下的案件占比

55.56%、标的额为10万~50万元的案件占比30.76%。

对比金融借款合同纠纷和民间借贷纠纷的裁判文书情况可以发现,统计期间金融借款合同纠纷和民间借贷纠纷的案件数量总体都呈下降趋势,但案件数量仍持续处于高位,绝大部分的案件经一审裁判即告终结,案件标的金额绝大部分集中在50万元以下。

二、金融借贷与民间借贷的管辖问题

无论是因金融借贷还是民间借贷产生的纠纷,落实到诉讼层面都属于合同纠纷的一种。根据《中华人民共和国民事诉讼法》(2023修正)(以下简称《民事诉讼法》)第二十四条、第三十五条的规定,因合同纠纷提起的诉讼,由被告住所地法院或者合同履行地法院管辖,当事人也可以书面协议选择被告住所地、合同履行地、合同签订地、原告住所地、标的物所在地等与争议有实际联系的地点的人民法院管辖,但不得违反有关级别管辖和专属管辖的规定。在管辖问题上,借款合同履行地的确定以及格式条款对管辖约定的影响值得关注。

(一)关于借款合同履行地的确定

民间借贷纠纷案件中,借贷双方的借款合同通常不如金融借款合同纠纷的约定完善,双方不一定会约定管辖条款,往往是按照《民事诉讼法》第二十四条合同纠纷的管辖原则确定管辖法院。

但关于借贷纠纷中的合同履行地的认定,历来存在不少争议。为统一裁判尺度,最高人民法院于2015年1月30日发布、2015年2月4日起实施的《关于适用〈中华人民共和国民事诉讼法〉的解释》(法释〔2015〕5号)最早通过司法解释的形式对此进行明确。该解释第十八条规定:"合同约定履行地点的,以约定的履行地点为合同履行地。合同对履行地点没有约定或者约定不明确,争议标的为给付货币的,接收货币一方所在地为合同履行地;交付不动产的,不动产所在地为合同履行地;其他标的,履行义务一方所在地为合同履行地。即时结清的合同,交易行为地为合同履行地。合同没有实际履行,当事人双方住所地都不在合同约定的履行地的,由被告住所地人民法院管辖。"此后,《民法典》也以法律的形式就此问题作出了专门规定。《民法典》第五百一十一条第三项规定:"履行地点不明确,给付货币的,在接受货币一方所在地履行;交付不动产的,在不动产所在地履行;其他标的,在履行义务一方所在地履行。"

至此,借款合同纠纷中合同履行地如何确定已十分明确。由于借款合同纠纷往往是因借款人未能按期还本付息而成讼，需由借款人向贷款人给付货币，因此，在借款合同履行地不明确的情况下，由接收货币一方所在地，即贷款人所在地作为合同履行地。

（二）关于格式条款对于管辖约定的影响

区别于借款合同形式相对灵活随意的民间借贷，在金融借贷中，相关借款合同基本上都是由金融机构起草和提供，借款合同中部分条款为了重复使用早已预先拟定，争议解决条款往往也在其中。若金融机构与借款人签订金融借款合同时未能采取合理的方式提示借款人注意管辖条款，该等格式条款的管辖约定存在无效的可能。

《最高人民法院关于适用〈中华人民共和国民事诉讼法〉的解释》（2022 修正）（以下简称《民事诉讼法解释》）第三十一条规定："经营者使用格式条款与消费者订立管辖协议，未采取合理方式提请消费者注意，消费者主张管辖协议无效的，人民法院应予支持。"但司法实践中对金融借款合同的借款人是否属于消费者存在一定争议。

部分法院接受《民事诉讼法解释》第三十一条亦适用于金融借款合同纠纷的观点。如湖南省常德市中级人民法院于 2022 年 1 月 28 日作出的（2022）湘 07 民辖终 3 号民事管辖上诉管辖裁定书、北京市西城区人民法院于 2021 年 12 月 17 日作出的（2021）京 0102 民初 33436 号民事裁定书中均认为，案涉金融借款合同系作为经营者的金融机构提供的格式合同，合同中有关争议解决的条款属于格式条款，存在排除相对方依法选择管辖法院权利的情形，并且相关金融机构未对合同争议解决条款采取加粗、加黑、对内容作特殊标注等足以引起借款人对该条款具体内容的特别注意的措施，案涉合同中有关争议解决的协议管辖条款根据《民事诉讼法解释》第三十一条的规定属于无效条款。

亦有部分法院认为金融借款合同的借贷双方之间为借款合同关系，并非经营者与消费者的关系，不适用《民事诉讼法解释》第三十一条的规定。如北京市朝阳区人民法院于 2022 年 7 月 13 日作出的（2021）京 0105 民初 44240 号民事裁定书中，就认为"贷款人与借款人之间是借款合同关系，不是经营者与消费者的关系，并且管辖条款将贷款人住所地与借款人住所地均约定为管辖法院的连接点，贷款人住所地也是本案合同履行地，管辖条款并未排除借款人的主要权利或加重借款人责任"，因此对借款人主张管辖条款无效的意见不予支持。

争议解决条款虽然不会对借款合同关系的成立、生效或债权人权利的实现产生直接影响，但却会在争议发生后对于双方诉讼成本的分配产生影响。《民法典》在

《中华人民共和国合同法》的基础上完善了与格式条款有关的规则,实务界对于格式条款是否有效、如何解释形成了完整统一的规则体系。对于借款人而言,应注意审阅金融借款合同中的条款内容,分辨争议解决条款是否为格式条款,金融机构是否在金融借款合同中采取足以引起注意的文字、符号、字符等明显标识①,如黑体、加粗、加下划线等方式,尽到合理的提示和说明义务。对于金融机构而言,若金融机构想要通过金融借款合同的约定实现争议由其所在地法院管辖,降低维权时的诉讼成本,则应尽到合理的提示和说明义务,尽量避免令管辖条款无效的情形。

三、金融借款合同纠纷的典型问题

相比民间借贷,金融借贷具有专业性和规范性。但近年来,一些金融机构在从事贷款业务时,利用其较之普通民众更为专业的金融、业务知识,通过只展示较低的日利率、月利率或通过计算得出的表面利率,达到掩盖较高的年利率或实际利率的目的;或通过约定名目繁多的费用,使借款人的贷款实际成本远高于约定利率。在和金融机构订立、履行该等金融借款合同的过程中,借款人普遍不具备会计或金融专业知识以计算实际利率,不能辨别相关费用是否合理合法,无法意识到融资成本陷阱的存在,合法权益易受到侵犯。

随着金融监管以及对金融消费者合法权益保护的进一步加强,对于金融机构可收取费用的范围、罚息是否能收取复利等问题,司法实践中也得到了更加明确的回应。

(一)关于贷款机构未披露实际利率不得据此收取利息的问题

关于金融机构在金融借款合同中约定的表面利率和实际利率不符的问题,上海金融法院于2021年1月4日作出的(2020)沪74民终1034号民事判决书中进行了充分的回应和说理。上海金融法院认为,贷款机构负有明确披露贷款实际利率的义务,若以格式条款约定利率,还应采取合理方式提请借款人注意,并按照借款人的要求予以说明。若因贷款机构未明确披露导致借款人没有注意或理解借款合同的实际利率,则应视为双方未就"按照该实际利率计算利息"达成合意,贷款机构无权据

---

① 《最高人民法院关于印发〈全国法院贯彻实施民法典工作会议纪要〉的通知》(法〔2021〕94号)第七条规定:"提供格式条款的一方对格式条款中免除或者减轻其责任等与对方有重大利害关系的内容,在合同订立时采用足以引起对方注意的文字、符号、字体等特别标识,并按照对方的要求以常人能够理解的方式对该格式条款予以说明的,人民法院应当认定符合民法典第四百九十六条所称'采取合理的方式'。提供格式条款一方对已尽合理提示及说明义务承担举证责任。"

此计收利息。最终，上海金融法院撤销了上海市普陀区人民法院（2019）沪0107民初13944号民事判决，并改判案涉信托公司返还相应利息。该案入选了上海金融法院第三批精选案例、2020年度上海法院金融商事审判十大案例。

此后，中国人民银行也于2021年3月12日发布《关于所有贷款产品明示贷款年化利率的公告》（中国人民银行公告〔2021〕第3号），明确要求所有贷款产品均应明示贷款年化利率。

随着司法实践的深入和部门规章态度越发明确，金融机构对于其推出的贷款产品的利息约定也更加规范，金融消费者在这一问题上的合法权益得到了有效的保障。

（二）关于罚息能否计算复利的问题

金融借贷中，金融机构有权对逾期贷款在原借款利率的基础上上浮一定比例收取罚息，或对未按照借贷合同的约定支付的期内利息计收复利。但金融机构能否对罚息计算复利，司法实践中有一定争议。

一方面，从现行有效的法律法规来看，对于复利能否计收罚息存在一定的解释空间。根据中国人民银行于1999年3月2日发布的《人民币利率管理规定》（银发〔1999〕77号）第二十条第二款①的规定，金融机构在贷款逾期后可以按照罚息利率计收复利的是"贷款期内不能按期支付的利息"。若严格按照《人民币利率管理规定》第二十条第二款的规定，罚息是逾期之日起按照罚息利率计收的利息，不属于"贷款期内不能按期支付的利息"，因此不能得出罚息能够计收复利的结论；而中国人民银行于2003年12月10日发布的《关于人民币贷款利率有关问题的通知》（银发〔2003〕251号）第三条，在对罚息利率问题进行明确时规定"对不能按时支付的利息，按罚息利率计收复利"，结合该通知上下文，"不能按时支付的利息"应包括期内利息和逾期罚息，因此可以理解为期内利息和逾期罚息都可以计算复利。

另一方面，罚息和复利的功能和性质具有一定的重合性，对罚息计收复利是否会过分加重借款人的责任成为争议的主要内容。计收罚息和计收复利都是对借款人违约行为采取的制裁措施，具有一定的惩罚性和补偿性。因此，部分意见认为，如果对罚息计收复利，无异于双重处罚，会极大加重借款人的负担，有违公平和补偿原则。部分意见则认为，在无明文规定不能对罚息计收复利的情况下，应尊重当事人的意思自治，只要金融机构在金融借贷中收取的利息、复利、罚息、违约金等没有超

---

① 该款规定："短期贷款按季结息的，每季度末月的二十日为结息日；按月结息的，每月的二十日为结息日。具体结息方式由借贷双方协商确定。对贷款期内不能按期支付的利息按贷款合同利率按季或按月计收复利，贷款逾期后改按罚息利率计收复利。最后一笔贷款清偿时，利随本清。"

过法定保护上限即可,不必过分担心罚息计收复利会加重借款人的责任。

在最高人民法院第二巡回法庭法官会议纪要(2021 年第 20 次)“关于利息的裁判尺度”中,法官会议意见采“合同没有相关约定或约定不明的情况下,罚息不宜计收复利”的观点①,并主要从以下四个方面进行了说理:(1)并无明文规定罚息可以计收复利;(2)罚息已经具有惩罚性质,允许罚息计收复利有违公平原则和违约责任的非惩罚性精神;(3)复利需要在结息日基础上计算,收取罚息时合同约定的结息日已不存在,故罚息计算复利缺乏依据;(4)尊重意思自治。

最高人民法院就罚息是否可以计收复利作出的认定也体现出这一观点。如最高人民法院于 2021 年 2 月 26 日作出的(2020)最高法民终 881 号民事判决书中认为,虽然案涉借款合同约定“对不能按时支付的利息,自逾期之日起,按罚息利率计收复利”,但是“不能按时支付的利息”并不当然包括罚息,除非签约各方明确约定对罚息计收复利。类似地,最高人民法院于 2021 年 8 月 24 日作出的(2021)最高法民终 596 号民事判决书中,也基于案涉流动资金借款合同中“对不能按时支付的利息,贷款人有权按本合同约定的罚息利率计收复利”的约定,认为该约定明确对未按时支付的利息应计收复利,但未约定对罚息也计收复利,故对金融机构罚息计收复利的请求不予支持。

需要注意的是,由于金融借贷合同通常是由金融机构预先拟定的格式合同,而目前法院倾向于结合双方意思从合同约定的角度来判定罚息能否计收复利,因此,若金融借款合同中约定了可以对罚息计收复利的条款,借款人可以该条约定加重了借款人责任应属无效为由提出抗辩;相应地,金融机构则应举证证明其已就该条款与借款人协商,或已采取合理的方式提示借款人注意。

(三)关于金融机构在利息外收取的费用是否有效、如何认定的问题

如前所述,目前司法实践中对于金融借款合同利率的司法保护上限为年利率 24%。根据《金融审判工作意见》,年利率 24% 的司法保护上限包括了金融借款合同的利息、复利、罚息、违约金和其他费用。同时,借贷实践中金融机构利用其优势地位,往往还会收取服务费、咨询费、顾问费、管理费等名目繁多的费用。对此,《九民纪要》第五十一条进一步规定:“金融借款合同纠纷中,借款人认为金融机构以服务费、咨询费、顾问费、管理费等为名变相收取利息,金融机构或者由其指定的人收取的相关费用不合理的,人民法院可以根据提供服务的实际情况确定借款人应否支

① 参见贺小荣主编:《最高人民法院第二巡回法庭法官会议纪要》(第 3 辑),人民法院出版社 2022 年版,第 276 – 300 页。

付或者酌减相关费用。”

司法实践中，法院通常从相关费用项目与金融借贷事项之间是否存在关联关系、相关费用与实际服务是否质价相符的角度对相关费用的合理性作出综合判断，并以此确定对该等费用是否应予支持、是否应认定为变相利息而适用利息的司法保护上限进行裁判。

如果借款人不能提供充分证据证明相关费用对应的事项与借贷事项之间存在关联关系，法院对于借款人就相关费用应在金融借贷的本息中予以调整或免除的抗辩主张不予支持。如在（2020）最高法民申 7060 号借款合同纠纷中，借款人主张相关财务顾问费、管理顾问费为变相利息，但相关财务顾问费、管理顾问费并非全部发生在案涉金融借款合同履行期间，借款人提交的证据也不能充分证明其支付的财务顾问费、管理顾问费与案涉金融借款合同之间存在直接关联，最终最高人民法院作出再审审查与审判监督民事裁定书，对相关财务顾问费属于就金融借款合同收取的变相利息的主张不予支持。

但如果相关费用对应的事项与借贷事项之间明显存在关联关系，或虽然没有直接关联但相关费用收费明显与服务内容质价不符，则法院会根据金融借贷的相关规则对该等费用作出调整。如最高人民法院于 2021 年 12 月 17 日作出的（2021）最高法民再 296 号再审民事判决书中，因案涉银行为借款人提供财务顾问服务的实质性证据不足，最终认定该等费用应用于抵扣本息。又如，在（2020）最高法民申 7094 号债权转让合同纠纷案（该案例作为公报案例被刊载于《最高人民法院公报》2023 年第 1 期）中，借款人与贷款银行在借款合同之外，又另行签订了债权转让及资产委托管理协议，约定借款人支付一定金额的债权转让费用但不获取任何利益。最高人民法院于 2021 年 6 月 25 日作出再审审查与审判监督民事裁定书，认定该债权转让及资产委托管理协议系以变相收取借款利息等为目的，属于双方订立的借款合同的组成部分，双方签订债权转让及资产委托管理协议系以虚假的意思表示实施的民事法律行为，依法应认定为无效；该行为隐藏的是收取利息的意思表示，贷款银行通过该行为收取的利息应与借款合同项下收取的利息一同按照金融借贷的有关规定处理。

四、民间借贷纠纷的典型问题

相较于处于严格监管下的金融借贷，虽然我国已通过制定法律的方式明确禁止高利贷，但民间借贷的形式更加灵活，仍然会为想通过借贷手段牟取更多利益的贷款人留有可乘之机。因此，借款本金的认定成为民间借贷纠纷审理时的首要问题；而随着最高人民法院从《九民纪要》开始对职业放贷问题作出明确规定，打击扰乱金融市场秩序的职业放贷行为从民事诉讼层面得到制度支持,民间借贷合同纠纷中借款人是否属于职业放贷人成为常见的争议焦点;此外,民间借贷中的虚假诉讼也是高发问题。

(一)关于借款本金认定的问题

对于借贷纠纷的当事人而言,借款本金的认定至关重要。有的出借人为了规避禁止高利贷的强制性规定,会采取各种手段虚增借贷本金以获得更多利益,借款人的实际权益因此受损。常见的虚增借款本金的方式包括预先在本金中扣除利息收取"砍头息"、将利息作为本金重新出具债权凭证实现"利滚利"等情形。

就"砍头息"而言,《民法典》第六百七十条规定:"借款的利息不得预先在本金中扣除。利息预先在本金中扣除的,应当按照实际借款数额返还借款并计算利息。"因此,无论是金融借贷还是民间借贷,若出借人在将借款资金提供给借款人时直接扣除部分利息,实际借款本金应按借款人实际收到的款项计算。

但实践中,更常见的争议情形是出借人提供借款后,要求借款人在短时间内支付第一笔利息,这使出借资金多长时间后收回利息应被认定为"砍头息"成为争议的焦点。除了将借款人收到借款的当日立即支付的利息认定为"砍头息"外,大部分法院也认为对于出借款项后第二天就支付的利息应当按照"砍头息"的情形处理,如北京市第三中级人民法院于2023年2月7日作出的(2022)京03民终14303号民事判决、北京市朝阳区人民法院于2021年12月6日作出的(2020)京0105民初58135号民事判决等;还有部分法院将"砍头息"的范围放宽到收到款项后3天内支付的利息,如云南省保山市隆阳区人民法院于2021年7月30日作出的(2021)云0502民初3110号民事判决。此外,实践中出借人为了规避被认定为收取"砍头息"的风险,往往要求借款人通过其他主体代为支付相关利息,或另行以"服务费""咨询费"的名义收取费用达到变相削减借款本金的目的。这就对借款人以出借人收取"砍头息"为由对借款本金数额的抗辩提出了更高的举证要求,例如,举证证明由其他主体代为支付的款项确系出借人的要求,相关费用项目与借贷事项之间存在关联关系且相关费用与实际服务质价不符等。

就"利滚利"而言,《民间借贷司法解释(2020第二次修正)》第二十七条第一款认可在前期利率没有超过合同成立时一年期贷款市场报价利率4倍的情况下,借贷双方可以对前期借款本息结算后将利息计入后期借款本金并重新出具债权凭证,重新出具的债权凭证载明的金额可认定为后期借款本金。但该条第二款进一步规定:"按前款计算,借款人在借款期间届满后应当支付的本息之和,超过以最初借款本金与以最初借款本金为基数、以合同成立时一年期贷款市场报价利率四倍计算的整个借款期间的利息之和的,人民法院不予支持。”换言之,司法实践中尊重借贷双方对于本息的意思自治,但无论借贷双方如何计算借款本金和利息,借款人就其向贷款人借款所需支付的本息总和不得超过实际出借本金加上按合同成立时一年期贷款市场报价利率4倍计算的利息之和。

此外,民间借贷并非一成不变,借贷双方在履约过程中可能有过多次还款事实或对账事实。因此,若出借人仅凭借相关债权凭证提起民间借贷纠纷之诉,剩余借款本金的查明将成为庭审时法庭调查的重点。根据《民间借贷司法解释(2020第二次修正)》第十五条第一款“原告仅依据借据、收据、欠条等债权凭证提起民间借贷诉讼,被告抗辩已经偿还借款的,被告应当对其主张提供证据证明。被告提供相应证据证明其主张后,原告仍应就借贷关系的存续承担举证责任”的规定,在借款人对剩余借款本金的数额提出抗辩时,仅凭债权凭证已不足以认定剩余借款本金,基于双方对各自主张的举证义务,法庭极有可能进入对借贷双方过往的款项往来情况进行全面审查的流程。

(二)关于职业放贷人的问题

2019年7月23日,最高人民法院、最高人民检察院、公安部、司法部联合发布《关于办理非法放贷刑事案件若干问题的意见》,从打击犯罪的角度对非法放贷刑事案件的办理提出了具体的意见。其第一条第一款、第二款规定:“违反国家规定,未经监管部门批准,或者超越经营范围,以营利为目的,经常性地向社会不特定对象发放贷款,扰乱金融市场秩序,情节严重的,依照刑法第二百二十五条第(四)项的规定,以非法经营罪定罪处罚。前款规定中的‘经常性地向社会不特定对象发放贷款’,是指2年内向不特定多人(包括单位和个人)以借款或其他名义出借资金10次以上。”

2019年11月14日,最高人民法院发布《九民纪要》,从民事角度首次对职业放贷人作出明确规定。《九民纪要》第五十三条规定:“未依法取得放贷资格的以民间借贷为业的法人,以及以民间借贷为业的非法人组织或者自然人从事的民间借贷行为,应当依法认定无效。同一出借人在一定期间内多次反复从事有偿民间借贷行为的,一般可以认定为是职业放贷人。民间借贷比较活跃的地方的高级人民法院或者经其授权的中级人民法院,可以根据本地区的实际情况制定具体的认定标准。”

2020年8月,最高人民法院发布《民间借贷司法解释(2020修正)》,将“职业放贷”界定为“未依法取得放贷资格的出借人,以营利为目的向社会不特定对象提供借款”,并明确涉“职业放贷”的民间借贷合同应当被认定为无效合同。此后《民间借贷司法解释(2020第二次修正)》沿用了该规定。

从法律规定来看,出借人为职业放贷人的民间借贷合同无效。但《九民纪要》和《民间借贷司法解释(2020第二次修正)》对于职业放贷人的界定标准仅作出了原则性的规定,考虑到全国各地民间资金融通活跃度的区别,将职业放贷人具体的认定标准交由各地法院根据本地区的实际情况制定。各地认定标准见表1。

表1　各地高级人民法院发布或授权中级人民法院发布的涉及职业放贷人认定具体标准的规定

发布时间	发布机构	文件名称	具体规定
2018年11月16日	浙江省高级人民法院、浙江省人民检察院、浙江省公安厅、浙江省司法厅、国家税务总局浙江省税务局、浙江省地方金融监督管理局	《关于依法严厉打击与民间借贷相关的刑事犯罪强化民间借贷协同治理的会议纪要》	二、建立“职业放贷人名录”制度,从严规制职业放贷人的诉讼行为 …… 纳入“职业放贷人名录”,一般应当符合以下条件: 1.以连续三年收结案数为标准,同一或关联原告在同一基层法院民事诉讼中涉及20件以上民间借贷案件(含诉前调解,以下各项同),或者在同一中级法院及辖区各基层法院民事诉讼中涉及30件以上民间借贷案件的; 2.在同一年度内,同一或关联原告在同一基层法院民事诉讼中涉及10件以上民间借贷案件,或者在同一中级法院及辖区各基层法院民事诉讼中涉及15件以上民间借贷案件的; 3.在同一年度内,同一或关联原告在同一中级法院及辖区各基层法院涉及民间借贷案件5件以上且累计金额达100万元以上,或者涉及民间借贷案件3件以上且累计金额达1000万元以上的; 4.符合下列条件两项以上,案件数达到第1、2项规定一半以上的,也可认定为职业放贷人: (1)借条为统一格式的; (2)被告抗辩原告并非实际出借人或者原告要求将本金、利息支付给第三人的; (3)借款本金诉称以现金方式交付又无其他证据佐证的; (4)交付本金时预扣借款利息或者被告实际支付的利息明显高于约定的利息的; (5)原告本人无正当理由拒不到庭应诉或到庭应诉时对案件事实进行虚假陈述的。 自职业放贷人名录公布之日起连续三个年度内,该名录上人员涉及民间借贷纠纷的案件量少于前款第1、2、4项认定职业放贷人标准案件量二分之一的,可以将其从职业放贷人名录上撤出。 ……

续表

发布时间	发布机构	文件名称	具体规定
2019年5月17日	江苏省高级人民法院	《江苏省高级人民法院关于建立疑似职业放贷人名录制度的意见（试行）》	一、职业放贷人是指未取得金融监管部门批准，不具备发放贷款资质，但向社会不特定对象出借资金以赚取高额利息，出借行为具有营业性、经常性特点的单位，以及以放贷为其重要收入来源，经常性向不特定对象放贷并赚取高额利息的个人。 二、各基层人民法院要根据自身实际，建立疑似职业放贷人名录制度。审理民间借贷案件首先要进行关联案件查询，同一出借人及其实际控制的关联关系人作为原告一年内在全省各级人民法院起诉民间借贷案件5件以上的，该出借人应当纳入疑似职业放贷人名录。通过案件审理或者其他途径可以初步确定为职业放贷人的，不受上述案件数量的限制。
2019年7月2日	河南省高级人民法院	《河南省高级人民法院关于加强对职业放贷人审查工作的指导意见（试行）》	第二条　未经有权机关依法批准，法人、非法人组织或者自然人在一定期间内多次从事与发放贷款业务相同或类似的民间借贷行为的，一般应认定为职业放贷人。 对虽非同一出借人起诉的案件，如果该出借人与其他出借人之间具有关联关系，且符合上述行为特征，也应认定为职业放贷人。
2020年1月28日	天津市高级人民法院	《天津法院民间借贷案件审理指南（试行）》	21.【职业放贷行为的审查】出借人未依法取得放贷资格，在一定期间内多次反复从事有偿民间借贷的，一般可以认定构成职业放贷行为。因职业放贷行为形成的民间借贷合同无效。 职业放贷行为具有营业性和营利性。审理民间借贷案件中，可以根据出借人在一定期间内放贷次数、同一原告或关联原告提起民间借贷案件数量、借贷合同约定格式化程度以及出借人是否公开推介、宣传或明示出借意愿、借款金额和利息等因素综合认定出借人是否具有营业性。同一原告或者关联原告在两年内向全市法院提起民间借贷案件5件以上，或者出借人在两年内向社会不特定人出借资金3次以上的，一般可以认定出借人的放贷行为具有营业性。借贷合同约定利息、服务费、咨询费、管理费、违约金等相关费用的，或者借款人已实际支付上述费用的，应认定出借人以营利为目的出借款项。 主要业务或日常业务不涉及放贷的出借人偶尔出借款项，或者出借人基于人情往来不以营利为目的出借款项，不构成职业放贷行为。

续表

发布时间	发布机构	文件名称	具体规定
2020年2月20日	广西壮族自治区高级人民法院民二庭	《关于审理涉及新冠肺炎疫情民商事案件的指导意见》	八、审理涉新冠肺炎疫情的借款合同纠纷案件相关问题 …… 3. 加大对职业放贷行为的审查。原则上，出借人未依法取得放贷资格，在2年内向不特定多人（包括单位和个人）以借款或其他名义出借资金10次以上，可以认定构成职业放贷行为。因职业放贷行为形成的民间借贷合同无效，借款人应当返还借款本金和占用期间利息损失（按照同期全国银行间同业拆借中心公布的贷款市场报价利率计算）。 ……

此外，还有不少中级人民法院也就建立疑似职业放贷人名录制度发布了意见，如山东省日照市中级人民法院于2018年8月发布《关于建立疑似职业放贷人名录制度的实施意见》、河南省新乡市中级人民法院于2019年7月发布《关于建立疑似职业放贷人名录制度的意见（试行）》等。

从上述司法解释和地方性司法文件的规定来看，对于职业放贷人应从主体资格和放贷行为的特点进行界定：主体资格上，出借人没有依法取得放贷资格；放贷行为应具有“营利性”、“经常性”和“对象的不特定性”。具体而言，首先，从主体资格来看，贷款在我国是一项特许金融业务，除银行、非银行金融机构外，虽未取得金融许可证但由地方金融监管机构批准设立的七类“类金融机构”也属于最高人民法院认可的具有放贷资格的主体，此处不再赘述。其次，从放贷行为的特点来看，就“营利性”而言，职业放贷人并不具有放贷资格，不应将放贷赚取利息作为其主业；就“经常性”而言，职业放贷人应是在一定期间内反复、多次放贷，最直观的判断标准就是放贷的次数，对此可参考《关于办理非法放贷刑事案件若干问题的意见》中“2年10次”的判断标准以及各地高级人民法院或被授权的中级人民法院根据当地实际经济情况作出的指导意见；就“放贷对象的不特定性”而言，由于民间借贷本身多数为相识的民间主体之间出现的资金融通，若存在出借对象众多、范围极广且与出借人没有特定关联的情况，则往往会被认定为放贷对象具有“不特定性”。在判断放贷行为的特点时，“营利性”、“经常性”和“对象的不特定性”应综合考量。

笔者通过公开检索途径以“职业放贷人”作为关键词对全国法院2021年1月至2024年6月作出的民间借贷纠纷案件的裁判文书进行了检索，共检索到裁判文书6625篇；以2024年1月至2024年6月作出的民间借贷纠纷案件的裁判文书为例，与“职业放贷人”有关的裁判文书共446篇，其中有35篇裁判文书认定相关出借人为职业放贷人。从这些案例的具体内容来看，除相关出借人已被列入法院“职业放贷人名录”而直接认定借款合同无效外，法院均结合当事人举证情况对相关出借人是否符合职业放贷人的行为特征作出认定。

因此，虽然法院也可主动审查出借人是否为职业放贷人，但若诉讼当事人主张出借人为职业放贷人，则应积极、主动提供充分的出借人符合职业放贷人特征的相应证据予以证明。

（三）关于民间借贷虚假诉讼的问题

我国《民事诉讼法》中的“虚假诉讼”通常指当事人之间恶意串通，企图通过诉讼、调解等方式侵害国家利益、社会公共利益或者他人合法权益。《民事诉讼法》第一百一十五条第二款新增了关于当事人单方捏造民事案件基本事实向人民法院提起诉讼按虚假诉讼处理的规定。

虚假诉讼在民间借贷纠纷中并不罕见。由于伪造民间借贷的债权凭证门槛较低，款项交付可以被解释为部分款项是通过现金交付而较难查证等原因，法院极易被迷惑，并基于现有证据和双方意见作出错误判断。如在广东省佛山市禅城区人民法院审理的（2023）粤0604民再6号案中，原告等人利用被告向其借款的机会，让被告签署多份空白借款协议，并骗取被告的银行卡密码，恶意制造转账记录。由于该案中原被告确实存在借贷关系，原告在此基础上伪造的证据又形成完整的证据链，一审法院极难发现原告的违法行为，并于2016年作出了支持原告请求判令被告归还借款本金326,200元的错误判断。

正因为民间借贷纠纷案件中的虚假诉讼在裁判过程中识别较为困难，这对法院在诉讼过程中的审查提出更高的要求。《民间借贷司法解释（2020第二次修正）》第十八条对于特定情形出现时如何判断民间借贷属于虚假诉讼作出指引和规定，即若出现“（一）出借人明显不具备出借能力；（二）出借人起诉所依据的事实和理由明显不符合常理；（三）出借人不能提交债权凭证或者提交的债权凭证存在伪造的可能；（四）当事人双方在一定期限内多次参加民间借贷诉讼；（五）当事人无正当理由拒不到庭参加诉讼，委托代理人对借贷事实陈述不清或者陈述前后矛盾；（六）当事人双方对借贷事实的发生没有任何争议或者诉辩明显不符合常理；（七）借款人的配偶或者合伙人、案外人的其他债权人提出有事实依据的异议；（八）当事人在其他纠纷中存在低价转让财产的情形；（九）当事人不正当放弃权利；（十）其他可能存在虚假民间借贷诉讼的情形”时，法院应当对“借贷发生的原因、时间、地点、款项来源、交付方式、款项流向以及借贷双方的关系、经济状况等事实”进行重点审查,综合判断是否属于虚假诉讼。

但民间借贷纠纷中的虚假诉讼仍频频发生。究其原因,在于行为人违法成本极低,收益却极高。从《民事诉讼法》第一百一十五条、第一百一十八条,《民间借贷司法解释(2020第二次修正)》第十九条的规定来看,当事人在民事案件中被认定为构成虚假诉讼的,法院驳回其请求,并根据情节轻重予以罚款(对个人的罚款金额为人民币10万元以下,对单位的罚款金额为人民币5万元以上100万元以下)、拘留(拘留的期限为15日以下);构成犯罪的,依法追究刑事责任。而《中华人民共和国刑法》中虚假诉讼罪的量刑范围为3年以下有期徒刑、拘役或者管制,并处或者单处罚金;情节严重的,处3年以上7年以下有期徒刑,并处罚金。[①] 根据前述规定,违法行为人实施虚假诉讼行为被发现后,所需承担的经济成本往往远低于其能获得的巨额经济利益。正如前文提及的(2023)粤0604民再6号案,虽然该案最终启动再审并判决驳回了原告请求判令被告归还借款本金326,200元的诉讼请求,但原告实际仅因犯虚假诉讼罪被判处有期徒刑10个月及罚金人民币1000元。

可见,相较于其成功实施虚假诉讼能取得的收益而言,目前的惩罚机制下虚假诉讼行为人所付出的代价较低,而利益受到侵害的借款人或第三人推翻具有既判力的法院判决实现维权的难度却极高。因此,从民事诉讼角度而言,仍有必要探索更为严格的惩罚性赔偿责任制度,通过对相关行为人形成更有效的威慑和惩罚以实现打击虚假诉讼的目的。

五、金融借贷与民间借贷交叉情况下的典型问题

在债权债务发生到终结的整个过程中,金融借贷与民间借贷也并非完全泾渭分明。如金融机构在办理委托人是非金融机构的委托贷款业务以及不良债权转让业务的过程中,实际贷款人或金融不良债权受让人的非金融机构属性使相关业务在性质上出现金融借贷与民间借贷性质的交叉。

(一)委托贷款合同的性质问题

委托贷款是商业银行一项传统的贷款业务。《贷款通则》第七条第三款对委托

---

① 《中华人民共和国刑法》(2023修正)第三百零七条之一第一款、第二款规定:“【虚假诉讼罪】以捏造的事实提起民事诉讼,妨害司法秩序或者严重侵害他人合法权益的,处三年以下有期徒刑、拘役或者管制,并处或者单处罚金;情节严重的,处三年以上七年以下有期徒刑,并处罚金。单位犯前款罪的,对单位判处罚金,并对其直接负责的主管人员和其他直接责任人员,依照前款的规定处罚。”

贷款进行了界定，认为委托贷款，系指由政府部门、企事业单位及个人等委托人提供资金，由贷款人（即受托人）根据委托人确定的贷款对象、用途、金额期限、利率等代为发放、监督使用并协助收回的贷款。贷款人（受托人）只收取手续费，不承担贷款风险。”根据前述规定，在委托贷款关系中，金融机构虽名义上为贷款人，但其实际上系仅承担代为发放、监督使用并协助收回贷款职责的受托人，只收取委托贷款的服务手续费，不承担委托贷款的风险。委托贷款业务中资金的实际提供方并非金融机构，而是法人、非法人组织、个体工商户和具有完全民事行为能力的自然人等。

委托贷款的法律性质一直在被讨论。一方面，委托贷款资金的实际出借主体并非银行，该等资金的出借和使用是非金融机构之间的资金融通，整个过程不涉及银行信用，银行无须承担贷款风险，这与民间借贷十分相似。但另一方面，委托贷款是纳入国家金融监管范围的金融机构业务，受托人是银行，银行虽然不承担贷款风险，但是需要根据委托人的授权实施与贷款相关的资金发放、监督使用、协助收回等行为，委托贷款具有金融借款的属性。司法实践中对于委托贷款合同的法律定性也存在一定争议。

最高人民法院于2016年6月27日作出的（2016）最高法民终124号民事判决书中，将委托贷款合同中的委托人和借款人的关系定性为民间借贷，该案被作为公报案例刊载于《最高人民法院公报》2016年第11期。该案中，最高人民法院认为：“本案中，CF基金、XY银行武汉分行与ZS房地产公司三方签订《委托贷款合同》，由CF基金提供资金，XY银行武汉分行根据CF基金确定的借款人、用途、金额、币种、期限、利率等代为发放、协助监督使用并收回贷款，XY银行武汉分行收取代理委托贷款手续费，并不承担信用风险，实质是CF基金与ZS房地产公司之间的民间借贷，委托贷款合同的效力和CF基金与ZS房地产公司之间约定的权利义务内容均应受相关民间借贷的法律、法规和司法解释的规制。”

此后，最高人民法院又通过（2018）最高法民再54号案修正了上述观点，认为委托贷款在不同的方面分别体现出金融借款与民间借贷的特点，在现行法律及司法解释对委托贷款未作明确规定的情况下，可通过分析相关问题更具有金融借款还是民间借贷的特点，进而确定可参照的规则。最高人民法院在该案中进一步认为：“鉴于委托贷款系根据委托人的意志确定贷款对象、金额、期限、利率等合同主要条款，且委托人享有贷款利息收益等合同主要权利，同时考虑到委托贷款与民间借贷在资金来源相同的基础上亦可推定其资金成本大致等同，人民法院确定委托贷款合同的利率上限时应当参照民间借贷的相关规则。”该案作为公报案例被刊载于《最高人民法院公报》2020年第4期。

但地方各级法院在司法实践中,并未完全参考最高人民法院的案例对此形成统一观点。虽然大部分法院采纳了"委托贷款在不同的方面分别体现出金融借款与民间借贷的特点,在现行法律及司法解释对委托贷款未作明确规定的情况下,可通过分析相关问题更具有金融借款还是民间借贷的特点,进而确定可参照的规则"的观点,如陕西省延安市中级人民法院于2022年9月29日作出的(2022)陕06民初35号民事判决即采此观点。但仍有部分法院认为,从资金来源、借款具体内容、风险承担主体等角度来看,委托贷款的资金均来源于委托人/出借人,贷款对象、用途、金额、期限、利率均由出借人确定,且出借人自行承担贷款全部风险,这与民间借贷的本质一致,委托贷款应属于民间借贷关系,委托贷款合同的效力和委托人、借款人之间约定的权利义务内容均应受到民间借贷相关的法律法规和司法解释的规制,如北京金融法院于2022年8月29日作出的(2021)京74民初495号民事判决即采此观点。还有部分法院认为,区别于民间借贷法律关系中出借人是不具有放贷资格的民事主体,委托贷款中由银行作为贷款人放贷,该笔贷款发放已纳入金融监管范围,故案涉委托贷款实质上是金融借款,并非民间借贷,应受有关金融借款的法律、法规和司法解释的规制,如吉林省高级人民法院于2021年11月15日作出的(2021)吉民终534号民事判决即采此观点。

值得一提的是,最高人民法院审判委员会专职委员刘贵祥在《关于金融民商事审判工作中的理念、机制和法律适用问题》一文中提出,委托贷款是纳入监管的一项金融业务,不应穿透认定为民间借贷,应当与金融借款合同作相同的处理。这一观点与最高人民法院长期以来的司法实践存在一定差异。刘贵祥在该文中认为:"根据金融行业通常的理解,委托贷款包括商业银行依法开展的委托代理业务,以及信托公司依法开展的资金信托业务。二者的相同之处在于商业银行和信托公司收取约定的服务费用,不承担贷款资金的信用风险,具有为委托人提供'贷款通道'的特点。应当注意的是,《全国法院民商事审判工作会议纪要》和《关于规范金融机构资产管理业务的指导意见》关于通道业务的规范,仅指金融机构之间互相借用'通道'的行为,审判实践中将委托贷款'穿透'认定为民间借贷的做法,是对相关监管政策的误读误用。委托贷款是纳入监管的一项金融业务,应当与金融借款合同做相同的处理。"①

该文于2023年1月发布,笔者对该文发布后最高人民法院作出的涉及委托贷款性质认定的裁判案例进行检索,截至2024年6月30日,仅检索到最高人民法院于

---

① 刘贵祥:《关于金融民商事审判工作中的理念、机制和法律适用问题》,载《法律适用》2023年第1期。

2023 年 9 月 18 日作出裁定的(2023)最高法民申 44 号 1 起案件,且最高人民法院并未按照金融借款合同处理案涉委托合同的利率保护上限问题,而是维持了其在(2018)最高法民再 54 号案中的观点。在(2023)最高法民申 44 号案中,最高人民法院从案涉委托贷款借款合同的资金来源于实际出借人的自有资金这个角度,认为这与民间借贷法律关系中出借人以自有资金进行借贷并无区别,在资金来源相同的基础上可推定其资金成本大致相同,因此,对于二审判决参照民间借贷的有关规定确定案涉借款利率的保护上限予以认可。

(二)非金融机构受让金融不良债权的利息认定问题

对于金融机构而言,其对外转让不良债权是其剥离高风险资产、降低不良贷款率、优化资产结构的有效手段。非金融机构受让金融不良债权后,由于债权人主体的变更,新的债权人与债务人之间的债权债务关系实质不再与金融机构有关,体现出民间借贷的性质。在发生金融不良资产转让的情况下,非金融机构能否向债务人主张受让不良债权后产生的利息,成为实践关注的话题。

最高人民法院曾于 2009 年 3 月 30 日发布《关于审理涉及金融不良债权转让案件工作座谈会纪要》(以下简称《海南会议纪要》),其中第九条对金融不良债权受让日之后停止对国有企业债务人计息进行了规定①。此后,最高人民法发布的《关于如何理解最高人民法院法发(2009)19 号〈会议纪要〉若干问题的请示之答复》(以下简称(2009)民二他字第 21 号答复)、《关于非金融机构受让金融不良债权后能否向非国有企业债务人主张全额债权的请示的答复》(以下简称(2013)执他字第 4 号答复)等,均延续了《海南会议纪要》的精神。(2009)民二他字第 21 号答复提及,根据《海南会议纪要》的精神和目的,涉及非国有企业债务人的金融不良债权转让纠纷案件,亦应参照适用《海南会议纪要》的规定,确立了非国有企业与国有企业一体保护的原则。

《海南会议纪要》是为了防止国有资产流失,保障金融不良债权处置工作的顺利进行,而对特定时期、特定范围内的金融不良债权转让案件确立的处置规则,《海南

---

① 该纪要第九条“关于受让人收取利息的问题”规定:“会议认为,受让人向国有企业债务人主张利息的计算基数应以原借款合同本金为准;受让人向国有企业债务人主张不良债权受让日之后发生的利息的,人民法院不予支持。但不良债权转让合同被认定无效的,出让人在向受让人返还受让款本金的同时,应当按照中国人民银行规定的同期定期存款利率支付利息。”

会议纪要》第十二条[①]明确了适用范围。(2009)民二他字第21号答复也明确《海南会议纪要》“解决的问题实质是如何解决和化解计划经济时期形成的历史遗留问题”。此后,最高人民法院就审理涉及金融不良债权转让案件出台相关司法解释。现如今,商业化不良资产处置快速发展,作为法院在审理金融不良债权处置案件中重要依据的《海南会议纪要》是否可继续参照适用于当前商业化的金融不良债权处置案件,司法实践中存在不同的观点。

仍有部分裁判观点认为,对于超出《海南会议纪要》适用范围的金融不良债权仍应参照《海南会议纪要》的精神处理,对于债权转让后的利息不再计算。如最高人民法院于(2020)最高法民申3502号再审审查与审判监督民事裁定书中,对于发生在2017年,由PF银行转让给XM资产公司、再由XM资产公司转让给ZS资产公司的金融不良资产转让,认为原审法院根据《海南会议纪要》和(2013)执他字第4号答复的精神,参照适用《海南会议纪要》,对案涉资产公司在受让日之后继续计息的诉请未予支持并无不当。再如,宁夏回族自治区银川市中级人民法院于2024年5月20日作出的(2024)宁01执复78号执行审查执行裁定书中亦参照适用《海南会议纪要》,对非金融机构受让经生效法律文书确定的金融不良债权后要求计算利息的主张不再支持。该案中,案涉债权转让最早发生在2014年,由JT银行宁夏分行将债权转让至某某资产公司,随后几经转让,撒某某于2020年12月23日受让案涉债权,银川市中级人民法院认为:“撒某某申请执行案涉债权系经多次转让后的金融不良债权,该债权具有特殊性,其利息的计算也兼具法律性和政策性,对于双方当事人之间的关系应当给予平等的保护。最高人民法院对非金融机构受让经生效法律文书确定的金融不良债权能否向非国有企业债务人主张受让日之后利息的问题作出过答复,即应当参照《纪要》的精神处理。案涉金融不良债权转让协议约定的债权转让时间为2020年12月23日,参照适用《纪要》,对债权转让后的利息不再计算。”

---

① 该条规定:“会议认为,在《纪要》中,国有银行包括国有独资商业银行、国有控股商业银行以及国有政策性银行;金融资产管理公司包括华融、长城、东方和信达等金融资产管理公司和资产管理公司通过组建或参股等方式成立的资产处置联合体。国有企业债务人包括国有独资和国有控股的企业法人。受让人是指非金融资产管理公司法人、自然人。不良债权转让包括金融资产管理公司政策性和商业性不良债权的转让。政策性不良债权是指1999年至2000年上述四家金融资产管理公司在国家统一安排下通过再贷款或者财政担保的商业票据形式支付收购成本从中国银行、中国农业银行、中国建设银行、中国工商银行以及国家开发银行收购的不良债权;商业性不良债权是指2004年至2005年上述四家金融资产管理公司在政府主管部门主导下从交通银行、中国银行、中国建设银行和中国工商银行收购的不良债权。《纪要》的内容和精神仅适用于在《纪要》发布之后尚在一审或者二审阶段的涉及最初转让方为国有银行、金融资产管理公司通过债权转让方式处置不良资产形成的相关案件。人民法院依照审判监督程序决定再审的案件,不适用《纪要》。……”

当然也有部分裁判观点认为，对于超出《海南会议纪要》适用范围的金融不良债权转让，可以自受让债权后继续计息。如最高人民法院就在 2021 年 6 月 30 日作出的（2021）最高法民终 426 号民事判决书中作出与（2020）最高法民申 3502 号案截然相反的认定。该案中，最高人民法院明确提出，《海南会议纪要》对其适用范围有明确的规定，该纪要涉及的司法政策有其特定历史背景，系针对特定时间阶段发生的、针对特定主体的金融不良债权转让行为作出的特殊规定；而案涉债权发生时间为 2014 年，于 2015 年 3 月经由银行转让至 HR 公司，最终于 2015 年 5 月转让至原告，其具体形式与发生时间均不属于《海南会议纪要》中规定的政策性不良债权，无法适用《海南会议纪要》的规定，因此该案原告受让债权后有权要求债务人按照原合同内容之规定给付借款利息及逾期付款利息。又如，广东省广州市中级人民法院于 2021 年 3 月 30 日作出的（2019）粤 01 民终 18475 号民事判决中，案涉债权于 2012 年 11 月 29 日自 GS 银行某支行转让至 FY 公司，又于 2017 年 9 月 15 日转让至 BJ 公司，一审法院判决支持 BJ 公司要求债务人支付实际计至本金偿还完毕之日止的利息，债务人对此不服，广州市中级人民法院在二审中认为，该案并不属于《海南会议纪要》第十二条规定的适用范围，上诉人主张一审判决对案涉借款计付罚息不符合《海南会议纪要》第九条的规定，不足以成为本案二审改判的理据。

从上述观点可以看出，实务中关于非金融机构受让人能否在受让日之后继续向债务人主张利息的问题存在较大争议，甚至最高人民法院就此问题作出的判决也不完全一致。法院对此问题的观点将直接影响作为受让人的非金融机构债权人的受偿金额。笔者认为，《海南会议纪要》及相关答复不是司法解释，是为了解决特定历史时期、特定范围内的金融不良债权而发布的有适用范围限制的规则，不应作扩大解释。在不良金融资产处置高度商业化的今天，越来越多的非金融机构参与处置银行不良贷款，对应的债务人亦多为非国有企业，受让人与债务人实质属于平等民事主体，应给予平等保护，[①]若债务人在债权转让以后无须支付利息，反而导致债务人的违约成本通过债权转让得以降低，亦不利于市场的发展。

结　语

金融借贷与民间借贷作为社会资金融通的重要手段，基于其各自的特点在政策法规的规制理念上存在不同。区别于受到金融监管部门持续、严格监管的金融借贷，民间借贷有其灵活性，并实际由我国司法机关承担起规制民间借贷利率的责任。

---

① 参见曾庆建、徐晓文：《金融不良债权受让人有权主张受让后的利息》，载《人民司法》2019 年第 2 期。

也正因如此，目前两者在利率司法保护上限方面实际实行双轨制。这对于新形势下司法机关通过审判实践平衡、保护金融借贷与民间借贷在融通资金、激活市场方面的重要作用提出了新的挑战。

而从司法审判实践角度观察，无论是金融借贷中实际利率披露的问题、罚息能否计收复利的问题、金融机构在利息外收取的费用问题，还是民间借贷中借款本金认定的问题、职业放贷人的问题，其本质都围绕禁止高利贷而产生。对于金融机构而言，严格遵守法律法规，审慎制定金融借款合同、明确各项费用并对相关条款尽到合理的提示、注意义务尤为重要；对于借款人而言，慎重选择符合实际情况的融资方式，提高对借贷过程中各项费用性质的辨别能力，在诉讼中可以基于借款人身份、利率司法保护上限合理提出抗辩，维护自身权益。

专题二

保理业务中的法律关系解析与实务探讨

国浩律师（上海）事务所　周喆人　高溱徽

随着全球化经济的不断深入，企业间的贸易关系变得日益密切，这不仅促进了商业的繁荣，也对资金流动性提出更高要求。在这一背景下，为解决企业在资金周转和现金流管理方面的问题，各种创新金融服务应运而生。保理业务，系一种以应收账款转让为核心的综合性金融服务，在该种模式下，应收账款债权人将其与应收账款债务人之间的应收账款转让给保理人从而获得资金融通，而保理人亦会提供应收账款管理催收、付款担保等服务。

然而，保理业务的多样性和复杂性也给法律实践和风险管理带来了新的挑战。由于涉及多方主体，法律关系错综复杂，保理合同纠纷也一直是司法实践中的难点。2021 年，《中华人民共和国民法典》（以下简称《民法典》）正式施行，首次从法律层面对保理合同进行了明确规定，将保理合同纳入有名合同，为保理合同纠纷案件的审理和处置奠定了坚实的法律基础。

笔者所在的律师团队成功代理了一起案涉金额巨大、案情复杂、历时长达四年的保理合同纠纷案件。该案件由上海金融法院一审[案号为（2019）沪 74 民初 553 号]、上海市高级人民法院二审[案号为（2021）沪民终 236 号]，该案亦被纳入"上海金融法院 2022 年度十大典型案例"以及"上海市高级人民法院 2023 年第二批参考性案例"。本专题将结合上述案例及其他经典的司法案例，深入分析保理业务中的法律关系，并就相关实务问题进行探讨，以期为法律实务界提供一些建议和思考。

第一章　概　　述

一、相关定义

保理，全称为保付代理或托收保付，是一种特殊的金融服务模式，主要是指一种由卖方（或提供服务一方等）将其现在或将来的基于其与买方（或接受服务一方等）订立的基础合同所产生的应收账款转让给保理人（又称保理商），由保理人向其提供融资、应收账款管理、应收账款催收、坏账担保等服务的综合金融服务方式。

保理缘起于国际贸易。国际保理商联合会认为：国际保理是指从一个国家的保理出口商处购买（应收账款）发票，然后从另一个国家的保理买方/进口商处收取（应收账款）发票的过程。保理出口商以发票折扣的方式从保理商那里预收款项，还款来源则是保理买方/进口商在发票到期日支付的收益。保理可能包括一系列与贸易相关的服务：坏账防范、应收账款的催收、融资、应收账款分类账管理。① 而在我国，2010 年中国银行业协会出台的《中国银行业保理业务规范》（已失效）规定："保理业务是一项以债权人转让其应收账款为前提，集融资、应收账款催收、管理及坏账担保于一体的综合性金融服务。"此后，2014 年银监会公布的《商业银行保理业务管理暂行办法》规定："保理业务是以债权人转让其应收账款为前提，集应收账款催收、管理、坏账担保及融资于一体的综合性金融服务。债权人将其应收账款转让给商业银行，由商业银行向其提供下列服务中至少一项的，即为保理业务：（一）应收账款催收：商业银行根据应收账款账期，主动或应债权人要求，采取电话、函件、上门等方式或运用法律手段等对债务人进行催收。（二）应收账款管理：商业银行根据债权人的要求，定期或不定期向其提供关于应收账款的回收情况、逾期账款情况、对账单等财务和统计报表，协助其进行应收账款管理。（三）坏账担保：商业银行与债权人签订保理协议后，为债务人核定信用额度，并在核准额度内，对债权人无商业纠纷的应收账款，提供约定的付款担保。（四）保理融资：以应收账款合法、有效转让为前提的银行融资服务。以应收账款为质押的贷款，不属于保理业务范围。"

---

① 参见国际保理商联合会网，https://fci. nl/en/international - factoring? language_content_entity = en。

保理人是保理这种特殊金融服务的提供者,也是连接应收账款债权人、债务人的桥梁,其地位不同于传统的银行等金融机构,具有一定的独立性和专业性。保理人的核心职能在于购买债权人的应收账款并提供相应的融资服务,这一过程不仅涉及资金的即时融通,还包括对应收账款债务人的信用评估、应收账款管理以及潜在的坏账担保等。目前,国内能够开展保理业务的保理人主要包括商业银行以及依法设立的商业保理公司。

保理合同指的是应收账款债权人将应收账款有偿转让给保理人的合同,是保理业务的核心法律文件,其性质和效力直接关系到保理业务的合法性和有效性。2021年,我国《民法典》首次对保理合同的定义和构成要素进行了明确,其第七百六十一条规定:"保理合同是应收账款债权人将现有的或者将有的应收账款转让给保理人,保理人提供资金融通、应收账款管理或者催收、应收账款债务人付款担保等服务的合同。"而最高人民法院民法典贯彻实施工作领导小组主编的《中华人民共和国民法典合同编理解与适用》一书指出:"所谓资金融通服务,主要指的是保理商通过购买债权人的应收账款,为债权人提供融资支持的金融服务;所谓应收账款管理或者催收,主要是指保理人为应收账款债权人提供之应收账款账目簿记及债权催收等服务;所谓应收账款债务人付款担保,主要是指保理人向应收账款债权人买进应收账款后,由保理人承担应收账款债务人债务不履行之风险。"

二、保理业务的主要类型

保理业务的类型丰富多样,可分为有追索权保理和无追索权保理、正向保理和反向保理、明保理和暗保理、银行保理和非银行保理等。有追索权保理赋予了保理人在应收账款无法收回时向债权人追索的权利,而无追索权保理则要求保理人在一定条件下承担相应的坏账风险。正向保理是基于债权人的需求发起,反向保理则基于债务人的需求而发起。明保理中债权转让必须明确通知债务人,暗保理则允许在不通知债务人的情况下进行应收账款的转让。银行保理是由商业银行作为保理人开展保理业务,非银行保理则主要由专业的商业保理公司作为保理人开展保理业务。这些不同类型的保理业务模式都有其特定的应用场景和风险特点,能够匹配不同商业环境下企业的不同需求。

(一)有追索权保理、无追索权保理

根据保理人在应收账款无法收回时是否有权向应收账款债权人追索,保理业务类型可划分为有追索权保理与无追索权保理。

有追索权保理，亦称回购型保理，其核心在于当应收账款到期却无法从债务人处成功收回时，保理人能够向债权人反转让应收账款，并要求债权人回购应收账款或者返还融资。《民法典》第七百六十六条对有追索权保理作出了明确规定："当事人约定有追索权保理的，保理人可以向应收账款债权人主张返还保理融资款本息或者回购应收账款债权，也可以向应收账款债务人主张应收账款债权。保理人向应收账款债务人主张应收账款债权，在扣除保理融资款本息和相关费用后有剩余的，剩余部分应当返还给应收账款债权人。"从性质上看，学界倾向于将有追索权保理交易中的应收账款转让理解为让与担保①，这意味着在这种模式下，保理人承担的应收账款无法收回的风险将相对固定，其权利主要通过担保机制得以保障。当债务人无力偿债时，保理人可以依据约定，要求债权人履行回购或返还义务。因此，有追索权保理为保理商提供了风险管理的重要手段。

与有追索权保理相对的是无追索权保理，又称买断型保理，是指在不存在商业纠纷等特定情形下，倘若应收账款无法得到清偿，坏账风险将完全由保理人独自承担。《民法典》第七百六十七条对无追索权保理规定如下："当事人约定无追索权保理的，保理人应当向应收账款债务人主张应收账款债权，保理人取得超过保理融资款本息和相关费用的部分，无需向应收账款债权人返还。"无追索权保理从性质上来看更接近于债权转让，在这种模式下，保理人承担了相对更高的风险。

（二）正向保理、反向保理

根据保理申请人身份的不同，保理业务可划分为正向保理与反向保理。

正向保理，亦称卖方保理，是指由基础合同中的卖方（应收账款债权人）申请的保理，即卖方将其当下或未来基于与买方订立的货物销售、服务合同等基础合同所产生的应收账款转让给保理商。正向保理也是实践中最为常见的保理业务模式。

反向保理，又称买方保理，与正向保理相对，是由基础合同中的买方（应收账款债务人）发起的保理申请。在这种模式中，买方与保理商建立合作关系，保理商根据买方的信用状况，为其推荐或确认的供应商提供融资服务。实践中，反向保理通常用于供应链金融中，特别是当买方在供应链中占据核心地位，希望通过保理业务优化整个供应链的资金流和信用结构时。

（三）明保理、暗保理

根据应收账款债权人在转让应收账款时是否通知应收账款债务人这一关键因

---

① 参见高圣平：《论民法典上保理交易的担保功能》，载《法商研究》2023 年第 2 期。

素，保理业务类型可划分为明保理、暗保理。

明保理，又称公开型保理。明保理要求应收账款债权人在转让应收账款时通知应收账款债务人并取得应收账款债务人的确认。这种操作有利于提高交易的公开性、透明度、规范性，减少因信息不透明产生的纠纷，从而保护各方当事人的合法权益。

暗保理，又称隐蔽型保理。在这种模式下，应收账款债权人虽然与保理人签订了保理业务合同，但应收账款的转让并不需要立即通知应收账款债务人。相比于明保理，暗保理的隐蔽性可以在某些情况下保护应收账款债权人的商业隐私，但也可能存在诸多潜在风险。由于应收账款债务人并未被及时通知应收账款的转让，应收账款债务人可能在不知情的情况下继续与原债权人进行交易、进而错误地履行义务，但实际上应收账款的权益已经转移；与此同时，应收账款债权人也有伪造基础交易合同及单据的可能。因此，暗保理可能会增加保理人在回收账款时的不确定性和风险。

（四）银行保理、非银行保理

《最高人民法院关于当前商事审判工作中的若干具体问题》第七条规定："……从保理商的分类来看，主要包括银监会审批监管的银行类保理机构和商务部、地方商务主管机关审批监管的商业保理公司。二者虽然在设立主体、行业准入和监管要求上有差异，但在交易结构上并无不同。……"由此可见，根据提供保理服务主体的不同，保理业务可划分为银行保理和非银行保理。

银行保理通常由商业银行依托银行强大的资金实力和良好的信用背景，为企业提供保理服务。银行保理的优势在于其较高的信用度和广泛的客户网络，这使其可以为应收账款债权人提供更为稳定和较低成本的资金支持。但值得注意的是，银行保理的审批流程可能相对较为烦琐，对申请保理业务的企业的资质要求较高，这可能增加企业的申请难度。

非银行保理，又称商业保理，通常由商业保理公司为企业提供保理服务。与银行保理相比，非银行保理在审批流程上更加灵活高效，对申请保理业务的企业的资质要求相对宽松，通常能够更快地响应市场和企业的需求。

第二章　保理业务中的核心要素

一、保理业务中的主体

保理业务通常涉及三方主体，即保理人、应收账款债权人和应收账款债务人。上述三方主体在保理业务中各自承担着不同的角色和责任，共同构建了保理业务的基本法律关系框架。从权利义务的角度来看，上述三方主体之间的权利义务关系是相互交织、相互制约的。例如，应收账款债权人所提供的应收账款的真实性、合法性和有效性以及应收账款债务人的付款能力和信用水平，对保理人的业务运营和风险控制起着决定性作用，而保理人的服务质量，如融资条件、管理效率和催收能力等，也影响着应收账款债权人能否顺利实现资金融通。总体来说，上述三方主体的协同合作与规范运作，是保理业务得以有效开展、实现各方利益的重要基础。

（一）保理人

保理人，作为提供保理服务的专业机构，负责购买应收账款并提供融资、管理、催收等服务。保理人的职责不仅限于提供资金，还包括对应收账款的审核等。保理人对应收账款的审核义务是确保交易真实性和债权可执行性的关键。

尽管我国现行法律法规并未对保理人的审核职责作出详尽的规定，但在保理业务实践中对于保理人的审核义务已有一定程度的讨论。实务中普遍认为，保理人的审核职责主要分为两大类：对应收账款的适格性进行审查以及对基础交易关系的真实性和合法性进行核查。第一，就对应收账款的适格性审查而言，保理人需对应收账款进行全面审查。适格应收账款通常指符合保理业务要求、能够有效转让且具有可回收性的应收账款。不适格应收账款则可能因具有法律上的瑕疵而无法收回。第二，在基础交易关系的审查方面，保理人的审核工作通常包括两个方面：首先是对交易主体的资质和信用状况进行审查，包括但不限于对应收账款的债权人和债务人的法律地位、财务状况及信用记录等的核查；其次是对交易过程中产生的相关文件进行审核，不仅包括合同文件，还涵盖了交易过程中的所有相关单据和记录，包括但不限于发票、交货单、验收记录等，用以验证基础交易的真实性。

(二)应收账款债权人

在保理业务中,应收账款债权人往往是资金的需求方。应收账款债权人通过将应收账款转让给保理人,从而获得保理融资款项。应收账款债权人的核心权利体现在其能够通过应收账款的转让迅速获得资金,满足流动性需求。此外,应收账款债权人还可以要求保理人提供一系列增值服务,包括但不限于信用风险评估、应收账款催收等。与此同时,应收账款债权人也承担一定的义务,包括协助保理人进行应收账款的管理工作,提供必要的交易文件、交易信息以及债务人的信用状况等,以便保理人能够有效地进行应收账款的监控和催收。此外,在有追索权的保理中,当应收账款债务人出现支付困难或违约时,应收账款债权人可能需要承担相应的补充清偿责任,以保障保理人的利益。

(三)应收账款债务人

应收账款债务人也是保理交易的关键参与者,其主要义务是确保依据基础交易合同中的条款,向保理人及时并全额地支付应收账款。这一义务源于应收账款转让的法律后果,当应收账款债权人将应收账款转让给保理人时,保理人依法获得了对应收账款债务人的付款请求权。这意味着,尽管基础交易合同是由应收账款债务人与应收账款债权人签订的,但应收账款债务人的履约对象在应收账款转让后从应收账款债权人转变为保理人。在保理业务中,应收账款债务人付款行为的及时性和准确性直接关系到保理人的资金安全,而保理业务能否顺利进行往往依赖应收账款债务人能否依约履行义务。

二、保理业务中的客体

保理业务的客体是应收账款以及应收账款的转让行为,保理业务是以应收账款转让为核心的金融服务业务,真实、合法、有效的应收账款转让是开展保理业务的前提,也是保理法律关系区别于其他法律关系的根本性特征。

(一)应收账款

应收账款并非法律术语。《动产和权利担保统一登记办法》(中国人民银行令〔2021〕第7号)第三条第一款规定:“应收账款是指应收账款债权人因提供一定的货物、服务或设施而获得的要求应收账款债务人付款的权利以及依法享有的其他付款请求权,包括现有的以及将有的金钱债权,但不包括因票据或其他有价证券而产生的付款请求权,以及法律、行政法规禁止转让的付款请求权。”而从应收账款的涵盖范围来看,该办法第三条第二款进一步规定:“本办法所称的应收账款包括下列权利:(一)销售、出租产生的债权,包括销售货物,供应水、电、气、暖,知识产权的许可使用,出租动产或不动产等;(二)提供医疗、教育、旅游等服务或劳务产生的债权;(三)能源、交通运输、水利、环境保护、市政工程等基础设施和公用事业项目收益权;(四)提供贷款或其他信用活动产生的债权;(五)其他以合同为基础的具有金钱给付内容的债权。”

从应收账款的特点来看,应收账款具有可确定性、可预期性、可转让性等特点。可确定性是指应收账款的具体要素能够被清晰地识别和界定。在保理业务中,这种可确定性是至关重要的,因为它为保理商提供了明确的债权基础,使其能够对债务人行使付款请求权。具体而言,应收账款的要素包括但不限于:应收账款的债权人,即提供货物、服务或设施的一方;应收账款的债务人,即负有付款义务的一方;产生应收账款的基础法律关系,如销售合同、服务合同等基础交易合同。若根据框架协议或意向书等文件内容无法确定未来是否会形成相应的应收账款的,该等框架协议或意向书一般不能成为保理业务项下的基础交易合同。应收账款的要素可明确识别和界定,有助于保理商对应收账款进行有效的管理和风险评估,从而确保保理业务的顺利进行。可预期性是指应收账款的发生和发展具有商业逻辑上的合理性和法律层面的合规性,并且未来能够真实发生。这往往依赖交易双方的过往信用状况、交易合同的稳定性、行业的普遍规律以及市场环境的可评估性等多方面因素,实践中,主要根据该企业的历史交易情况判断该笔债权未来是否具备可预期性,如审查该企业发生的类似交易发票、过往资金流水、交易合同等,以此推定未来是否能产生稳定的现金流。可转让性是指应收账款可以依法转让给保理人。在保理业务中,这种可转让性是应收账款能够被保理人购买的基础。保理人通过购买应收账款,获得对应收账款的债权,从而使应收账款债权人获得融资支持。

从应收账款的分类来看,应收账款包括现实的应收账款和将有的应收账款。现实的应收账款,是指已经产生的债权,即债权人与债务人之间的交易已经完成、债务人尚未支付款项的应收账款。将有的应收账款,指将来可能产生的债权,即债权人与债务人之间的交易尚未发生、但预计将来会发生的债权人对债务人享有的应收账款。值得注意的是,关于将有的应收账款,实践中曾存在一定争议。有观点认为,因未来应收账款在转让时尚未发生,是否能够开展保理业务存在不确定性。但从法律规定来看,《民法典》第七百六十一条将可以开展保理业务的应收账款表述为“现有的或者将有的应收账款”,相较之前的法律,在一定程度上明确认可了将有的应收账款的可转让性,其意思也包含未来应收账款具备可转让性的前提是具有一定的可期待性和确定性,即需达到“将有”的要求。①

(二)应收账款转让行为

应收账款转让是保理业务的核心。实践中普遍认为,应收账款转让行为需要满足以下条件:第一,所转让的应收账款必须是合法有效的,且在法律上不存在任何瑕疵或争议。第二,除暗保理外,需将应收账款转让行为事宜通知应收账款债务人。第三,应签订书面的应收账款转让合同,合同中应明确指出转让的应收账款的具体范围、转让通知的发送方式等相关事宜。第四,转让行为还需办理相应的转让登记,以确保其法律效力。

---

① 参见卜颖雯、郭雪:《供应链金融风险防控与纠纷解决实务指南》,载威科先行网,https://law.wkinfo.com.cn/commentary/detail/Mjg3MzE2OQ%3D%3D?aid=MzAwMDQ4MQ%3D%3D&bid=QjAwMDAyMzQ5NjA%3D&lang=cn&module=&rdt=1718894996456&searchId=317f6dfe994b474a949f06da7c03a4be。

第三章　保理业务中的法律关系

《最高人民法院关于当前商事审判工作中的若干具体问题》第七条指出,“保理合同涉及保理商与债权人、保理商与债务人之间不同的法律关系。债权人与债务人之间的基础合同是成立保理的前提,而债权人与保理商之间的应收账款债权转让则是保理关系的核心”。由此可见,保理业务涉及三方主体,涉及合同数量较多,法律关系也较为复杂,而保理业务至少涉及以下两个方面的法律关系:一是保理人与应收账款债权人之间的保理合同法律关系,二是应收账款债权人与应收账款债务人之间的基础合同法律关系。

一、保理合同法律关系

(一)主要内容

1. 保理人与应收账款债权人之间的法律关系

保理人与应收账款债权人之间的法律关系是保理业务的核心之一。在这种关系中,应收账款债权人将其对应收账款债务人的应收账款转让给保理人,从而获取保理人提供的资金融通、账款管理、坏账担保等服务。保理人在向应收账款债权人支付相应对价后,取得对应收账款的权利。同时,应收账款债权人也有权要求保理人按照合同约定履行相应义务,如及时支付资金等。在义务方面,应收账款债权人需要向保理人如实提供与应收账款相关的信息,确保这些信息的真实、准确和完整,这些信息包括但不限于基础交易合同的详情、应收账款债务人的信用状况以及应收账款的形成过程等。

2. 保理人与应收账款债务人之间的法律关系

保理人与应收账款债务人之间的法律关系基于应收账款的转让。保理人在受让应收账款后,有权依据基础合同和相关法律规定向应收账款债务人主张债权。应收账款债务人的主要义务是依照基础合同向保理人支付款项,无论应收账款债权人身份如何变化,应收账款债务人应恪守基础合同条款,依约支付相应款项。

(二)保理合同法律关系的性质

关于保理合同法律关系的性质,学术界和实务界存在多种观点。

第一种观点是债权转让说,这是学术界和实务界的主流观点。该观点认为,保理合同的核心在于应收账款债权人的债权转让行为。在保理法律关系中,应收账款债权人向保理人转让了应收账款的权利,保理人因此成为新的债权人,有权直接向应收账款债务人主张应收账款。这种转让可以是有追索权的,也可以是无追索权的。在有追索权的情况下,如果应收账款债务人未能支付,保理人可以向原债权人追索;而在无追索权的情况下,保理人则无权向原债权人追索,只能向应收账款债务人主张权利。这种观点强调的是债权的转让,即保理人取代原债权人的地位、享有与原债权人相同的权利,应收账款债务人应向保理人履行债务。

第二种观点是让与担保说。该观点认为,保理业务项下的债权转让实质上是一种让与担保行为,应收账款债权人通过将应收账款转让给保理人,为其融资行为提供担保。在这种情况下,应收账款的转让并非单纯的债权转让,而是以担保为目的的让与行为。如果应收账款债务人未能按时支付款项,保理人可以通过行使对应收账款的权利来实现担保权益。这种观点突出了保理的担保功能。

第三种观点是间接给付说。该观点认为,保理业务项下的债权转让是一种间接给付。应收账款债务人原本应向原债权人支付应收账款,但保理合同成立后,应收账款债务人根据债权转让的通知,将款项直接支付给保理人。这种支付方式虽然改变了应收账款债务人的付款对象,但并未改变债务的本质。最高人民法院在(2017)最高法民再164号案件的判决书中认为:"大陆法系的通说认为,有追索权的保理业务所包含的债权转让合同的法律性质并非纯正的债权让与,而应认定为是具有担保债务履行功能的间接给付契约。间接给付,学说上又称为新债清偿、新债抵旧,或为清偿之给付。根据民法基本原理,间接给付作为债务清偿的方法之一,是指为清偿债务而以他种给付代替原定给付的清偿,并不具有消灭原有债务的效力,在新债务履行前,原债务并不消灭,只有当新债务履行且债权人的原债权因此得以实现后,原债务才同时消灭。"①最高人民法院民法典贯彻实施工作领导小组在其主编的《中华人民共和国民法典合同编理解与适用(三)》中也明确表示,有追索权保理项下应收账款之转让的性质属于具有担保债务履行功能的间接给付契约。②

---

① 最高人民法院民事判决书,(2017)最高法民再164号。

② 参见最高人民法院民法典贯彻实施工作领导小组主编:《中华人民共和国民法典合同编理解与适用(三)》,人民法院出版社2020年版,第1784-1785页。

第四种观点是代为清偿说。该观点认为,保理人在保理合同中向债权人提供融资,实际上是在代为清偿应收账款债务人的债务,而保理人支付融资款项后,便取得了向应收账款债务人追偿的权利。在这种观点项下,保理人的行为是一种代为清偿,保理人在这一过程中的地位类似于代为履行债务的第三人。在法律效果上,代为清偿行为并不导致债务清偿效力的彻底终止。换言之,当第三人代为履行债务后,原有的债权债务关系在当事人之间的法律效力相对减弱,但债权本身并未被彻底解除。债权转让的结果,实际上是将债权人的地位转移给了新的债权持有者,而债权所代表的权利内容并未因此消失。这种转移意味着,尽管原债权人不再拥有该债权,但债权的实质权利依然存在,只是权利的行使主体发生了变更。

第五种观点是债权质押说。该观点认为,保理业务项下的应收账款转让类似于债权质押。应收账款债权人将应收账款"质押"给保理人,以此作为获取融资的担保,保理人取得的并非完整的债权,而是对应收账款的质押权。在这种法律关系中,应收账款的所有权并未转移,保理人仅享有对应收账款的质权。若应收账款债务人履行债务,保理人应将应收账款返还给应收账款债权人。当应收账款债务人不履行债务时,保理人可以通过行使质押权实现自己的权益。

第六种观点是混合合同说。该观点认为,保理合同法律关系并非单纯地属于上述某一种单一的法律关系,而是包含多种不同法律关系,具有委托代理、债权转让、债权质押和保证担保合同等多种合同特征。这种观点认为应当根据合同的具体内容和当事人的真实意思表示、实际行为来综合判断保理合同的法律性质。最高人民法院在(2019)最高法民申 2994 号案件的裁定书中认为:"保理为基于应收账款债权让与的综合性金融服务,保理合同为包含金融借贷、债权让与在内的混合合同。"①

二、基础合同法律关系

基础合同,通常是指应收账款债权人与债务人之间签订的买卖合同、服务合同等,在履行基础合同的过程中产生的应收账款则成为保理业务的核心资产,因此,基础合同法律关系在保理法律关系中起着至关重要的作用。

根据应收账款债权人与债务人之间的交易性质的不同,保理业务中基础合同法律关系主要包括以下几种类型:

1. 销售合同关系。这是保理业务中最常见的基础合同类型。在这类合同法律关系中,卖方(应收账款债权人)向买方(应收账款债务人)出售商品或提供服务,买

---

① 最高人民法院民事裁定书,(2019)最高法民申 2994 号。

方因此产生付款义务。销售合同可以采用批发、零售、加工承揽等形式,涉及的行业广泛,包括制造业、商贸业、服务业等。

2. 服务合同关系。这是指服务提供方(应收账款债权人)与接受服务方(应收账款债务人)之间的法律关系。在这类合同法律关系中,服务提供方根据合同约定向债务人提供特定的服务,如咨询、设计、维修、技术、物流等,债务人因此负有支付服务费用的义务。

3. 租赁合同关系。这是指出租方(应收账款债权人)与承租方(应收账款债务人)之间的法律关系。在这类合同法律关系中,出租方将租赁物交付给承租方使用、收益,承租方因此负有支付租金的义务。

4. 建设工程合同法律关系。建设工程合同法律关系是指建设单位(应收账款债权人)与施工单位(应收账款债务人)之间的法律关系。在这类合同法律关系中,建设单位委托施工单位进行工程建设,施工单位完成工程后,建设单位负有支付工程款的义务。

在上述几种合同中,合同产生的应收账款往往都可以作为保理融资的依据。

三、保理合同与基础合同的关系

《最高人民法院关于当前商事审判工作中的若干具体问题》第七条规定:"……要正确认识保理合同与基础合同的关系。基础合同的存在是保理合同缔约的前提。但是,二者并非主从合同关系,而是相对独立的两个合同。应当看到,二者有关权利义务关系的约定存有牵连。……"

从上述规定可以发现,保理合同与基础合同之间存在密切且相对独立的关系。一方面,基础合同的存在是保理合同缔结的前提。保理是一种以应收账款转让为核心的融资方式,其成立需以基础合同的存在为前提。而基础合同是应收账款产生的依据,故保理合同的成立和履行依赖基础合同所确定的债权债务关系。另一方面,虽然保理合同以基础合同的存在为前提,但二者并非主从合同关系。主从合同关系是指一个合同的成立、效力、变更和终止均以另一个合同的存在为前提。而保理合同与基础合同各自独立,是相互独立的两个合同,故保理合同的成立、效力、变更和终止并不依赖基础合同的履行情况。即使基础合同在履行过程中出现违约,保理合同的履行也不一定受到影响,只要应收账款的转让合法有效,保理人仍有权依据保理合同向债务人主张债权。

第四章　司法实务中相关诉讼分析研究

笔者以“保理”“保理业务”等关键词在中国裁判文书网及人民法院案例库等网站进行检索、收集并分析相关案例，发现值得关注的热点问题主要包括与保理业务管辖问题相关的争议、与保理法律关系认定相关的争议、与保理业务合同效力认定相关的争议等。

一、热点问题一：与保理业务管辖问题相关的争议

在保理业务相关法律纠纷中，管辖问题是一个不可忽视的争议焦点。由于保理相关案件通常涉及复杂的多重法律关系，至少包括保理合同、基础合同等多个合同关系。若保理合同与基础合同中约定的管辖完全一致，一般不会引发争议，但若保理合同与基础合同中约定的管辖不一致，则容易引发争议。根据保理人选择起诉对象的不同，一般存在以下几种可能性。

（一）保理人单独向应收账款债务人主张权利

保理人单独向应收账款债务人主张权利时，保理人通常会要求应收账款债务人支付应付款项、利息或者违约金等，在该种情况下，保理人仅选择将应收账款债务人列为案件的被告而不涉及应收账款债权人。

若保理人与应收账款债权人、债务人签署过三方协议且约定过管辖条款，在不违反专属管辖、级别管辖规定的情况下，保理人可以依据三方协议的约定确定管辖。

若保理人与应收账款债权人、债务人并未签署过三方协议，仅有保理人与应收账款债权人之间的保理合同、应收账款债权人与债务人之间的基础合同，保理人向应收账款债务人主张权利的请求实际上均是基于应收账款债权人与债务人在基础合同项下的权利义务，该类案件的请求权基础是应收账款债权人与应收账款债务人之间签订的基础合同。在司法实践中，主流观点认为，这种情况下应按照基础合同中的管辖约定以及《中华人民共和国民事诉讼法》（以下简称《民事诉讼法》）中的管辖原则确定案件的管辖法院，即使保理合同另行约定了管辖条款，该等管辖条款的

效力不应及于基础合同债务人。这主要是因为保理业务的基础是应收账款转让,基础合同真实存在是保理合同的缔约前提,保理人受让基础合同项下的应收账款,根据《最高人民法院关于适用〈中华人民共和国民事诉讼法〉的解释》第三十三条“合同转让的,合同的管辖协议对合同受让人有效,但转让时受让人不知道有管辖协议,或者转让协议另有约定且原合同相对人同意的除外”之规定,保理人在受让应收账款时理应审查基础合同,了解基础合同中的管辖约定,故该管辖约定应适用于保理人。

例如,在深圳某科技有限公司与某保理(深圳)有限公司合同纠纷案①中,深圳市中级人民法院认为,保理商提起本案诉讼,是以收回保理融资款为目的,其基于基础合同债权转让而主张应收账款债务人向其偿还应收账款,故该案应依据《民事诉讼法》关于管辖的规定并结合基础合同的约定确定管辖。

又如,在ZG银行某支行与甘肃某煤电股份有限公司、兰州某工贸有限公司等合同纠纷案②中,保理公司依据保理合同约定的管辖条款对应收账款债务人提起诉讼,甘肃省高级人民法院认为,鉴于在以买卖合同为基础合同的保理业务中,金融机构为买卖合同出卖方提供融资借款所签订的保理服务合同,与买卖合同之间相互独立,故当事人发生争议提起诉讼,案件管辖权应依据当事人争议的具体法律关系并按照相关法律规定确定。作为保理商的金融机构和基础合同的债权人因保理合同发生纠纷,应按照保理合同法律关系确定管辖;保理商向基础合同债权人和债务人或者仅向债务人主张权利时,因争议解决须以基础合同法律关系的解决为前提,故通常应当按照基础合同法律关系确定管辖;当保理商、债权人与债务人对争议的管辖另有约定时,应以约定确定管辖。

再如,在MS银行某分行与ZG石化某分公司、某能源股份有限公司等合同纠纷案③中,江苏省高级人民法院认为,保理业务系以债权人转让应收账款为前提,案涉保理人既已办理保理业务受让应收账款债权人的债权,向应收账款债务人主张应收账款,理应了解应收账款债权人、债务人之间的基础合同即《燃料油采购合同》的内容,该合同中关于管辖的约定不违反法律规定,应予认可。

另需注意的是,由于基础合同类型多样,有些基础合同需遵循专属管辖的规定。例如,在无锡某置业有限公司、深圳某保理有限公司等保理合同纠纷案④中,江苏省

---

① 参见广东省深圳市中级人民法院民事裁定书,(2021)粤03民辖终600号。
② 参见甘肃省高级人民法院民事裁定书,(2015)甘民二终字第157号。
③ 参见江苏省高级人民法院民事裁定书,(2015)苏商辖终字第00216号。
④ 参见江苏省无锡市中级人民法院民事裁定书,(2024)苏02民辖终291号。

无锡市中级人民法院认为,该案不适用涉案《保理合同》中的仲裁条款,而应以基础合同的性质并依据《民事诉讼法》的管辖原则确定管辖法院,该案基础合同为应收账款债权人、债务人签订的《工程施工合同》,应收账款债权人、债务人之间形成了建设工程施工合同关系,应适用不动产纠纷的专属管辖原则,即因不动产纠纷提起的诉讼,由不动产所在地人民法院管辖。

(二)保理人单独向应收账款债权人主张权利

保理人也可以单独向应收账款债权人主张权利,如要求偿还保理融资款或者回购已转让的应收账款债权。该种情况仅会发生在有追索权保理合同纠纷案件中。《民法典》第七百六十六条规定:"当事人约定有追索权保理的,保理人可以向应收账款债权人主张返还保理融资款本息或者回购应收账款债权,也可以向应收账款债务人主张应收账款债权。……"《最高人民法院关于适用〈中华人民共和国民法典〉有关担保制度的解释》(以下简称《民法典担保制度解释》)第六十六条第二款、第三款规定:"在有追索权的保理中,保理人以应收账款债权人或者应收账款债务人为被告提起诉讼,人民法院应予受理;保理人一并起诉应收账款债权人和应收账款债务人的,人民法院可以受理。应收账款债权人向保理人返还保理融资款本息或者回购应收账款债权后,请求应收账款债务人向其履行应收账款债务的,人民法院应予支持。"在该种情况下,保理人仅选择将债权人列为案件的被告,而不涉及债务人,案件的请求权基础是双方之间签订的保理合同。

在司法实践中,主流观点认为,应按照保理合同中约定的管辖条款以及《民事诉讼法》中的管辖原则确定案件的管辖法院,即若保理合同中明确约定了管辖条款,在不违反级别管辖及专属管辖的情况下,应按照保理合同中明确约定的管辖条款确定案件的管辖法院。

例如,在上海某实业有限公司与某商业保理(深圳)有限公司保理合同纠纷案①中,保理人选择单独起诉应收账款债权人,上海金融法院认为,双方之间签署的《国内有追索权保理业务合同》"专用条款"部分第十一条约定,与合同有关的争议由合同签订地人民法院管辖,且合同签订地为上海市虹口区,上述约定表述明确,不违反级别管辖和专属管辖规定,当属有效。

又如,在某国际贸易有限公司等与某商业保理有限公司保理合同纠纷案②中,保理公司单独起诉应收账款债权人,由于案涉保理合同中明确约定发生争议时由保理

---

① 参见上海金融法院民事裁定书,(2023)沪 74 民辖终 96 号。

② 参见北京金融法院民事裁定书,(2021)京 74 民辖终 15 号。

公司所在地法院管辖，北京金融法院确认该案应依据保理合同的管辖约定确定管辖法院。

再如，在某商业保理公司与某医药有限公司保理合同纠纷案①中，广州市中级人民法院认为，保理人与应收账款债权人签订的保理合同约定"协商不成的，任何一方均有权将该争议向本协议签署地人民法院提起诉讼"，该等约定是双方当事人的真实意思表示，应以双方约定的签订地为合同签订地，现保理人与应收账款债权人作为独立民事主体，明确约定以合同签订地为协议管辖的连接点，系自行决定如何行使诉讼权利的行为，且不存在破坏正常民事诉讼管辖秩序的情形，故双方约定的管辖协议应属有效。

（三）保理人同时向应收账款债权人、债务人主张权利

如前所述，根据《民法典》第七百六十六条及《民法典担保制度解释》第六十六条的相关规定，有追索权的保理人既可以向应收账款债权人主张权利，也可以向债务人主张权利。在实践中，出于节约诉讼成本、便于起诉等考虑，有的保理人会选择同时向应收账款债权人、债务人进行主张。实践中存在保理合同和基础合同对于管辖的约定不一致的情况，近年来各地法院对于该种情况下应如何确定管辖仍存在一定争议，比较常见的司法裁判观点主要如下。

1. 司法裁判观点一：原则上应根据基础合同的约定确定管辖。

近年来，以最高人民法院为代表的法院倾向于认为，在保理人一并起诉应收账款债权人及应收账款债务人的情形下，原则上应适用基础合同确定管辖。

例如，在某投资集团有限公司与某银行股份有限公司北京分行等合同纠纷案②中，最高人民法院认为，基础合同、保理合同各自独立又相互关联，共同构成保理法律关系。因此，应根据基础合同、保理合同并结合原告的诉讼请求确定管辖法院。考虑到该案纠纷是因应收账款债务人未遵循基础合同而发生，因此该案的重点为基础合同，应以基础合同约定的争议解决条款确定诉讼管辖法院。

又如，在某商业保理（辽宁）有限公司与某热力有限公司等合同纠纷案③和福建某药业股份有限公司与某国际商业保理有限公司合同纠纷案④中，重庆市高级人民法院认为，保理人与应收账款债权人签订保理合同是不需要基础合同中的应收账款

---

① 参见广东省广州市中级人民法院民事裁定书，（2023）粤01民终20341号。

② 参见最高人民法院民事裁定书，（2019）最高法民辖终355号。

③ 参见重庆市高级人民法院民事裁定书，（2020）渝民辖终114号。

④ 参见重庆市高级人民法院民事裁定书，（2020）渝民辖终66号。

债务人参与的,而仅需要向应收账款债务人发出应收账款转让通知,若保理人一并起诉应收账款债务人,法院直接依据保理合同中的约定确定管辖,可能会影响应收账款债务人对管辖的预期,导致“管辖突袭”,有失公平,因此,在保理人同时将基础合同债务人作为被告提起诉讼的情况下,保理合同中的管辖条款不应及于基础合同债务人,法院最终选择参考基础合同中的约定确定管辖。

此外,值得注意的是,最高人民法院曾在 2023 年 4 月发布《全国法院金融审判工作会议纪要(征求意见稿)》,其中第九条规定:“依照民法典担保制度解释第六十六条规定,保理人一并起诉应收账款债权人和债务人时,当事人对按照保理合同还是基础交易合同确定管辖法院发生争议的,原则上根据基础交易合同确定管辖法院,应收账款债务人与保理人另有约定的除外。基础交易合同无管辖约定或者约定不明的,依照民事诉讼法的相关规定确定管辖法院。保理人以其在受让债权时明确反对基础交易合同中的约定管辖条款,或不知道基础交易当事人之间有约定管辖或仲裁协议为由,主张基础交易合同当事人之间的约定管辖或仲裁协议对保理人不发生效力的,人民法院不予支持。”尽管该纪要目前尚未正式出台,但它仍可被视为一项重点观察对象,其可能对保理合同纠纷的管辖问题产生重要影响。未来,不排除该纪要将对保理合同纠纷的管辖问题进行统一规范,从而为相关争议的解决提供更为明确和统一的指导原则。

2. 司法裁判观点二:基础合同涉专属管辖的,应以基础合同确定管辖。

例如,在某建筑工程集团有限公司、某地铁商业保理有限公司等保理合同纠纷案①中,被上诉人以保理合同的债务人和基础合同的债务人为被告,一并向人民法院提起诉讼。青岛市中级人民法院认为,《最高人民法院关于适用〈中华人民共和国民事诉讼法〉的解释》第三十三条规定,合同转让的,合同的管辖协议对合同受让人有效,但转让时受让人不知道有管辖协议,或者转让协议另有约定且原合同相对人同意的除外。在该案中,保理人将应收账款债务人作为被告提起诉讼时,除非保理人与债务人另有约定,一般应以基础合同确定案件管辖。因上诉人与基础合同债务人系建设工程施工合同纠纷,适用不动产专属管辖,工程所在地位于黄岛区,故该案应由黄岛区人民法院管辖。

3. 司法裁判观点三:保理合同与基础合同之间存在紧密的法律联系和事实联系,如果保理人同时将应收账款的债权人和债务人作为被告提起诉讼,在不违反专属管辖及级别管辖的情况下,基于案件的牵连性,对于保理合同纠纷有管辖权的法

---

① 参见山东省青岛市中级人民法院民事裁定书,(2023)鲁 02 民辖终 131 号。

院同样能够获得债权转让之诉的管辖权,故在该种情况下法院可以依据保理合同的约定确定管辖。

例如,在浙江某股份有限公司、无锡某商业保理有限公司等合同纠纷案①中,江苏省高级人民法院认为,保理合同纠纷中,因为基础合同债务人已经认可应收账款债权转让,所以基础合同法律关系与保理融资法律关系具有牵连性,可以根据保理合同中约定的管辖条款确定管辖法院。

又如,在某煤业股份有限公司等与某商业保理有限公司合同纠纷案②中,北京市高级人民法院认为,在有追索权保理合同纠纷中,因保理人对保理合同债务人享有追索权,故其可选择一并起诉保理合同债务人及基础合同债务人。该案中,涉案保理合同明确约定了管辖条款,系当事人真实意思表示,亦不违反《民事诉讼法》相关强制性规定,故应按照保理合同约定确定管辖法院。

再如,在某商业保理有限公司、某建工有限公司等合同纠纷案③中,深圳市中级人民法院认为,本案中,保理人与应收账款债权人和债务人之间未签订三方保理合同,保理人既依据其与应收账款债权人签订的《国内商业保理合同》对应收账款债权人提起诉讼,同时又基于基础合同的债权转让而向应收账款债务人提起诉讼,这两个诉属于诉的合并。第一个诉涉及保理合同的履行,第二个诉涉及基础合同项下应收账款的偿还。按照《民法典》的规定,保理人其实可以分别起诉,因此该两个诉可以理解为非必要共同诉讼。由于两诉在法律关系和法律事实上的密切关联,当保理商一并起诉且不违反专属管辖规定时,基于牵连管辖,对保理合同纠纷具有管辖权的法院,同样可以取得债权转让之诉的管辖权。

4. 司法裁判观点四:当保理人一并起诉应收账款债权人、债务人时,分别诉讼将增加诉累、不利于协调处理,合并审理利于事实查明、减少诉累,应以保理合同的约定确定管辖。

例如,在某天然气股份有限公司分公司与霍尔果斯某商业保理有限公司等合同纠纷案④中,上海金融法院认为,该案系保理合同纠纷,保理人依据《保理业务合同》中约定的追索权和担保条款起诉应收账款债权人,同时又依据其自一系列钻井工程合同中受让的应收账款债权起诉应收账款债务人。但由于该案中保理合同纠纷追索权之诉与应收账款之诉的诉讼标的是共同的,给付目的只有一个,故以上两诉合

---

① 参见江苏省高级人民法院民事裁定书,(2019)苏民辖终34号。
② 参见北京市高级人民法院民事裁定书,(2018)京民辖终29号。
③ 参见广东省深圳市中级人民法院民事裁定书,(2021)粤03民辖终2267号。
④ 参见上海金融法院民事裁定书,(2020)沪74民辖终45号。

并审理有利于案件事实的查明,减少当事人诉累。在该案保理合同与基础合同的管辖约定存在冲突且约定的管辖法院均有管辖权的情况下,保理人选择根据保理合同的管辖约定向上海市浦东新区人民法院起诉,符合《民事诉讼法》之规定。

又如,在南京某棉纺织印染有限公司、合肥某商业银行股份有限公司某支行合同纠纷案①中,安徽省高级人民法院认为,保理业务涉及三方当事人的两个合同法律关系,即作为应收账款基础的买卖合同关系和作为保理融资的借款合同关系。虽然保理人向应收账款债权人、应收账款债务人主张权利的请求权基础不同,但这两种法律关系都是基于同一棉花购销的事实而产生,分别诉讼势必增加当事人诉累,也不利于两种法律关系的协调处理,故保理人选择依据保理合同的约定提起诉讼,并不违反法律规定。

再如,在常州某建设产业集团有限公司与江苏某商业保理有限公司、江苏某建设工程有限公司等合同纠纷案②中,苏州市中级人民法院认为,该案应收账款的债权转让、保理合同、保证合同共同构成了保理业务,同时涉及保理人、应收账款债权人、债务人等多方权利义务主体以及它们相互之间的权利义务关系,它们牵连紧密,属于不可分的必要共同诉讼,应予合并审理。因此,该案应依据保理合同的约定确定管辖法院。

5. 司法裁判观点五:保理合同、基础合同是相对独立的两个合同,应分案管辖。

例如,在北京某商业保理有限公司与某电气工程有限责任公司等合同纠纷案③中,北京市第一中级人民法院认为,该案涉及的保理法律关系与基础合同法律关系在管辖约定方面存在冲突,原告应分别起诉。

又如,在上海某商业保理有限公司、福建南平市某教育科技有限公司等合同纠纷案④中,南平市中级人民法院认为,起诉债权人的管辖依据和债务人的管辖依据应分开适用。该案基础交易合同约定的管辖法院为债务人所在地法院,应收账款转让协议和保证合同则通过仲裁条款约定管辖。保理公司针对债权人、担保人的起诉,应适用仲裁条款,向约定的仲裁机构申请仲裁;针对债务人的起诉,应另行提交债务人所在地法院通过诉讼解决。

6. 司法裁判观点六:保理合同、基础合同之间不存在主从合同关系,若约定不一致,应脱离保理合同、商务合同的具体约定,以整体眼光来看待,适用普通合同纠纷

---

① 参见安徽省高级人民法院民事裁定书,(2020)皖民申 2849 号。
② 参见江苏省苏州市中级人民法院民事裁定书,(2019)苏 05 民辖终 124 号。
③ 参见北京市第一中级人民法院民事判决书,(2020)京 01 民初 63 号。
④ 参见福建省南平市中级人民法院民事裁定书,(2021)闽 07 民终 606 号。

的一般管辖原则确定管辖。

例如,在中国某银行股份有限公司武汉某支行与中国某信息产业股份有限公司、湖北某实业有限公司等合同纠纷案[①]中,最高人民法院认为,保理合同、商务合同之间不存在主从关系,无法根据协议约定确定案件的管辖法院。因此,不予认可保理合同、商务合同中的管辖条款,而应依据《民事诉讼法》关于合同纠纷的一般管辖原则确定管辖法院。即当保理合同和商务合同对管辖法院的约定不一致时,应脱离保理合同、商务合同的具体约定,以整体眼光来看待,适用普通合同纠纷管辖原则,即向被告住所地或合同履行地(接收货币一方所在地)法院起诉。

又如,在中国某银行股份有限公司太原某支行与中铁某局集团西北工程有限公司、太原某工程机械销售有限公司等合同纠纷案[②]中,最高人民法院认为,由于该案属于法院应当合并审理的必要共同诉讼,三份合同中的协议管辖条款和仲裁条款内容相互矛盾冲突,分别指向不同的主管机关或管辖法院,《保理合同》与两份《采购合同》不存在主从关系,无法根据协议约定的条款确定案件的主管与管辖。因此,该案应依据《民事诉讼法》关于合同纠纷的一般管辖原则确定管辖法院。

7. 司法裁判观点七:若应收账款债务人向保理人出具了应收账款转让通知书,应收账款债权转让通知书作为保理合同附件的一部分,与保理合同具有同等法律效力,保理合同中有关协议管辖的约定对应收账款债务人亦具有约束力。

例如,在 HB 银行某分行与某物流(天津)有限公司、青岛某矿业有限公司等金融借款合同纠纷案[③]中,最高人民法院认为,应收账款债权转让通知书是保理合同附件的一部分,与保理合同具有同等法律效力,共同构成完整的保理合同项下的双方权利义务内容。应收账款债务人在应收账款债权转让通知书上加盖公章是其真实意思表示,应当视为其接受保理合同中包括管辖约定在内的条款的约束。

又如,在某矿业有限公司与某国际租赁股份有限公司、某开发有限公司等其他合同纠纷案[④]中,上海市高级人民法院认为,应收账款债务人签章的《应收账款转让通知书回执》已表明,其完全知悉涉案保理业务。据此,该案法院有权依据保理合同约定确定管辖。

二、热点问题二:与保理法律关系认定相关的争议

在保理业务相关纠纷中,与法律关系认定相关的争议屡见不鲜,其中应收账款

---

① 参见最高人民法院民事裁定书,(2016)最高法民辖终 38 号。
② 参见最高人民法院民事裁定书,(2015)民申字第 2394 号。
③ 参见最高人民法院民事裁定书,(2015)民二终字第 98 号。
④ 参见上海市高级人民法院民事裁定书,(2019)沪民辖终 16 号。

的地位和作用至关重要，往往成为影响相关法律关系认定的关键所在。应收账款作为保理业务的客体，其真实性、合法性、有效性以及是否具有可确定性、可预期性、可转让性等在保理法律关系的认定上占决定性因素。若应收账款真实、合法、有效且具有可确定性、可预期性、可转让性，基于此认定构成保理合同法律关系的可能性较大；若应收账款存在虚构、瑕疵或不确定性、不可转让性，可能会使法院倾向于将相关法律关系认定为借贷等其他法律关系。

（一）关于虚构应收账款对保理法律关系认定的影响

存在真实的应收账款是保理法律关系成立的前提。理论上而言，倘若应收账款缺乏真实交易背景即应收账款系虚构，基础交易不存在，应收账款不成立，应收账款转让自然亦不存在，保理法律关系亦缺乏基础。但是，我国《民法典》第七百六十三条作出特别规定："应收账款债权人与债务人虚构应收账款作为转让标的，与保理人订立保理合同的，应收账款债务人不得以应收账款不存在为由对抗保理人，但是保理人明知虚构的除外。"基于此，即便应收账款是虚构的，只要保理人并不明知，债权人与保理人之间的债权转让仍然可能被认定为有效，保理法律关系仍有可能成立。而且值得重点关注的是，该条规定的是"保理人明知虚构"而非"保理人知道或者应当知道"，因此，实践中有观点认为，《民法典》第七百六十三条的规定排除了"保理人应当知道"的推定情形，从某种程度上来说，这也降低了保理人对于虚构应收账款这一事实的审核以及注意义务。这意味着，只有在保理人明确知晓应收账款不存在的情形之下，才能够打破其合理的信赖，不适用《民法典》第七百六十三条的规定对其予以保护。

在司法实践中，法院往往会结合案件的具体事实和证据，对应收账款是否虚构、保理人对此是否明知等进行综合判断，并对案涉法律关系作出不同的认定。《最高人民法院关于当前商事审判工作中的若干具体问题》第七条亦规定，"实务中确实有部分保理商与交易相对人虚构基础合同，以保理之名行借贷之实。对此，应查明事实，从是否存在基础合同、保理商是否明知虚构基础合同、双方当事人之间实际的权利义务关系等方面审查和确定合同性质"。司法实践中的相关认定主要可以分为以下几种情况。

1. 若应收账款债权人与债务人共同虚构应收账款，法院一般会结合保理人是否对此明知、保理人是否具有善意进一步判断。若法院经审理认定保理人对此明知，法院倾向于认为保理合同法律关系系通谋虚伪的意思表示，会根据双方隐藏的真实意思表示认定实际构成的法律关系。若法院经审理认定保理人对此不明知，大多数法院倾向于仍按保理法律关系处理。

在实践中,判断保理人是否明知应收账款虚构,通常可以结合多个因素综合判断。首先,保理人在订立保理合同时通常需要对应收账款债务人及债权人的信用状况、财务状况、经营状况等进行尽职调查。如果保理人的尽职调查材料中应收账款存在虚构的迹象,如基础交易合同存在重大疑点、债务人的信用记录不佳等,可据此合理推测保理人可能明知应收账款虚构。其次,案涉合同的条款内容也可能提供线索。如果案涉合同中的应收账款的金额、账期、交易对手等方面存在明显不符合常理或市场规律的情况,而保理人仍然接受,这可能显示其明知应收账款存在问题。最后,如果有第三方证据表明保理人在订立保理合同时已知悉应收账款是虚构的,如交易参与方的证人证言、相关的通讯记录、邮件往来、保理人的内部审查报告等,这些材料亦有助于判断保理人是否明知应收账款虚构。

笔者所在的律师团队成功代理了某商业保理有限公司诉上海某实业有限公司、上海某国际贸易有限公司、上海某房地产开发有限公司、燕某某等合同纠纷案①,该案的主要争议焦点之一即为案涉保理业务项下的应收账款是否真实有效、保理人是否对此明知。全面分析该案材料及大量细节后,笔者所在律师团队判断:案涉保理业务项下并不存在真实有效的应收账款,案涉保理业务的基础合同(《购销协议》)实际上由保理商在应收账款债权人与债务人已履行完毕的购销合同基础上制作而成。基于此,笔者所在律师团队在该案中提出了"系争《保理协议》所对应的应收账款和基础商务合同系由保理人安排、主导虚构而成,故作为主合同的《保理协议》无效;主合同无效,则作为从合同的保证合同亦无效"的观点,并围绕上述观点展开了严格、周密的论证:第一,该案其他当事人曾就本案向当地公安局报案,控告案涉保理公司涉嫌诈骗罪。上海市公安局浦东分局经侦支队曾经对保理人多名相关员工就"案涉保理业务的开展过程"进行过多次询问并形成询问笔录,各人表述的内容前后一致且能相互印证,足以证明本案之基础合同系根据保理人的要求和安排虚构而成。具体而言,保理人的经办员工均承认:案涉业务进行之初,应收账款债权人提供的原始贸易合同约定的是"带款提货",并不符合保理业务收款账期的要求,但保理人为符合保理的形式要件,单方重新制作了有收款账期的贸易合同,即本案的基础合同,并要求应收账款债权人与债务人配合签署。而结合应收账款债务人的证据可以发现,真实交易关系项下的货款在 2016 年 8 月 8 日前即已支付完毕,所谓的"应收账款"根本不存在。此外,在庭审过程中,保理人曾申请其经办员工作为证人出庭

---

① 参见上海市高级人民法院民事判决书,(2021)沪民终 236 号。

作证、接受质证,经交叉询问,其证人证言与经侦笔录内容基本吻合,充分证明应收账款债权人并没有通过本案“保理业务”向保理人融资的真实意思表示,而且本案所有的“保理融资”文件、行为、动作都是保理人主导并推动的。第二,合同的签署时间亦可印证案涉基础合同系虚构而成。《购销协议》记载的签署日期虽然是2016年6月6日,但实际上,根据经侦笔录中保理人员工的陈述,《购销协议》和《保理协议》等文件均于2016年8月8日签订。第三,案涉基础合同本身自相矛盾的内容也足以印证案涉基础合同系虚构而成。《购销协议》约定“交货周期为2016年6月6日至2016年7月31日”,但同时签署的《补充协议》却又说2016年6月6日“实业公司的对应供货义务均已经履行完毕”。此外,保理人提交的用以证明基础合同已履行完毕的4张提货单中有3张的时间在6月6日之后,分别为6月14日和7月20日,均晚于《补充协议》记载的供货义务履行完毕日;保理人提交的用以证明基础合同已履行完毕的发票上记载的单价有4种,而《购销协议》却只约定了1种单价。综上,无论是从保理人全程主导、安排虚构本案《保理协议》所对应的应收账款和基础合同的行为来看,还是从经侦笔录中多方相印证的表述来看,均可推出案涉应收账款和基础合同是虚构的,事实上根本不存在。最终,本案一审判决和二审判决均采纳了本方提出的主张和意见,认定案涉保理业务并不存在真实有效的应收账款,而由于保理人对应收账款虚假一事明知,并且接受应收账款虚假的事实,其本身并非善意,因此,该案不构成保理法律关系。

又如,在某银行股份有限公司与某电力燃料有限公司合同纠纷案①中,最高人民法院认为,应收账款债权人与债务人变造基础交易合同,在保理人调查、核实过程中,双方共同实施欺诈行为,制造双方之间存在应收账款的假象,应当认定基础交易合同无效。但最高人民法院亦认为,保理人已尽审慎注意义务,其有理由相信应收账款债权真实存在,基础合同无效不影响保理合同的效力,保理人对应收账款转让方享有追索权。

2. 若应收账款债权人单方虚构应收账款,除审查保理人是否对此明知外,法院通常还会审查保理人是否已尽合理的必要的审查义务。若经审理认为保理人已尽合理的必要的审查义务,法院一般会按保理合同法律关系处理。反之,若经审理认定保理人未尽必要的审查义务,法院一般会按实际构成的法律关系处理。

实践中,保理人合理的必要的审查义务通常包括以下几个方面:首先,是对基础合同的审查,如保理人需要核查合同的真实性、完整性和有效性,包括合同的签订主

---

① 参见最高人民法院民事判决书,(2017)最高法民再164号。

体、合同条款、交易标的、价格、付款条件等关键要素,判断合同是否存在明显的瑕疵或不合理之处。其次,是对应收账款真实性、有效性、可转让性的审查,审查应收账款债权是否已经产生、是否存在争议或限制转让的情形,审查相对应的发货单、收货单、生产单、采购单、出入库单据、发票、验收报告、应收账款台账、银行结算记录等文件。再次,是对交易背景的审查,如了解交易各方的业务关系、交易习惯、行业惯例等,判断交易是否符合正常的商业逻辑。最后,还需要核查交易各方的信用记录、财务状况、经营状况等。而在判断保理人是否履行了合理必要的审查义务时,通常会结合保理人审查的程序和方法是否符合行业标准和惯例、审查的深度和广度是否足够、审查所依据的信息来源是否可靠、是否具备相应专业水准和经验等进行综合判断。

例如,在重庆某商业保理有限公司与黄某旻、重庆某工程设计有限公司等保理合同纠纷案①中,重庆自由贸易试验区人民法院认为,在债权人单方虚构应收账款的场合,既要考虑保理人是否存在明知的情形,也要考虑其是否尽到了交易上的合理注意义务,若保理人审查了交易合同、相关单据、财务凭证等基础交易材料且应收账款债务人向保理人出具了应收账款确认函,可视为其已尽到必要的审查义务,应收账款不真实不影响保理合同的效力,以保理合同法律关系处理;若保理人未尽必要审查义务,则推定各方并无缔约保理合同的意思表示,应根据实际构成的法律关系处理。原告某保理公司未能举证证明其审查了两笔应收账款所对应的基础交易合同原件,其虽向债务人中国DJ某院和中国SD某局登记地址邮寄债权转让通知,但缺乏回函等证据佐证中国DJ某院和中国SD某局实际收悉,也无回函确认相应应收账款的真实存在,原告作为专业的保理公司,在开展保理业务时未尽到尽职调查义务,针对案涉两笔应收账款,保理人某保理公司、债权人某京公司、债务人中国DJ某院及中国SD某局之间并无缔约保理合同的意思表示,三方并不构成保理合同关系。

又如,在深圳市某投资集团有限公司与上海某商业保理有限公司等保理合同纠纷案②中,上海金融法院经审理认为,保理人未尽到基本的形式审查义务,其在接受应收账款债权人的保理业务叙作申请时,在案涉应收账款明显已超出合同约定的合理付款时间的情况下,未能提供证据证明其要求应收账款债权人作出说明,或要求其进一步提交材料以核实应收账款是否真实存在,或向基础合同债务人核实应收账款的情况,即向应收账款债权人发放保理融资款,反映出保理人实质上对于应收账款是否真实存在并不关心。鉴于案涉当事人均未能举证证明案涉保理合同签订时

---

① 参见重庆自由贸易试验区人民法院民事判决书,(2023)渝0192民初4439号。

② 参见上海金融法院民事判决书,(2023)沪74民终553号。

存在真实且尚未履行完毕的基础应收账款,故难以认定本案构成保理法律关系。结合保理合同中融资期限内按季度付息以及指定情况下必须回购的情形以及一经通知应当立即履行回购义务等相关款项支付安排,二者之间应按照民间借贷法律关系予以认定。

而在上海某货运代理有限公司等与上海某融资租赁有限公司保理合同纠纷案①中,山东省高级人民法院认为,保理商与应收账款债权人之间是否构成保理法律关系,应当以《民法典》第七百六十一条为标准,以合同约定与履行情况、保理商是否合理履行审慎义务为基础,综合判断相关业务是否与转让应收账款具有密切关联性,进而认定双方实质法律关系。在此基础上,应当结合是否存在导致合同无效情形、保理商是否具有金融借贷资质、款项发放具体数额等事实,综合认定合同效力与应偿还的本金、利息。本案中,某货运代理公司和某融资租赁有限公司在合同的约定内容和履行方面均与基础债权债务的履行无关,即本案所涉应收账款不具有关联性,某融资租赁公司也未合理履行作为保理商的审慎义务,故双方之间的法律关系不具有保理合同的法律特征,实为借贷法律关系。

在某银行与某集团公司等金融借款合同纠纷案②中,天津市高级人民法院认为,案涉保理人系专业金融机构,对于合同的审批及签署具有严格的流程和标准,对于合同相对方经办人员的授权也应具有较高的注意义务,但结合在案证据,难以认定保理人有理由相信庄某有权代表合同相对方确认涉案应收账款。因此,保理人所主张的应收账款不真实、行为人签订案涉协议的行为亦不构成表见代理,在案证据不足以认定该案当事人之间成立保理合同关系,该案实际成立借款合同关系。

(二)关于应收账款是否适格对保理法律关系认定的影响

应收账款具有可确定性、可预期性、可转让性等特点。在司法实践中,法院在判断保理法律关系是否成立时,也会重点审查应收账款的可确定性、可预期性、可转让性。如果应收账款不适格即不满足可确定性、可预期性、可转让性的条件,法院往往会倾向于认定保理法律关系无法成立。

例如,在某商业保理有限公司与某足浴有限公司等不当得利纠纷案③中,烟台市中级人民法院认为,依照系争保理合同约定,应收账款债权人将"POS 机上形成的所有应收账款及其收款权利"转让给保理人,据此从保理人处获取资金,所产生的应收

---

① 参见山东省高级人民法院民事判决书,(2021)鲁民终 2289 号。
② 参见天津市高级人民法院民事判决书,(2021)津民终 482 号。
③ 参见山东省烟台市中级人民法院民事判决书,(2021)鲁 06 民终 3785 号。

账款系应收账款债权人POS机产生的所有应收刷卡交易额,系应收账款债权人于未来商业活动中可能产生的约定金额之债,由于该债权涉及多个不特定的债务人,目前情况下难以确定未来债权的相对稳定性,且无法认定本案中所涉及的未来债权具有可期待的合理利益。因此,涉案的应收账款在当前情况下不具备转让的条件,不符合保理合同的特征,故案涉当事人之间的保理合同关系不成立。

又如,在某商业保理(上海)有限公司与某快递服务有限公司、某制笔有限公司等其他合同纠纷案①中,上海市浦东新区人民法院认为,本案争议焦点是保理人与应收账款债权人即某快递服务有限公司之间是否构成保理合同法律关系。详言之,案涉基础交易合同项下的未来应收账款是否可预期、可确定。应收账款债权人向保理人提供了《快递物品快递托运合同》等基础交易合同、场地租赁合同、银行流水、开票明细等。上述基础交易合同中快递服务内容,符合应收账款债权人某快递服务有限公司所属的行业,同时也可以证明应收账款债权人及其法定代表人与基础交易合同下的部分债务人之间已经存在经济往来关系,故对保理人而言,基础交易合同下的未来应收账款可预期。基础交易合同包含了价格条款、结算方式、收款账户名、账号等具体详细的内容。上述合同内容使应收账款于将来实际发生时可以确定。审理中,应收账款债权人也陈述基础交易合同部分实际履行,故案涉应收账款可预期并可确定。案涉保理合同系有追索权的保理合同,合同中约定的收益、回购等内容,符合有追索权保理合同的特征,未违反相关强制性法律规定。故,保理人与应收账款债权人某快递服务有限公司之间构成保理合同法律关系。

三、热点问题三:与保理业务合同效力认定相关的争议

在保理业务相关纠纷中,合同效力的认定也常常成为争议焦点之一,其中可能涉及众多问题,尤其值得关注的是虚构应收账款是否会对合同的效力产生影响的问题。

在保理业务中,应收账款的真实性是确立保理法律关系的基础,虚构应收账款的情形对于保理法律关系的成立与否以及保理合同的效力认定具有直接影响。保理人是否明知虚构应收账款的事实,成为判断合同效力的关键标准之一。如果保理人对于应收账款虚构并不明知,保理人与应收账款债权人仍然构成保理法律关系,如无其他导致合同无效的情形,保理合同仍然合法有效。如果保理人明知应收账款是虚构的,根据《民法典》的相关规定,该保理合同可能被认定为无效,但即使保理合

---

① 参见上海市浦东新区人民法院民事判决书,(2019)沪0115民初90183号。

同被认定无效，保理人与应收账款债权人之间的交易仍有可能构成借贷或其他法律关系，其实际合同效力需根据具体情况具体分析，如从内容是否违反法律、行政法规的强制性、禁止性规定等方面进行综合审查。

1. 司法裁判观点一：虽然应收账款系虚构，但保理人对此不明知的，保理人与应收账款债权人仍然构成保理法律关系，如无其他导致合同无效的情形，保理合同合法有效，当事人应按照合同约定履行各自的权利义务。

例如，在某有限公司、GS银行某支行合同纠纷案①中，最高人民法院认为，在办理涉案保理业务之前，保理人已经以《应收账款保理业务确认书》的形式向应收账款债权人与债务人确认了买卖合同的真实性，并审查了双方提交的《买卖合同》、出入库单据及增值税发票等的真实性，上述事实证明保理人足以产生合理信赖并有理由相信涉案应收账款债权真实、合法、有效。因此，即使应收账款债权人与债务人之间的涉案买卖合同确系虚伪意思表示，双方亦不得以此对抗作为善意第三人的保理人，保理合同有效。

又如，在某某公司与贺某等保理合同纠纷案②中，上海市浦东新区人民法院认为，保理人提供了《国内有追索权暗保理业务合同》和《应收账款转让申请暨确认书》、送货单、发票等证据，应收账款债权人转让的应收账款与上述证据在形式上能相互印证，能够证明保理人开展保理业务时对基础交易履行了适当审查义务。此外，虽然应收账款债权人认可其提供的应收账款部分不真实，其余部分已结清，但保理人受外观主义保护，该案并无证据证明保理人在开展保理业务时主观上明知基础合同存在虚假，故法院认定保理人与应收账款债权人之间成立保理合同法律关系，《国内有追索权暗保理业务合同》未违反法律法规强制性规定，应为有效，合同双方均应遵守。

2. 司法裁判观点二：应收账款债权人和债务人之间不存在真实、有效的应收账款，且保理人对此明知的，保理合同关系丧失成立基础，不构成保理法律关系。如果双方是以保理之名行借贷之实，则应以借贷法律关系确定当事人之间的权利义务。而对于借贷法律关系的效力，法院往往会按民事法律行为的一般有效要件（结合《民法典》第一百五十三条、第一百五十四条规定）以及是否存在使民间借贷关系无效的情形（如《最高人民法院关于审理民间借贷案件适用法律若干问题的规定》第十三条所列举的无效事由）进一步判断。

例如，在前文提及的笔者所在律师团队成功代理的某商业保理有限公司诉上海

① 参见最高人民法院民事裁定书，(2018)最高法民申4320号。

② 参见上海市浦东新区人民法院民事判决书，(2023)沪0115民初41085号。

某实业有限公司、上海某国际贸易有限公司、上海某房地产开发有限公司、燕某某等合同纠纷案①中,上海市高级人民法院认为,案涉保理业务并不存在真实有效的应收账款,而且保理人、应收账款债权人、应收账款债务人对于应收账款系虚构均为明知,故该案不构成保理合同法律关系,应认定为保理人、应收账款债权人之间的借款关系。对于该等借款法律关系的效力,由于借款行为系真实意思表示,且不存在法定无效情形,亦无证据显示保理人以发放贷款为主要业务或主要利润来源,故该案借款法律关系应作有效处理。

若法院最终认定案件不构成保理合同法律关系、实际构成民间借贷等其他法律关系,一般还会按民事法律行为的有效要件进一步判断相应法律关系的效力。若无法定无效情形,一般会被认定为有效。但需注意的是,若法院认定构成民间借贷法律关系,法院对民间借贷法律关系效力的审查,不仅会依据《民法典》第一百五十三条、第一百五十四条进行,还会根据《最高人民法院关于审理民间借贷案件适用法律若干问题的规定》第十三条所列举的无效事由进行审查。如法院发现案件涉及套取金融机构贷款转贷的;以向其他营利法人借贷、向本单位职工集资,或者以向公众非法吸收存款等方式取得的资金转贷的;未依法取得放贷资格的出借人,以营利为目的向社会不特定对象提供借款的;出借人事先知道或者应当知道借款人借款用于违法犯罪活动仍然提供借款的;违反法律、行政法规强制性规定的;违背公序良俗的,也会认定民间借贷法律关系无效。

又如,在上海某商业保理有限公司与江苏某经贸发展有限公司等民间借贷纠纷案②中,上海市浦东新区人民法院认为,本案所涉保理合同名为保理实为借贷,是案涉保理公司对外放贷获取债权的一种方式,属于"证大系"企业犯罪行为的重要组成环节,其借贷本金来源于非法募集的资金,最终目的也系非法募集资金。故涉案借贷合同符合法律规定的以合法形式掩盖非法目的的无效合同的情形,应当认定为无效合同。

3. 司法裁判观点三:若应收账款虚构系因保理人在应收账款真实性方面受欺诈,保理合同应为可撤销合同,保理人享有撤销权,保理合同被撤销之后,自始没有法律约束力,但在撤销之前,保理合同不当然无效。

例如,在中国某银行股份有限公司延安分行与河南某石油经销集团有限公司金融借款合同纠纷案③中,应收账款债权人主张案涉应收账款在保理合同订立前已清

---

① 参见上海市高级人民法院民事判决书,(2021)沪民终236号。

② 参见上海市浦东新区人民法院民事判决书,(2020)沪0115民再19号。

③ 参见最高人民法院民事判决书,(2020)最高法民终155号。

偿完毕,保理合同项下不存在真实的应收账款,合同无效,而最高人民法院认为,案涉保理合同要件齐全、形式完备,合同文本上的真实签章表明合同是当事人真实意思表示,合同内容亦不违反法律、行政法规的强制性规定,是合法有效的合同。应收账款债权人在合同订立时向保理人确认应收账款真实存在,在诉讼中又以不存在真实的应收账款为由对抗保理人的权利主张,违背了诚实信用原则。在应收账款债权人不能举证证明保理人明知应收账款是虚构的情形下,应收账款债权人确认应收账款真实存在的行为,构成对保理人的欺诈。根据《中华人民共和国民法总则》(已失效)第一百四十八条和第一百四十九条的规定,此种情况下保理人享有撤销权,但其选择不行使撤销权,请求继续履行合同,对其主张应予支持。

又如,在霍尔果斯某商业保理有限公司与福建某贸易有限公司等其他合同纠纷案[①]中,上海市高级人民法院认为,保理人因受欺诈在违背真实意思情况下签订保理合同的,有权请求撤销;在有追索权的保理合同中,保理人未行使撤销权的,保理合同对双方当事人仍具有法律效力,保理人可向保理融资人主张回购应收账款。

再如,在某商业保理有限公司与某股份有限公司等保理合同纠纷案[②]中,上海金融法院认为,虽然涉案基础债权不真实,但原告即保理人系因保理申请人或相关人员的欺诈在保理申请人未提供真实应收账款债权的情况下,违背真实意思与保理申请人建立了保理合同关系,发放了保理预支价款,在无证据证明保理人参与欺诈共谋或对保理申请人或相关人员欺诈行为明知或应知的情况下,保理人因受欺诈签订合同不构成合同无效的事由,保理人依法享有合同撤销权。现保理人并未行使撤销权,故《保理业务合同》在合同当事人之间仍具有法律效力。

四、思考与建议

结合上述司法实践案例可以看出,在司法实务中,保理业务涉及的法律关系的复杂性常常引发各种争议。因此,作为保理业务的参与方,保理人、应收账款债权人和应收账款债务人都应当在开展保理业务时充分了解相关法律规定、合理预见可能的法律风险并采取相应的风险防范措施。

对于保理人而言,笔者建议:在签订保理合同前,首先,保理人应当对应收账款的基础交易情况开展详尽的尽职调查,包括但不限于核实基础交易合同的真实性、完整性、有效性、交易背景的合法性以及应收账款的真实性、可确定性、可预期性、可转让性等。其次,保理人应当对应收账款债务人的信用状况、财务状况、经营状况等

---

① 参见上海市高级人民法院民事判决书,(2020)沪民终364号。

② 参见上海金融法院民事判决书,(2018)沪74民初1374号。

进行深入调查及分析,以尽可能确保应收账款的质量。在签订保理合同时,第一,保理人应根据自身商业需求与应收账款债权人、债务人签订明确、完善的保理合同,明确约定各方权利义务、管辖条款等,以避免在后续可能出现的法律纠纷中遇到障碍。第二,保理人应要求应收账款债权人提供应收账款转让通知书、债务人确认函等相关文件,确保债权转让的合法有效性。而对于有追索权保理,保理人应确保在保理合同中明确约定应收账款债权人回购应收账款的条件和义务以及应收账款债务人违约时的救济手段。在签订保理合同后,第一,保理人应当尝试建立有效的应收账款管理系统,尽可能实时掌握应收账款的状态,包括账款的到期日、债务人的支付记录和信用状况等。第二,保理人应定期对债务人的信用状况进行评估,包括其财务状况、经营状况、还款能力等,并根据评估结果采取相应的风险控制措施。第三,保理人应定期催收应收账款,并建立完善的催收流程,确保应收账款及时收回。此外,保理人应与应收账款债权人保持密切的沟通,及时了解基础交易的进展情况,并协商解决可能出现的风险和问题。

对于应收账款债权人而言,笔者建议:在签订保理合同前,首先,应收账款债权人应根据自身对保理业务的需求选择合适的保理人,如信誉良好、实力雄厚、业务流程规范的保理人,以尽可能确保保理业务的安全性。其次,应收账款债权人还应对拟转让的应收账款进行评估,确保拟转让的应收账款是基于真实交易产生的,确保其转让给保理人的应收账款真实、合法、有效并具有可确定性、可预期性、可转让性,避免虚构应收账款或转让存在瑕疵的应收账款。在签订保理合同时,应收账款债权人应仔细阅读保理合同条款,尤其要关注管辖条款、债权转让条款、追索权条款等关键条款,确保在发生争议时能够依法维护自身权益。此外,应收账款债权人还应当根据自身商业需求及时向债务人发出应收账款转让的通知,并取得应收账款债务人的确认。在签订保理合同后,应收账款债权人应积极配合保理商进行应收账款管理,关注应收账款的回收情况,如发现应收账款债务人存在逾期还款等违约行为,应收账款债权人应及时与保理商协商,并及时采取相应的风险控制措施。

对于应收账款债务人而言,笔者建议:应收账款债务人在获知应收账款转让后,应当及时核对应收账款转让的情况、确认应收账款转让的真实性,及时了解自身在保理业务中的还款义务,并了解还款方式、还款期限等。如存在任何异议,应及时提出。如应收账款转让属实,应收账款债务人应依约审慎履行支付义务。应收账款债务人应当注意保理合同中的条款,尤其是关于变更管辖和放弃抗辩权等约定,以免这些条款影响自身的合法权益。

结 语

本专题探析了保理业务中的法律关系以及司法实务中的争议问题,并为保理人、应收账款债权人和应收账款债务人提出了针对性的风险防范建议。然而,随着法律与金融市场的不断发展,保理业务相关法律法规不断更新和完善,新的司法裁判观点和案例亦不断涌现。为更好地应对保理业务领域的发展和变化,笔者将持续关注保理相关的诉讼案件,并梳理研析这些案件中的热点问题和司法裁判观点。笔者希望通过持续的研究和分享,为交易各方就保理业务所引发的纠纷提供参考和指导,帮助他们更好地理解和应对保理业务中的法律风险。同时,笔者也希望能够为市场参与者提供更加全面和及时的法律服务,促进保理业务领域健康发展。

实证研究篇

专题三

营业信托纠纷中受托人责任的实证研究

国浩律师（上海）事务所　朱奕奕　钟　茜　华祎琳

营业信托作为热门资管产品之一，在蓬勃发展的同时也面临诸多的挑战，营业信托纠纷是金融类常见纠纷。投资者在信托计划暴雷、亏损等情况下，常常会考虑起诉信托受托人（一般为信托公司），追究其损害赔偿责任。在“卖者尽责，买者自负”的大原则下，受托人要不要担责以及如何担责是司法实践中常常发生争议的问题，也是司法裁判意见纷纭的话题。对此，从司法实证研究出发，立足受托人义务之基础，清晰地划定信托关系中受托人的义务边界，才能更好地确定责任承担问题，从而为受托人合规履职提供建设性、保障性建议。

《全国法院民商事审判工作会议纪要》（以下简称《九民纪要》）“关于营业信托纠纷案件的审理”部分开篇也表明：营业信托纠纷从司法实践来看主要包括事务管理信托纠纷以及主动管理信托纠纷两类。针对这两种信托类型，信托机构作为受托人所需承担的责任也不尽相同，有必要进行分类讨论。本专题将结合实务案例对营业信托纠纷中受托人责任进行具体分析。

第一章　营业信托业务中受托人义务概述

一、法定义务

（一）信义义务

《中华人民共和国信托法》（以下简称《信托法》）第二十五条规定了受托人的信义义务，[①]该条是对受托人的管理责任的原则性规定，信义义务包括受托人的忠实义务与注意义务。忠实义务要求受托人诚实管理受托财产，禁止受托人损害投资者的权益，禁止受托人为自己牟利；注意义务要求受托人谨慎管理受托财产，要求受托人尽到一个善良管理人的注意义务。信义义务虽然为法定义务，但因其规定比较笼统抽象，在案例中需要结合合同约定与受托人的实际行为对其是否遵守信义义务进行判断。

（二）适当性义务

早在2007年，《信托公司集合资金信托计划管理办法》第六条就对信托计划合格投资者条件进行了规定，第七条则明确了信托公司推介时应进行信息披露和风险揭示[②]。2016年12月中国人民银行印发的《中国人民银行金融消费者权益保护实施办法》（已失效）明确了金融机构适当性义务，具体规定了金融机构的评估义务和

---

① 《信托法》第二十五条规定："受托人应当遵守信托文件的规定，为受益人的最大利益处理信托事务。受托人管理信托财产，必须恪尽职守，履行诚实、信用、谨慎、有效管理的义务。"

② 《信托公司集合资金信托计划管理办法》第七条规定："信托公司推介信托计划，应有规范和详尽的信息披露材料，明示信托计划的风险收益特征，充分揭示参与信托计划的风险及风险承担原则，如实披露专业团队的履历、专业培训及从业经历，不得使用任何可能影响投资者进行独立风险判断的误导性陈述。信托公司异地推介信托计划的，应当在推介前向注册地、推介地的中国银行业监督管理委员会省级派出机构报告。"

适当推介义务。[①] 之后,2018 年 4 月实施的《关于规范金融机构资产管理业务的指导意见》(银发〔2018〕106 号,以下简称《资管新规》)中进一步细化了金融机构的适当性义务履行标准[②]。

民商事争议领域,司法机关对金融机构适当性义务的认定基本与金融监管机构的规定保持一致,《九民纪要》第七十二条对适当性义务的含义、内容、要求也进行了详细的说明。[③] 金融机构履行适当性义务并非让投资者签署风险告知书就足够,司法实践中,法院通常结合全案证据实质审查判断受托人是否履行了适当性义务,下文将结合案例具体分析。

二、合同约定义务

《信托法》第八条规定,应当采取书面形式设立信托。[④] 在营业信托法律关系中,当事人与信托公司往往会签署信托合同、信托计划说明书、风险告知书等相关文件,其中会明确约定受托人的义务,既有对法定义务的重申,如约定为实现受益人的最大利益,在信托管理中受托人应恪尽职守,不得损害投资者的合法权益;也可能对信托管理过程的义务进行明确规定,如要求受托人建立内部风险控制制度,将信托财产与固有财产分开管理,履行及时信息披露义务,定期编制信托计划管理报告等。

---

① 《中国人民银行金融消费者权益保护实施办法》(银发〔2016〕314 号)第十一条规定:"金融机构应当根据金融产品和服务的特性评估其对金融消费者的适合度,合理划分金融产品和服务风险等级以及金融消费者风险承受等级,将合适的金融产品和服务提供给适当的金融消费者。金融机构不得向低风险承受等级的金融消费者推荐高风险金融产品。"

② 《资管新规》第六条规定:"金融机构发行和销售资产管理产品,应当坚持'了解产品'和'了解客户'的经营理念,加强投资者适当性管理,向投资者销售与其风险识别能力和风险承担能力相适应的资产管理产品。禁止欺诈或者误导投资者购买与其风险承担能力不匹配的资产管理产品。金融机构不得通过拆分资产管理产品的方式,向风险识别能力和风险承担能力低于产品风险等级的投资者销售资产管理产品。金融机构应当加强投资者教育,不断提高投资者的金融知识水平和风险意识,向投资者传递'卖者尽责、买者自负'的理念,打破刚性兑付。"

③ 《九民纪要》第七十二条规定:"适当性义务是指卖方机构在向金融消费者推介、销售银行理财产品、保险投资产品、信托理财产品、券商集合理财计划、杠杆基金份额、期权及其他场外衍生品等高风险等级金融产品,以及为金融消费者参与融资融券、新三板、创业板、科创板、期货等高风险等级投资活动提供服务的过程中,必须履行的了解客户、了解产品、将适当的产品(或者服务)销售(或者提供)给适合的金融消费者等义务。卖方机构承担适当性义务的目的是为了确保金融消费者能够在充分了解相关金融产品、投资活动的性质及风险的基础上作出自主决定,并承受由此产生的收益和风险。在推介、销售高风险等级金融产品和提供高风险等级金融服务领域,适当性义务的履行是'卖者尽责'的主要内容,也是'买者自负'的前提和基础。"

④ 《信托法》第八条规定:"设立信托,应当采取书面形式。书面形式包括信托合同、遗嘱或者法律、行政法规规定的其他书面文件等。采取信托合同形式设立信托的,信托合同签订时,信托成立。采取其他书面形式设立信托的,受托人承诺信托时,信托成立。"

不同类型的信托计划对受托人的具体义务约定也不同,如有的产品可能要求受托人对信托投资的标的履行尽职调查义务并将信息披露给投资者,有的产品可能由投资者指定信托投资的标的,受托人无须履行尽职调查义务。

第二章 从实务案例看营业信托受托人的责任承担

2017年,银监会下发《信托业务监管分类试点工作实施方案》,该方案中明确了两种信托类型即“主动管理型信托”和“被动管理型信托”的划分标准。主动管理型信托是指信托公司具有全部或部分的信托财产运用裁量权,对信托财产进行管理和处分的信托;而被动管理型信托也称“事务管理型信托”,则是指信托公司不具有信托财产的运用裁量权,而是根据委托人或是由委托人委托的具有指令权限的人的指令,对信托财产进行管理和处分的信托。

主动管理型信托和被动管理型信托的区分主要取决于当事人在信托合同中的约定,甚至针对同一个信托计划,当事人可以协商变更其类型。如在石河子某股权投资管理公司与某国际信托公司营业信托纠纷案中,石河子某股权投资管理公司受让原投资人的信托权益,享受原投资人在《信托合同》中的权益,并与某国际信托公司签订《信托合同之补充协议》,约定将之前的信托计划由主动管理型信托变更为事务管理型信托。法院认定本案信托法律关系可分为主动管理期间和变更为事务管理类信托后两个阶段,并且分别就两个阶段对某国际信托公司是否应当承担责任的问题作出认定。

通过检索案例笔者发现,法院对主动管理型信托和被动管理型信托下受托人的责任认定会有不同,以下结合案例进行具体分析。

一、主动管理型信托

信托计划作为一项金融产品,存在募、投、管、退各个环节,主动管理型信托的受托人在不同环节需履行的义务不同,下文对各个环节中受托人的义务分别进行分析。

(一)设立阶段的义务

信托设立阶段,根据《信托公司集合资金信托计划管理办法》第九条规定,受托人主要履行投前尽职调查义务。[①] 因此，受托人在设立信托计划前需要对拟投资标的进行尽职调查，出具相应的尽职调查报告，并以此为基础决定是否设立、如何设立相关信托计划、如何进行投资。若尽职调查报告存在采取的尽调方法和程序不适当、遗漏或错误记载与投资有关的重要事项、未排除合理怀疑、对投资标的的价值和风险分析不符合交易基本逻辑以及商业合理判断等情形，则受托人可能被认定未全面履行投前尽职调查义务。

如在某信托公司与广东某银行有关营业信托纠纷案[②]中，法院认为某信托公司在尽职调查中存在以下问题：关于相关上市公司涉诉情况，某信托公司未说明调查结果，亦无证据证明其对此事项进行调查，属尽职调查工作存在不足，《北京银保监局信访答复意见书》亦对此予以认定；关于实际控制人股权质押的重要事项，某信托公司记载的依据不足，其所采用的调查方法并不能充分反映并使其确定相关信息披露真实、完整、准确；披露的股票质押事项为空白，属信息披露不完整等。综上，某信托公司对相关情况的调查方法不适当，调查结果不准确，对广东某银行关于投资决定和风险控制措施的选择产生了直接的影响，与广东某银行的投资损失存在一定的因果关系。该案中法院结合在案其他证据最后运用自由裁量权判决某信托公司向广东某银行赔偿 30,000 万元。

关于尽职调查报告是否属于需披露文件的问题。实践中投资者可能会要求受托人提供尽职调查报告以便其作出投资决策。但尽职调查报告是受托人用于决策的内部文件，未有相关规定要求受托人必须向投资者提供，实践中法院亦采同一观点，如在孙某与某信托公司营业信托纠纷案[③]中，法院认为委托人（受益人）知情权是有限度的，不应被无限放大。知情权应当以其能够了解信托财产的管理运用、处分及收支情况为限，应当以不损害其他委托人（受益人）合法权益为限，应当以保护受托人业务相关方商业秘密为限，应以受托人实际掌握的相关文件为限，而尽职调查报告并非信托财产的管理运用、处分及收支的相关文件，因此，驳回了委托人要求信托公司提供尽职调查报告等多项文件的诉讼请求。

但需要注意的是，若受托人在向投资者推介信托产品时，主动或者应投资者的要求提供了尽职调查报告，那么尽职调查报告将会成为判断受托人是否全面履行忠实、勤勉义务的重要依据。如受托人未能按照尽职调查报告的内容落实相应的风险

---

① 《信托公司集合资金信托计划管理办法》第九条规定："信托公司设立信托计划，事前应进行尽职调查，就可行性分析、合法性、风险评估、有无关联方交易等事项出具尽职调查报告。"

② 参见北京市第二中级人民法院民事判决书，(2020) 京 02 民初 302 号。

③ 参见北京金融法院民事判决书，(2021) 京 74 民终 686 号。

控制措施即进行投资等,则可能被认定为未全面履行勤勉尽责义务,需对相应损失承担责任。

(二)募集阶段的义务

信托计划的募集是信托成立、运作、收益、分配、退出的前提,信托计划作为金融产品,存在一定风险,信托计划投资者的风险承担能力必须与信托计划的风险等级相匹配,因此,受托人在募集阶段应当对有意向加入信托计划的潜在投资者履行风险告知、风险评估等义务,即适当性义务。同时,为保障信托计划的合法安全,受托人还需要对投资者资金来源进行审核。

1. 适当性义务

适当性义务规定在《九民纪要》第七十三条。① 由此可见,适当性义务是一项法定义务。而从责任性质角度来看,适当性义务发生在合同缔约阶段,理论通说将其界定为先合同义务,根据《中华人民共和国民法典》(以下简称《民法典》)第五百条的规定,违反该义务需承担缔约过失责任。因此,受托人违反适当性义务给投资者造成损害时,投资者既可以通过侵权责任路径起诉,也可以通过合同责任路径起诉。相应地,受托人既可能承担侵权责任,也可能承担缔约过失责任。

适当性义务具体包括了解客户(对潜在投资者进行风险测评和分类)、了解产品(向金融消费者告知说明产品内容、明示产品风险情况,即告知说明义务)、风险匹配(将适当的产品销售给适合的金融消费者)等义务②。《最高人民法院关于当前商事审判工作中的若干具体问题》中明确指出了"适当性义务"的核心为告知说明义务,该义务是金融消费者能够真正了解产品和服务的投资风险和投资收益的关键。《九民纪要》第七十六条规定,认定是否履行告知说明义务时,需结合理性人能够理解的客观标准和消费者能够理解的主观标准,并考虑相关实际情况。③ 因此,在判断告知

---

① 《九民纪要》第七十三条规定:"在确定卖方机构适当性义务的内容时,应当以合同法、证券法、证券投资基金法、信托法等法律规定的基本原则和国务院发布的规范性文件作为主要依据。相关部门在部门规章、规范性文件中对高风险等级金融产品的推介、销售,以及为金融消费者参与高风险等级投资活动提供服务作出的监管规定,与法律和国务院发布的规范性文件的规定不相抵触的,可以参照适用。"

② 参见浙江省宁波市中级人民法院民事判决书,(2021)浙02民终3326号;上海市浦东新区人民法院民事判决书,(2023)沪0115民初64088号。

③ 《九民纪要》第七十六条规定:"告知说明义务的履行是金融消费者能够真正了解各类高风险等级金融产品或者高风险等级投资活动的投资风险和收益的关键,人民法院应当根据产品、投资活动的风险和金融消费者的实际情况,综合理性人能够理解的客观标准和金融消费者能够理解的主观标准来确定卖方机构是否已经履行了告知说明义务。卖方机构简单地以金融消费者手写了诸如'本人明确知悉可能存在本金损失风险'等内容主张其已经履行了告知说明义务,不能提供其他相关证据的,人民法院对其抗辩理由不予支持。"

说明义务是否充分履行时不能流于形式，仅凭投资者签字的风险揭示书等书面签字文件认定，而应通过实质性审查，结合一般人能够理解的客观标准和特定投资者的投资经验、投资习惯、投资知识水平进行衡量。受托人适当性义务标准的高低一般与投资者对受托人的信赖程度成正比，与投资者的专业资质和能力水平等成反比[①]。如在彭某等营业信托纠纷一案[②]中，信托文件虽然含有风险提示和说明的相关表述且投资者彭某在信托文件的最后一页签字，但法院通过实质性审查认为信托公司风险提示义务的履行没有以起到充分提示说明效果的方式进行，具体而言：案涉《认购风险申明书》的编制位置在系列信托文件中间，其与签字页间隔有一份《信托合同》，在相关编排印制没有明显区分的情况下，不足以引起充分注意；第 69 页签字页之前第 38 页至第 68 页为《信托合同》，而签字页上又标注了《信托合同》，在该签字页上的签名与在《认购风险申明书》这一特定文件上的签字提示效果并不相同；未对杠杆比例、强制平仓等内容进行字体、格式方面的特别提示，而《认购风险申明书》虽对风险进行了集中载明，但是位置并不显著等。该案法院最终认定信托公司在履行风险提示义务方面存在瑕疵。

此外，需要注意的是，如果在合同缔约阶段，受托人存在欺诈行为，投资者有权根据《民法典》第一百四十八条[③]的规定请求撤销合同。

2. 审查资金来源义务

《资管新规》第五条规定了投资者不得使用贷款、发行债券等筹集的非自有资金投资资产管理产品；《信托公司集合资金信托计划管理办法》第十一条明确了认购风险申明书应当包含委托人资金合法性的内容；[④]《信托公司受托责任尽职指引》第十五条第一款规定，信托公司向自然人委托人首次推介信托产品或与其签署信托文件之前，应当要求其在信托文件中或者以其他书面形式承诺信托财产来源的合法性。[⑤]因此，信托公司募集信托计划时，具有审查投资者认购资金来源是否合法的义务。

---

① 参见朱忠念：《法律研究|涉资管产品纠纷案件特征、审理难题与规制路径》，载微信公众号“一川Law”2022 年 11 月 25 日，https://mp.weixin.qq.com/s/bntdD2eebuxsPLyqmJVR3g。

② 参见北京市第三中级人民法院民事判决书，(2018)京 03 民终 13862 号。

③ 《民法典》第一百四十八条规定：“一方以欺诈手段，使对方在违背真实意思的情况下实施的民事法律行为，受欺诈方有权请求人民法院或者仲裁机构予以撤销。”

④ 《信托公司集合资金信托计划管理办法》第十一条规定：“认购风险申明书至少应当包含以下内容：……（二）委托人应当以自己合法所有的资金认购信托单位，不得非法汇集他人资金参与信托计划。……”

⑤ 《信托公司受托责任尽职指引》第十五条第一款规定：“信托公司向自然人委托人首次推介信托产品或与其签署信托文件之前，应当告知投资者如实提供身份证明文件，要求其填写包括调查问卷、风险揭示书等形式的书面文件或在身份认证后通过法律认可的电子形式等方式，评估其风险承担能力，并要求其在信托文件中或者以其他书面形式承诺信托财产来源的合法性。”

如在曾某与某信托公司财产损害赔偿纠纷案[①]中,被告某信托公司在管理涉案信托计划时存在未充分调查机构委托人,未对其委托资金的来源进行实质性调查,未尽到对该信托计划委托资金来源的审查义务等具体违规行为,法院认为其未尽到必要的审查委托资金来源的注意义务,对原告等投资者的投资损失负有一定责任。该案中,法院最终酌定某信托公司对投资者不能通过刑事途径追偿的部分承担20%的补充赔偿责任。

(三)投资阶段的义务

信托计划投资阶段,受托人主要履行按约投资义务。《信托公司集合资金信托计划管理办法》第十九条第三款明确了信托公司应依信托文件的约定运用信托资金。[②] 信托合同往往会明确规定信托募集资金的投资方向、投资范围、投资比例等,受托人应当严格按照信托合同约定运用信托资金,否则可能需要对因此产生的损失承担赔偿责任。

如在某房地产开发公司与某信托公司营业信托纠纷案[③]中,信托合同约定,信托计划期限内,某信托公司将信托资金采取组合投资的方式投资于货币市场金融工具、标准化固定收益产品、法律法规允许投资以及监管部门许可的其他投资品种。然而,某信托公司在法院释明后未提供产品投资指向的证据,因其提交的季度管理报告未能披露底层资产具体情况,且监管部门的调查结论认定其存在违规行为,其无法证明涉案信托计划的实际投资符合合同约定,应承担举证不能的法律后果。法院据此采信投资者的主张,认定某信托公司未将信托资金按照信托合同约定的方式进行投资,构成违约。该案中,法院另结合某信托公司推介行为存在误导、未履行信息披露义务等问题认定某信托公司构成根本违约,支持了投资者解除信托合同的诉讼请求,判令某信托公司返还投资者全部投资本金。

(四)投后管理阶段的义务

信托计划投后管理阶段,受托人主要承担信息披露义务、风险控制义务等。

1.信息披露义务

关于信息披露义务的范围。根据中国信托业协会网站的官方回复,信托公司信

---

① 参见上海市浦东新区人民法院民事判决书,(2021)沪0115民初91517号。

② 《信托公司集合资金信托计划管理办法》第十九条第三款规定:"信托公司依信托计划文件约定需要运用信托资金时,应当向保管人书面提供信托合同复印件及资金用途说明。"

③ 参见北京金融法院民事判决书,(2021)京74民初590号。

息披露主要包括两个方面:信托公司整体经营状况的信息披露和具体业务的信息披露①,前者如财务会计报告、各类风险管理状况、公司治理、年度重大关联交易及重大事项等信息,具体到信托业务,涉及三方面的信息披露,包括产品推介信息披露、产品成立信息披露、产品管理信息披露,其中产品管理信息披露的常见载体包括定期报告、临时信息披露报告、清算报告②。因此,实际上信息披露义务贯穿信托计划的整个运作过程,但在信托计划的投后管理阶段,该义务更容易被忽视,且信息披露义务的违反往往与其他义务的违反同时发生。

由于信托业务信息披露的对象是信托计划投资者,因此,信息披露的义务范围与信托计划投资者的知情权范围相对应。在实践中,若信托合同对信息披露的具体范围未进行明确约定,法院可能会考量相关信息是否与信托财产管理、投资、处分、收益有关,是否属于投资者应当知情的范围。例如,前文提及的尽职调查报告即属于受托人用于决策的内部文件,并非受托人必须向投资者提供的文件,若未有约定,则不属于投资者知情权范围,受托人无须披露。又如在孙某与某国际信托公司营业信托纠纷案③中,法院认为知情权是委托人监督权落实的基础,也是防止受托人违反信托目的、违背信任的必要条件。但委托人知情权是有限度的,不应被无限放大。委托人的知情权应当以委托人能够了解信托财产的管理运用、处分及收支情况为限,应当以不损害其他委托人合法权益为限,应当以保护受托人业务相关方商业秘密为限,应以受托人实际掌握的相关文件为限。本案中相关公司内部及政府主管部门审批手续、将关联交易披露给其他投资人的披露文件,并非案涉信托财产项下信息,委托人要求提供于法无据。

关于信息披露的要求规定在《信托公司集合资金信托计划管理办法》第三十四条。④ 其中,完整性是指实质完整,仅概括性地说明存在的各类风险,但缺乏具体的风险内容,并非完全履行了信息披露义务。在丁某、某国际信托公司营业信托纠纷案⑤中,法院查明信托公司仅在信托合同以及可行性研究报告中笼统表述存在行业风险、市场风险、抵押物登记及变现风险、财务风险等,但未将信托公司前期信托的

---

① 参见《信托公司信息披露主要包括哪些内容?》,载中国信托业协会网 2021 年 5 月 17 日,http://www.xtxh.net/xtxh/qa/46852.htm。

② 参见《信托业务信息披露需关注哪些》,载中国信托业协会网 2016 年 4 月 5 日,http://www.xtxh.net/xtxh/abouttrust/41967.htm。

③ 参见北京金融法院民事判决书,(2021)京 74 民终 686 号。

④ 《信托公司集合资金信托计划管理办法》第三十四条规定:"信托公司应当依照法律法规的规定和信托计划文件的约定按时披露信息,并保证所披露信息的真实性、准确性和完整性。"

⑤ 参见山东省高级人民法院民事判决书,(2020)鲁民终 2633 号。

借款人借款逾期等事项如实、明确地向委托人进行披露,按照理性投资者的通常认知,上述未披露信息及其他不实披露,足以影响丁某的投资意向,法院最终判定信托公司未依法依约履行信息披露义务,其应当按照《资金信托合同》约定赔偿因违约给丁某造成的相应损失。

关于信息披露的形式。在实践中,信息披露的形式包括在信托公司官方网站或官方 App 等电子渠道公告、在信托公司营业场所存放备查、按照投资人预留的联系方式邮寄或电子邮件送达等,其中最常见的为在信托公司官方网站等电子渠道公告,但需要注意的是,若信托公司因信息披露涉诉,提交的网站截图等类型的证据材料若无法显示时间,则可能存在真实性不被法院认可的风险。例如,在王某与某信托公司营业信托纠纷案①中,法院认为某信托公司提供的网页截图没有发布时间,证据来源于某信托公司官网,某信托公司可以任意修改官网发布内容,证据本身的真实性存疑。该案中,法院最终认定某信托公司存在未依约履行信息披露义务的行为,法院结合某信托公司其他违约行为,最终酌定某信托公司向投资者赔偿部分损失。

2. 风险控制义务

信托资金按约投向投资标的后,受托人也并非一劳永逸,其需要及时跟进并监督信托资金投后使用情况以充分掌握信托计划的运行状况,并定期排查相关风险,如果信托计划出现预期外的风险,则应当及时采取适当的应对措施,尽可能地控制、消除风险,以保障信托计划预期目标实现。

实践中,受托人违反风险控制义务涉诉的情形主要包括两类:一类是受托人未按照合同约定及时进行跌破预警线、平仓线、止损线的相关操作或未按照合同约定在触发回购条件等情形下履行相关义务,如在刘某与某证券公司委托理财合同纠纷案②中,法院认为案外人 B 公司和保证人多次违反《回购合同》约定,某证券公司作为专业金融投资机构,在涉案资管计划的风险控制上应当尽到专业审慎的注意义务,但某证券公司对上述事项却没有及时披露和控制相应的风险,亦未采取积极有效的措施履行《回购合同》项下的义务,维护刘某在《资管合同》项下的合法利益,存在一定违约行为。该案中,法院结合某证券公司的其他违约行为酌定其对投资者的赔偿范围为投资本金的30%。另一类是受托人未在信托计划相关情况恶化时或出现相关风险时,及时采取适当的风险应对措施,如在广东某银行与某信托公司营业

① 参见北京市朝阳区人民法院民事判决书,(2021)京0105民初11625号。

② 参见上海金融法院民事判决书,(2021)沪74民终395号。

信托纠纷案①中,法院认为,某信托公司在股票下跌后,信托财产处置方案出具时间延迟,不利于其及时采取合理的措施处置信托财产。且某信托公司《项目退出方案》中的草稿和初步设想与其发给广东某银行的说明函中的拟采取处置方案不一致,故某信托公司在信托财产投资标的股价不断下跌的情况下并未形成明确的信托财产处置思路,不利于信托财产处置。该案中,法院最终认定某信托公司在信托财产变现处置过程中未能做到诚实、信用、谨慎、有效,与某银行信托资金损失之间存在一定的因果关系,最终酌定某信托公司向某银行赔偿部分损失。

(五)清算退出阶段的义务

信托计划的清算退出阶段,《信托公司集合资金信托计划管理办法》第三十一条、第三十二条规定受托人应履行清算分配义务。②

关于清算与损失确定的关系。根据上述规定,清算是分配的前置程序,未经清算无法确认投资者可获分配的金额。那么在案涉信托未经清算的情况下,若投资者诉至法院要求赔偿损失,损失是否存在、是否能够确定就成为法院审理的重点。对于该审理重点,实践中存在不同的裁判观点,以下举例进行介绍和分析。

案例一:在师某与某国际信托公司信托纠纷案③中,法院认为案涉信托产品已到期终止,但某国际信托公司未履行清算义务,致使信托财产无法进行分配兑付,因清算是信托分配的前置程序,未经清算,师某主张的信托利益款项数额无法确定,法院不支持其诉讼请求。师某可另行主张某国际信托公司怠于履行清算义务的责任。

案例二:在王某等与某信托公司侵权责任纠纷案④中,投资者主张信托公司存在违反受托人义务的侵权行为,诉请信托公司承担损害赔偿责任。法院认为本案案由

---

① 参见北京市第二中级人民法院民事判决书,(2020)京02民初302号。

② 《信托公司集合资金信托计划管理办法》第三十一条规定:"信托计划终止,信托公司应当于终止后十个工作日内做出处理信托事务的清算报告,经审计后向受益人披露。信托文件约定清算报告不需要审计的,信托公司可以提交未经审计的清算报告。"第三十二条规定:"清算后的剩余信托财产,应当依照信托合同约定按受益人所持信托单位比例进行分配。分配方式可采取现金方式、维持信托终止时财产原状方式或者两者的混合方式。采取现金方式的,信托公司应当于信托计划文件约定的分配日前或者信托期满日前变现信托财产,并将现金存入受益人账户。采取维持信托终止时财产原状方式的,信托公司应于信托期满后的约定时间内,完成与受益人的财产转移手续。信托财产转移前,由信托公司负责保管。保管期间,信托公司不得运用该财产。保管期间的收益归属于信托财产,发生的保管费用由被保管的信托财产承担。因受益人原因导致信托财产无法转移的,信托公司可以按照有关法律法规进行处理。"

③ 参见青海省西宁市中级人民法院民事判决书,(2016)青01民初230号;青海省西宁市中级人民法院民事裁定书,(2017)青01民终1194号。

④ 参见北京市西城区人民法院民事判决书,(2020)京0102民初34365号;北京市第二中级人民法院民事判决书,(2021)京02民终5383号。

为侵权责任纠纷。侵权损害赔偿责任必须具备相应构成要件。其中,损害事实的客观存在是侵权损害赔偿法律关系赖以发生的根据。换言之,赔偿责任只有在造成了实际损害的条件下才能发生。如果仅有违法行为而无损害的结果,那么侵权损害赔偿的民事责任是无从产生的。案涉资管计划尚未进行清算,王某是否有财产损失亦不明晰,王某亦并无证据显示其存在财产损失,故其主张的侵权损害赔偿责任丧失赖以发生的根据,法院对其主张的赔偿损失诉讼请求不予支持。

案例三:在某信托公司与深圳某服饰公司营业信托纠纷案①中,法院认为,信托公司在处理信托事务时,存在多重违约行为,其认可目前案涉信托计划底层资产存在风险导致资金无法收回,信托财产亦未能完成清算,而其无法提供证据证明其投入底层资产的管理行为符合法律规定,在此情况下,将此等无法清算的风险由深圳某服饰公司承担,不符合法律和案涉合同的要求。由于某信托公司的违约行为,深圳某服饰公司未能在信托产品到期后兑付本金及收益,相应的损失客观存在。法院判决指出,信托公司承担违约责任的事由为其违约行为,并非其对于深圳某服饰公司的损失在任何情况下均予以"刚性兑付"。

上述案例中关于清算是否损失确定前提的裁判观点看似存在差异,但本质上是案情差异导致的。具体而言,案例一中,除未按期清算外受托人无其他违约行为,也不存在无法清算的障碍,故受托人信托利益款项数额盈亏未定,由信托公司清算后再进行分配不会减损受托人的信托利益,但针对受托人怠于履行清算义务的行为,投资者届时可另行主张受托人该行为致使信托财产分配兑付延迟的责任;案例二中,投资者向受托人主张侵权损害赔偿,但投资者并未充分证明受托人存在侵权行为,更未证明损失的存在,案涉资管产品又处于未清算状态,盈亏未定,法院判决驳回诉讼请求并无不当;案例三中,法院已经根据事实查明了受托人存在多重违约行为,且受托人已承认案涉信托计划底层资产存在风险导致资金无法收回,信托财产无法清算,此时损失已经能够确定。

由此可以看出,清算与损失确定并不存在直接的关联,清算结果是认定投资损失的重要依据而非唯一依据,如有其他证据可以证明投资损失,人民法院可能会对损失进行认定。

《九民纪要》第七十七条对于未尽适当性义务导致的投资者损失范围的规定也一定程度上反映了清算结果并非认定投资损失的唯一依据。该规定明确了受托人未尽适当性义务导致金融消费者实际损失的赔偿范围为损失的本金和利息,原因是

---

① 参见北京金融法院民事判决书,(2022)京74民终416号。

受托人违反推介时的适当性义务直接导致投资者作出投资行为，给投资者造成的损失是确定的，需恢复到其未投资的情况，即需赔偿投资本金及期间资金占用利息。此外，受托人等卖方机构行为构成欺诈的，损失确定也与清算无关，《九民纪要》第七十七条第二款明确规定了此种情况下赔偿请求范围为金融消费者支付的金钱总额及相应利息损失，利息区分不同情况处理。①

二、被动管理型信托

被动管理型信托通常也被称为"通道业务"，《九民纪要》第九十三条对通道业务进行了定义。② 最高人民法院在《〈全国法院民商事审判工作会议纪要〉理解与适用》一书③中将通道业务的核心特征概括为三个方面：一是委托人自主决定信托设立、信托财产运用对象、信托财产管理运用处分方式等事宜；二是委托人自行承担信托风险；三是受托人仅提供必要的事务协助或者服务，不承担信托财产管理职责。

在判断被动管理型信托的受托人如何承担责任之前，先要判断该类信托合同的效力。

（一）通道业务的效力

《九民纪要》第九十三条明确规定了通道业务效力的判断原则，④对于过渡期内的通道业务，如果不存在其他无效事由，人民法院对通道业务的效力持肯定态度。

---

① 《九民纪要》第七十七条第二款规定："金融消费者因购买高风险等级金融产品或者为参与高风险投资活动接受服务，以卖方机构存在欺诈行为为由，主张卖方机构应当根据《消费者权益保护法》第55条的规定承担惩罚性赔偿责任的，人民法院不予支持。卖方机构的行为构成欺诈的，对金融消费者提出赔偿其支付金钱总额的利息损失请求，应当注意区分不同情况进行处理：(1)金融产品的合同文本中载明了预期收益率、业绩比较基准或者类似约定的，可以将其作为计算利息损失的标准；(2)合同文本以浮动区间的方式对预期收益率或者业绩比较基准等进行约定，金融消费者请求按照约定的上限作为利息损失计算标准的，人民法院依法予以支持；(3)合同文本虽然没有关于预期收益率、业绩比较基准或者类似约定，但金融消费者能够提供证据证明产品发行的广告宣传资料中载明了预期收益率、业绩比较基准或者类似表述的，应当将宣传资料作为合同文本的组成部分；(4)合同文本及广告宣传资料中未载明预期收益率、业绩比较基准或者类似表述的，按照全国银行间同业拆借中心公布的贷款市场报价利率计算。"

② 《九民纪要》第九十三条规定："当事人在信托文件中约定，委托人自主决定信托设立、信托财产运用对象、信托财产管理运用处分方式等事宜，自行承担信托资产的风险管理责任和相应风险损失，受托人仅提供必要的事务协助或者服务，不承担主动管理职责的，应当认定为通道业务……"

③ 参见最高人民法院民事审判第二庭编著：《〈全国法院民商事审判工作会议纪要〉理解与适用》，人民法院出版社2019年版，第488页。

④ 《九民纪要》第九十三条规定："……在过渡期内，对通道业务中存在的利用信托通道掩盖风险，规避资金投向、资产分类、拨备计提和资本占用等监管规定，或者通过信托通道将表内资产虚假出表等信托业务，如果不存在其他无效事由，一方以信托目的违法违规为由请求确认无效的，人民法院不予支持。"

由此衍生出的问题是,什么是通道业务中的“其他无效事由”,过渡期前后通道业务的效力有何差异?

针对这些问题,笔者以“通道业务”和“过渡期”为关键词在“威科先行”案例库进行检索,检索出法院判定信托合同效力的案例64个,前述全部案例的通道业务均在过渡期前或者过渡期内发生,63个案例认可了通道业务有效,仅1个案例因“其他无效事由”否认了通道业务的效力。

1. 通道业务中的“其他无效事由”

对通道业务是否存在上述“其他无效事由”,法院着重审查判断通道业务中资金来源、资金投向等是否违反其他领域法律、法规强制性规定或者金融监管政策,如资金投向违法且信托关系下各方当事人对违法用途明知,则法院依法判定通道业务无效。如在程某与某信托公司信托纠纷案①中,某银行的理财计划作为委托人,认购了某信托公司发行的集合资金信托计划。法院审理查明,案涉信托计划系某信托公司按照委托人提供的要素,设计信托合同、履行报批手续而设立,该信托根据约定方式开展证券买卖投资,委托人自行承担风险损失,某信托公司不承担主动管理职责,仅提供约定的事务协助和相关服务,实为通道业务。法院认定该信托的实质是以信托为融资通道进行“借钱炒股”。而关于融资融券业务,任何单位和个人不得未经批准从事配资业务,本案信托应视为非法的场外配资,法院依法否认其效力。在合同被认定无效的前提下,法院认为信托主要发起推动者和实际用资人是导致信托无效的主要过错方,而某信托公司明知信托设立目的,规避融资融券监管要求,帮助委托人实现场外配资目的,是导致信托无效的次要过错方,法院判定某信托公司向投资者返还信托报酬,并酌定赔偿其部分投资损失。

2. 过渡期前后通道业务的效力问题

2018年4月实施的《资管新规》第二十二条规定,“金融机构不得为其他金融机构的资产管理产品提供规避投资范围、杠杆约束等监管要求的通道服务”,同时第二十九条明确按照“新老划断”原则,将过渡期设置为该规定发布之日至2020年年底。中国人民银行于2020年7月31日发布《优化资管新规过渡期安排 引导资管业务平稳转型》,宣布将过渡期延长至2021年年底。

目前检索到的案例中,对于过渡期前已经发生的通道业务,如果不存在其他无效事由,法院对信托合同的效力均持认可态度。如在某酒店投资管理公司与某银行分行金融借款合同纠纷案②中,法院认为案涉交易确实不符合金融机构不得开展通

① 参见北京市东城区人民法院民事判决书,(2020)京0101民初16352号。

② 参见最高人民法院民事裁定书,(2021)最高法民申4519号。

道业务的监管规定，但本案交易发生在2014年，即《资管新规》颁布之前，故原审判决未支持当事人提出的案涉合同无效的主张并无不当。

针对过渡期间内的通道业务信托合同的效力，《资管新规》第二十九条规定，过渡期内，金融机构发行新产品应当符合《资管新规》的规定。那么司法案例中对于过渡期内发行的通道业务产品的效力如何认定呢？值得注意的是，在某国际信托公司与长沙某房地产公司等金融借款合同纠纷案①中，案涉通道业务涉及的《信托合同》于过渡期内2020年6月9日签署，长沙某房地产公司主张"过渡期"应是为"老产品"预留的整改规范期，但《资管新规》发布之后的产品应为"新产品"，在《资管新规》有明确要求的情况下，应对合同效力作否定性评价。然而法院认为案涉《信托合同》签订于2020年6月9日，属于过渡期内的业务，应遵循"新老划断"的原则处理，未采纳当事人关于《信托合同》无效的主张。由此可见，该案中法院对过渡期内新设的通道业务产品效力依然持肯定态度。

针对过渡期后通道业务信托合同的效力，目前检索到的64个案例中未出现过渡期后发行通道业务产品的争议。虽然《九民纪要》并未明确规定过渡期后发行通道业务产品信托合同的效力，但笔者认为不能根据已有规定反推过渡期后的通道业务当然无效。首先，《资管新规》第二十二条第一款并非禁止任何通道业务，而是限定为禁止规避监管要求的通道业务。② 其次，违反金融监管规定的合同也非必然无效，《九民纪要》第三十一条进一步说明并非所有违反规章的情形都会影响合同效力，但如果规章内容涉及金融安全、市场秩序等公序良俗则应当认定合同无效，因此，如法院对信托合同的效力进行否定评价，应当从违反公序良俗的民事法律行为的效力方面进行论证。后续应进一步观察司法案例对过渡期后通道业务的效力认定。

（二）被动管理型信托中受托人的责任

一般而言，被动管理型信托中委托人自主决定信托设立、信托财产运用对象、信托财产管理运用处分方式等事宜，自行负责前期尽职调查及存续期信托财产管理，自愿承担投资风险，受托人仅负责账户管理、清算分配及提供或出具必要文件以配合委托人管理信托财产等事务，不承担积极主动管理职责。基于这一特性，法院对被动管理型的信托主要依据信托合同的约定确定受托人的责任范围。

---

① 参见天津市第二中级人民法院民事判决书，(2022)津02民初680号。

② 《资管新规》第二十二条规定，"金融机构不得为其他金融机构的资产管理产品提供规避投资范围、杠杆约束等监管要求的通道服务"。

1. 法院依据合同约定认定被动管理型信托受托人的责任

投前尽职调查阶段的受托人责任的认定。在某农村信用合作联社与某证券公司、某国际信托公司合同纠纷案[①]中，某农村信用合作联社将1亿元人民币委托给某证券公司，用于投资某国际信托公司成立的单一事务管理信托，《单一事务管理信托合同》约定信托资金用于受让某农村信用合作联社指定的标的债权。法院认定，从《单一事务管理信托合同》的约定以及履行情况看，某农村信用合作联社对信托资金用途系自行作出判断和决策，并自行承担风险，某国际信托公司不负有事前审查和尽职调查的义务，不存在提供虚假信息、隐瞒事实，进而欺骗某农村信用合作联社作出投资行为的问题，因此，法院对于某农村信用合作联社要求某国际信托公司赔偿其投资损失的诉讼请求未予支持。

投后管理阶段的受托人责任的认定。在某动力股份公司与某信托公司合伙协议纠纷案[②]中，根据《信托合同》的约定，信托计划为事务管理类信托，受托人信托公司的管理责任为：拨付信托计划资金、计算及支付信托费用、核算及分配信托利益、定期信息披露等一般事务管理行为，受托人不承担主动管理职责。法院认为，应当将双方签订的信托文件作为评判信托公司是否尽到受托人职责的依据。根据《信托合同》的约定，信托公司需要根据《投资指令》的明确指示进行信托管理，而在案证据无法证明信托公司收到了《投资指令》，因此，法院未支持某动力股份公司关于信托公司未对投资项目进行经营风险、信用风险、流动性风险控制的主张。再如，在某人造板公司与西藏某投资控股公司金融借款合同纠纷案[③]中，某人造板公司与某信托公司签订了《资金信托合同》，该信托取得了中国信托登记有限责任公司下发的《信托登记系统初始登记完成通知》，登记系统中明确显示，该信托产品属于非主动管理的事务管理类信托。某人造板公司主张其多次催促某信托公司向债务人催收，依据借款合同有关条款约定宣布全部借款提前到期，提前收回借款本息，提前结束信托计划及以其名义提起诉讼等，而某信托公司一再推脱不予处置，某信托公司作为信托计划的受托人未能全面履行尽职管理义务，充分维护委托人利益。但法院认为，某信托公司不负有监管借款人资金使用、追索欠款等义务，不存在违反合同义务的行为，故对某人造板公司要求某信托公司承担还款责任及返还信托报酬费用的诉讼请求不予支持。

---

① 参见最高人民法院民事判决书，(2018)最高法民终1209号。

② 参见最高人民法院民事判决书，(2019)最高法民终515号。

③ 参见辽宁省高级人民法院民事判决书，(2018)辽民初75号；最高人民法院民事判决书，(2021)最高法民终689号；最高人民法院民事裁定书，(2022)最高法民申312号。

2. 法院认定被动管理型信托受托人同样受到其他法定义务约束

针对信托法律关系内部而言，受托人如违反了信托合同的相关约定，可能会同时违反《信托法》第二十五条规定的信义义务。例如，在某科技公司与某信托公司等营业信托纠纷案①中，法院根据案涉《信托合同》约定认定案涉信托为事务管理类信托，同时进一步说明，根据《信托法》第二十五条的规定，信托公司只是不承担积极主动管理职责，并未免除受托人在事务管理类信托中的法定义务，信托公司仍须承担与案涉信托类型相匹配的谨慎有效管理义务。本案中，因信托公司没有为案涉证券账户开通网上交易功能，也没有临柜通过柜台委托进行二级市场转让交易，导致案涉股票未以委托人的投资指令以 10.5 元价格出售，法院认为信托公司既违反了《信托合同》明确约定案涉股票"依委托人指令于二级市场减持退出"的约定，也违反了谨慎有效管理的法定义务，委托人遭受投资损失与信托公司违反信托义务存在一定的因果关系，但委托人后来自主决定以较低的价格 8.66 元成交案涉股票，系导致本案投资损失的决定原因及主要原因。法院最终根据事务管理类信托的特点，结合委托人与信托公司双方对案涉信托导致投资损失的原因力大小，酌定信托公司对委托人的实际损失承担 10% 的赔偿责任。

针对信托法律关系外部而言，受托人的行为可能构成侵权行为而需对信托法律关系以外的第三人承担责任。例如，在吴某与某某公司财产损害赔偿纠纷上诉案②中，吴某作为投资者认购了上海某有限合伙的基金，该有限合伙与某国际信托公司签订《单一资金信托合同》，约定该基金用于向浙江某建设公司发放贷款。上海某有限合伙和浙江某建设公司均受案外犯罪分子陈某等人控制，陈某等人被法院判决犯集资诈骗罪。因吴某与某国际信托公司之间并无直接的合同关系，吴某以侵权损害赔偿为由起诉要求某国际信托公司承担责任。法院认定，上海某有限合伙与某国际信托公司签订的《信托合同》为通道类信托业务，委托人和受托人之间的权利义务关系，应当以该合同约定加以确定。信托公司在通道类信托业务中虽仅负责一般事务性管理，但依然应以审慎的原则履行必要的注意义务。某国际信托公司在开展通道类信托业务中明知信托资金为社会募集，却未对犯罪分子借用其金融机构背景募集资金的行为采取必要风险控制手段，也未在投资者询问时公开作相应警示；信托存续期间，某国际信托公司出具的《项目风险排查报告》内容明显不真实，足以误导投资人判断，法院认定上述行为客观上与犯罪分子的集资诈骗行为存在因果关系并最终导致了相关损失的产生，某国际信托公司对吴某等的投资损失负有一定责任，故

① 参见广东省广州市中级人民法院民事判决书，(2023)粤 01 民终 5278 号。

② 参见上海金融法院民事判决书，(2020)沪 74 民终 29 号。

判决某国际信托公司应就投资者通过刑事追赃程序追索不成的损失在其投资本金损失20%的范围内承担补充赔偿责任。需要特别指出的是,本案法院并未从《信托法》中的信义义务出发分析受托人的行为,笔者认为,因为信义义务是信托关系中受托人对委托人的法定义务,而本案中,实际投资者并非信托关系的当事人,因此,法院从认定某国际信托公司违反了审慎经营原则出发认定某国际信托公司存在侵权行为。

第三章　营业信托业务中受托人合规履职及应诉建议

一、根据信托业务类型的不同全面履职

正如前文所归纳，主动管理型信托业务与被动管理型信托业务的受托人承担勤勉尽责义务的具体范围不同。受托人需要根据其受托管理的信托业务类型，严格按照法律法规、合同约定、行业规则，充分了解其应当履行的义务，全面履职，尽到诚实信用、勤勉尽责的义务。

对于被动型信托业务的受托人而言，虽然信托合同中会约定免除受托人的各项主动管理责任，但受托人仍应按约履行各项事务性的义务，同时，也应当履行法定的信义义务，从审慎经营的角度约束自身行为，在明知资金来源或投资标的存在违法情形时应当及时制止该等行为，而不应配合违法行为，否则仍可能承担相应责任。

二、完善配套留痕安排

为规范受托人的信托业务，也为保护受托人自身权益，建议受托人在履行管理职责时做好相关留痕工作，以备后期涉诉时举证或抗辩，维护自身合法权益。留痕的方式、期限可参考相关规定，如《证券期货投资者适当性管理办法》第二十五条及第三十二条。①

三、加强投资者教育与信息同步

受托人应当在推介、管理信托计划时加强投资者教育，培养投资者“卖者尽责，

---

① 《证券期货投资者适当性管理办法》第二十五条规定：“经营机构通过营业网点向普通投资者进行本办法第十二条、第二十条、第二十一条和第二十三条规定的告知、警示，应当全过程录音或者录像；通过互联网等非现场方式进行的，经营机构应当完善配套留痕安排，由普通投资者通过符合法律、行政法规要求的电子方式进行确认。”第三十二条规定：“经营机构应当按照相关规定妥善保存其履行适当性义务的相关信息资料，防止泄露或者被不当利用，接受中国证监会及其派出机构和自律组织的检查。对匹配方案、告知警示资料、录音录像资料、自查报告等的保存期限不得少于20年。”

买者自负”的正确投资观念;在信托计划管理、运营的过程中,通过网站、短信、电话等多种方式和渠道,与投资者保持信息同步、畅通,以便投资者及时了解信托计划的运营状况以及受托人相关管理义务的履行情况,减少投资者因与受托人无关的正常投资风险起诉进而浪费司法资源的现象发生。

四、加强信托计划从业人员教育

受托人应当定期对信托从业人员即受托人员工进行业务能力培训、业务道德教育,全面提升信托从业人员的业务水平;同时,受托人应当同步完善内部管理制度,为信托计划从业人员制定日常工作行为准则,规范其从业行为,并建立严格的违规惩罚制度,加强内部风险控制。防止个别信托计划从业人员在与投资者沟通过程中为了实现提高业绩或提高效率等目标,作出不合规承诺、行为,如向投资者作出预期收益承诺、代投资者签字、隐瞒相关事项等行为,[①]导致信托计划暴雷、亏损情况发生后产生相关纠纷。

五、诉讼中根据具体情况制订抗辩策略

若受托人因信托计划涉诉,如确实存在义务违反行为,应当承担相应的责任,但如果不存在违反义务行为或者投资者要求赔偿的数额过高,受托人有权针对投资者的主张,结合具体事实情况制定抗辩策略,维护自身合法权益。

具体抗辩策略包括:按照法律和合同约定,受托人无须承担某项义务;通过提供相关工作记录,主张受托人已经充分履行某项义务;未经清算,投资者盈亏未定,投资者损失未确定;义务违反行为与损害结果之间不存在因果关系;通道业务中受托人不承担主动管理职责等。

六、诉讼中重视证据提交

抗辩策略确定后,受托人应当充分利用留痕的材料,结合投资者主张的事实进行相应举证,提交证据时应当注意证据形式、证据链条的完整性,尤其需要重视依法由受托人承担举证责任的事实,以下列举部分规定。

《九民纪要》第七十五条规定了适当性义务的举证责任倒置,即受托人应当对其履行了适当性义务承担举证责任,提供相关证据。不能提供的,应当承担举证不能

---

① 参见杜奔:《同案不同判,你该怎么办? 券商资管业务投资者纠纷案例浅析》,载雪球网2022年10月31日,https://xueqiu.com/6096518911/234055163。

的法律后果。①

《九民纪要》第七十六条规定了卖方机构需要提供已履行投资风险和收益相关告知说明义务的证据，金融消费者手写的关于知晓相关风险的证据并不能单独证明卖方机构已经充分履行了告知说明义务，需要其他证据进行补强。

《九民纪要》第七十八条规定了卖方机构在金融消费者自身原因导致投资决策错误时，可以通过举证证明适当性义务的违反并未影响金融消费者作出自主决定，主张金融消费者风险自负。②

七、重视首次应诉

由于信托计划的特殊性，基于同一信托产品易产生系列案件，而法院在审理系列案件时由于案情高度一致，往往会以判决在先的案件作为参考，前案可能对后案的裁判结果产生一定影响。因此，受托人在首次应诉时应当高度重视，尽力做好应诉工作。

结　语

在“卖者尽责，买者自负”的大原则下，营业信托业务的受托人应当严格立足于法定、约定义务，积极全面履行义务的同时做好留痕保障安排；既要依法担责，也要维护自身合法权益，避免过罚不当。

---

① 《九民纪要》第七十五条规定：“在案件审理过程中，金融消费者应当对购买产品（或者接受服务）、遭受的损失等事实承担举证责任。卖方机构对其是否履行了适当性义务承担举证责任。卖方机构不能提供其已经建立了金融产品（或者服务）的风险评估及相应管理制度、对金融消费者的风险认知、风险偏好和风险承受能力进行了测试、向金融消费者告知产品（或者服务）的收益和主要风险因素等相关证据的，应当承担举证不能的法律后果。”

② 《九民纪要》第七十八条规定：“因金融消费者故意提供虚假信息、拒绝听取卖方机构的建议等自身原因导致其购买产品或者接受服务不适当，卖方机构请求免除相应责任的，人民法院依法予以支持，但金融消费者能够证明该虚假信息的出具系卖方机构误导的除外。卖方机构能够举证证明根据金融消费者的既往投资经验、受教育程度等事实，适当性义务的违反并未影响金融消费者作出自主决定的，对其关于应当由金融消费者自负投资风险的抗辩理由，人民法院依法予以支持。”

专题四

资产证券化纠纷的争议焦点和司法实践研究

国浩律师（上海）事务所　崔庆玮　刘丰仪　周清怡

资产证券化是一种建立在资产信用上的金融创新工具，在盘活存量资产、降低融资成本、优化金融资源配置等方面具有重要意义。其最初发源于20世纪70年代美国金融市场[①]，后在全球范围内得到广泛应用和发展，现已成为资本市场主流的融资手段之一。我国资产证券化业务自2005年开始试点工作，2008年受国际金融危机影响发展一度陷入停滞，2012年起重启试点并逐步扩大规模，后在系列利好政策的推动支持及业务规则的完善下步入快速发展阶段。

近年来，随着我国资产证券化业务市场规模不断扩大，产品种类及交易结构日益多元化、复杂化，各类违约事件数量也随之增加，一些参与机构甚至违规操作，在此情况下，监管趋势及合规风控要求愈发严格。本专题基于对法律法规及监管规定的理解，以及对司法裁判文书、行政监管文书的检索与归纳，就资产证券化业务开展过程中涉及的典型纠纷及监管风险进行了梳理分析，并提出防范建议。

① 参见《中国人民银行、中国银行业监督管理委员会有关负责人就发布〈信贷资产证券化试点管理办法〉答记者问》，载中国人民银行官网2005年4月22日，http://www.pbc.gov.cn/bangongting/135485/135491/135600/2828005/index.html。

第一章　总　　论

一、资产证券化的定义及分类

我国现行金融监管体制中，资产证券化业务集中在中国证券监督管理委员会（以下简称中国证监会）体系中的“交易所市场”和中国人民银行体系中的“银行间市场”落地开展，主流业务模式包括证券公司及基金管理公司子公司资产证券化、信贷资产证券化、银行间债券市场企业资产证券化。相关业务管理规定对资产证券化的主要分类和定义如下。

（一）证券公司及基金管理公司子公司资产证券化

2014 年 11 月 19 日，中国证监会发布《证券公司及基金管理公司子公司资产证券化业务管理规定》（证监会公告〔2014〕49 号，以下简称《管理规定》），其中第二条第一款明确：“本规定所称资产证券化业务，是指以基础资产所产生的现金流为偿付支持，通过结构化等方式进行信用增级，在此基础上发行资产支持证券的业务活动。”

根据《管理规定》，该类资产证券化业务通过设立资产支持专项计划（以下简称专项计划）或者中国证监会认可的其他特殊目的载体开展，资产支持证券是投资者享有专项计划权益的证明，在证券交易所、全国中小企业股份转让系统等中国证监会认可的证券交易场所进行挂牌、转让。

（二）信贷资产证券化

2005 年 4 月 20 日，中国人民银行、中国银行业监督管理委员会（已撤销[①]）发布《信贷资产证券化试点管理办法》（中国人民银行、中国银行业监督管理委员会公告

---

① 2018 年，中国银行业监督管理委员会与中国保险监督管理委员会被撤销，中国银行保险监督管理委员会在吸收二者职能的基础上挂牌成立。2023 年，国家金融监督管理总局在中国银行保险监督管理委员会基础上组建成立，中国银行保险监督管理委员会不再保留。

〔2005〕第7号),其中第二条第一款将信贷资产证券化业务定义为“在中国境内,银行业金融机构作为发起机构,将信贷资产信托给受托机构,由受托机构以资产支持证券的形式向投资机构发行受益证券,以该财产所产生的现金支付资产支持证券收益的结构性融资活动”。

根据《信贷资产证券化试点管理办法》,该类资产证券化业务通过设立特定目的信托开展,资产支持证券代表特定目的信托的信托受益权份额,由特定目的信托受托机构在全国银行间债券市场上发行和交易。

(三)银行间债券市场企业资产证券化

2012年8月3日,中国银行间市场交易商协会(以下简称交易商协会)发布《银行间债券市场非金融企业资产支持票据指引》。2016年12月12日、2017年10月9日,交易商协会先后两次发布该指引的修订稿。2023年3月6日,交易商协会发布《银行间债券市场企业资产证券化业务规则》(中国银行间市场交易商协会公告〔2023〕3号,以下简称《业务规则》,与《管理规定》《信贷资产证券化试点管理办法》合称业务管理规定),对《非金融企业资产支持票据指引》进行修订并更名,其中第二条规定:“本规则所称银行间债券市场企业资产证券化业务,是指由基础资产所产生现金流作为主要偿付支持,发起机构通过特定目的载体发行企业资产支持证券的结构性融资活动。本规则所称企业资产支持证券包括资产支持票据、资产支持商业票据以及交易商协会认可的其他证券化融资工具。”第四十八条规定:“在信贷资产证券化之外,交易商协会认可的其他主体发行企业资产支持证券的业务活动,参照适用本规则。”

根据《业务规则》,该类资产证券化业务通过设立特定目的信托、特定目的公司或交易商协会认可的其他形式的特定目的载体开展,资产支持证券通过集中簿记建档或招标方式在银行间债券市场发行和交易。

从前述定义来看,几类资产证券化业务在监管机构、交易场所、发行载体等方面均有所差异,但共同点为以特定基础资产未来所产生的现金流为偿付支持,通过设立特殊/特定目的载体(Special Purpose Vehicle,SPV)、信用增级等进行结构化设计,向投资者提供不同品种、期限、价格、预期收益率(或有)的有价证券以达到融资目的,满足市场主体多元化的投融资需求。

二、资产证券化的交易结构及基本业务流程

根据前述业务管理规定，结合中国证券业协会官网发布的问答①、上海市律师协会《律师办理资产证券化法律业务系列业务操作指引》等实务指引以及公开披露的资产证券化产品发行/募集说明书，以市场发行规模占比较大的证券公司及基金管理公司子公司资产证券化产品为例②，资产证券化的典型交易结构如图1所示。

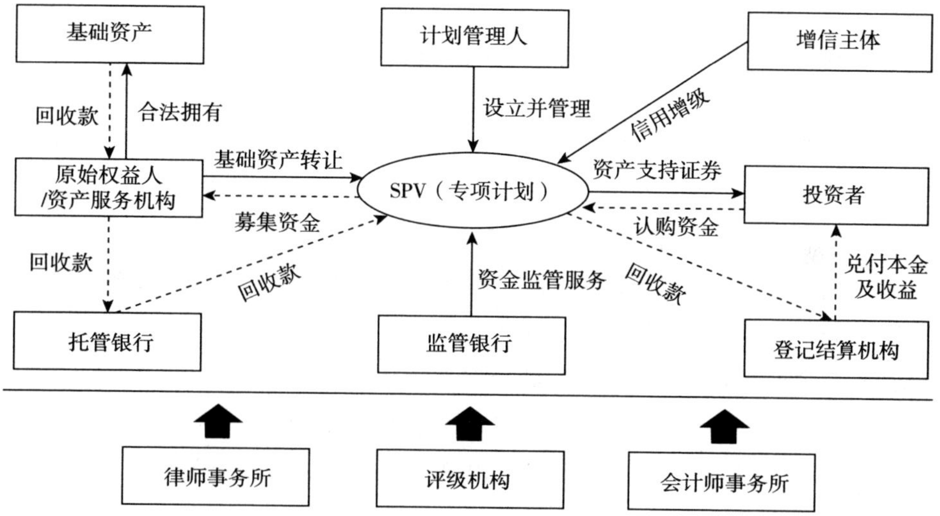

图1 证券公司及基金管理公司子公司资产证券化产品典型交易结构

资产证券化的基本业务流程包括：

1. 组建基础资产池。即原始权益人/发起机构（以下简称发起人或原始权益人）根据其融资需求和资产状况，遴选符合法律法规规定，权属明确，可以依法转让，能够产生持续稳定、独立、可预测的现金流且可特定化的财产、财产权利或财产和财产权利，形成基础资产池。

2. 设立SPV、转让基础资产。即SPV管理机构/受托机构（以下简称管理人）根据交易文件约定及规定依法设立SPV作为资产支持证券的发行载体，原始权益人/发起机构将基础资产及其相关风险和收益转让至SPV，使拟证券化的基础资产与原

① 参见《资产证券化的操作流程是什么?》，载中国证券业协会官网2018年10月10日，https://www.sac.net.cn/tzzzj/yctj/zqex/xxp/3j/201810/t20181010_36852.html。

② 参见中央国债登记结算有限责任公司中债研发中心：《2023年资产证券化发展报告》，载中央结算公司官网，https://www.ccdc.com.cn/cpfw/yffw/yjcg/YZCG_YJBG/202401/t20240131_853592830.html。

始权益人/发起机构的其他资产进行风险隔离。

3. 信用增级。即通过内部或者外部信用增级的方式,通过分层结构、超额抵押、现金抵押账户、利差账户等方式对资产池进行构建设计以及在各交易档次间调剂风险,或利用资产之外的资源对资产证券化交易提供担保等措施,提升拟发行资产支持证券的信用等级。

4. 信用评级。即由具有相应资信评级业务资质的资信评级机构,对拟发行资产支持证券的基础资产现金流、债务人偿债能力、信用增级措施效果、受经济环境影响程度等影响资产支持证券信用风险的因素进行评估分析,并给出相应信用评级结果。

5. 证券发售、募集资金支付。即 SPV 向合格投资者发售资产支持证券,并按照交易文件约定将募集资金支付给原始权益人/发起机构,实现融资目的。

6. 存续期间管理、收益分配。即在资产支持证券存续期间,由 SPV 管理机构/受托机构根据交易文件约定及规定向投资者分配本金和收益,持续跟踪基础资产现金流产生、归集和划转情况,落实基础资产循环购买、不合格基础资产赎回或替换、现金流归集和维护基础资产安全的机制,对风险和违约进行处置等。

7. 清算。即资产支持证券本息兑付全部完成或发生资产支持证券法律关系终止的其他情形时,SPV 管理机构/受托机构根据规定及约定,对 SPV 的资产进行清算分配。

此外,在前述各项流程中,承销机构、资产服务机构、资金监管机构、资金保管机构、律师事务所、会计师事务所、信用评级机构、现金流预测机构、资产评估机构、信用增进机构等中介机构,在各自专业领域及资质范围内提供中介服务。

实践中,部分资产证券化产品采用“信托 + 专项计划”、“私募基金 + 专项计划”等形式的双 SPV 交易结构①,以信托受益权、收费权等基于底层资产现金流作为偿债资金来源的资产作为证券化的基础资产,通过权利的转换和现金流的重构解决部分资产难以特定化、现金流不稳定、不可转让或存在限制等问题②,使其符合证券化资产的合规要求,更灵活地满足市场主体多元化的融资需求。相应地,该种复杂交易结构对资产证券化产品运作和管理的合规性也提出了更高要求。

---

① 例如,海印股份信托受益权专项资产管理计划、恒泰浩睿—海航浦发大厦资产支持专项计划、海通—徐汇绿地缤纷城资产支持专项计划。

② 参见洪艳蓉:《双层 SPV 资产证券化的法律逻辑与风险规制》,载《法学评论》2019 年第 2 期。

三、典型纠纷及监管重点

实践层面，资产证券化交易纠纷的争议焦点主要集中在基础法律关系及法律适用、基础资产的界定及转让完成标准、增信措施文件的法律性质及效力认定、现金流归集账户内资金权属认定、发起人破产对资产证券化产品本息兑付的影响、管理人的过错及责任认定、交易文件中争议解决条款的适用及效力认定等问题。从合规监管角度看，资产证券化交易的常见风险包括基础资产造假、现金流归集与转付机制不完善、参与主体履职不到位等。具体内容将在后文进一步展开。

第二章　基础法律关系及法律适用

一、管理人与发起人的法律关系

(一)是资产转让还是融资借贷

1. 问题的产生

发起人将基础资产转让给SPV完成真实出售、有效实现风险隔离，是资产证券化交易的重要环节及特征之一，但归根结底，相关交易结构的搭建和交易文件的设计本质是为了实现发起人的融资目的。由此，管理人代表的SPV与发起人之间系资产转让关系还是融资借贷关系成为司法实践中的争议焦点之一。

2. 法律依据

《管理规定》第六条第一款规定："原始权益人是指按照本规定及约定向专项计划转移其合法拥有的基础资产以获得资金的主体。"《信贷资产证券化试点管理办法》第十一条规定："信贷资产证券化发起机构是指通过设立特定目的信托转让信贷资产的金融机构。"《业务规则》第二十六条规定："基础资产应依照相关交易文件转让至特定目的载体，明确约定基础资产的未来现金流应转入特定目的载体或其管理机构在资金保管机构开立的资金保管账户。"前述业务管理规定均明确规定了资产证券化业务中基础资产转让至SPV的特殊交易安排。

3. 裁判观点

北京市第一中级人民法院审理的(2020)京01民初239号案外人执行异议之诉中，管理人向法院请求确认其对专项计划监管账户内资金享有所有权，并请求判决解除对该账户内资金的冻结措施。法院认为，确定案涉基础法律关系的性质，是确定案涉账户资金所有权归属的前提和基础。该案所涉专项计划基础资产为原始权益人基于售后回租合同享有的应收租金债权，原始权益人和管理人之间的基础法律关系应为资产证券化特定法律关系还是借贷法律关系成为该案争议焦点之一。

原始权益人认为，其与管理人之间为融资借款法律关系。理由如下：第一，《标准条款》《认购协议与风险揭示书》《资产买卖协议》《服务协议》《监管协议》《差额支付承诺函》《保证合同》等全部约定内容构成专项计划“不可分割的有机整体”，充分表明双方为融资借款法律关系，《资产买卖协议》《服务协议》《监管协议》只是约定安排原始权益人以收取的应收租金回收款，作为偿还优先债权（优先级资产支持证券）的还款来源，管理人将《资产买卖协议》《服务协议》《监管协议》从专项计划系列合同中孤立出来，主张基础法律关系为债权转让，属于断章取义；第二，其认购次级资产支持证券而支付的资金，实则是为优先债权的清偿提供增信担保；第三，其还以《差额支付承诺函》对实际使用的优先级资产支持证券募集资金对应借款资金的清偿承担足额清偿责任，并由其实际控制人根据《保证合同》承担连带保证清偿责任。所谓“对价”（优先级、次级资产支持证券发行规模总和），其中次级资产支持证券“对价”是原始权益人自己交付的，剩余优先级资产支持证券“对价”的本金、孳息，是由原始权益人将依约足额偿还的。因此，“整体计划”权利义务的实质为融资借款而非债权转让。

对此，法院则认为，管理人与原始权益人之间构成资产（债权）转让关系，有别于普通的融资借贷法律行为。案涉协议应视为一个整体协议，其实质是原始权益人与管理人之间关于一次性转让原始权益人所有的应收租金收益的商业安排，标的即为原始权益人转让的售后回租合同项下全部应收租金收益。专项计划通过基础资产（应收债权）转让合同，受让原始权益人的基础资产（应收债权），并获得要求原始债务人直接向其偿付债务的权利。第一，从原始权益人的真实意思表示来看，交易文件签署前，原始权益人发布的董事会等决议公告、交易文件约定内容中均能明确体现其拟进行资产证券化缔约的意思表示，合同签订后，其按照典型的资产证券化交易结构认购次级证券，为专项计划提供内部增信，进一步以实际行动表明其接受了证券化的运作方式；第二，从案涉《资产买卖协议》中约定的权利义务来看，当事人在合同中已明确表示交易性质为基础资产（应收债权）销售，且与该基础资产（应收债权）相关的所有权益和风险全部按照公平的市场价格转让给受让人（管理人）；第三，从原始权益人行为的对外效果来看，其于案涉系列协议签订后，主动办理或协助管理人办理上海证券交易所（以下简称上交所）无异议函、中国证券投资基金业协会（以下简称中基协）备案、动产权属登记等一系列后续事宜，该等行为均具有对外公示的作用，并足以产生对抗第三人的效力，案涉资金流转、动产权属登记、《交割确认函》、所涉证券的评级、监管账户的开设、专项计划账户的开设等均不同于普通的融资借贷法律行为的外观，而系典型的资产证券化特定法律关系中特定民事法律行为的外观体现。因此，管理人与原始权益人之间构成资产（债权）转让关系，而非融资借贷法律关系。

4. 提示与建议

根据前述司法案例,在认定管理人与发起人的基础法律关系时,法院的关注重点在于交易文件中权利义务约定内容、签订前的准备及签订后的履行情况(作为判断真实意思表示的重要依据)、对外公示情况、资产证券化法律关系明显区别于其他法律关系的特殊交易安排(如账户开设、资金走向、信用评级)及审批备案文书等。

因此,建议各参与主体严格依据资产证券化的相关业务管理规定设计交易结构、起草交易文件、履行交易安排,避免因项目运作不规范导致基础法律关系的认定发生争议,影响证券的兑付及相关债权的实现。

(二)是资产转让还是质押担保

1. 问题的产生

出于维护基础资产安全的考量,资产证券化相关业务管理规定中均要求基础资产转让时办理批准、登记手续等,并明确规定了在法律法规未要求登记或不具备登记条件的情形下,管理人有义务采取有效措施维护基础资产安全。例如,《管理规定》第二十三条第一款规定:"法律法规规定基础资产转让应当办理批准、登记手续的,应当依法办理。法律法规没有要求办理登记或者暂时不具备办理登记条件的,管理人应当采取有效措施,维护基础资产安全。"《业务规则》第二十三条第一款也作出了类似规定。

在基础资产为应收账款的资产证券化项目中,由于《中华人民共和国民法典》(以下简称《民法典》)实施前,我国法律层面未对应收账款转让登记公示制度作出明确规定,《中华人民共和国物权法》(2007 年 10 月 1 日实施,被《民法典》废止)仅规定应收账款质权自办理出质登记时设立。同步配套实施的《应收账款质押登记办法》在 2017 年修订前也未对应收账款转让登记事宜作出规定,后在 2017 年修订时新增"权利人在登记公示系统办理以融资为目的的应收账款转让登记,参照本办法的规定",但从效力层级的角度,该办法仅为部门规章,应收账款转让登记效力当时尚未在法律层面得到确认。因此,为充分保障交易安全、履行相关业务管理规定项下的义务,先前诸多项目在转让应收账款时,会同时办理应收账款转让和质押登记,由此引发交易所涉基础法律关系属于债权转让关系还是质押担保关系的争议。

2. 裁判观点

安徽省合肥市中级人民法院审理的(2018)皖 01 执异 43 号申请保全案中,原始权益人以其从事生物质发电而在特定期间对三家电力公司依法享有的电力网上收费权作为基础资产发行资产支持证券,并先后在中国人民银行征信中心办理了"应收账款转让登记”和“应收账款质押登记”。后因原始权益人在一起金融合同借款纠纷中败诉,其对其中一家电力公司享有的部分电费及补贴被冻结,管理人对此提出书面异议,请求解除冻结措施。该案审理过程中,管理人对前述应收账款是否享有权利、享有何种权利成为争议焦点。

对此,法院认为,根据案涉《专项计划说明书》《专项计划标准条款》《基础资产买卖协议》,足以认定管理人以支付11亿元对价的方式,受让取得原始权益人在特定期间对三家电力公司应当取得的电费、可再生能源补贴、调峰及停机补偿等产生的一切相关现金收入债权。虽然管理人和原始权益人就案涉债权同时办理了“应收账款转让登记”和“应收账款质押登记”,但是结合前述三份合同中签订方的真实意思表示,管理人和原始权益人之间形成的是债权转让关系而非质押担保关系,管理人受让债权后又将自己设定为该债权的质押权人的行为无效。

3. 法律修订

《民法典》及配套司法解释的颁布实施,正式从法律层面明确了应收账款债权转让登记的优先效力,解决了前述实践争议。具体而言,《民法典》第七百六十八条规定:“应收账款债权人就同一应收账款订立多个保理合同,致使多个保理人主张权利的,已经登记的先于未登记的取得应收账款;均已经登记的,按照登记时间的先后顺序取得应收账款;均未登记的,由最先到达应收账款债务人的转让通知中载明的保理人取得应收账款;既未登记也未通知的,按照保理融资款或者服务报酬的比例取得应收账款。”《最高人民法院关于适用〈中华人民共和国民法典〉有关担保制度的解释》(以下简称《担保制度司法解释》)第六十六条第一款规定:“同一应收账款同时存在保理、应收账款质押和债权转让,当事人主张参照民法典第七百六十八条的规定确定优先顺序的,人民法院应予支持。”

2022年2月1日起实施的《动产和权利担保统一登记办法》和《中国人民银行征信中心动产融资统一登记公示系统操作规则》也取代原先的《应收账款质押登记办法》,从实操层面对应收账款的转让和质押登记进行了统一规定。

4. 提示与建议

根据前述案例,在存在多重登记操作的情况下,法院倾向于根据交易文件约定探寻各交易主体的真实意思表示,在确定基础法律关系的基础上对相关法律行为的效力作出判断。

现行法律法规体系下,应收账款转让登记已有明确制度依据,建议相关交易主体在转让基础资产时依据规定办理登记手续,避免因路径依赖进行多重登记操作,引发基础法律关系认定的争议。

二、管理人与投资者的法律关系

（一）问题的产生

在发生资产支持证券认购协议、计划说明书等交易文件约定的违约事件时，投资者依据交易文件向管理人等主张违约损害赔偿责任，管理人则通常从与投资者的基础法律关系出发进行抗辩，主张与投资者之间不存在债权债务关系，投资者的请求没有合同及法律依据、不具备起诉资格等。法院在审理该类案件时，往往首先对基础法律关系作出认定。

（二）法律依据

《管理规定》第二条第二款规定："开展资产证券化业务的证券公司须具备客户资产管理业务资格，基金管理公司子公司须由证券投资基金管理公司设立且具备特定客户资产管理业务资格。"即管理人须具备资产管理业务资格。《管理规定》第二十八条第二款第三项规定，资产支持证券投资者享有包括"按规定或约定的时间和方式获得资产管理报告等专项计划信息披露文件，查阅或者复制专项计划相关信息资料"等在内的权利。

司法案例中，有法院引用《证券公司客户资产管理业务管理办法》（2012 年 10 月 18 日实施，2013 年修订，被《证券期货经营机构私募资产管理业务管理办法（2023）》废止）的规定，即"证券公司开展客户资产管理业务，应当依据法律、行政法规和本办法的规定，与客户签订书面资产管理合同，就双方的权利义务和相关事宜做出明确约定"，进而认为资产证券化交易中的相关交易文件构成前述规定中的"书面资产管理合同"。

（三）裁判观点

1. 案例一

北京市高级人民法院审理的（2021）京民终 533 号合同纠纷案中，案涉资产支持证券认购人某银行以管理人未能按照法律规定以及《资产支持证券认购协议》《计划说明书》等文件约定履行审慎核查、信息披露义务，未对专项计划的基础资产及唯一增信措施进行必要调查、核实并如实披露，造成其损失为由，向管理人主张赔偿责任。

一审法院认定，管理人未能依约向认购人提供基础资产中包含真实应收账款质押的资产支持证券，违反专项计划发行、管理合同约定，构成违约，应向认购人承担违约责任。管理人提起上诉认为，资产支持证券认购人并未实际投资案涉资产支持专项计划（认购人某银行的投资资金来源为ZLBH系列理财产品），认购人与管理人无债权债务关系，也无合同关系，故管理人无赔偿义务，认购人也不具有案涉主体资格（专项计划的持有人应为实际出资人即ZLBH产品的投资人）；同时，管理人也不是案涉专项计划募集资金的获得者、使用者，没有义务向认购人刚性兑付案涉资产支持证券的本金和收益。

二审法院则认为，就管理人与认购人的法律关系而言，管理人自行制作并出具的《计划说明书》《标准条款》均载明，《标准条款》《资产支持证券认购协议》《计划说明书》一同构成《证券公司客户资产管理业务管理办法》所要求的管理人与认购人之间的资产管理合同，即管理人已经明确认可其与资产支持证券投资人之间构成资产管理合同关系，对签订方均有约束力，认购人在管理人存在违约行为且投资者因管理人过错而受到损害的情况下，有权向管理人主张赔偿损失，要求其承担违约责任，认购人购买资产支持证券的资金是否来源于所谓ZLBH产品与管理人无关。

对此，管理人向最高人民法院申请再审，认为其与认购人之间基于《计划说明书》《标准条款》等交易文件构成信托关系，其仅在因其过错造成专项计划财产损失的情况下，向资产支持证券持有人承担损害赔偿责任，而不负有且不应负有担保基础资产真实性、保证本息获得固定回报的义务。原审法院错误解释了交易文件中的违约责任条款，并据此判定管理人承担保证投资本息的损害赔偿责任，属于错误理解合同性质，错误分配交易风险，忽略了双方关于管理人仅承担过错责任的约定及双方关于交易风险的合理预期，违反合同解释的基本原则。

最高人民法院将该案交由北京市高级人民法院再审。北京市高级人民法院维持了其在二审中的意见，认为管理人和认购人之间构成资产管理合同关系，根据相关交易文件的约定，无论管理人是基于过错造成专项计划资产损失，还是因未履行或未及时、适当履行合同义务，违反其作出的任何陈述、保证或承诺，均构成违约，需要承担违约责任。

2. 案例二

上海金融法院审理的（2020）沪74民初1801号证券欺诈责任纠纷案中，投资者向专项计划原始权益人、管理人、中介机构等主体主张虚假陈述损害赔偿责任。被告抗辩称，投资者与管理人之间系资产管理项下的信托法律关系，而非证券发行投资的关系，原告只能基于合同约定提出违约之诉。

对此，法院认为，二者并不矛盾。具体而言，资产支持专项计划架构下，资产支持计划是发行资产支持证券的特殊目的载体，资产支持计划的管理人受托管理原始权益人转让的基础资产,并以基础资产发行证券募集资金。管理人通过证券化的方法,将原始权益人原先享有的对基础资产的受益权拆分为标准化、可转让的受益权份额,以证券的形式发行给投资者,客观上使投资者获得受益权份额,投资者与管理人之间就基础资产的管理依然存在信托关系,这与管理人受托发行证券本质上并不矛盾。诚然,案涉资产证券化的结构带有部分信托特征,并非以特殊目的公司作为发行人直接向投资者发行证券,而是以专项计划为载体,以投资者购买专项计划受益权份额的方式进行投资。但前述差异主要体现于发行人主体身份的差别。在后一种架构中,原始权益人实际上承担了发行人的角色,而管理人类似于证券的承销商。两者交易结构的差异并不对投资者购买受益权份额这一标准化有价凭证的交易属性产生影响。因此,投资者有权基于证券发行投资关系,向相关主体主张虚假陈述民事赔偿责任,法院对被告的前述抗辩理由不予支持。

3. 案例三

上海金融法院审理的(2024)沪74民特19号案中,法院亦认为专项计划这一特殊目的载体是依照《中华人民共和国证券投资基金法》《私募投资基金监督管理暂行办法》设立的"契约型资管产品",案涉资产支持专项计划的成立有赖投资者与管理人订立相应"资管协议",即确认了投资者与管理人之间形成的资产管理合同关系。

(四)提示与建议

根据目前公开的案例,在投资者与管理人的法律关系认定的问题上,司法实践中一般认为资产证券化交易中投资者与管理人之间存在资产管理合同关系,资产管理合同一般由《计划说明书》《标准条款》《资产支持证券认购协议》构成。建议在相关交易文件中明确约定基础法律关系、法律依据及组成基础法律关系的交易文件,为履约及纠纷应对提供清晰、明确的请求权基础。

三、资产证券化交易纠纷的法律适用

(一)问题的产生

法律适用问题主要出现在证券公司及基金管理公司子公司资产证券化产品所涉纠纷中。2019年《中华人民共和国证券法》(以下简称《证券法》)修订前,虽然《管理规定》第一条明确其制定依据为《证券法》《中华人民共和国证券投资基金法》《私募投资基金监督管理暂行办法》等,但是,2014年《证券法》(已废止)未明确将资产支持证券纳入规制范围[①]。司法实践中，资产证券化交易纠纷是否适用《证券法》成为争议焦点之一。

2019 年修订的《证券法》第二条第三款规定："资产支持证券、资产管理产品发行、交易的管理办法，由国务院依照本法的原则规定。"主流观点认为，该次修订正式将资产支持证券产品视为"准证券"，正式将其纳入了《证券法》调整范围。但是，司法实践中也存在不同观点，部分法院从资产支持证券的本质特征、监管要求等角度论证，认为其与《证券法》的调整对象存在实质差异。

（二）裁判观点

1. 案例一

上海金融法院审理的（2020）沪 74 民初 1801 号证券欺诈责任纠纷案中，因案涉资产支持证券涉嫌欺诈发行，投资者要求原始权益人、管理人、中介机构赔偿投资损失，主要法律依据是 2019 年《证券法》及 2010 年《中华人民共和国侵权责任法》（2010 年 7 月 1 日实施，被《民法典》废止）。而被告认为，2014 年《证券法》没有将资产支持证券纳入规制范围；即使 2019 年《证券法》将其纳入了规制范围，由于资产支持证券在发行对象、交易模式、监管要求、基础法律关系性质等方面，与股票、债券存在实质差别，其也无法适用 2019 年《证券法》规定的民事责任制度。

对此，法院认为，该案应当适用 2014 年《证券法》。理由有三：第一，从案涉资产支持证券的特点角度看，其系以基础资产所产生的现金流为偿付支持，由证券公司的子公司通过设立特殊目的载体（资产支持专项计划）而发行的标准化权利凭证，具有可转让性、投资性、风险性的特点，系证券的一种；第二，从《证券法》适用范围的角度看，虽然案涉证券发行时 2014 年《证券法》未明确将资产支持证券纳入适用范围，但 2011 年《中华人民共和国国民经济和社会发展第十二个五年规划纲要》、2014 年《国务院关于进一步促进资本市场健康发展的若干意见》等均明确将资产支持证券纳入债券市场予以规定（应理解为将其纳入 2014 年《证券法》第二条规定的适用范围）；第三，从案涉资产支持证券发行及管理依据、交易文件载明的中介机构履职依据角度看，案涉资产支持证券是在上交所挂牌交易的证券，其概念、特征、运行、各方权利义务等均由《管理规定》明确规定，且该《管理规定》第一条明确其制定的依据

---

① 2014 年《证券法》第二条规定："在中华人民共和国境内，股票、公司债券和国务院依法认定的其他证券的发行和交易，适用本法；本法未规定的，适用《中华人民共和国公司法》和其他法律、行政法规的规定。政府债券、证券投资基金份额的上市交易，适用本法；其他法律、行政法规另有规定的，适用其规定。证券衍生品种发行、交易的管理办法，由国务院依照本法的原则规定。"

为《证券法》《中华人民共和国证券投资基金法》《私募投资基金监督管理暂行办法》等，案涉《专项计划说明书》《法律意见书》《信用评级报告》等亦明确中介机构系根据《管理规定》开展业务、制作文书、履行职责等；第四，从案涉纠纷产生时间看，案涉纠纷产生于资产支持证券发行、存续过程中，故应适用当时有效的2014年《证券法》。

2. 案例二

深圳前海合作区人民法院审理的(2016)粤0391民初381号金融衍生品种交易纠纷案中，法院认为当时有效的2014年《证券法》对“证券”的认定限于股票、债券和国务院依法认定的其他证券品种，该案所涉艺术品份额化好比艺术品股票，是一种金融及衍生工具创新，是资产证券化的一种探索与尝试，但证券化并不等于证券，因而案涉的艺术品份额化交易并不属于《证券法》的调整范围，最终适用《中华人民共和国合同法》(1999年10月1日实施，被《民法典》废止，以下简称《合同法》)及司法解释进行裁判。

3. 案例三

北京市高级人民法院审理的(2021)京民终533号合同纠纷案中，投资者以管理人未履行合同约定的保证陈述真实义务等为由向管理人主张违约责任，并引用了2014年《证券法》关于发行人虚假陈述民事赔偿责任的规定。一审法院引用《合同法》第一百一十三条第一款“当事人一方不履行合同义务或者履行合同义务不符合约定，给对方造成损失的，损失赔偿额应当相当于因违约所造成的损失，包括合同履行后可以获得的利益，但不得超过违反合同一方订立合同时预见到或者应当预见到的因违反合同可能造成的损失”的规定对管理人的责任进行了认定，并未依据《证券法》相关规定作出认定。对此，管理人在上诉理由中认为一审法院适用《合同法》审理该案属于适用法律错误，资产支持证券交易合同纠纷应当优先适用《证券法》《管理规定》等特别法律法规、规章、规范性文件和特别交易规则的规定。二审法院认为，案涉不同专项计划文件约定的管理人承担责任的条件和赔偿范围并不完全一致，管理人在该案中应按照前述《合同法》的规定承担违约责任，一审法院法律适用正确。

(三)提示与建议

资产支持证券是否在《证券法》规制范围内仍有争议。即便法院认为资产支持证券在《证券法》规制范围内，也不必然适用《证券法》审理和解决资产证券化有关纠纷，司法实践中法院往往根据当事人的请求内容、依据以及交易文件约定情况等灵活适用法律。

第三章　基础资产的界定、合规要求及转让程序

一、基础资产和底层资产的区分

（一）问题的产生

根据相关业务管理规定，资产支持证券的偿付来源是基础资产产生的现金流。在单 SPV 结构的资产证券化项目中，基础资产的识别较为简单，但双 SPV 结构的项目涉及多层资产结构及现金流归集转付安排，基础资产与底层资产的界定、区分及二者在资产证券化交易中的定位，就成为剖析交易逻辑、开展资产尽职调查的前提。尤其当不同项目最终还款来源相同或基本相同时，相关资产的法律界定曾在司法实践中成为争议焦点。

（二）法律依据

关于基础资产的定义。《管理规定》第三条第一款规定："本规定所称基础资产，是指符合法律法规规定，权属明确，可以产生独立、可预测的现金流且可特定化的财产权利或者财产。基础资产可以是单项财产权利或者财产，也可以是多项财产权利或者财产构成的资产组合。"第三款规定："基础资产可以是企业应收款、租赁债权、信贷资产、信托受益权等财产权利，基础设施、商业物业等不动产财产或不动产收益权，以及中国证监会认可的其他财产或财产权利。"

关于底层资产的定义。《资产证券化业务基础资产负面清单指引》附件《资产证券化基础资产负面清单》第八条，将"底层资产"定义为"根据穿透原则在专项计划中作为专项计划现金流最终偿付来源的资产。"

关于基础资产和底层资产的关系。交易商协会 2023 年 3 月 7 日发布的《关于〈银行间债券市场企业资产证券化业务规则〉及〈银行间债券市场企业资产证券化业务信息披露指引〉施行有关事宜的通知》第三条第一款第三项规定："基础资产原则上应为企业应收账款、租赁债权、微小企业贷款债权等既有债权类资产；对于基础资产为信托受益权等财产权利的，对应的底层资产需具备分散性，分散性和同质性

要求参照适用本款第一项、第二项。”《业务规则》第二十一条第二款规定:“基础资产为信托受益权等财产权利的,其底层资产需要满足本规则对基础资产的相关规定。”与《管理规定》配套的《证券公司及基金管理公司子公司资产证券化业务信息披露指引》(以下简称《信息披露指引》)第十三条规定:“管理人或其他信息披露义务人应当根据不同的基础资产类别特征,依据穿透原则对底层基础资产的情况按照本指引第九条的规定进行信息披露。”

根据前述规定,在涉及底层资产的双SPV结构资产证券化项目中,基础资产和底层资产的概念明确有所区分,且基础资产的认定明确指向直接证券化的第一层资产。同时,由于底层资产产生的现金流是项目最终偿付来源,故需满足和基础资产相同的合规要求、信息披露要求。

(三)裁判观点

1.案例一

最高人民法院审理的(2019)最高法民申1226号合同纠纷案中,一审法院和二审法院、再审法院对于“A物业租金资产支持专项计划”和“B信托受益权资产支持专项计划”的基础资产认定存在不同意见。两个资产证券化项目的最终还款来源均包含C公司所有的D物业项目在特定期间经营收益应收账款,后者为典型的“信托+专项计划”双SPV结构。

一审法院认为,两个项目均是C公司以融资为目的,以同一资产即其自有的D物业项目租金收益作为基础资产通过不同途径进行资产证券化,二者为同一资产证券化项目。二审法院则认为,“A物业租金资产支持专项计划”基础资产是C公司持有的D物业租金,而“B信托受益权资产支持专项计划”基础资产是E信托公司设立的单一资金信托项下的信托受益权,二者是基础资产不同的两个资产证券化项目。

原告申请再审认为,二审法院在完全确认一审法院认定的事实的前提下作出完全相反的认定,对两个实质一样的资产证券化项目割裂地、片面地进行认定,将案涉的典型的双SPV资产证券化交易结构人为地割裂为“信托贷款”和“资产支持专项计划”两个交易,没有穿透至案涉交易的底层资产,属于事实认定错误。案涉两个ABS项目的实际控制人和唯一受益人均为C公司,底层资产一致,交易结构实质上完全一致,法院应当根据“穿透原则”对两个项目进行认定。对此,C公司认为“穿透原则”并非认定资产支持专项计划差异的法律原则。再审法院与二审法院意见一致,认为二者是基础资产不同、还款来源亦不一致的两个项目。

2.案例二

北京金融法院审理的(2022)京74民初1787号合同纠纷案中,法院认为,收益权虽然依附于基础资产,甚至收益权与基础资产在内涵与价值上高度重叠,但在各方商事主体选择以收益权作为交易标的情形下,各方并无转让和受让基础财产的意思表示。此种情况下,应当尊重各方在协议中达成的合意,认定各方交易标的为收益权,而非基础财产。

该案中,当事人交易标的为"私募债券收益权""资管计划收益权",案涉纠纷虽并非基于资产证券化交易产生,但交易标的结构特征类似,法院对收益权及基础资产关系的理解具有参考意义。

(四)提示与建议

根据前述规定及案例,各交易主体在资产证券化项目中的合法交易安排应得到认可和尊重,不同交易结构下的基础资产和底层资产(或有)能作且应作明确区分,不宜混同。但是,从资产合规要求的角度看,由于基础资产或底层资产产生的现金流是资产支持证券偿付的根本来源,故无论存在几层资产结构,相关资产均应符合业务管理规定的要求,并应依据穿透原则依法进行合规审查与信息披露,以保障交易安全。

二、基础资产的合规要求及常见风险

(一)问题的产生

由于资产证券化是建立在资产信用上的一种融资工具,且如前所述,基础资产或底层资产产生的现金流是根本偿付来源,也是评级机构开展信用评级、投资者作出风险评估和投资决策的重要依据,因此,基础资产和底层资产的合规性成为各参与机构尽职调查工作的重点。司法及监管案例中,基础资产和底层资产的真实性、权利限制情况、参与机构核查手段的有效性往往成为关注或争议焦点。

(二)法律依据

除前述基础资产定义中提到的基础资产应当"符合法律法规规定,权属明确,可以产生独立、可预测的现金流且可特定化"要求外,《管理规定》第三条第二款规定基础资产"交易基础应当真实,交易对价应当公允,现金流应当持续、稳定";第二十四条规定:"基础资产不得附带抵押、质押等担保负担或者其他权利限制,但通过专项计划相关安排,在原始权益人向专项计划转移基础资产时能够解除相关担保负担和其他权利限制的除外。"《业务规则》中也有类似要求。

此外,对于证券公司及基金管理公司子公司资产证券化项目,中基协发布的《资产证券化业务基础资产负面清单指引》第二条规定,基础资产还应当"不属于负面清单范畴"。具体而言,该指引附件《资产证券化基础资产负面清单》列明了8类不适宜采用资产证券化业务形式或者不符合资产证券化业务监管要求的基础资产,包括:

"一、不符合地方政府性债务管理有关规定或者新增地方政府性债务的基础资产。

二、被有权部门认定的失信被执行人、失信生产经营单位、其他失信单位作为重要现金流提供方的基础资产。重要现金流提供方重要子公司存在上述失信情形的,视同重要现金流提供方存在相关情形。

重要现金流提供方,是指现金流预测基准日基础资产或者底层资产现金流单一提供方按照约定未支付现金流金额占基础资产未来现金流总额比例超过15%,或者该单一提供方及其关联方的未支付现金流金额合计占基础资产未来现金流总额比例超过20%的现金流提供方。

重要子公司,是指最近一年末经审计的总资产、净资产或者营业收入任一项指标占合并报表相关指标比例超过30%,或者对重要现金流提供方偿债、经营能力影响较大的子公司。

三、产生现金流的能力具有较大不确定性的资产,如矿产资源开采收益权、土地出让收益权、电影票款以及不具有垄断性和排他性的入园凭证等。

四、因空置、在建等原因不能产生稳定现金流的不动产、不动产租金债权或者相关收益权。

五、不能直接产生现金流、仅依托处置资产才能产生现金流的基础资产,如提单、仓单、产权证书等具有物权属性的权利凭证。

六、法律界定及业务形态属于不同类型且缺乏相关性的资产组合,如基础资产中包含企业应收账款、高速公路收费权等两种或者两种以上不同类型资产。

七、违反相关法律法规或者政策规定的资产。

八、以上述资产作为底层资产或者现金流来源的基础资产。底层资产,是指根据穿透原则在专项计划中作为专项计划现金流最终偿付来源的资产。"

中国证监会、中基协、交易商协会等监管机构还制定、发布了相关尽职调查工作指引、信息披露指引、风险控制指引等,规范和指导资产证券化业务中对基础资产、业务参与主体等的尽职调查工作。

(三)司法及监管案例

1. 基础资产虚假

上海金融法院审理的(2020)沪74民初1801号案即全国首例资产支持证券欺诈责任纠纷案中,案涉专项计划即存在基础资产虚假、参与主体尽职调查及信息披露违法违规等问题,导致资产支持证券欺诈发行,法院判决相关主体承担赔偿责任,判赔投资本息损失达人民币5.6亿余元。案涉资产证券化项目的基础资产是原始权益人依据《租赁合同》在特定期间对承租人享有的租金债权。法院审理查明,作为基础资产组成部分的《租赁合同》以及原始权益人的现金流水真实性严重存疑,持续、稳定的现金流根本不存在。具体而言:第一,关于《租赁合同》真实性。案涉《租赁合同》系为融资服务,而非真实情况;中介机构制作《租金确认书》交原始权益人及承租人填写后未进一步核实主体身份,约半数租户缺少主体身份证明材料;《租赁合同》《租金确认书》与访谈记录在租赁面积、租金总额、租金调整方式、保证金等要素上存在多处明显不一致;访谈记录无租户签名等。第二,关于现金流真实性。专项计划成立前、存续期间,基础资产大量现金流系人为制造;银行流水存在原始权益人名下多个账户与入池商户之间大额打款,大量租户既代第三方支付大额租金,同时又被第三方代为支付大额租金,付款时间、金额与《租赁合同》约定明显不符等重大异常情况,且管理人、中介服务机构承认未逐笔核对银行流水,仅大概核对流水总额。

北京金融法院审理的(2021)京74民终254号合同纠纷案中,H公司(作为承租人、出卖人)与Q公司(作为出租人、买受人)签订《融资租赁合同(回租)》,约定H公司将其合法拥有的租赁物转让给Q公司,再由Q公司出租给H公司,租赁本金为5亿元;同日,H公司(作为出质人)又与Q公司(作为质权人)签订《应收账款质押合同》,将其在《采购合同》项下对Z公司享有的每个月不低于6.5亿元的应收账款债权为前述《融资租赁合同(回租)》项下的租金债务提供质押担保,并与Q公司、Z公司签订《应收账款质押确认书》。随后,Q公司作为原始权益人,以其依据租赁合同对承租人享有的租金请求权和其他权利及其相关附属担保权益设立案涉专项计划。然而,在H公司经营状况恶化、专项计划停牌之际,Z公司在向管理人回复的《征询函》中明确表示其与H公司不存在任何法律关系或关联关系,亦不存在任何业务往来,并否认《采购合同》《应收账款质押确认书》等相关文件的真实性。后法院在刑事案件中查明,H公司法定代表人存在伪造Z公司印章、公文,伪造业务合作项目、骗取银行贷款等情节。而管理人在对业务参与人签署的交易文件进行审查的过程中,存在未核实接受访谈人员身份、未制作访谈笔录由被访谈人签字、核查底稿主要来源于Q公司及H公司且多数并非原件、未通过《征询函》或当面核实等方式对基础交易真实性进行核查等过错。

2. 基础资产权利受限

2018年3月19日,中基协向某资产管理有限公司作出《纪律处分决定书》(中基协处分〔2018〕4号),查明其作为管理人的资产证券化项目中,部分基础资产项下的租赁物件通过售后回租的形式向某金融租赁股份有限公司进行融资,该部分基础资产在中国人民银行征信中心动产融资统一登记公示系统的注销登记手续办理时间晚于专项计划设立时间,导致专项计划设立时,该部分基础资产为权利受限资产,违反《管理规定》及《资产证券化业务风险控制指引》(以下简称《风险控制指引》)的相关规定,中基协结合其他违规情节,决定暂停受理其资产支持专项计划备案为期3个月。

(四)提示与建议

根据现有司法及监管案例,与基础资产相关的基础交易/基本业务情况虚假是较为常见的交易风险,个别案例还涉及权利受限问题。究其原因,除基础交易相关主体虚构交易文件、履行情况,未适当履行信息披露义务问题外,其他参与主体在尽职调查过程中未尽审慎核查义务、内控机制不完善也是重要原因。常见问题包括:(1)未审慎核查基础交易相关文件,如未仔细审阅基础合同、未交叉核查相关文件中的基础信息、未逐笔核查交易流水等;(2)尽职调查手段不完善、不充分,如未就基础交易实际开展情况进行实地核查与访谈、未核实访谈人员身份、未制作访谈笔录等;(3)核查底稿有瑕疵,如尽职调查文件并非原件、无签章;(4)履职独立性不足,如依据其他参与主体尽职调查的结果进行判断、制作文书,未独立核查相关基础材料等。建议相关参与主体基于现有司法及监管案例中的常见问题,完善资产证券化项目尽职调查等工作中的核查手段,勤勉、独立履职,确保发行文件及信息披露的真实、准确、完整性,保障交易安全。

三、未通知债务人对基础资产转让效力及债权主张的影响

(一)问题的产生

《管理规定》第二十三条规定:“法律法规规定基础资产转让应当办理批准、登记手续的,应当依法办理。法律法规没有要求办理登记或者暂时不具备办理登记条件的,管理人应当采取有效措施,维护基础资产安全。基础资产为债权的,应当按照

有关法律规定将债权转让事项通知债务人。”《业务规则》第二十三条亦作出了类似规定，并进一步明确，不能通知的，应在注册发行文件中说明原因并披露相关法律风险及风险防范措施。

然而，在实操过程中，部分以债权为基础资产的资产证券化项目，在债权转让通知环节面临债务人数量多、分布广、通知成本高等障碍，并未依法通知债务人或仅通知部分债务人，由此引发了未通知对基础资产转让效力及管理人向债务人主张债权影响的探讨。

（二）法律依据

《民法典》第五百四十六条第一款规定：“债权人转让债权，未通知债务人的，该转让对债务人不发生效力。”

（三）裁判观点

1. 案例一

北京市高级人民法院审理的（2021）京民终 704 号案外人执行异议之诉案中，管理人向法院请求确认其对专项计划监管账户内资金的所有权，基础资产为融资租赁合同项下的应收租金债权。一审法院认为，债权人转让权利未通知债务人的，该转让对债务人不发生效力，但不影响债权转让在转让人和受让人之间的效力，即不影响原始权益人和管理人之间债权转让关系的成立，案涉账户内资金归属于管理人。原始权益人上诉称，一审法院就案涉债权转让是否通知债务人、何时通知债务人、是否对债务人发生法律效力的事实认定不清，其认为，在管理人向债务人发送债权转让通知之前，案涉融资租赁合同项下债务人（承租人）的债权人（出租人）仍是原始权益人，债务人履行合同义务支付的租金亦归属于原始权益人，与管理人无关；在管理人单方向债务人发送债权转让通知后，债务人支付的款项是否归管理人所有，应视管理人单方通知是否送达债务人、送达后是否对债务人产生效力而定。二审法院未认可原始权益人的上诉理由，驳回上诉，维持原判。

2. 案例二

最高人民法院审理的（2021）最高法民申 7876 号案外人执行异议之诉案中，HR 公司和 ZC 公司签订债权转让协议，转让 HR 公司因竞拍湖南省高级人民法院（以下简称湖南高院）组织执行拍卖的 DS 公司的 DS 商城支付款项而对 DS 公司所形成的债权，后 DS 公司破产，深圳市中级人民法院（以下简称深圳中院）在执行 HR 公司与某银行金融借款合同纠纷案中，冻结了 HR 公司在 DS 公司破产案中享有的权益。

现ZC公司主张北京市西城区人民法院作出的执行裁定已认定案涉债权转让给ZC公司，并据此要求排除执行。

对此，最高人民法院认为，首先，在湖南高院执行期间，该债权转让在通知湖南高院之前，对DS公司不发生效力，ZC公司未能提供充分证据证明其在湖南高院撤销拍卖、将DS商城整体移交深圳中院作为DS公司破产财产依法处理之前，将债权转让事宜通知了湖南高院，即未能提供充分证据证明其受让案涉债权已对DS公司发生效力，法院可以依法要求DS公司或相关方协助冻结案涉债权；其次，深圳中院在另案执行过程中冻结HR公司对DS公司相关权益，已产生禁止DS公司向HR公司清偿和禁止HR公司处分该债权的冻结法律效果，DS公司清算组收到债权转让通知时案涉债权已被冻结，ZC公司和HR公司的债权转让依法不得对抗申请执行人某银行；最后，参照《最高人民法院关于人民法院办理执行异议和复议案件若干问题的规定》（以下简称《执行异议和复议规定》）第二十六条的规定①，在金钱债权执行中，案外人依据另案生效法律文书提出排除执行异议的，人民法院应当根据另案生效法律文书对执行标的被查封、扣押、冻结的时间先后及文书内容作出认定和处理，该案中，北京市西城区人民法院认定案涉债权转让给ZC公司的执行裁定作出时间在案涉债权被依法冻结之后，且处理的并不是执行标的归属或者返还的问题，因此以该执行裁定主张排除执行的理由不成立。

该案并非资产证券化交易引发的纠纷，但法院关于债权转让通知对受让人主张债权影响的论证具有一定参考价值。

（四）提示与建议

根据前述规定及案例，基础资产为债权的资产证券化项目中，管理人未及时将债权转让事宜通知债务人的，虽不影响发起人和管理人之间债权转让关系的成立，

---

① 《最高人民法院关于人民法院办理执行异议和复议案件若干问题的规定》第二十六条规定："金钱债权执行中，案外人依据执行标的被查封、扣押、冻结前作出的另案生效法律文书提出排除执行异议，人民法院应当按照下列情形，分别处理：（一）该法律文书系就案外人与被执行人之间的权属纠纷以及租赁、借用、保管等不以转移财产权属为目的的合同纠纷，判决、裁决执行标的归属于案外人或者向其返还执行标的且其权利能够排除执行的，应予支持；（二）该法律文书系就案外人与被执行人之间除前项所列合同之外的债权纠纷，判决、裁决执行标的归属于案外人或者向其交付、返还执行标的的，不予支持；（三）该法律文书系案外人受让执行标的的拍卖、变卖成交裁定或者以物抵债裁定且其权利能够排除执行的，应予支持。金钱债权执行中，案外人依据执行标的被查封、扣押、冻结后作出的另案生效法律文书提出排除执行异议的，人民法院不予支持。非金钱债权执行中，案外人依据另案生效法律文书提出排除执行异议，该法律文书对执行标的的权属作出不同认定的，人民法院应当告知案外人依法申请再审或者通过其他程序解决。申请执行人或者案外人不服人民法院依照本条第一、二款规定作出的裁定，可以依照民事诉讼法第二百二十七条规定提起执行异议之诉。"

但管理人或将面临无法直接向债务人提出履行债务请求，甚至发起人二次转让债权并通知债务人、债务人向第三人履行债务的风险。若债务人财产在另案中被执行，管理人在未及时通知债务人的情况下，仅依据债权转让协议、法院确认债权已转让的生效文书，或不足以对抗另案执行。

在实操层面，《业务规则》第二十三条第二款规定，“不能通知的，应在注册发行文件中说明原因并披露相关法律风险及风险防范措施”。例如，某应收账款资产支持专项计划说明书在“风险揭示与防范措施”部分披露“因逐一通知债务人基础资产转让的成本过高，在债权转让时，原始权益人和计划管理人仅通知部分债务人”，对此，“专项计划设置了权利完善事件，根据《基础资产转让协议》的规定，在发生任一权利完善事件后的5个工作日内，原始权益人应向发包人发出权利完善通知，将基础资产转让的情况通知前述各方（如此前未通知基础资产转让的情况）并指示各方将应收账款或其他应属于专项计划资产的款项直接支付至专项计划账户，并协助计划管理人办理必要的权利转移/变更手续（如需）”。

因此，建议相关交易主体依据业务管理规定履行通知、登记等义务，在交易文件中约定相关义务及责任，同时参考同类型项目经验设置有效的风险防范措施（如前述权利完善事件），保障交易安全。

第四章 增信措施文件的法律性质及效力的认定

一、增信措施文件的法律性质及效力的认定

（一）问题的产生

资产证券化项目中，往往涉及不同类型的增信措施，如结构化分层、现金流超额覆盖、保证担保、抵质押、债务加入、差额补足、流动性支持等信用增级安排，其中诸多项目由发起人的关联方或无关联第三方提供差额支付承诺函或流动性支持承诺函。但是，差额补足/流动性支持并非《民法典》等法律规定的典型法律关系或法律行为，法律未明确将其规定为担保法律行为，而其法律性质是否为担保，增信安排的法律效力以及增信效果等始终是投资者、监管机构所关注的，在司法实践中，司法机关也存在不同的认定意见。在对该类增信措施法律性质进行认定时，应基于差额补足/流动性支持文件的具体内容，并根据具体案件的实际情况，对涉及的相关法律关系及其权利义务进行综合分析。

（二）法律依据

《全国法院民商事审判工作会议纪要》第九十一条规定："信托合同之外的当事人提供第三方差额补足、代为履行到期回购义务、流动性支持等类似承诺文件作为增信措施，其内容符合法律关于保证的规定的，人民法院应当认定当事人之间成立保证合同关系。其内容不符合法律关于保证的规定的，依据承诺文件的具体内容确定相应的权利义务关系，并根据案件事实情况确定相应的民事责任。"

《担保制度司法解释》第三十六条规定："第三人向债权人提供差额补足、流动性支持等类似承诺文件作为增信措施，具有提供担保的意思表示，债权人请求第三人承担保证责任的，人民法院应当依照保证的有关规定处理。第三人向债权人提供的承诺文件，具有加入债务或者与债务人共同承担债务等意思表示的，人民法院应当认定为民法典第五百五十二条规定的债务加入。前两款中第三人提供的承诺文件难以确定是保证还是债务加入的，人民法院应当将其认定为保证。第三人向债权

人提供的承诺文件不符合前三款规定的情形，债权人请求第三人承担保证责任或者连带责任的，人民法院不予支持，但是不影响其依据承诺文件请求第三人履行约定的义务或者承担相应的民事责任。”

根据上述规定，差额补足/流动性支持法律性质的认定，根据不同情况，存在保证担保、债务加入、普通合同义务几种可能性：

1. 具有提供担保的意思表示的，应当依照保证的有关规定处理；

2. 具有加入债务或者与债务人共同承担债务等意思表示的，应当认定为债务加入；

3. 难以确定是保证还是债务加入的，认定为保证；

4. 保证和债务加入均不符合的，应依据承诺文件的约定履行义务或承担责任。

（三）法律性质认定要件分析

要判断一份差额补足/流动性支持等类似增信文件的法律性质是否构成担保或债务加入，需要根据该等增信文件中可能涉及的权利义务内容以及具体情况，综合分析判断是否满足构成要件。

1. 是否存在主债权且负有差额补足/流动性支持义务的前提是否为保障主债权的实现

担保法律关系属于从法律关系，需存在主债权，结合《民法典》第六百八十一条“保证合同”的定义，若将其认定为保证担保，差额补足/流动性支持义务的前提应该是“为保障主债权的实现”、“债务人不履行到期债务”或“发生当事人约定的情形”。

若增信文件中将差额补足/流动性支持义务履行的前提表述为“重要货币市场基金出现流动性风险等情形时”“主债务人出现资金流动性困难时”等，实际更偏向于笼统地约定了该等义务的前提，并未与“主债务到期不能履行”紧密挂钩，该等情况下，视其他要件的满足情况，可能不构成保证担保。

因资产证券化产品、信托产品、理财产品均不保本不保收益，产品管理人并没有足额兑付的义务，只有在管理人不尽责、怠于履行义务的情况下，投资者才可向管理人主张“赔偿责任”，即不存在“主债权”之说。主流观点认为，视其他要件的满足情况，为资产证券化产品的收益提供差额补足/流动性支持，并不足以认定构成担保或债务加入。根据《担保制度司法解释》的规定，不符合担保或债务加入的，债权人请求第三人承担保证责任或者连带责任的，人民法院不予支持，但是不影响其依据承诺文件请求第三人履行约定的义务或者承担相应的民事责任。据此，为资产证券化产品提供差额补足/流动性支持的增信主体，可能需承担普通合同义务。与此同时，为“资产证券化产品差额支付义务人”提供担保的，在法律性质上，其“主债权”变为

"差额支付义务人的差额支付义务"，原则上不影响其担保性质的认定。

2. 是否有提供担保/债务加入的意思表示

是否构成担保，从文义表述角度，需审查增信文件中是否有"保证""担保""确保"等类似表述；从保证担保的核心要义角度，需审查承诺人是否有"当债务人未履行主债务时，债权人可以向担保人主张"的意思表示。

若仅仅表示为在约定的情况发生，如债务人资金流动性不足时，由增信义务人向债务人提供融资支持，使债务人具备偿债能力或为其补充流动性，而非由增信义务人直接向债权人支付，或债权人可以直接越过债务人向增信义务人主张支付或承担差额补足/流动性支持义务，并未赋予"债权人可以向增信义务人主张"的权利，该等情况下，视其他要件的满足情况，可能不构成保证担保。

不同于担保，债务加入则并不以债务人未履行或未足额履行为前提，而是在债务履行期限届满时债权人可以直接向债务人和增信义务人之任一方或两方同时主张债权。该等情况则可能构成债务加入。

3. 义务履行的法律效果

担保法律关系项下，担保人履行了保证担保义务后，对应的主债权即实现或消灭，债权人该部分主债权的实现不再依赖债务人的进一步履行。

若增信义务人按约履行了相应差额补足/流动性支持义务后，相关债权并不因此而实现或消灭，债权人实现债权仍然有赖债务人依约进一步履行，该等情况下，视其他要件的满足情况，可能不构成保证担保。

4. 债务数额和担责范围

《最高人民法院民法典担保制度司法解释理解与适用》（最高人民法院民事审判第二庭著，人民法院出版社 2021 年版）一书认为：第三人愿意承担的债务内容是具有从属性的债务还是与原债务具有同一性的债务，是区分保证和债务加入的重要标准。这种区分可以从两个方面加以把握：一方面，从债务数额来说，保证人往往承担主债务人不能履行的差额部分，而债务加入的约定数额往往是加入人加入债务时的既有债务，与主债务人嗣后的履行情况没有关系；另一方面，保证范围的约定往往包括了违约金、损害赔偿金和实现债权的费用，而在债务加入中，债务加入人负担债务之范围以加入之时原债务的内容为限，对原债务人的违约责任不予负责。

（四）法律性质裁判观点

1. 保证担保

最高人民法院审理的（2019）最高法民终 560 号金融借款合同纠纷案中，案涉

《差额补足合同》约定:“差额补足义务人为主债务人履行《信托贷款合同》约定的全部义务承担差额补足责任。差额补足责任,是指如主债务人无法按照《信托贷款合同》的约定履行支付贷款本金、利息、复利、罚息、违约金、赔偿金及其他任何应付款项的义务,则债权人有权不经任何前置程序要求差额补足义务人立即向债权人支付主债务人的应付未付债务。本合同项下的差额补足义务人所应履行差额补足责任的范围包括主合同项下全部债务,包括但不限于全部贷款本金、利息、复利、罚息、违约金、赔偿金及主债务人应向债权人支付的其他款项、债权人实现债权与差额补足权利而发生的费用(包括但不限于诉讼费、仲裁费、财产保全费、差旅费、执行费、评估费、拍卖费、公证费、送达费、公告费、律师费等)。本合同项下差额补足义务人在主债务人未能完全按照《信托贷款合同》的约定支付任何款项时,差额补足义务人应当立即承担差额补足义务,并承诺不对此提出任何抗辩。”基于该等约定,法院认为当事人关于差额补足责任的定义显然与担保法对于保证的定义相符,即差额补足责任是建立在主债务人无法按照《信托贷款合同》的约定履行还本付息义务的基础上,属于比较典型的“当债务人未履行主债务时,债权人得向担保人主张”的表述。最高人民法院将差额补足义务人的承诺认定为保证担保。

北京市高级人民法院审理的(2021)京民终754号合同纠纷案中,案涉《差额补足协议》约定:“为保障丁方在《回购协议》中约定的义务的履行,甲方同意向乙方提供本协议约定的差额补足义务。一、甲方为丁方依据《回购协议》中约定的对有限合伙份额回购的义务承担最高限额差额补足义务……二、如果丁方未能按照《回购协议》的规定履行回购价款支付义务,则乙方有权要求甲方按照本协议的规定履行最高额差额补足义务。甲方承诺在收到乙方书面通知后的30个工作日内,根据书面通知所载金额代丁方支付《回购协议》项下应付资金……三、如果甲方按照本协议约定履行了最高限额差额补足义务,有权根据《补充协议》的约定行使追偿权。”基于此,法院认为:从上述约定内容看,JY公司(甲方)是对主债务人CY北京公司(丁方)不能履行的差额部分承担责任,而且JY公司承担责任后,有权行使追偿权。上述约定亦符合保证合同从属性的法律特征。故《差额补足协议》符合保证合同的法律特征,该合同性质应为保证合同。同时,案涉《差额补足协议》将JY公司履行债务的前提界定为债务人CY北京公司届期“未能”履行债务,存在明显的履行顺位,符合《担保制度司法解释》第二十五条关于一般保证的定义,故JY公司向FY公司(乙方)提供的保证应当认定为一般保证。

2. 债务加入

笔者团队承办的上海市第一中级人民法院审理的(2020)沪01民终6979号股

权转让合同纠纷案中,笔者团队代表委托人主张某项“差额补足承诺”应属于债务加入。案涉《补充协议》约定:“丙方公司未能足额收到每期约定付款,甲方李某和乙方刘某保证支付差额部分。无论任何情况,甲方和乙方保证在2018年6月30日前,丙方收到全部收购对价3250万元,否则向丙方补足差额。”结合协议的约定,法院认为,首先,甲方和乙方的该项债务发生、变更、消灭不完全从属于债务人应当向丙方支付的股权转让款,“保证”补足的差额亦可能超过债务人实际应付股权转让款的金额。故《补充协议》中关于“丙方公司若未能足额收取每期付款,李某、刘某保证补足差额部分”中的“保证”并非李某、刘某对债务人应付股权转让款的保证担保,而是在丙方公司最终获得3250万元股权转让款这一债务中增加了债务人,属于债的加入。其次,无论标的公司是否完成承诺的利润,被上诉人丙方公司都有权要求上诉人李某、刘某“保证”其最终能按照《股权转让协议》的约定获得每期股权转让款,即共计3250万元的转让款,差额部分应由李某、刘某补足,与前述“丙方收到全部收购对价,3250万元,否则向丙方补足差额”的条款约定实质相同。因此,《补充协议》中关于“李某、刘某保证丙方在任何情况下”的“保证”亦非李某、刘某对债务人应付股权转让款的保证担保,而是在丙方最终获得3250万元股权转让款这一债务中增加了债务人,属于债的加入。

北京市第二中级人民法院审理的(2021)京02民初167号信托纠纷案中,案涉《股权投资合作协议》第4.6条约定:“丙方、丁方、戊方提供如下担保:……(2)股权质押:出质人为乙方及丁方,出质权利为乙方持有的特殊目的公司股权和丁方持有的丙方股权”;第4.4条约定:“最低投资回报作为甲方对特殊目的公司进行股权投资以及特殊目的公司对丙方进行股权投资的前提条件,乙方及丁方向甲方承诺如下最低股权投资回报”,该约定针对的即是4900万元的股权投资及其投资回报;第4.4条亦约定:“作为甲方对特殊目的公司进行债权投资以及特殊目的公司对丙方进行债权投资的前提条件,乙方及丁方向甲方承诺如下最低债权投资回报。”基于此,法院认为:丁方虽然使用了“担保人”的概念,在第4.6条中,约定的股权出质人亦包括乙方和丁方,出质权利为乙方持有的安徽ZC公司的股权和丁方持有的安徽ZH公司的股权。但该合同第4.4条中,丁方与乙方均向甲方作出最低股权投资回报及最低债权投资回报的“承诺”。综合案件的实际情况,法院只能认定丁方与乙方具有共同承担债务的意思表示,应共同向甲方清偿其所承诺支付的款项。即法院将此认定为债务的加入。

3. 合同义务

上海市高级人民法院审理的(2018)沪民初44号金融借款合同纠纷案中,“HM

资产支持专项计划”交易文件约定“专项计划账户内可供分配的资金不足以支付优先级资产支持证券当期本息的,触发差额支付启动事件,应当由差额支付承诺人承担差额补足义务,如差额支付承诺人未依约支付差额,由担保人承担不可撤销的连带担保责任”。MD 公司和 MZ 公司出具《HM 资产支持专项计划差额支付承诺函》;中科建设、ZF 公司各签署一份《HM 资产支持专项计划担保协议》,对差额支付义务承担连带担保责任。基于此,法院认为:2018 年 6 月 6 日触发了差额支付条件,被告 MD 公司和 MZ 公司应依约承担差额补足义务。被告 MD 公司和 MZ 公司至今未履行差额支付义务,原告起诉要求被告 MD 公司和 MZ 公司支付人民币 369,249,018.89 元及相应利息于法有据。法院并未认定该等差额支付的性质是保证或者债务加入,而是按照普通合同义务认定并按合同约定予以支持。此外,法院认为根据被告中科建设和 ZF 公司签订的《HM 资产支持专项计划担保协议》,被告中科建设、ZF 公司对被告 MD 公司和 MZ 公司的付款责任应依法承担连带担保责任。即尽管差额支付所涉及的法律性质为合同义务,但是不影响为差额支付提供担保的担保性质的认定。

上海市高级人民法院审理的(2020)沪民终 567 号合同纠纷案中,法院认为:被告出具《差额补足函》的目的确系为原告投资资金的退出提供增信服务,但是否构成保证仍需根据保证法律关系的构成要件进行具体判断。本案中,原告不是《合伙协议》及 MPS 公司股权回购协议中的直接债权人,被告履行差额补足义务也不以《合伙协议》中上海 JX 基金的债务履行为前提。被告在《差额补足函》中承诺的是就香港 JX 公司股权转让目标价格与实际转让价格之间的差额承担补足义务或在 MPS 公司股权没有完全处置时承担全额差额补足义务,与 MPS 公司股权回购协议的相关债务不具有同一性。因此,差额补足义务具有独立性。被告直接向原告承诺差额补足义务是为确保原告的理财资金能够在资管计划管理期限届满时及时退出。在未能按期完成股权转让交易的情况下,被告需无条件独立承担支付义务,与基金项目是否清算无关,故履行条件已成就,被告应依约承担差额补足义务。

(五)法律效力裁判观点

北京市高级人民法院审理的(2021)京民终 756 号合同纠纷案中,WM 公司对于直营影院继续执行 ABS 专项计划项下相关约定作出如下承诺:“如果 ABS 专项计划项下的监管账户的账户余额在 ABS 专项计划项下交易文件和计划说明书载明的质押财产划付日前未达到 ABS 专项计划约定的应划付的当期金额,则 WM 公司将在 ABS 专项计划项下交易文件和计划说明书载明的质押财产划付日前将监管账户的账户余额与约定的当期应划付金额间的差额补足至监管账户。特别的,对于每一特定期间最后一个质押财产划付日,若该特定期间内监管账户归集的累计金额少于该特定期间必备金额的,则WM公司将在该质押财产划付日前将上述累计金额与必备金额间的差额补足至监管账户。"基于此,法院认为:WM公司因履行《收购意向协议》向ABS专项计划份额各优先级及次级资产支持证券持有人出具《承诺函》,承诺对ABS专项计划项下JD集团监管账户的还款金额承担差额补足义务,当属其真实意思表示,合法有效。

上海市高级人民法院审理的(2019)沪民初11号证券交易合同纠纷案中,法院认为:涉案《专项计划差额支付承诺函》《专项计划担保协议》《股权质押协议》等系各方当事人的真实意思表示,且不违反法律法规的禁止性规定,应为合法有效,各方当事人均应恪守。现已触发差额支付启动事件,MD公司、MZ公司应按约承担差额补足义务,ZS公司、ZF公司和ZG公司应承担相应的担保责任。

最高人民法院在其审理的(2019)最高法民终560号金融借款合同纠纷案中,将差额补足义务人的承诺认定为保证担保。关于该保证的效力,法院认为:首先,按照2018年《中华人民共和国公司法》(以下简称《公司法》)第十六条第二款的规定,公司为公司股东或者实际控制人提供担保的,必须经股东会或者股东大会决议。《公司章程》规定:公司对股东、实际控制人及其关联方提供的担保,须经股东大会审议通过。但差额支付义务人为其股东提供保证,未经股东大会审议通过,仅通过董事会作出决议,违反了2018年《公司法》的相关规定,亦有悖于公司章程。法定代表人和相关董事会作出的保证的意思表示,均已超越其各自的权限,相关代表行为应属越权担保。其次,《最高人民法院关于适用〈中华人民共和国担保法〉若干问题的解释》(2000年12月13日实施,已废止)第十一条规定:"法人或者其他组织的法定代表人、负责人超越权限订立的担保合同,除相对人知道或者应当知道其超越权限的以外,该代表行为有效。"差额补足义务人的法定代表人和相关董事会决议对差额补足义务人是否生效,取决于差额补足权利人对于差额补足义务人法定代表人和董事会的越权担保行为是否知晓。差额补足权利人作为专业的金融机构,应当严格依据《公司法》《中华人民共和国担保法》(1995年10月1日实施,被《民法典》废止)《担保法司法解释》等法律法规以及相关行业监管部门的规定,加强对为上市公司的差额补足义务人提供担保的合法合规性的审查。差额补足权利人应当知晓2018年《公司法》第十六条的规定,同时,差额支付义务人为上市公司,其公司章程是对外公开的,差额补足权利人对此亦应知晓。据此,法院认为差额补足权利人存在过错,不能认定为善意相对人,《差额补足合同》对差额补足义务人不产生约束力。

结合以上案例可以看出，差额补足/流动性支持等信用增级安排的法律性质以及效力并不能一概而论，而是需要结合具体内容和相关构成要件综合判断，对其法律性质及效力的认定，会实质性地影响债权的实现和实际增信效果。

二、证券监管的披露要求

在资产证券化项目当中，为资产支持专项计划提供增信措施的情形包括上市公司为其作为发起人的关联主体提供差额补足/流动性支持，该类非典型合同是否构成担保并需要进行信息披露，同样也是上市公司格外关注的问题。

（一）监管依据

《上海证券交易所债券自律监管规则适用指引第 1 号——公司债券持续信息披露（2023 年 10 月修订）》第 4.4.4 条第一款及第二款规定：“发行人或者其子公司对外提供保证担保，或者承担流动性支持、差额补足义务等以自身信用对外提供增信，且单笔金额超过发行人合并报表范围上年末净资产 20% 的，发行人应当于内部有权决策机构审议同意或者知道子公司相应决定的 2 个交易日内，披露下列事项：（一）增信提供方和被增信方的基本情况；（二）接受增信的债权等权利的金额、类型、起止期限；（三）增信类型、金额、对关联方提供的增信类型及金额、增信期限、保证期间等增信责任承担期间；（四）共同增信措施、反增信措施（如有）；（五）增信方内部决策情况、增信协议签署情况；（六）对发行人偿债能力的影响分析等。发行人及其子公司当年新增前款规定的增信行为，且季末合计未实际承担增信责任的余额每新增超过发行人合并报表范围上年末净资产 50% 的，发行人应当于下一季度的前 5 个交易日内，披露合计未实际承担增信责任的余额及其占发行人合并报表范围上年末净资产的比例、按增信类型分列的各类或有负债余额、对发行人偿债能力的影响分析等。”

《深圳证券交易所公司债券存续期监管业务指引第 2 号——临时报告（2023 年 10 月修订）》第四十条第一款及第二款规定：“发行人及其子公司对外提供保证担保或者承担流动性支持、差额补足义务等以自身信用对外提供增信，且单笔金额超过发行人上年末合并报表范围净资产 20% 的，发行人应当于有权决策机构审议同意或者知道子公司相关决议之日起 2 个交易日内披露下列事项：（一）增信提供方和被增信方的基本情况；（二）接受增信的债权金额、类型、起止期限；（三）增信措施类型、金额、对关联方提供的增信类型以及金额、增信期限、保证期间等增信责任承担期间；（四）共同增信措施、反增信措施（如有）；（五）增信提供方内部决策情况、增信协议签署情况;(六)对发行人的影响、应对措施和相应成效(如有)。发行人及其子公司当年新增前款规定的增信行为,且季末未实际承担增信责任的余额合计每新增超过发行人上年末合并报表范围净资产50%的,发行人应当于下一季度前5个交易日内,披露合计未实际承担增信责任的余额及其占发行人上年末合并报表范围净资产的比例、按增信类型分列的各类或有负债余额、对发行人的影响分析及其应对措施等。”

据此,上交所和深圳证券交易所均将流动性支持、差额补足义务与对外担保并列为增信安排,在披露口径上视为类担保,与担保适用同样的信息披露要求或按照担保进行披露。从文义来看,不论差额补足/流动性支持是否属于担保性质,均需与担保适用同样的信息披露要求进行信息披露。

(二)行政处罚案例

2022年12月9日和2023年3月24日,中国证监会分别作出〔2022〕71号和〔2023〕21号《行政处罚决定书》,对HH公司及相关责任人员作出处罚,其中所涉违法行为包括“未及时披露及未在定期报告中披露为HH实业向HN信托借款4.00亿元提供担保的情况”,具体违法事实为“2016年11月18日,HH实业与HN信托签订《信托贷款合同》,约定HH实业向HN信托借款4.00亿元。2016年11月,HH公司(ST)向HN信托出具流动性支持函,约定如HH实业未按上述借款合同约定向HN信托支付贷款本金及利息,HH公司(ST)将给予HH实业流动性支持。2021年4月,HN信托向HH公司(ST)发出《说明函》,4月28日,HH公司(ST)该担保义务解除”。即中国证监会将该流动性支持定性为担保。

2021年12月23日,中国证监会黑龙江监管局作出〔2021〕1号《行政处罚决定书》,对YX公司及相关责任人员作出处罚,其中所涉违法行为包括“未及时披露及未在定期报告中披露对外担保有关情况:……(三十四)2017年5月,YX公司向GX信托出具《流动性支持函》,承诺为Y集团提供不少于25,000万元连带责任保证”。

基于上述监管规定以及行政处罚的案例,无论该等差额支付承诺/流动性支持承诺的法律性质被认定为担保、债务加入或是普通合同义务,作为上市公司均应当审慎对待,与担保适用同样的信息披露要求或按照担保进行披露。

三、法律风险防范建议

(一)审阅内容

关注增信文件的相关表述是否明确、是否约定了清晰可执行的法律义务,尽可能直接使用“保证”“担保”“连带责任”“共同承担”等语词并直接约定债权人对出具方的权利，若想达到担保效果，还应特别注意内容的表述，区分是连带保证还是一般保证。协议签署后，若有较大概率构成保证担保，需注意在保证期间内向增信义务人主张权利，避免因经过保证期间而失权。

（二）审阅决议

《担保制度司法解释》第七条规定：“公司的法定代表人违反公司法关于公司对外担保决议程序的规定，超越权限代表公司与相对人订立担保合同，人民法院应当依照民法典第六十一条和第五百零四条等规定处理：（一）相对人善意的，担保合同对公司发生效力；相对人请求公司承担担保责任的，人民法院应予支持。（二）相对人非善意的，担保合同对公司不发生效力；相对人请求公司承担赔偿责任的，参照适用本解释第十七条的有关规定。法定代表人超越权限提供担保造成公司损失，公司请求法定代表人承担赔偿责任的，人民法院应予支持。第一款所称善意，是指相对人在订立担保合同时不知道且不应当知道法定代表人超越权限。相对人有证据证明已对公司决议进行了合理审查，人民法院应当认定其构成善意，但是公司有证据证明相对人知道或者应当知道决议系伪造、变造的除外。”第九条第一款、第二款规定：“相对人根据上市公司公开披露的关于担保事项已经董事会或者股东大会决议通过的信息，与上市公司订立担保合同，相对人主张担保合同对上市公司发生效力，并由上市公司承担担保责任的，人民法院应予支持。相对人未根据上市公司公开披露的关于担保事项已经董事会或者股东大会决议通过的信息，与上市公司订立担保合同，上市公司主张担保合同对其不发生效力，且不承担担保责任或者赔偿责任的，人民法院应予支持。”

据此，担保权人有必要主动审查差额补足/流动性支持义务人是否作出了有效的股东（大）会决议；在差额补足/流动性支持义务人为上市公司情况下，还应关注担保事项是否已公开披露，否则将面临保证担保无效的风险。

第五章　基础资产现金流的归集与转付风险

一、归集账户内资金权属争议

(一)问题的产生

资产证券化项目中,基础资产产生的现金流通过专门账户(以下简称归集账户)归集、转付,归集账户一般为 SPV 账户或以发起人/资产服务机构等主体名义开设的资金监管账户①。资产服务机构接受 SPV 或管理人委托,履行收取基础资产现金流并按约定划付等职责,可以由发起人担任。

在以专门监管账户为归集账户的资产证券化项目中,从外观上看,监管账户并非开立在 SPV 名下,由此,监管账户内资金被执行时或引发账户内资金权属的争议。

(二)法律依据

《管理规定》第五条规定:"因专项计划资产的管理、运用、处分或者其他情形而取得的财产,归入专项计划资产……专项计划资产独立于原始权益人、管理人、托管人及其他业务参与人的固有财产。原始权益人、管理人、托管人及其他业务参与人因依法解散、被依法撤销或者宣告破产等原因进行清算的,专项计划资产不属于其清算财产。"

《执行异议和复议规定》第二十五条第一款规定:"对案外人的异议,人民法院应当按照下列标准判断其是否系权利人:……(三)银行存款和存管在金融机构的有价证券,按照金融机构和登记结算机构登记的账户名称判断;有价证券由具备合法

---

① 以上交所对证券公司及基金管理公司子公司资产证券化项目的指引规定为例,《上海证券交易所资产支持证券挂牌条件确认规则适用指引第 2 号——大类基础资产》第 2.2.7 条第二款规定:"债权类、未来经营收入类资产支持证券的基础资产现金流应当由现金流提供方直接回款至专项计划账户。因债务人分散度高等合理原因,较难变更收款账户,难以直接回款至专项计划账户的,应当由原始权益人督促债务人直接回款至专项监管账户。特殊情形下,基础资产现金流难以直接回款至专项计划账户或专项监管账户的,管理人应当充分披露原因和合理性,揭示资金混同或挪用等风险以及相应的风险缓释措施。"

经营资质的托管机构名义持有的，按照该机构登记的实际出资人账户名称判断；……（五）其他财产和权利，有登记的，按照登记机构的登记判断；无登记的，按照合同等证明财产权属或者权利人的证据判断。”

司法实践中，对前述规定的理解与适用存在不同观点。

（三）裁判观点

1. 根据登记账户户名判断

北京市第一中级人民法院审理的（2020）京01执异21号融资租赁合同财产保全纠纷案中，法院引用《执行异议和复议规定》第二十五条第一款第三项关于“银行存款和存管在金融机构的有价证券”权利人的判断标准，以归集账户登记在原始权益人/资产服务机构名下为由，认定归集账户内资金归原始权益人/资产服务机构所有，最终驳回了管理人作为案外人对归集账户内资金的执行异议。

2. 结合法律关系、交易文件约定、履行情况等综合判断

北京市第一中级人民法院审理的（2020）京01民初239号案外人执行异议之诉中，法院认为，对于一般账户中的资金，应当以账户的名称作为权属判断的基础与依据，但对于特定专用账户中的资金，应当结合案件的基础法律关系，根据当事人对该资金的特殊约定以及相关法律规定判断资金权属。具体而言：第一，根据《管理规定》第五条，因专项计划资产的管理、运用、处分或者其他情形而取得的财产，归入专项计划资产，独立于原始权益人、管理人、托管人及其他业务参与人的固有财产。第二，从案涉交易文件约定内容看，该案原始权益人同时具有资产服务机构身份，交易文件明确约定监管账户系开立在资产服务机构名下，是“专门”用于接受基础资产产生的回收款的归集账户，该种情形下，依据《民法典》关于占有改定、动产交付、所有权转移的相关规定及《监管协议》等相关协议安排中体现的双方意思表示，特定的某笔资金汇入资产服务机构名下的监管账户时，资金所有权直接自原所有权人转移至专项计划。专项计划对于监管账户内资金的受领不再需要额外的、特别的、积极的意思表示。双方这种观念上的占有改定合法有效，资金原所有权人向专项计划的交付已经完成，所有权即归属于专项计划。根据《监管协议》中的定义，专项计划设立日应为双方基础资产买卖交割完成之日。第三，从监管账户的资金往来明细（包括时间、金额、汇款人等信息）来看，案涉监管账户中的绝大部分资金往来均系按照资产证券化系列合同约定，归集基础资产回收款的行为，并且，监管银行的答复函亦明确，案涉账户系根据《监管协议》约定设立，一直处于该行的监管之下，银行按照协议约定将监管账户内资金转付至管理人开立的专项计划账户，由此可见，账户虽在资

产服务机构名下,但并不由其自主控制。第四,从账户汇入汇出资金的所有权归属来看,对于资产服务机构以部分款项汇出是其自愿主动还款行为或自主理财行为、个别汇入款项不属于专项计划中的回收款为由,案涉账户内资金并未特定化、其所有权不属于专项计划的抗辩,法院认为,资金的汇入与汇出均不改变账户资金所有权属性,第三方将资金汇入监管账户,汇入后该资金的所有权即发生转移,并归属于专项计划,无论第三方汇入资金基于何种原因,均不影响案涉资金所有权的归属,如有纠纷亦应通过其他途径解决,并且,无证据表明相关汇入款项汇款人曾就错误转账向管理人或资产服务机构主张取回,法院未采信资产服务机构的主张。最终,法院确认案涉监管账户内资金归属于管理人,管理人有权据此排除对该部分资金的强制执行,并解除了对账户内资金的冻结措施。

湖北省武汉市中级人民法院审理的(2019)鄂01执异786号借款合同纠纷诉讼保全案中,法院认为,虽然《执行异议和复议规定》第二十五条第一款第三项规定"银行存款和存管在金融机构的有价证券,按照金融机构和登记结算机构登记的账户名称判断",但不能据此简单判断涉案账户内的资金属于资产服务机构所有。具体而言:第一,管理人提出异议所主张的是涉案账户内的资金,并非涉案账户,该资金是种类物,具有流通性,在特定条件下,不能简单适用"登记主义"判断案外人对涉案账户资金是否享有排除执行的权利。第二,涉案账户内的资金系基于原始权益人与管理人签订的《买卖协议》和管理人、监管银行、资产服务机构签订的《监管协议》,在开立了涉案账户后,原始权益人同时作为资产服务机构将其归集的基础资产产生的回收款按照协议约定汇入涉案账户,在此情形下,该资金已被特定化。第三,该项目的转让以及转让资产的内容已向中国人民银行的征信系统进行了登记,具有对外公示的效力。最终,法院认定管理人是涉案账户资金的权利人,中止对涉案账户内资金的执行。

湖北省武汉东湖新技术开发区人民法院审理的(2020)鄂0192执异29号买卖合同纠纷执行案中,法院引用《执行异议和复议规定》第二十五条第一款第五项规定,根据《基础资产买卖协议》《监管协议》《动产权属统一登记—初始登记》等交易材料,认定管理人以支付对价的方式,受让取得原始权益人因从事生物质发电业务而依照相关法律法规和合同约定而享有的特定期间内获得电费收入所对应的电力上网收费权,管理人与原始权益人就电力上网收费权形成的债权转让关系是双方当事人之间的真实意思表示,法院冻结、扣划原始权益人案涉监管账户内存款的措施损害管理人合法权利,管理人执行异议成立。

此外,安徽省合肥市中级人民法院在其审理的(2018)皖01执异43号诉讼财产保全案中，广东省广州市中级人民法院在其审理的（2019）粤01执异272号诉讼财产保全案中亦持类似观点，认为资产专项计划是根据相关法律法规设立的特殊目的载体，其资产经特定化具有独立性。

（四）提示与建议

根据前述规定及案例，对于资产证券化这一特殊交易结构下回收款归集账户内资金权属问题，相关业务管理规定对回收款的权属及独立性已作出明确规定，司法纠纷中，法院在认定资金权属时，倾向于结合交易文件约定情况（尤其是监管协议等文件对账户开立目的、资金权属的特殊约定）、履行情况（资金往来时间、金额、主体等）、对外公示情况、账户开立主体对账户内资金的实际控制权等因素综合判断基础法律关系是否为资产证券化法律关系，进而认定资金权属。通常情况下，交易文件有明确约定且相关参与主体按照约定正常履行的，设置在发起人/资产服务机构名下归集账户内资金属于管理人代表的SPV的特殊交易安排能够得到司法机关的认可。

此外，《风险控制指引》第十条规定："……原始权益人担任资产服务机构的，应当明确与其管理的其他自有资产或受托资产相隔离的措施，防范道德风险。"对于发起人同时承担回收款归集职能的资产证券化项目，建议额外关注发起人提供资产管理服务的资质、能力、资产区分管理措施的有效性等。

二、归集账户内沉淀资金再利用的合规性争议

（一）问题的产生

《管理规定》第十三条第六项规定，管理人应当"建立相对封闭、独立的基础资产现金流归集机制，切实防范专项计划资产与其他资产混同以及被侵占、挪用等风险"。实践中，部分资产证券化项目为提高归集账户内沉淀的归集资金（以下简称沉淀资金）的利用效率、降低融资成本，在归集资金划转前将其用于其他目的，该种操作是否破坏归集机制的封闭性、独立性，是否构成对归集资金的侵占、挪用，成为争议焦点之一。

（二）法律依据

《风险控制指引》第八条规定："基础资产产生现金流后沉淀在监管账户或者专项计划账户的，可以进行再投资。管理人应当关注再投资风险，确保再投资在约定范围内进行，不得投资权益类产品；投资固定收益类产品的，应当充分考虑投资标的

的信用风险、市场风险和流动性风险。”

从规定层面上看,允许将归集账户内沉淀资金用于特定目的,即在规定及约定范围内再投资。

(三)监管案例

2017年7月28日,中基协对某证券股份有限公司作出《纪律处分决定书》(中基协处分〔2017〕3号)。中国证监会及中基协经查明,认定该证券公司在管理的多只资产支持专项计划中存在以下违规事实:原始权益人在按照约定将基础资产产生的回收款归集至监管账户后,在专项计划投资者不知情的情况下,短期内迅速转出,在专项计划账户划转归集资金日之前,重新将资金集中转回监管账户(转出规模分别达2.75亿元、6.85亿元、4.78亿元,占发行规模的87.30%、78.38%、48.28%),并且,在专项计划持有人不知情的情况下,与原始权益人、监管银行签订《监管协议谅解备忘录》,约定监管账户中的资金可由原始权益人用于支付融资租赁业务的设备款或用于偿还原始权益人向其他机构的借款,并多次从监管账户转出归集资金。

对此,管理人认为,第一,前述资产证券化项目基础资产现金流回款分散,如果资金归集至监管账户后不能被原始权益人再使用,将经常出现监管账户沉淀大量资金的情况,大幅降低资金利用效率,进而提高原始权益人的整体资金成本,而现阶段大部分资产证券化业务本质是为原始权益人提供的融资服务,因此降低成本对该业务的顺利开展意义重大;第二,项目已建立相对封闭、独立的基础资产现金流归集机制,设置了基础资产现金流依次进入收款账户、监管账户、托管账户的归集路径,同时设置了根据主体信用评级而调整的现金流归集频率,以便控制资金混同风险及资金挪用风险;第三,项目虽然存在原始权益人动用监管账户资金的情况,但这是项目协议及条款约定的,而这种约定符合监管要求,能够控制资金混同风险及资金挪用风险。

然而,中基协认为,管理人代表专项计划的认购人按照有关协议购买基础资产后,基础资产的全部所有权和相关权益均转让给专项计划,监管账户中的归集资金属于专项计划资产,原始权益人和管理人无权擅自动用监管账户内的资金或者擅自约定监管账户内资金的使用。管理人对“现阶段大部分资产证券化业务本质是为原始权益人提供的融资服务”的理解,混淆了债务融资业务与资产证券化业务,相关违规行为影响了专项计划资产的独立性,破坏了资产证券化业务的基础法律关系,使专项计划资产存在被侵占、挪用的风险。同时,《监管协议谅解备忘录》有关内容构成“可能对资产支持证券投资价值或价格有实质性影响的重大事件”,管理人未按照

《信息披露指引》第十九条规定向中基协履行报告义务。最终,中基协决定暂停受理该证券公司资产支持专项计划备案6个月,并要求其进行整改。

(四)提示与建议

前述案例中,发起人、管理人、监管银行约定将归集账户内沉淀资金用于支付融资租赁业务设备款、偿还发起人的借款债务,显然不属于"再投资",即便从归集路径、归集频率等角度制定了相应风控手段,且明确约定了依据,也不足以支撑该种操作的合规性。

同时,结合《风险控制指引》第八条规定中对再投资范围的限定(不得投资权益类产品)以及前述案例中监管机构的观点,沉淀资金再利用操作合规性判断的根本标准在于是否"使专项计划资产出现被侵占、挪用的风险"。

但是,从中基协"原始权益人和专项计划管理人无权擅自动用监管账户内的资金或者擅自约定监管账户内资金的使用"的观点来看,在实操层面,参与主体对沉淀资金"再投资"约定的合法有效性依然存在不确定性。因此,建议各参与机构尽量设置单向、封闭的现金流归集路径,减少归集、转付环节回收款被侵占、挪用风险,在保证归集资金安全的基础上,合理设置归集、划付频率,降低归集账户内资金沉淀成本。

三、现金流归集与转付环节的其他常见风险

(一)现金流预测不审慎、不合理、依据不充分,导致回收款实际数额与预期存在较大差异的风险

1. 监管规定

关于现金流预测的基本要求。以证券公司及基金管理公司子公司资产证券化业务为例,《风险控制指引》第六条第一款规定:"对基础资产现金流的预测应当遵循合理、审慎的原则。管理人及相关中介机构在现金流预测中应当以历史数据为基础,充分考虑影响未来现金流变化的各种因素,分析因素变化对预测结果可能产生的影响。管理人应当在专项计划相关文件中对预测的假设和依据进行说明,并在初始信息披露文件中披露各期现金流预测结果和相应覆盖倍数。专项计划存续期间,管理人及相关中介机构应当定期检视预测结果与实际现金流情况的差异,在专项计划设立时向投资者披露专项计划存续期间现金流跟踪检查的频率,并在资产管理报告中披露及说明差异原因,并根据情况修正后续期限预测现金流量。"

关于会计师事务所审核预测性财务信息的专门规定。财政部《中国注册会计师其他鉴证业务准则第3111号——预测性财务信息的审核》对预测性财务信息的审

核作出如下要求:该准则第三条规定,在执行预测性财务信息审核业务时,注册会计师应当就包括但不限于“管理层编制预测性财务信息所依据的最佳估计假设并非不合理”等事项获取充分、适当的证据;第十五条规定,在确定审核程序的性质、时间和范围时,注册会计师应当考虑包括但不限于“管理层编制预测性财务信息的能力”“预测性财务信息受管理层判断影响的程度”“基础数据的恰当性和可靠性”等因素;第十六条规定,注册会计师应当评估支持管理层作出最佳估计假设的证据的来源和可靠性;第十七条规定,当使用推测性假设时,注册会计师应当确定这些假设的所有重要影响是否已得到考虑,应当确定这些假设与编制预测性财务信息的目的相适应,并且没有理由相信这些假设明显不切合实际;第十八条规定,注册会计师应当通过检查数据计算准确性和内在一致性等,确定预测性财务信息是否依据管理层确定的假设恰当编制,内在一致性是指管理层拟采取的各项行动相互之间不存在矛盾,以及根据共同的变量确定的金额之间不存在不一致;第二十一条规定,当预测性财务信息包括本期部分历史信息时,注册会计师应当考虑对历史信息需要实施的程序的范围。

2. 监管案例

中国证券监督管理委员会上海监管局(以下简称上海证监局)查明,某证券评估有限公司在多个资产证券化评级项目中存在现金流预测的假设不审慎,以基础资产现金流覆盖倍数进行评级上调的依据不充分等情形,违反《证券市场资信评级业务管理暂行办法》(2007 年 9 月 1 日实施,被《证券市场资信评级业务管理办法》废止)相关规定,并于 2018 年 12 月 28 日对其作出《采取出具警示函措施的决定》(沪证监决〔2018〕150 号)。

中国证券监督管理委员会深圳监管局(以下简称深圳证监局)查明,某证券股份有限公司在从事资产证券化业务过程中存在现金流预测不合理等问题,违反《管理规定》中关于管理人基本职责、信息披露义务、重大事件报告义务的规定,并于 2019 年 9 月 2 日对其作出《采取出具警示函监督管理措施的决定》(〔2019〕169 号)。

深圳证监局查明,为“潍坊 BK 公司商业物业租金合同债权资产支持专项计划”提供服务的会计师事务所及两名注册会计师在执行该项目预测性财务信息审核业务中未获取充分、适当的证据,未考虑 2015 年基础资产的实际经营情况,未关注承租人的实际偿债能力,直接认可了原始权益人管理层利用 2014 年租赁数据测算出的基础资产租赁合同累积违约率和累积退租率均为 0 的结论,违反《中国注册会计师其他鉴证业务准则第 3111 号——预测性财务信息的审核》相关规定,并于 2019 年 9 月 9 日对其作出《采取出具警示函监督管理措施的决定》(〔2019〕170 号)。

（二）发起人虚假陈述、未履行保障及重大事项报告等义务，导致未能按期回收足额现金流的风险

1. 监管规定

关于发起人真实陈述的基本要求。以证券公司及基金管理公司子公司资产证券化业务为例，《管理规定》第十条规定："原始权益人向管理人等有关业务参与人所提交的文件应当真实、准确、完整，不存在虚假记载、误导性陈述或者重大遗漏；原始权益人应当确保基础资产真实、合法、有效，不存在虚假或欺诈性转移等任何影响专项计划设立的情形。"

关于特定发起人的现金流保障义务及重大事项报告等义务。以证券公司及基金管理公司子公司资产证券化业务为例，根据《管理规定》第十一条，业务经营可能对专项计划以及资产支持证券投资者的利益产生重大影响的特定原始权益人，除应当符合"内部控制制度健全""具有持续经营能力，无重大经营风险、财务风险和法律风险"等条件外，还应当在专项计划存续期间"维持正常的生产经营活动或者提供合理的支持，为基础资产产生预期现金流提供必要的保障"，并在发生可能损害投资者利益的重大事项时及时书面告知管理人。

2. 监管案例

上交所及上海金融法院查明，"HM 资产支持专项计划"存续期间，用于兑付本息的资金并非来源于基础资产产生的租金收入，而是由原始权益人人为伪造现金流水、形成资金闭环，上交所对原始权益人作出公开谴责的纪律处分决定（〔2020〕21号），上海金融法院判令其对欺诈发行资产支持证券给投资者造成的损失承担赔偿责任。

深圳证监局查明，"潍坊 BK 公司商业物业租金合同债权资产支持专项计划"存续期间，原始权益人未能确保作为该项目基础资产的商业物业租赁债权的真实性，相关租赁合同约定的租金数额与实际情况不符；在专项计划存续期间内，也未能通过必要的经营活动为该项目基础资产产生预期现金流提供必要的保障，基础资产实际收取的租金与预期现金流有显著差异，于 2019 年 9 月 9 日对其作出《采取出具警示函监督管理措施的决定》①。

山东证券监督管理委员会山东监管局查明，"ZP 电力购售电合同债权资产支持专项计划"中，原始权益人存在向管理人等中介机构提交虚假材料、未及时将重大事

---

①　参见《深圳证监局关于对潍坊 BK 公司采取出具警示函监督管理措施的决定》，载中国证券监督管理委员会官网 2019 年 12 月 26 日，http://www.csrc.gov.cn/csrc/c106068/c1570223/content.shtml。

项书面告知管理人、未按约定归集基础资产现金流等问题,并于2018年4月13日对其作出《采取出具警示函措施的决定》(〔2018〕19号)。

(三)管理人及相关中介机构在项目存续期间跟踪管理不到位的风险

1. 未履行对基础资产及其产生现金流的持续核查义务

(1)监管规定

根据《管理规定》第十三条,管理人在专项计划存续期间的义务包括但不限于"督促原始权益人以及为专项计划提供服务的有关机构,履行法律规定及合同约定的义务""监督、检查特定原始权益人持续经营情况和基础资产现金流状况,出现重大异常情况的,管理人应当采取必要措施,维护专项计划资产安全"等。

《证券公司及基金管理公司子公司资产证券化业务尽职调查工作指引》第十四条规定,对基础资产合法性的尽职调查不仅包括其"形成"的真实、合法性,还包括"存续"的真实、合法性。

(2)监管案例

深圳证监局查明,某证券股份有限公司在其参与的部分资产证券化项目中,存在项目存续期间未有效督促资产服务机构履行义务,未有效进行基础资产现金流跟踪检查的情形,于2019年9月2日对其作出《采取出具警示函监督管理措施的决定》(〔2019〕169号)。

上海证监局查明,某证券有限公司在其作为管理人参与的部分资产证券化项目中,存在项目存续期管理不到位,未对基础资产进行定期检查,未能及时发现部分项目原始权益人未按约定归集及转付资金、个别项目受让的基础资产发生大面积逾期的情况,于2018年10月30日对其作出《采取出具警示函措施的决定》(沪证监决〔2018〕124号)。

上海金融法院审理的(2020)沪74民初1801号案中,法院经审理认定,中介机构在专项计划存续期间对案涉基础资产即租金债权存续的真实性、合法性未尽审慎核查验证义务,在租赁房屋实际占有使用、租金支付等方面的持续核查中未勤勉尽责,对案涉文件虚假陈述的形成、发布存在重大过失,判决其对案涉证券欺诈发行给投资人造成的损失承担连带赔偿责任。

2. 未就现金流产生、归集情况严格履行信息披露及风险提示义务

(1)监管规定

根据《管理规定》第四十一条、第四十二条,管理人及其他信息披露义务人应当按照《信息披露指引》等规定,及时、公平地履行披露和报送义务,所披露或者报送的

信息必须真实、准确、完整，不得有虚假记载、误导性陈述或者重大遗漏。

《信息披露指引》第三章规定，资产支持证券存续期内，管理人应当编制并披露年度资产管理报告，包括基础资产的运行情况、专项计划账户资金收支情况、各参与主体履约情况等；托管人应当在管理人披露资产管理报告的同时披露相应期间的托管报告，包括管理人的管理指令遵守计划说明书或者托管协议约定的情况以及对资产管理报告有关数据的真实性、准确性、完整性的复核情况等。

《信息披露指引》第十九条还对管理人在“发生可能对资产支持证券投资价值或价格有实质性影响的重大事件”时的披露、报告义务作出了专门规定，包括在“基础资产的运行情况或产生现金流的能力发生重大变化”“预计基础资产现金流相比预期减少20%以上”“原始权益人、管理人、托管人等资产证券化业务参与人违反合同约定，对资产支持证券投资者利益产生不利影响”等重大事件发生时，应及时向合格投资者披露相关信息，并向中基协报告。

《证券市场资信评级业务管理办法》第二十四条规定：“证券评级机构应当建立跟踪评级制度。证券评级机构应当在对评级对象出具的首次评级报告中，明确规定跟踪评级事项。在评级对象有效存续期间，证券评级机构应当持续跟踪评级对象的政策环境、行业风险、经营策略、财务状况等因素的重大变化，及时分析该变化对评级对象信用等级的影响，出具定期或者不定期跟踪评级报告。证券评级机构对评级对象的信用等级做出调整的，应当依据充分、合理审慎。”

（2）监管案例

深圳证监局查明，“潍坊BK公司商业物业租金合同债权资产支持专项计划”中，某银行股份有限公司分行作为托管人，在出具的2017年季度及年度托管报告中均提及：“计划管理人严格遵守《证券公司客户资产管理业务管理办法》、《证券公司及基金管理公司子公司资产证券化业务管理规定》等法律法规，在各重要方面的运作严格按照《计划说明书》及《潍坊BK公司商业物业租金合同债权资产支持专项计划托管协议》的约定执行，未发现其存在任何损害资产支持证券持有人利益的行为”，而专项计划账户2017年未收到按照约定正常归集的基础资产租金收入，其未严格履行信息披露义务，深圳证监局于2019年9月9日对其作出《采取出具警示函监督管理措施的决定》①。

深圳证监局查明，某证券股份有限公司在其参与的部分资产证券化项目中，存在临时报告及定期报告未完整、如实披露基础资产现金流归集情况的问题，于2019

① 参见《深圳证监局关于对HX银行济南分行采取出具警示函监督管理措施的决定》，载中国证券监督管理委员会官网2019年12月26日，http://www.csrc.gov.cn/csrc/c106068/c1570333/content.shtml。

年9月2日对其作出《采取出具警示函监督管理措施的决定》(〔2019〕169号)。

黑龙江监管局查明,"HB信托受益权资产支持专项计划"存续期间,资产服务机构未能及时将基本账户被司法冻结等影响生产经营和收益分配的情况向管理人报送,于2019年5月20日对其作出《采取出具警示函措施的决定》(监管措施〔2019〕16号)。

上海证监局查明,某证券评估有限公司在个别资产证券化跟踪评级项目中风险提示不充分,未充分关注原始权益人未按约定归集资金的风险,于2018年12月28日对其作出《采取出具警示函措施的决定》(沪证监决〔2018〕150号)。

(四)提示与建议

根据前述规定及案例,除现金流"归集机制设置"问题导致的归集资金被侵占、挪用风险外,现金流归集与转付环节的常见风险集中在各参与机构履职及信息披露过程中。项目前期对基础资产真实性及产生持续稳定现金流能力的核查、预测,中期的持续监管核查、保障措施、重大事项报告等各环节,对资产证券化项目能否按期足额归集现金流、依约向投资者进行偿付均至关重要。

此外,实践中,行业及市场环境、政策和法律变化等相对不可控的外部因素也可能导致基础资产未能产生足额现金流,建议投资者将前述因素纳入考量范围,结合基础资产的特征、项目的增信保障措施、偿付安排等作出审慎的投资决策。相关参与机构在项目评级、现金流预测、出具报告等环节也应当进行全面、充分披露并提示相关风险。

第六章　发起人破产对资产证券化交易的影响

一、管理人债权的性质

（一）问题的产生

管理人对发起人所享有债权的性质，决定了管理人在清算程序中的债权清偿顺序，若债权被认定为优先债权，则将优先于其他债权人享有的普通债权得到清偿，清偿比例往往也更高。债权性质确认问题通常也是司法实践中的争议焦点之一。

（二）法律依据

《中华人民共和国企业破产法》（以下简称《破产法》）第一百零九条规定："对破产人的特定财产享有担保权的权利人，对该特定财产享有优先受偿的权利。"第一百一十条规定："享有本法第一百零九条规定权利的债权人行使优先受偿权利未能完全受偿的，其未受偿的债权作为普通债权；放弃优先受偿权利的，其债权作为普通债权。"

《全国法院破产审判工作会议纪要》第二十五条规定："担保权人权利的行使与限制。在破产清算和破产和解程序中，对债务人特定财产享有担保权的债权人可以随时向管理人主张就该特定财产变价处置行使优先受偿权，管理人应及时变价处置，不得以须经债权人会议决议等为由拒绝。但因单独处置担保财产会降低其他破产财产的价值而应整体处置的除外。"

《最高人民法院关于适用〈中华人民共和国企业破产法〉若干问题的规定（二）》（2020 修正）第三条规定："债务人已依法设定担保物权的特定财产，人民法院应当认定为债务人财产。对债务人的特定财产在担保物权消灭或者实现担保物权后的剩余部分，在破产程序中可用以清偿破产费用、共益债务和其他破产债权。"

《破产法》第一百一十三条规定："破产财产在优先清偿破产费用和共益债务后，依照下列顺序清偿：（一）破产人所欠职工的工资和医疗、伤残补助、抚恤费用，所欠的应当划入职工个人账户的基本养老保险、基本医疗保险费用,以及法律、行政法规规定应当支付给职工的补偿金;(二)破产人欠缴的除前项规定以外的社会保险费用和破产人所欠税款;(三)普通破产债权。破产财产不足以清偿同一顺序的清偿要求的,按照比例分配。破产企业的董事、监事和高级管理人员的工资按照该企业职工的平均工资计算。”

根据前述规定,债务人进入破产程序后,对债务人特定财产享有担保权的权利人,享有就担保物变价处置所得款项优先于破产费用、共益债务、其他普通债权等获得受偿的权利。

(三)裁判观点

山东省邹平县人民法院审理的(2018)鲁1626民初1157号破产债权确认纠纷案中,法院在对案涉破产债权金额进行认定的同时,亦对债权性质进行了确认。法院查明,ZP供电公司向专项计划管理人GX公司出具专项计划担保函所担保的主债权,除(2017)鲁1626民初4302号破产撤销权纠纷涉及的原始权益人ZP电力公司依据《差额补足承诺函》所承担的差额补足义务之外,还包括原始权益人ZP电力公司依据《标准条款》和《资产买卖协议》所承担的优先级资产支持证券的回售和赎回款项的支付义务。保证的方式为全额不可撤销的连带责任保证担保。对此,法院认为,ZP供电公司虽于2015年12月15日向GX公司出具专项计划担保函,但该担保函未明确约定ZP供电公司的担保财产明细,亦未将需担保的财产到有关部门进行备案登记,且保证担保的义务主体是ZP供电公司,而非被告ZP电力公司,原告GX公司未提供证据证明其对原始权益人的债权存在财产担保等优先权情形,故认定其债权为普通债权。

(四)提示与建议

根据前述规定及案例,若发起人未以其特定财产为项目或项目的增信措施提供担保,则发起人进入破产程序时,管理人对发起人的债权可能无法被作为优先债权进行确认,清偿顺序将劣后于优先债权人,进而影响最终清偿比例及金额。

出于降低产品风险、保护投资者权益的考量,建议在为资产证券化产品进行信用增级时,优先考虑以发起人的特定财产提供担保,以争取在发起人出现破产危机时,就资产证券化产品项下相关债权获得优先、高比例清偿;若仅由其他增信主体为发起人提供保证担保,管理人或无法据此主张债权为发起人的优先债权。

二、管理人对发起人破产债权范围及计算起止日的认定

（一）问题的产生

如前所述，在有发起人提供增信担保措施的资产证券化项目中，发起人破产可能触发交易文件约定的加速清偿程序，导致资产支持证券加速到期，并且触发发起人的差额补足义务，逾期支付的滞纳金、违约金支付义务等。该种情形下，SPV管理人对发起人的哪些债权属于依法可向破产管理人申报的范围、具体债权金额如何计算等问题，往往成为司法实践中的争议焦点。

（二）法律依据

《破产法》第一百零七条第二款规定："……人民法院受理破产申请时对债务人享有的债权称为破产债权。"

《最高人民法院关于审理企业破产案件若干问题的规定》第五十五条规定："下列债权属于破产债权：（一）破产宣告前发生的无财产担保的债权；（二）破产宣告前发生的虽有财产担保但是债权人放弃优先受偿的债权；（三）破产宣告前发生的虽有财产担保但是债权数额超过担保物价值部分的债权；（四）票据出票人被宣告破产，付款人或者承兑人不知其事实而向持票人付款或者承兑所产生的债权；（五）清算组解除合同，对方当事人依法或者依照合同约定产生的对债务人可以用货币计算的债权；（六）债务人的受托人在债务人破产后，为债务人的利益处理委托事务所发生的债权；（七）债务人发行债券形成的债权；（八）债务人的保证人代替债务人清偿债务后依法可以向债务人追偿的债权；（九）债务人的保证人按照《中华人民共和国担保法》第三十二条的规定预先行使追偿权而申报的债权；（十）债务人为保证人的，在破产宣告前已经被生效的法律文书确定承担的保证责任；（十一）债务人在破产宣告前因侵权、违约给他人造成财产损失而产生的赔偿责任；（十二）人民法院认可的其他债权。以上第（五）项债权以实际损失为计算原则。违约金不作为破产债权，定金不再适用定金罚则。"

《最高人民法院关于审理企业破产案件若干问题的规定》第六十一条规定："下列债权不属于破产债权：（一）行政、司法机关对破产企业的罚款、罚金以及其他有关费用；（二）人民法院受理破产案件后债务人未支付应付款项的滞纳金，包括债务人未执行生效法律文书应当加倍支付的迟延利息和劳动保险金的滞纳金；（三）破产宣告后的债务利息；（四）债权人参加破产程序所支出的费用；（五）破产企业的股权、股票持有人在股权、股票上的权利；（六）破产财产分配开始后向清算组申报的债权；

（七）超过诉讼时效的债权；（八）债务人开办单位对债务人未收取的管理费、承包费。上述不属于破产债权的权利，人民法院或者清算组也应当对当事人的申报进行登记。”

《破产法》第四十六条规定：“未到期的债权，在破产申请受理时视为到期。附利息的债权自破产申请受理时起停止计息。”第四十七条规定：“附条件、附期限的债权和诉讼、仲裁未决的债权，债权人可以申报。”

《最高人民法院关于适用〈中华人民共和国企业破产法〉若干问题的规定（三）》（2020 修正）第三条规定：“破产申请受理后，债务人欠缴款项产生的滞纳金，包括债务人未履行生效法律文书应当加倍支付的迟延利息和劳动保险金的滞纳金，债权人作为破产债权申报的，人民法院不予确认。”

根据前述规定：

1. 申报破产债权的，债权应当在法院受理破产申请前成立。债权未到期、附条件、附期限，不影响申报资格。破产申请受理时，未到期债权视为到期、附利息债权停止计息。

2. 破产申请受理后产生的滞纳金不得作为破产债权进行申报。

3. 清算组解除合同，对方当事人依法取得的或者依照合同约定获得的对债务人可以用货币计算的债权，以实际损失为计算原则，违约金不得作为破产债权进行申报。

（三）裁判观点

山东省邹平县人民法院审理的（2018）鲁 1626 民初 1157 号破产债权确认纠纷案中，专项计划管理人 GX 公司（原告，代表“ZP 电力购售电合同债权资产支持专项计划”）因对 ZP 电力公司（被告，原始权益人）的破产管理人 QX 管理人（被告的诉讼代表人）确认的破产债权金额有异议，而向法院请求重新确认其债权及金额。该案中，提前到期日为 2017 年 8 月 30 日，原告申请确认为破产债权的内容包括：

1. 资产处置及清算费用；

2. 兑付兑息费；

3. 托管费（托管起止日：2016 年 12 月 21 日至 2017 年 8 月 30 日）；

4. 监管费（监管起止日：2016 年 12 月 21 日至 2017 年 8 月 30 日）；

5. 律师见证费用；

6. 优先级资产支持证券未偿本金余额（包括优先级 02 未偿本金余额及优先级 03 未偿本金余额）；

7. 自上一个权益登记日(2016 年 12 月 21 日)至提前到期日(2017 年 8 月 30 日),优先级资产支持证券未偿本金余额按照票面预期年收益率计算的预期收益(包括优先级 02 未偿本金余额预期收益、优先级 03 未偿本金余额预期收益);

8. 自提前到期日(2017 年 8 月 30 日)至担保人履行担保义务款项全额支付日(2017 年 9 月 29 日),优先级资产支持证券以未偿本金金额为基数按照该档优先级资产支持证券票面预期年收益率的 1.5 倍按日计付的收益(包括优先级 02 未偿本金余额收益、优先级 03 未偿本金余额收益);

9. 专项计划账户在提前到期日的余额。差额补足义务款项(上述 1—8 项之和减去第 9 项余额);

10. 未付差额补足义务款项的违约金、损害赔偿金(迟延支付差额补足款金额每日 0.05%)(起止日期:2017 年 9 月 20 日至 2017 年 9 月 29 日)。

被告的破产管理人对原告上述债权的第 6 项、第 9 项数额予以认可;对第 1 项、第 5 项、第 8 项、第 10 项的数额不予认可,并确认上述 4 项债权数额为 0 元;对第 2 项、第 3 项、第 4 项、第 7 项计算方法予以认可,对计算的起止日期不予认可。

1. 关于第 3 项"托管费"、第 4 项"监管费"及第 7 项"自上一个权益登记日至提前到期日,优先级资产支持证券未偿本金余额按照票面预期年收益率计算的预期收益"的计算截止日的争议。

原告 GX 公司认为,原始权益人在《差额补足承诺函》中承诺"发生违约事件或计划管理人宣布专项计划进入加速清偿程序,资产支持证券提前到期的,本公司应按照《标准条款》及本承诺函的约定承担差额补足义务。本公司应于资产支持证券提前到期日起十五(15)个工作日内将差额补足款全额划转至专项计划账户""差额补足款为以下四(4)项之和与资产支持证券提前到期日专项计划账户资金余额的差额:1. 专项计划资产处置及清算费用、专项计划应支付的税、资产支持证券上市初费、上市月费、初始登记费、登记注册费、兑付兑息费、计划管理人的管理费、托管人的托管费、监管银行的监管费、其他中介机构费用等所有应付但尚未支付的专项计划费用及税负;2. 优先级资产支持证券未偿本金余额;3. 自上一个权益登记日(含该日,无上一个权益登记日的,为专项计划设立日)至资产支持证券提前到期日(不含该日),优先级资产支持证券未偿本金余额按照票面预期年收益率计算的预期收益;4. 自资产支持证券提前到期日起(含该日),至我司将差额补足款或保证人将履行担保义务的款项全额支付至专项计划账户之日(不含该日),各档优先级资产支持证券以未偿本金余额为基数按该档优先级资产支持证券票面预期年收益率的 1.5 倍按日计付的收益"。现因原始权益人进入破产重整程序,资产支持证券持有人会议决议通过了关于专项计划进入加速清偿程序的议案并由管理人对外公告宣布,资产支持证券于公告日提前到期,由此触发原始权益人在《差额补足承诺函》项下的差额补足义务。故"托管费"、"监管费"及"优先级资产支持证券未偿本金余额按照票面预期年收益率计算的预期收益"计算的截止日期应为案涉资产支持证券提前到期之日;而被告的诉讼代表人 QX 管理人则认为,应以原始权益人破产申请被受理日作为前述费用计算的截止日期。

对此,法院认为,根据《破产法》第四十六条规定,未到期的债权应在"破产申请受理时"视为到期,附利息的债权自"破产申请受理时"起停止计息,原告主张托管费、监管费及未偿本金余额预期收益应以其主持召开资产支持证券持有人会议、宣布专项计划进入加速清偿期的日期(并非法院受理破产申请日)作为截止日期,显然与上述法律规定不符,应以被告破产申请受理之日作为到期日,即 2017 年 8 月 1 日作为基准日计算。

2. 关于第 8 项"自提前到期日至担保人履行担保义务款项全额支付日,优先级资产支持证券以未偿本金金额为基数按照该档优先级资产支持证券票面预期年收益率的 1.5 倍按日计付的收益"、第 10 项"未付差额补足义务款项的违约金、损害赔偿金"是否应当计入破产债权范围的争议。

原告 GX 公司认为,由于《差额补足承诺函》载明的原始权益人承担差额补足义务的条件已经满足,原始权益人应依约支付前述款项,相关债权应计入原始权益人破产债权范围内;被告的诉讼代表人 QX 管理人则认为,前述两项债权的起算点均在破产申请受理后,依法应当不予确认为破产债权。

对此,法院认为,原告主张的第 8 项,计算起止日期为 2017 年 8 月 30 日至 2017 年 9 月 29 日;第 10 项计算起止日期为 2017 年 9 月 20 日至 2017 年 9 月 29 日,前述两项债权起止日期均在法院受理原始权益人重整日期之后,债权人应当在人民法院确定的债权申报期限内向管理人申报债权,按照《破产法》的有关规定计算相应的债权数额及其预期收益,故原告主张的前述两项债权于法无据,不予支持。

(四)提示与建议

1. 及时申报债权

对于发起人进入破产程序导致资产支持证券提前到期的项目,建议管理人密切关注人民法院发布的关于发起人破产申请受理事宜的公告,注意公告时间及载明的债权申报期限,按期及时申报项目所涉债权,超过债权申报期限的,将存在债权无法申报、无法得到清偿的风险。

2. 注意发起人债权的范围及计算规则

根据法律规定，管理人请求发起人履行差额补足义务对应债权未到期的，在法院受理其破产申请之日到期，该日期可能早于资产支持证券提前到期的时间。建议管理人申报破产债权时，注意相关债权计算的起止时点，避免因债权确认纠纷产生不必要的争议解决成本。

根据法律规定，破产申请受理后，发起人未履行增信措施对应义务产生的滞纳金不计入破产债权。结合前述案例，违约金、损害赔偿金等债权起始日晚于破产申请受理日的，也存在无法被计入破产债权、无法得到清偿的风险。

三、破产管理人是否有权撤销发起人为项目提供担保的行为

（一）问题的产生

对于有发起人为其提供信用增级安排的资产证券化产品而言，若发起人破产，可能影响其增信义务的履行，发起人的破产风险有向资产证券化产品传导的可能。司法实践中，发起人向项目提供的担保被破产管理人撤销是前述风险的表现形式之一，该类纠纷中，破产管理人行使撤销权的构成要件是否满足成为核心争议焦点。

（二）法律依据

《破产法》第一条规定："为规范企业破产程序，公平清理债权债务，保护债权人和债务人的合法权益，维护社会主义市场经济秩序，制定本法。"

《破产法》第三十一条规定："人民法院受理破产申请前一年内，涉及债务人财产的下列行为，管理人有权请求人民法院予以撤销：（一）无偿转让财产的；（二）以明显不合理的价格进行交易的；（三）对没有财产担保的债务提供财产担保的；（四）对未到期的债务提前清偿的；（五）放弃债权的。"第三十二条规定："人民法院受理破产申请前六个月内，债务人有本法第二条第一款规定的情形，仍对个别债权人进行清偿的，管理人有权请求人民法院予以撤销。但是，个别清偿使债务人财产受益的除外。"

根据前述规定，破产程序中应当公平清理债务人的债务，破产管理人撤销权就是保障债权人公平受偿权的法定权利之一，主要针对债务人损害全体债权人利益的欺诈破产行为和个别清偿行为。

（三）裁判观点

山东省邹平县人民法院审理的（2017）鲁 1626 民初 4302 号破产撤销权纠纷案

中，原告QX管理人（作为ZP电力公司、LY公司等公司合并重整的管理人）以“ZP电力购售电合同债权资产支持专项计划”管理人GX公司为被告，请求法院撤销ZP电力公司（原始权益人、差额补足义务人）和LY公司为“ZP电力购售电合同债权资产支持专项计划”差额补足义务（义务人为ZP电力公司）提供抵押担保的行为，认为该行为构成《破产法》第三十一条第三项规定的债务人在人民法院受理破产申请前一年内“对没有财产担保的债务提供财产担保”。

GX公司抗辩理由有二：第一，《破产法》第三十一条赋予管理人破产撤销权，其立法目的在于对债务人欺诈性行为及偏颇清偿行为进行调整，以保证债权人得到公平受偿，而ZP电力公司、LY公司为专项计划提供抵押担保的行为系正常商业行为，并非法律意图规范的欺诈性行为及偏颇清偿行为，既不存在恶意转移债务人财产的意图，也不存在损害其他债权人利益的情况。第二，ZP供电公司以其全部财产为案涉差额补足义务提供了连带责任保证担保，ZP电力公司及LY公司提供担保的债务有财产担保。因此，不满足《破产法》第三十一条第三项撤销权的行权条件。

由此，ZP供电公司为ZP电力公司差额补足义务提供的连带责任保证是否属于提供财产担保，成为该案争议焦点。对此，法院认为，ZP供电公司出具的担保函中未明确约定担保财产明细，亦未将需担保的财产到有关部门进行备案登记，且保证担保的义务主体是ZP供电公司，而非ZP电力公司、LY公司，故ZP电力公司、LY公司提供财产担保的对象不能认定为有财产担保的债务。法院最终依据《破产法》第三十一条第三项规定，判决撤销原始权益人ZP电力公司、LY公司为专项计划差额补足义务提供抵押担保的行为。

（四）提示与建议

根据前述案例，发起人在法院受理破产申请前的一年内为项目增信措施提供财产担保的，若被担保的增信措施被认定为没有财产担保，则根据《破产法》第三十一条第三项规定被撤销的风险较高；若增信措施仅有其他主体提供保证责任担保，本身不涉及具体财产担保，也会因被认定为“没有财产担保”的债务，导致发起人对增信措施提供的财产担保被撤销。

此外，根据前述《破产法》规定的其他破产债权人享有撤销权的情形，发起人在为项目提供财产担保时，应注意交易的公允性。若被法院认为对其他债权人的公平受偿权造成损害，则担保行为在破产程序中存在被撤销的风险。担保行为被撤销后，SPV因发起人提供担保行为而取得的财产将被破产管理人追回。

第七章　管理人过错与责任认定

一、管理人违约损害赔偿责任的范围

(一)问题的产生

根据相关业务管理规定,在资产证券化项目中,管理人负有全面尽职调查、按照约定向资产支持证券投资者分配收益、履行信息披露义务等职责,管理人在《计划说明书》《认购协议》等交易文件中通常会披露相关尽职调查情况,并对披露信息的真实性、准确性作出陈述与保证。实践中,许多资产证券化项目的管理人未能履行审慎核查、信息披露义务,投资者基于合同向管理人主张违约损害赔偿责任时,责任范围的认定与刚性兑付的区分成为争议焦点之一。

(二)法律依据

关于法定的违约责任的规定。《民法典》第五百八十四条规定:"当事人一方不履行合同义务或者履行合同义务不符合约定,造成对方损失的,损失赔偿额应当相当于因违约所造成的损失,包括合同履行后可以获得的利益;但是,不得超过违约一方订立合同时预见到或者应当预见到的因违约可能造成的损失。"

关于不得刚性兑付及具体情形的规定。《关于规范金融机构资产管理业务的指导意见》第十九条第一款规定:"经金融管理部门认定,存在以下行为的视为刚性兑付:(一)资产管理产品的发行人或者管理人违反真实公允确定净值原则,对产品进行保本保收益。(二)采取滚动发行等方式,使得资产管理产品的本金、收益、风险在不同投资者之间发生转移,实现产品保本保收益。(三)资产管理产品不能如期兑付或者兑付困难时,发行或者管理该产品的金融机构自行筹集资金偿付或者委托其他机构代为偿付。(四)金融管理部门认定的其他情形。"该条第二款规定,经认定存在刚性兑付行为的,应当予以处罚。

(三)裁判观点

北京市第二中级人民法院审理的(2020)京02民初141号合同纠纷案中,投资者以管理人在专项计划文件中披露信息不真实、履职过程中存在过错,给投资者造成损失,构成合同违约为由,请求管理人偿还认购本金及赔偿利息损失(利息以欠付本金为基数,按照优先级资产支持证券预期收益率年利率6.3%,从最后一次收益分配日2018年5月4日起计算至实际清偿之日)。

管理人认为,根据交易文件约定,投资者应当自行承担投资损失;原告的投资本金已经归入专项计划,根据《计划说明书》和相关规定,专项计划资产独立于管理人的固有财产,原告无权要求无债务清偿义务的管理人以自己的财产对本金和利息进行刚性兑付,这违反关于严惩刚性兑付的规定。

对此,一审法院认为,应收账款是本案资产支持证券持有人获取主要收益的最终资金来源、出租人租金债权的唯一担保措施,《计划说明书》披露的应收账款信息不真实,管理人尽职调查所得的信息亦不足以使其确信应收账款及应收账款质押的真实性,故管理人在专项计划发行、管理合同成立时关于应收账款的陈述内容不真实。在该合同成立后,管理人未能依约向认购人提供基础资产中包含真实应收账款质押的资产支持证券,违反专项计划发行、管理合同约定,构成违约,由于各交易文件约定的管理人承担责任的条件和赔偿范围并不完全一致,故应按照《合同法》第一百一十三条第一款(现行《民法典》第五百八十四条)的规定向资产支持证券持有人承担违约损害赔偿责任。关于具体责任范围:首先,关于可得利益的认定。管理人如果依约向投资者提供基础资产中包含真实应收账款质押的资产支持证券,投资者在合同履行后可以获得的利益类型包括专项计划认购本金和专项计划到期之前的收益,由于资产证券化业务中,管理人不得向资产支持证券持有人承诺保本保收益,故前述可得利益应以管理人陈述的优先级资产支持证券预期收益率6.3%为判断基础,结合管理人在《计划说明书》中陈述的基础资产情况及现金流预测分析情况、风险防范措施等进行综合认定。根据管理人在《计划说明书》中陈述的应收账款及其质押信息分析,投资者的认购本金和收益将得到较强的保障,同时,资产证券化业务中必然存在投资风险,应收账款质押对债权的保障程度还将取决于案涉《采购合同》的履行情况等,故应收账款质押并不能确保投资者获得按预期收益率计算的收益。为此,法院将投资者在合同履行后可以获得的认购本金确定为实际认购本金1亿元,将其可以获得的最后一次收益分配日之后的收益酌定为:以认购本金1亿元为基数,自最后一次收益分配日2018年5月4日起至专项计划预期到期日2018年11月4日止,按中国人民银行公布的同期同类贷款基准利率计算。其次,关于管理人违约给投资者造成的损失范围的认定。前述投资者在合同履行后可以获得的利益部分与其在专项计划清算中获得分配的金钱资产之间的差额,属于因管理人违约给投资者造成的可得利益损失，应由管理人向投资者承担赔偿责任，原告在专项计划清算中已获得分配的金钱应当随时抵扣管理人的赔偿责任金额，管理人在履行完毕赔偿义务后，以实际赔偿金额为限，取得原告在专项计划清算中应得到分配的相应金额资产的权利，原告在专项计划清算中应得到分配的其余资产，仍归原告所有。据此，一审法院在确定管理人责任范围时已充分考虑管理人不得向资产支持证券持有人承诺保本保收益规则、兼顾管理人违约责任与专项计划清算的关系，对管理人相关答辩意见不予采信。

管理人上诉称，原告认购资产支持证券，获得的是履行利益，履行利益的结果取决于专项计划顺利履行后，债务人能否按时足额支付租金，租金偿付能力取决于债务人的经营情况，具有不确定性即投资风险，原告主张期待利益没有依据，不能获得本金的赔偿，更不能获得银行贷款利息赔偿，一审法院认定事实错误。

二审法院则认为，《计划说明书》《标准条款》《资产支持证券认购协议》对管理人的违约损害赔偿责任均有明确约定，同时，《合同法》中规定的可预见性规则，是指合同当事人一方因违约给另一方当事人造成损害时，只就违约方在缔约时预见到或者应当预见到的因违约造成的损害负责赔偿。本案中，对于应收账款在本案基础资产中的重要性，管理人在设立专项计划时应当明知，其未尽勤勉尽责义务、向投资者披露不实信息的行为已构成违约，投资者因管理人相关专项计划文件信息虚假而到期无法获得兑付，损失已客观发生。虽然管理人在《计划说明书》中没有保证专项计划一定盈利，也不保证最低收益，但《计划说明书》对资产支持证券的基础资产及其增信措施、现金流及风险等进行了综合分析陈述，如该分析全面、真实，投资人有理由相信并预见到期能收回本金并获得一定收益。因此，管理人在尽职调查过程中未对基础资产情况进行必要核查，导致投资人遭受损失，管理人称其对此不能预见缺乏事实依据。并且，二审法院认为，一审法院确定的计算方式符合合同约定、当事人预期，公平合理。此外，一审判决认定的管理人应向投资者赔偿的损失虽然包括本金和合理收益，但该预期损失系因管理人未尽管理人尽职调查义务、虚假陈述等严重违约行为所致，不属于刚性兑付情形。因此，一审法院对投资者可预见部分的损失主张予以支持，并无不当。

再审法院支持了一审、二审法院的认定意见，驳回了管理人的再审申请。

（四）提示与建议

根据前述案例，在管理人尽职调查、信息披露违约造成投资者损失引发的纠纷中，投资者以合同违约为由主张管理人承担违约损害赔偿责任的，法院倾向于认为：

1. 可得利益包括“专项计划认购本金和专项计划到期之前的收益”,以未能偿付的资产支持证券预期收益率为判断基础,结合管理人在《计划说明书》中陈述的基础资产情况及现金流预测分析情况、风险防范措施等进行综合认定;管理人给投资者造成的可得利益损失,为前述可得利益与投资者在SPV清算中获得分配的金钱资产之间的差额。

2. 若违约行为涉及对资产支持证券偿付具有重要意义的事项,尤其在对基础资产、现金流、增信措施的尽职调查和信息披露方面存在严重违约行为的,管理人以底层交易债务人违约不可预见、投资风险应由投资者自行承担等理由进行抗辩的,可能无法得到支持。

3. 因违约造成的损害赔偿责任范围包括本金和合理收益的,不属于刚性兑付的情形,管理人在履行完毕赔偿义务后,以实际赔偿金额为限,取得投资者在SPV清算中应获得分配的相应金额资产的权利。

据此,建议管理人及各中介机构在从事资产证券化业务中,严格履行尽职调查、信息披露等义务,否则将面临在SPV清算完成前向投资者先行全额赔付投资本金及收益的风险,即便赔偿后能取得投资者在SPV清算中的参与分配权,SPV剩余资产大概率也无法全额覆盖前述赔偿范围。

二、管理人承担损害赔偿责任的时间

(一)问题的产生

基础资产产生的回收款无法偿付资产支持证券本息,导致项目/资产证券化法律关系终止的,《管理规定》第十九条第一款规定,“管理人应当按照计划说明书的约定成立清算组,负责专项计划资产的保管、清理、估价、变现和分配”。同时,《管理规定》第二十八条第二款第二项规定明确了资产支持证券投资者享有“按照认购协议及计划说明书的约定参与分配清算后的专项计划剩余资产”的权利。

当资产支持证券兑付违约与管理人履职不当引发的合同违约或侵权发生竞合时,投资者向管理人主张损害赔偿责任是否以其在清算程序中获得分配金额、管理人和基础交易债务人等之间的诉讼终结为前提条件,是否能在清算程序尚未结束时向管理人索赔,成为司法实践中的争议焦点之一。

（二）裁判观点

1. 案例一

广东省深圳市福田区人民法院审理的（2019）粤 0304 民初 11332 号侵权责任纠纷案中，法院认为，案涉资产支持专项计划已经提前终止，管理人已经组织成立了清算小组，目前清算程序尚在进行中，关于专项计划是否受到损失，原告作为资产支持证券持有人是否存在损失以及具体的损失金额尚不能确定，原告起诉要求管理人赔偿其损失的条件尚未成就。

2. 案例二

北京市第二中级人民法院审理的（2020）京 02 民初 141 号合同纠纷案中，管理人认为，专项计划已经提前终止，根据《计划说明书》和《标准条款》关于专项计划终止和清算的相关约定，专项计划终止后，由清算小组统一接管，对专项计划资产和债权债务进行清理和确认，对专项计划资产进行估值和变现，并按照约定顺序进行清偿，原告作为投资者已经参与清算程序，其又提起本案诉讼，属于不当行使诉权，希望重复受偿；并且，管理人根据专项计划持有人大会的授权，已经代表清算组对原始权益人和底层交易债务人提起诉讼，该案件的审理结果和执行结果，是认定专项计划触发中止事件进入清算程序责任主体的关键，也是认定专项计划是否有损失的关键。

对此，一审法院认为，管理人与投资者之间存在专项计划发行、管理合同法律关系，该债权债务关系具有相对性，管理人未能依约向投资者提供基础资产中包含真实应收账款质押的资产支持证券，应由管理人向投资者承担违约损害赔偿责任。管理人对投资者违约后，依据《融资租赁合同（回租）》《资产买卖协议》等对原始权益人、基础交易债务人提起融资租赁合同纠纷诉讼，该案尚在一审审理中，但债权债务关系主体不包括投资者，管理人违约给投资者造成损失的类型和计算方法在当前即可确定，因管理人对投资者违约而引发的后续融资租赁合同纠纷诉讼和专项计划清算拖延的不利后果亦不应由投资者承担。因此，投资者起诉请求管理人承担违约责任，不以前述融资租赁合同纠纷案件审理终结、执行终结或债务人破产程序终结为前提，亦不以专项计划清算完毕为条件，管理人应当在该判决生效之后直接向投资者承担违约损害赔偿责任，并且，就专项计划清算中分配资产的抵扣与归属问题，如前所述，投资者在专项计划清算中已获得分配的金钱应当随时抵扣管理人的赔偿责任金额，管理人在履行完毕赔偿义务后，以实际赔偿金额为限，取得原告在专项计划清算中应获得分配的相应金额资产的权利，不会导致重复受偿。二审法院亦认为，投资者在清算程序中获得分配金额并非向管理人主张违约责任的前置条件。

(三)提示与建议

前述案例中,从结果来看,法院对投资者在项目清算程序尚未结束时向管理人主张赔偿责任持不同意见,但从具体论证理由中可以看出,本质区别还是在于法院对投资者损失是否实际发生、具体损失金额能否确定的认定差异。

从投资者的角度来看,在清算中取得分配金额前向管理人主张赔偿责任,虽然存在不被司法机关支持的可能,但换言之,同样存在获赔金额高于清算中可得分配金额的可能。

三、职责分化对管理人过错及责任认定的影响

(一)问题的产生

资产证券化相关业务管理规定对发起人、管理人及相关中介机构的职责均作出明确规定,但是,在项目实际运作过程中,各参与机构的实际分工可能并未严格按照业务管理规定进行,该种情况下,职责的让渡、分化引发了对各参与机构角色定位、履职过错及赔偿责任认定的争议。司法案例中,管理人因让渡管理责任被认定具有通道属性时,对前述问题的认定争议成为典型纠纷之一。

(二)法律依据

在监管层面,中国证监会2017年5月19日于官网发布《证监会通报对新沃基金专户业务风控缺失导致重大风险事件的处理情况》,其中提到"我会一再强调,证券基金经营机构从事资管业务应坚持资管业务本源,谨慎勤勉履行管理人职责,不得从事让渡管理责任的所谓'通道业务'。各资产管理人应引以为戒,结合自身管理能力,审慎开展业务,珍惜名誉,取信于投资者、取信于市场,切实履行投资管理及合规风控的主体责任"。中国证监会2018年12月发布的《资产证券化监管问答(二)》(已废止)也曾明确表示,证券公司、基金管理公司子公司等开展资产证券化业务,应当"切实履行管理人职责,依规独立进行尽职调查和存续期管理""不得将法定职责予以外包,其依法应当承担的责任不因聘请第三方而减轻或免除","对于证券经营机构未独立审慎履行职责、让渡管理责任、开展'通道'类资产证券化业务的行为以及规避合规风控要求、借外部'通道'开展资产证券化业务的行为,监管部门将对相关机构和人员严肃查处"。

在司法层面,以资产证券化项目可能涉及的证券虚假陈述责任纠纷相关规定为

例,《最高人民法院关于审理证券市场虚假陈述侵权民事赔偿案件的若干规定》第十七条第一款规定:“保荐机构、承销机构等机构及其直接责任人员提交的尽职调查工作底稿、尽职调查报告、内部审核意见等证据能够证明下列情形的,人民法院应当认定其没有过错:(一)已经按照法律、行政法规、监管部门制定的规章和规范性文件、相关行业执业规范的要求,对信息披露文件中的相关内容进行了审慎尽职调查;(二)对信息披露文件中没有证券服务机构专业意见支持的重要内容,经过审慎尽职调查和独立判断,有合理理由相信该部分内容与真实情况相符;(三)对信息披露文件中证券服务机构出具专业意见的重要内容,经过审慎核查和必要的调查、复核,有合理理由排除了职业怀疑并形成合理信赖。”第十八条规定:“会计师事务所、律师事务所、资信评级机构、资产评估机构、财务顾问等证券服务机构制作、出具的文件存在虚假陈述的,人民法院应当按照法律、行政法规、监管部门制定的规章和规范性文件,参考行业执业规范规定的工作范围和程序要求等内容,结合其核查、验证工作底稿等相关证据,认定其是否存在过错。证券服务机构的责任限于其工作范围和专业领域。证券服务机构依赖保荐机构或者其他证券服务机构的基础工作或者专业意见致使其出具的专业意见存在虚假陈述,能够证明其对所依赖的基础工作或者专业意见经过审慎核查和必要的调查、复核,排除了职业怀疑并形成合理信赖的,人民法院应当认定其没有过错。”

根据前述规定,监管层面对管理人让渡管理责任的相关行为持较为明确的否定态度;司法层面,在认定过错及责任时,或需结合管理人及相关中介机构的职责以及工作范围、获取信息的渠道及实际履职情况综合判断。

(三)裁判观点

上海金融法院审理的(2020)沪 74 民初 1801 号证券欺诈责任纠纷案中,投资者以虚假陈述为由向原始权益人、管理人及相关中介机构主张连带赔偿责任。

关于管理人在案涉专项计划设立、证券发行过程中的身份。法院查明,案涉专项计划的财务顾问主要承担了尽职调查等专项计划设立、证券发行前的工作(案涉融资计划的实际策划者),而管理人主要承担了嗣后的专项计划管理工作,管理人制作、出具的专项计划发行文件、尽职调查报告等初稿,由财务顾问制作,相关尽职调查底稿材料也主要由财务顾问提供,管理人在履行职责过程中的通道属性明显。

关于管理人在专项计划设立、证券发行过程中承担的义务、对信息披露是否存在过错、是否应当承担赔偿责任。管理人认为,其为案涉专项计划名义上的管理人,其只是一个通道,无须投入更多的人力和物力开展相关工作,并提供了工作底稿及有关其仅为通道的证据,证明其不存在过错。对此,法院引用《管理规定》第十三条管理人职责的相关规定,认为管理人应当承担全面尽职调查、信息披露等义务,并以此为标准审查管理人在履职过程中是否存在过错。经审查,法院认定管理人违反了管理人应对重大信息进行全面核查并真实披露的职责、义务,对信息披露文件中虚假陈述的形成、发布存在重大过失,但是,考虑到案涉专项计划的实际情况,在过错程度上,管理人不同于财务顾问,两者在工作分工、取得和了解相关信息的渠道、信息披露资料的形成和发布中所起的作用等方面存在差异,管理人具有信息披露通道的属性,综合责任承担与行为人的注意义务、注意能力和各方过错程度,最终酌定管理人对原始权益人应负的赔偿责任在30%的范围内承担连带赔偿责任,同时认定财务顾问对原始权益人应负的赔偿义务在100%的范围内承担连带责任。

(四)提示与建议

根据前述案例,无论管理人是否被认定具有通道属性、为"名义管理人",司法层面对管理人履职过错的审查标准不会因此而降低,其仅可能作为过错程度的考量因素之一,影响责任范围的认定。

从实操角度来看,建议各参与主体严格按照相关业务管理规定明确的职责约定权利义务,并在履行过程中对标自身角色对应的履职标准独立、勤勉履职,避免因分工不明、职权让渡等原因在监管及司法纠纷中无法证明自身适当履职,进而导致被采取行政监管措施及判决作出民事赔偿的不利后果。

第八章　争议解决条款的适用与效力认定

一、交易文件中约定相同的争议解决条款是否构成格式条款

（一）问题的产生

在资产证券化交易中，参与主体多、权利义务关系复杂，不同交易文件的签署主体所在地不同，签署主体可能会提出在不同交易文件中约定不同的争议解决及管辖条款。出于提高争议解决效率、避免裁判冲突等考量，同一项目的交易文件往往会对争议解决条款作出一致约定。司法实践中，该种统一性的争议解决机制安排是否构成格式条款成为争议焦点之一。

（二）法律依据

《民法典》第四百九十六条规定："格式条款是当事人为了重复使用而预先拟定，并在订立合同时未与对方协商的条款。采用格式条款订立合同的，提供格式条款的一方应当遵循公平原则确定当事人之间的权利和义务，并采取合理的方式提示对方注意免除或者减轻其责任等与对方有重大利害关系的条款，按照对方的要求，对该条款予以说明。提供格式条款的一方未履行提示或者说明义务，致使对方没有注意或者理解与其有重大利害关系的条款的，对方可以主张该条款不成为合同的内容。"

《最高人民法院关于适用〈中华人民共和国民法典〉合同编通则若干问题的解释》（以下简称《合同编司法解释》）第九条规定："合同条款符合民法典第四百九十六条第一款规定的情形，当事人仅以合同系依据合同示范文本制作或者双方已经明确约定合同条款不属于格式条款为由主张该条款不是格式条款的，人民法院不予支持。从事经营活动的当事人一方仅以未实际重复使用为由主张其预先拟定且未与对方协商的合同条款不是格式条款的，人民法院不予支持。但是，有证据证明该条款不是为了重复使用而预先拟定的除外。"

《民法典》第四百九十七条规定："有下列情形之一的，该格式条款无效：（一）具

有本法第一编第六章第三节和本法第五百零六条规定的无效情形;(二)提供格式条款一方不合理地免除或者减轻其责任、加重对方责任、限制对方主要权利;(三)提供格式条款一方排除对方主要权利。"

《民法典》第四百九十八条规定:"对格式条款的理解发生争议的,应当按照通常理解予以解释。对格式条款有两种以上解释的,应当作出不利于提供格式条款一方的解释。格式条款和非格式条款不一致的,应当采用非格式条款。"

《最高人民法院关于适用〈中华人民共和国民事诉讼法〉的解释》(2022 修正)第三十一条规定:"经营者使用格式条款与消费者订立管辖协议,未采取合理方式提请消费者注意,消费者主张管辖协议无效的,人民法院应予支持。"

根据前述规定:

1. 为重复使用而预先拟定且在订立合同时未与相对方协商的条款为格式条款。

2. 格式条款提供方负有提示说明义务,否则,可能被相对方主张格式条款不构成合同内容;在经营者与消费者订立的管辖协议构成格式条款的情况下,经营者未尽提示说明义务的,消费者有权主张管辖协议无效。

3. 格式条款内容本身应当遵循公平原则确定当事人义务,否则可能被相对方主张无效。

4. 格式条款按照通常理解存在多种解释的,应作出不利于提供方的解释。

(三)裁判观点

福建省福州市中级人民法院审理的(2020)闽 01 民特 48 号案中,"RX 租赁 2017 年一期资产支持专项计划"的原始权益人 RX 租赁公司向法院申请确认《买卖协议》《服务协议》《监管协议》中约定的仲裁条款无效。

RX 租赁公司认为,专项计划管理人 SX 证券公司作为基金产品的经营者和设立方,事先单方设计拟定了基金产品《标准条款》中的管辖格式条款,并将管辖格式条款套用于《买卖协议》《服务协议》《监管协议》等各协议中。在此基础上,其从以下两个角度认为格式条款无效:第一,案涉交易文件"有限追索权"条款约定"资产支持证券持有人承认且同意,除针对计划管理人提起的因其自身过失、欺诈、故意的不当行为或违反专项计划文件项下的义务而提起的诉讼或仲裁,针对专项计划、计划管理人的追索权,只限于专项计划资产及其资产收益",其中关于"诉讼或仲裁"的表述属于约定争议可以向仲裁机构申请仲裁也可以向人民法院起诉,由于"对格式条款有两种以上解释的,应当作出不利于提供格式条款一方的解释",故仲裁协议应属无效。第二,SX 证券公司未以合理方式对该等格式条款进行提示或说明,排除了合同对方对管辖的选择权，根据当时有效的《合同法》规定，“提供格式条款一方免除其责任、加重对方责任、排除对方主要权利的，该条款无效”，同时，由于 RX 租赁公司为基金产品的消费者，故应适用《最高人民法院关于适用〈中华人民共和国民事诉讼法〉的解释》关于“经营者使用格式条款与消费者订立管辖协议，未采取合理方式提请消费者注意，消费者主张管辖协议无效的，人民法院应予支持”的规定。

对此，法院认为，第一，虽然案涉交易文件中关于有限追索权部分出现了“诉讼或仲裁”字样，但从其整个条文内容表述及目的来看，解决的是 SX 证券公司作为计划管理人应承担的责任限制范围问题，并未明确争议解决的方式，也未约定争议解决的法院，与争议解决方式的条款相互独立，不构成对合同中仲裁条款的实质性改变，三份合同不存在有两个争议解决方式的情形，仲裁条款不因此无效；第二，案涉交易文件均系双方经过友好协商而达成，现无证据证明案涉协议用于其他专项计划项目重复使用，且因三份合同系同一项目下的合同，在争议解决方式上约定相同的仲裁条款，以实现争议解决的统一性，并无不当，因此，案涉交易文件不符合《合同法》关于格式条款合同的规定，并且，RX 租赁公司作为专项计划项下基础资产的转让方和资产服务机构，并非《中华人民共和国消费者权益保护法》所规定的消费者，故不支持 RX 租赁公司以 SX 证券公司未就格式条款采取合理方式予以提醒为由，申请确认仲裁条款无效的主张。

（四）提示与建议

1. 争议解决条款表述应明确、清晰、避免歧义，否则在适用时，易引发效力纠纷，产生不必要的诉讼成本。根据前述案例，法院倾向于结合条文内容及目的整体判断，认为若存在歧义的条款约定不构成对争议解决条款的实质性改变，一般不影响争议解决条款的效力。

2. 在同一个资产证券化项目的多份交易文件中约定相同的争议解决条款，一般认为不构成格式条款，但也不排除法院认定构成格式条款的可能。根据前述案例中法院的论证理由，如有证据证明案涉争议解决条款在其他项目中被重复使用，则法院可能认定案涉争议解决条款构成格式条款。

3. 是否被认定为格式条款核心是“是否与对方协商”，最高人民法院民事审判第二庭、研究室编著的《最高人民法院民法典合同编通则司法解释理解与适用》一书中明确：如合同提供方能证明其愿意协商合同条款并将此告知了合同相对人，合同相对人能协商修改但其放弃协商修改，致使作为合同谈判基础的格式条款未经任何修改的，不应认定为格式条款。建议管理人一方在发出交易文件的同时，明确告知交易文件签署各方对合同的任意条款有修改意见的均可协商修改,充分保证委托人“可以协商”的权利并确保交易文件已经经过了协商,同时,需对相关合同协商的沟通过程以及各方同意用统一的争议解决条款进行留痕。

4. 若争议解决条款被认定为格式条款,则该条款可能因提供方未尽提示说明义务并致使对方没有注意或者理解与其有重大利害关系的条款等,被相关签订主体主张不构成合同内容或无效,进而导致约定的争议解决条款无法适用。

二、交易文件争议解决条款约定冲突时的效力认定及适用问题

(一)问题的产生

为保证同一资产证券化项目整体交易安排的统一性、协调性,交易文件中往往会出现“A 协议构成本协议不可分割的一部分,与本协议具有相同的法律效力”“若项目其他交易文件与 B 协议约定不一致的,以 B 协议约定为准”等类似表述。但是,部分资产证券化项目在《认购协议》《计划说明书》《标准条款》等交易文件中约定的争议解决条款不一致,由此引发以下争议:

1. 是否应认为交易文件对于争议解决安排约定不明,争议解决条款无效;

2. 在争议解决条款约定存在冲突的情况下,应当依据哪份协议的约定确定案件管辖问题;

3. 关联的交易文件约定争议解决条款是否能够突破合同相对性原则,对非签订方产生效力。

(二)法律依据

《合同编司法解释》第十四条第三款规定:“当事人就同一交易订立的多份合同均系真实意思表示,且不存在其他影响合同效力情形的,人民法院应当在查明各合同成立先后顺序和实际履行情况的基础上,认定合同内容是否发生变更。法律、行政法规禁止变更合同内容的,人民法院应当认定合同的相应变更无效。”

《中华人民共和国仲裁法》(2017 修正)第十九条规定:“仲裁协议独立存在,合同的变更、解除、终止或者无效,不影响仲裁协议的效力。仲裁庭有权确认合同的效力。”

《最高人民法院关于适用〈中华人民共和国仲裁法〉若干问题的解释》(2008 调整)(以下简称《仲裁法司法解释》)第五条规定:“仲裁协议约定两个以上仲裁机构的,当事人可以协议选择其中的一个仲裁机构申请仲裁;当事人不能就仲裁机构选择达成一致的,仲裁协议无效。”

根据前述规定:

1. 若就同一交易订立了多份合法有效的合同,合同订立时间、履行情况是法院认定冲突条款效力的考量因素之一。

2. 约定以仲裁为争议解决方式的,仲裁条款具有独立性,不受其他条款影响,应当单独认定其效力。仲裁机构明确、唯一,是仲裁协议合法有效的条件之一。

(三)裁判观点

1. 案例一

上海金融法院审理的(2024)沪 74 民特 19 号申请撤销仲裁裁决案,即涉及"HB 信托受益权资产支持专项计划"就前述问题的争议。该案中,《认购协议》约定发生争议时由 A 仲裁委仲裁解决,而《计划说明书》《标准条款》则约定由 B 仲裁委仲裁解决。案涉仲裁审理阶段,最终由 A 仲裁委依据《认购协议》受理并进行审理。现申请人以 A 仲裁委对该专项计划相关纠纷无管辖权为由,向法院申请撤销 A 仲裁委作出的仲裁裁决。该案中,《认购协议》中约定的仲裁条款是否有效以及是否对《计划说明书》《标准条款》具有约束力,成为争议焦点。

该案审理中,当事人的分歧主要在于对《认购协议》第五条约定内容的理解,即"《计划说明书》和《标准条款》构成本协议不可分割的一部分,与本协议具有相同的法律效力,与本协议共同构成甲方与乙方签订的资产管理合同,乙方签署本协议即意味着其对《计划说明书》和《标准条款》的承认和接受,乙方作为专项计划当事人并不以在《计划说明书》和《标准条款》上书面签署为必要条件。本协议中未定义的词语或简称与《计划说明书》中相关词语或简称的定义相同,本协议中未作出具体约定的与资产支持证券或专项计划有关的事项,应适用《标准条款》《计划说明书》中的相应约定。任何一方不得单方面修改资产管理合同,除非经双方同意以书面形式订立补充协议。若专项计划其他交易文件与《计划说明书》约定不一致的,以《计划说明书》约定为准"。对此,申请人认为,《认购协议》第五条明确约定"若专项计划其他交易文件与《计划说明书》约定不一致的,以《计划说明书》约定为准",故纠纷应由《计划说明书》中约定的 B 仲裁委仲裁解决;即使不能认定《计划说明书》中的仲裁条款具有优先性,本案对于资产管理合同纠纷的仲裁协议亦因仲裁机构约定不明而属无效。被申请人则主张,《认购协议》第五条明确"《计划说明书》《标准条款》构成本协议不可分割的一部分",且从合同订立过程和文件形成时间顺序来看,《认购协议》中的约定是双方争议解决方式的最终真实合意,应当优先于《计划说明书》和《标准条款》适用。

对此,法院认为:案涉资产支持专项计划的成立有赖投资者与管理人订立相应资管协议,而就该案所涉《认购协议》《计划说明书》《标准条款》的条款内容而言,《认购协议》仅包含投资者认购资产支持证券类别、份额数量、金额等条款,显然不能单独构成资管协议,并且,三份协议明确约定共同作为不可分割的合同文本构成资管协议,因此,三份文件共同构成案涉资产支持计划的发行文件,由此所形成的争议应当通过单一争讼路径解决。基于这一前提,根据《中华人民共和国仲裁法》(2017修正)第十九条以及最高人民法院第196号指导性案例裁判要旨①,合同文本中的仲裁条款独立存在,其成立、效力与合同其他条款是独立、可分的,故该案中三份文件中不同的仲裁条款,应当与合同其他条款分离而考虑其成立、生效问题,合同其他条款的并入并不意味着仲裁条款的并入。

结合该案具体情况,首先,从当事人对三项仲裁条款的意思表示形式来看,仅《认购协议》文本上有双方的签章,而《计划说明书》《标准条款》上并无被申请人的签章,这虽不影响合同其他条款构成交易文件的组成部分,但《计划说明书》《标准条款》中包含的仲裁条款形式上并未经由被申请人通过签章进行确认。其次,从当事人对三项仲裁条款的意思表示实质来看,《认购协议》是经双方磋商后签署的,相应内容的填入和条款变化从侧面反映了双方对该文本中约定内容,通过意思表示形成了合意,且双方均认可《计划说明书》《标准条款》属于要约邀请,仅在《认购协议》签署后才成为整体合同的组成部分,故应当认为双方就《认购协议》所载明的仲裁条款达成了最终、单独的合意,而《计划说明书》《标准条款》中约定的仲裁条款因并未由双方达成一致的意思表示,应当认为未成立。最后,三份文件格式文本中皆拟入了仲裁条款,故可推知格式文本提供方的申请人对合同项下相关争议提交仲裁的意愿是清晰的,但是三份文件中的仲裁条款皆不同,无论被申请人是否在事前对此已明确认知,鉴于《认购协议》系管理人与投资者最终必须签署的文件,也应推定申请人作为格式文本提供一方以《认购协议》中载明的仲裁条款向对方发出了要约。

此外,对于申请人认为三份协议仲裁条款约定不明而无效的主张,即使三份文件分别构成三份独立的合同,依据《合同编司法解释》第十四条第三款的规定,《认购协议》签署在后,亦可视为合同当事人对之前已经形成的仲裁条款作了相应变更,《认购协议》中的仲裁条款也不构成《仲裁法司法解释》第五条规定的无效情形。

---

① 最高人民法院于2022年12月30日于官网发布《指导性案例196号:Y公司与深圳ZY投资控股公司申请确认仲裁协议效力案》,裁判要点:"仲裁条款独立存在,其成立、效力与合同其他条款是独立、可分的。当事人在订立合同时对仲裁条款进行磋商并就提交仲裁达成合意的,合同成立与否不影响仲裁条款的成立、效力。"网址,https://www.court.gov.cn/shenpan/xiangqing/384741.html。

2. 案例二

福建省福州市中级人民法院审理的（2020）闽01民特48号案中，原始权益人RX租赁公司向法院申请确认《买卖协议》《服务协议》《监管协议》中的仲裁条款对非签订方的承租人、担保人及保险人不具有效力。其认为，管理人SX证券公司在《仲裁申请书》中请求仲裁庭“裁决确认申请人有权直接要求承租人、担保人及保险人等相关主体”将系列款项支付至专项计划账户，但承租人、担保人及保险人均未在《买卖协议》《服务协议》《监管协议》上签字盖章”，因此，根据合同的相对性原则，前述交易文件中的争议解决条款对承租人、担保人及保险人不具有效力。管理人SX证券公司则认为，其前述仲裁请求系依据其与RX租赁公司之间在《买卖协议》项下的争议，并不直接涉及和约束承租人、担保人及保险人等相关主体，因此该等主体不是案涉仲裁案件的被申请人或当事人；并且，RX租赁公司无权代表承租人、担保人及保险人请求确认仲裁条款无效并对其无约束力，不具有提起该项请求的诉讼主体资格。对此，法院认为，前述交易文件的签订方均系RX租赁公司与SX证券公司，根据合同相对性原则，RX租赁公司无权代表非签订方的承租人、担保人及保险人主张三份合同中的仲裁条款无效，故对其该项诉请未予支持。

（四）提示与建议

根据前述案例，资产证券化项目中关联交易文件约定的争议解决方式，法院或认为应当结合意思表示形式、实质、多份合同订立的先后时间确定统一适用的条款。但是，也不排除法院认为应当限于合同相对性原则，单独确定关联交易文件争议解决规则的可能性。

出于减少诉讼成本、提高争议解决效率的考量，建议相关交易主体在同一资产证券化项目项下的关联交易文件中，尽量保持争议解决条款的统一性，并保证相关条款清晰、明确。若多份交易文件关于争议解决方式约定不一致、不明确，则发生纠纷时可能会产生理解与适用上的分歧，增加争议解决的难度与不确定性。

三、管理人请求底层交易债务人履行债务、承担责任的争议解决方式认定

（一）问题的产生

在底层交易债务人未按期足额履行债务、向归集账户划转现金时，管理人通常会代表SPV请求债务人履行债务，并承担相应法律责任。在司法实践中，管理人应通过何种途径向债务人提出请求以及如何确定争议解决的方式，成为争议焦点之一。

(二)法律依据

《仲裁法司法解释》第九条规定:“债权债务全部或者部分转让的,仲裁协议对受让人有效,但当事人另有约定、在受让债权债务时受让人明确反对或者不知有单独仲裁协议的除外。”

一般而言,债权转让的,受让人成为原合同项下新债权人,受原合同约定的争议解决条款约束。但是,若原合同项下约定的争议解决方式为仲裁,根据前述规定,原则上对受让人有效,除非受让人对仲裁条款不知情、不同意,或与相对方就管辖事宜另行达成一致约定。

(三)裁判观点

北京金融法院审理的(2021)京74民初1346号合同纠纷案中,HT证券公司作为“PK电力上网收费权资产支持专项计划(二期)”的管理人,代表专项计划向底层交易的债务人GW湖北公司提起侵权之诉,其认为GW湖北公司逾期支付可再生能源电价补贴款的行为侵害了专项计划的合法权益,即侵害了专项计划对其合法享有的电费上网收费权,并请求判令GW湖北公司停止侵权、向专项计划账户支付电价补贴款,并赔偿资金占用损失等。

被告GW湖北公司向法院提出管辖权异议,其认为,虽然HT证券公司诉称其提起的是侵权责任纠纷,但本案的请求权基础是因《基础资产买卖协议》而自五家电厂处受让的基于五家电厂上网电量产生的相应债权,故应依据GW湖北公司与五家电厂(原始权益人)签署的《年度购售电协议》中约定的仲裁条款排除法院的主管。

对此,法院认为,收费权是因《购售电合同》约定而产生的权益,五家电厂将上述权益转让予HT证券公司管理的专项计划,属于债权的转让,GW湖北公司未依约支付电价补贴款的行为应属合同违约,双方之间的权利义务关系应受《购售电合同》约束,不适宜由《侵权责任法》调整,故重新核定该案案由为合同纠纷。在此基础上,法院依据《仲裁法司法解释》第九条的规定,认为HT证券公司未提交在受让该笔债权时明确反对《购售电合同》约定的仲裁条款或与GW湖北公司达成其他约定的证据,而是自行向法院提交了明确载有仲裁条款的相关协议作为证据,并且,其作为专项计划的管理人,对基础资产合同中的仲裁条款应当明确知晓,故认为HT证券公司在受让取得上网收费权的同时,亦应受到合同中的仲裁条款的约束。最终,法院认为被告提出的异议成立,原告的起诉不符合起诉条件,并依法驳回了HT证券公司的起诉。

（四）提示与建议

根据前述案例，基础法律关系和请求权基础的认定，是确定争议解决方式的前提。在资产证券化交易中，若法院认为管理人与发起人之间属于债权转让关系，则底层交易债务人逾期支付款项的行为构成底层交易合同项下的违约，故管理人代表SPV向逾期偿付的底层交易债务人主张责任应当适用合同关系的相关规则进行调整，不适用侵权关系相关规则调整，即管理人的请求权基础为违约责任。

从举证责任分配的角度，管理人若对底层交易合同的管辖约定有异议，其作为基础资产的受让人应对其在受让基础资产时明确反对管辖条款或与底层交易债务人另行达成管辖约定负有举证责任，否则，基于对管理人的特殊地位的考量，法院倾向于推定管理人对管辖条款明知、应知，进而认定其应受管辖条款约束。因此，在实操层面，尤其在以债权为基础资产的资产证券化项目中，建议管理人在代表SPV受让基础资产时注意审查底层交易合同关于争议解决方式的约定，若欲统一设置交易文件的争议解决方式，则建议与底层交易债务人另行签订书面协议确认或变更争议解决约定。

结　语

我国资产证券化业务领域的立法及监管规定日益完善，相关尽职调查、信息披露、风险控制、挂牌转让等配套指引的内容也愈发全面、细化、深入，发行规模和参与主体的扩张也为各类资产证券化项目的运作积累了成熟的参考经验。

根据本专题对资产证券化领域相关规定及案例的归纳梳理，在监管层面，对基础资产及现金流的持续核查与保障、参与机构的履职及信用风险，是实践中项目“翻车”的集中原因，应予以重点关注。在司法层面，一般而言，参与主体严格按照相关业务管理规定设计交易结构，起草交易文件，按约履行、按规定完成相关审批、备案、登记公示等常规流程的，交易主体对基础法律关系、权属转移等资产证券化典型交易的约定安排能够得到司法机关的认可；对于存在争议的、跨部门法的复杂问题，司法机关往往会从交易文件约定及履行情况出发，审查交易主体的真实意思表示，认定基础法律关系，结合资产证券化业务的本质特征、投资者保护原则等，作出兼顾公平与效率的认定。

专题五

国有企业担保实务研究

国浩律师（上海）事务所　周　蕾　刘文娟　倪超瑶

企业通过金融市场进行对外融资时，无论是出于金融机构内部的风险控制要求，还是金融产品对应法规或监管的规定，通常要求具有更高信用评级、更强偿付能力的主体提供担保，即便融资主体是国有企业，也不例外。随着近年来对国有企业监管的不断加强，国有企业的担保活动也逐渐受到监管部门的关注。担保属于或有负债，当被担保的主债务未发生风险事件时，对于担保主体而言并不会产生直接影响，但这也往往造成了担保主体在不知不觉中累积了较高的或有负债金额。

国有企业提供担保是一项重要的财务活动，直接关系到国有资产的安全和企业的财务健康。由于国有企业的特殊性质，其为他人提供担保的行为不仅涉及企业自身的利益，还可能影响国有资产的保值增值。债务人违约导致的担保责任履行不仅可能造成提供担保的国有企业陷入纠纷之中，还可能间接触发国有企业在金融市场其他融资担保活动项下的责任承担问题，这些都将对国有企业的财务状况和市场信誉造成严重影响。此外，提供担保还可能对国有企业的再融资能力造成限制，影响其未来的投资和发展计划。因此，国有企业必须高度重视担保活动的风险管理，建立健全担保审批和监控机制，确保担保行为的合规性和风险可控性。

第一章　国有企业为他人提供担保的监管

一、国有企业的范畴

“国有企业”是一个在法律法规中频繁出现的词，但对于“国有企业”内涵与外延的界定并无一个统一的标准。国务院国有资产监督管理委员会（以下简称国资委）于2023年6月23日发布《国有企业参股管理暂行办法》（国资发改革规〔2023〕41号），该办法规定，国有企业是指“各级国有资产监督管理机构履行出资人职责的企业及其子企业”①，但就法律层面而言，笔者未检索到相关法律对“国有企业”一词进行解释。《中华人民共和国企业国有资产法》（中华人民共和国主席令第5号，以下简称《企业国有资产法》）②界定了“国家出资企业”的概念，包括国家出资的国有独资企业、国有独资公司，以及国有资本控股公司、国有资本参股公司。笔者注意到2024年7月1日正式实施的《中华人民共和国公司法》（2023修订）（以下简称《公司法》（2023修订））中对于“国家出资公司”的界定与《企业国有资产法》中“国家出资企业”的界定相互对应，即“国家出资公司”系指“国家出资的国有独资公司、国有资本控股公司”③。同时，《公司法》（2023修订）亦明确“国家出资公司”系由国务院或者地方人民政府分别代表国家依法履行出资人职责，享有出资人权益④，此项规定亦与《国有企业参股管理暂行办法》的规定相对应。

---

① 《国有企业参股管理暂行办法》（国资发改革规〔2023〕41号，2023年6月23日发布并实施）第二条规定：“本办法所称国有企业是指各级国有资产监督管理机构履行出资人职责的企业及其子企业，参股是指国有企业在所投资企业持股比例不超过50%且不具有实际控制力的股权投资。”

② 《企业国有资产法》（中华人民共和国主席令第5号，2008年10月28日发布，2009年5月1日施行）第五条规定：“本法所称国家出资企业，是指国家出资的国有独资企业、国有独资公司，以及国有资本控股公司、国有资本参股公司。”

③ 《公司法》（2023修订）（2023年12月29日发布，2024年7月1日施行）第一百六十八条第二款规定：“本法所称国家出资公司，是指国家出资的国有独资公司、国有资本控股公司，包括国家出资的有限责任公司、股份有限公司。”

④ 《公司法》（2023修订）（2023年12月29日发布，2024年7月1日施行）第一百六十九条第一款规定：“国家出资公司，由国务院或者地方人民政府分别代表国家依法履行出资人职责，享有出资人权益。国务院或者地方人民政府可以授权国有资产监督管理机构或者其他部门、机构代表本级人民政府对国家出资公司履行出资人职责。”

除国有独资企业、国有控股企业的概念外,《企业国有资产交易监督管理办法》(国务院国有资产监督管理委员会、中华人民共和国财政部令第32号)中另有“国有全资企业”与“国有实际控制企业”的界定。其中“国有全资企业”系指由政府部门、机构、事业单位、国有独资企业(公司)直接或间接合计持股为100%的企业[①],“国有实际控制企业”系指政府部门、机构、事业单位、单一国有及国有控股企业直接或间接持股比例未超过50%,但为第一大股东,并且通过股东协议、公司章程、董事会决议或者其他协议安排能够对其实际支配的企业[②]。

国有企业担保活动的法律监管实质是对国有资产风险的管理,因此,对于国有企业为他人提供担保的要求,除非法律或监管规定有明确的适用范围规定,否则应适用于国有独资企业、国有独资公司、国有产权比例超过50%的国有控股企业或国有控股公司、国有全资企业、国有实际控制企业。从笔者在实务中积累的经验看,通常并不会要求国有参股公司完全遵从国有企业为他人提供担保的要求,但国有参股公司可参照相关要求制定有关担保事宜的内部管理制度。

二、法律法规的监管规定

(一)法律层面的相关规定

2009年5月1日施行的《企业国有资产法》虽然涉及对担保事宜的相关规定,但均较为笼统,其仅规定国家出资企业为他人提供大额担保应当遵守法律、行政法规以及企业章程的规定[③]。对于国有独资企业与国有独资公司,《企业国有资产法》进一步明确除依照有关法律、行政法规以及企业章程的规定,由履行出资人职责的机构决定的以外,国有独资企业由企业负责人集体讨论决定,国有独资公司由董事会决定为他人提供大额担保相关事宜;国有资本控股公司、国有资本参股公司为他人

---

① 《企业国有资产交易监督管理办法》(国务院国有资产监督管理委员会、中华人民共和国财政部令第32号,2016年6月24日发布并施行)第四条第一款规定:“本办法所称国有及国有控股企业、国有实际控制企业包括:(一)政府部门、机构、事业单位出资设立的国有独资企业(公司),以及上述单位、企业直接或间接合计持股为100%的国有全资企业……”

② 《企业国有资产交易监督管理办法》(国务院国有资产监督管理委员会、中华人民共和国财政部令第32号,2016年6月24日发布并施行)第四条第一款规定:“本办法所称国有及国有控股企业、国有实际控制企业包括:……(四)政府部门、机构、事业单位、单一国有及国有控股企业直接或间接持股比例未超过50%,但为第一大股东,并且通过股东协议、公司章程、董事会决议或者其他协议安排能够对其实际支配的企业。”

③ 《企业国有资产法》(中华人民共和国主席令第5号,2008年10月28日发布,2009年5月1日施行)第三十条规定:“国家出资企业合并、分立、改制、上市,增加或者减少注册资本,发行债券,进行重大投资,为他人提供大额担保,转让重大财产,进行大额捐赠,分配利润,以及解散、申请破产等重大事项,应当遵守法律、行政法规以及企业章程的规定,不得损害出资人和债权人的权益。”

提供担保的，则应依照有关法律、行政法规以及企业章程的规定，由公司股东会或者董事会决定。但对于“为他人提供担保”到达何等标准方能界定为“大额”，《企业国有资产法》并未进行明确。同时，《企业国有资产法》明确，非经履行出资人职责的机构同意，国有独资企业、国有独资公司不得为关联方提供担保。根据《企业国有资产法》第四十三条第二款的规定，前述“关联方”系指国有独资企业、国有独资公司的董事、监事、高级管理人员及其近亲属以及该等人员所有或者实际控制的企业。

《公司法》（2023 修订）第一章“总则”对公司为他人提供担保进行了统一规定，明确公司为他人提供担保仅可由董事会或者股东会进行决策，具体决策主体应由公司章程进行规定，但公司为股东或者实际控制人提供担保，则必须由股东会进行决策，且所涉股东或实际控制人应回避表决，而该项表决必须由出席会议的其他股东所持表决权的过半数方可通过。《公司法》（2023 修订）第七章系对国家出资公司组织机构的特别规定，但其中并未就国家出资公司为他人提供担保进行特殊规定。因此笔者理解，根据《公司法》（2023 修订）第一百六十八条的规定，国家出资公司为他人提供担保也应该遵守《公司法》（2023 修订）第一章“总则”中的相关规定。

（二）法规与监管文件的相关规定

1. 中央企业的相关规定

2021 年 10 月 9 日，国资委发布《关于加强中央企业融资担保管理工作的通知》（国资发财评规〔2021〕75 号，以下简称 75 号文），对中央企业的融资担保行为进行规范，包括中央企业为纳入合并范围内的子企业和未纳入合并范围的参股企业提供的各种形式担保。75 号文不仅对中央企业开展融资担保事项本身进行了规范，也对中央企业就融资担保事宜建立内部管理制度提出了要求，明确中央企业需要建立融资担保管理制度，该等制度应该涵盖集团本部及下属各级子企业融资担保的权限和限额、融资担保费率水平、内部审批流程等事宜，且该制度应由集团董事会审批。此外，75 号文进一步要求中央企业需要就融资担保制订年度计划，年度计划需要提交集团董事会或其授权决策主体审批。

对于中央企业开展的具体融资担保事项，75 号文也从融资担保对象、融资担保规模、超股比融资担保等方面提出了具体的管控要求。笔者将结合地方各级国有企业的相关规定在本章节“三、监管的关注要点”项下详细论述。

2. 地方各级国有企业的相关规定

2021 年，国资委除针对中央企业发布了 75 号文外，还针对地方国有企业发布了《关于加强地方国有企业债务风险管控工作的指导意见》（国资发财评规〔2021〕18

号,以下简称18号文),要求加强地方国有企业隐性债务的管控,严格对外担保的管理,明确规定地方国有企业原则上不对无产权关系的企业提供担保,严控企业相互担保等捆绑式融资行为。

实务中,地方人民政府或地方国有资产监督管理委员会(以下简称地方国资委)为落实18号文的相关精神,针对地方省属、市属国有企业或下属各级国有企业进一步制定了有关担保活动的监管要求。笔者对部分地方国资委出台的文件进行了梳理,具体如表1所示。

表1　部分地方国资委文件对担保的规定

省/市	文件名称	发布时间	发布机构	关于担保的部分规定摘要
上海市	《市国资委监管企业融资担保及资金出借管理办法》(沪国资委评价〔2023〕79号)	2023年4月17日	上海市国有资产监督管理委员会	第六条　……企业开展融资担保及资金出借业务应符合以下要求: …… (三)按照持股比例对子企业和参股企业提供担保或出借资金。 第七条　企业严禁对集团外无股权关系(托管企业除外)的企业提供任何形式担保及出借资金。……严禁对参股企业超股比担保或出借资金。严禁为基金提供任何形式的担保或承担其他形式的连带责任。 第八条　出现以下情形之一的,企业原则上不得提供融资担保或出借资金:(一)非金融企业集团资产负债率管控红灯且需新增融资担保规模…… 第九条　对子企业确需超股比担保或出借资金的,对超股比担保及借款额应由小股东或第三方通过抵押、质押等方式提供足额且有变现价值的反担保。控股子企业的其他小股东可引入第三方担保公司通过市场化方式代为履行按股比担保责任,担保费应由小股东自行承担。 该办法第十五条至第十八条规定了提供担保的决策流程与权力机构。

续表

省/市	文件名称	发布时间	发布机构	关于担保的部分规定摘要
浙江省	《浙江省国资委出资企业投资及对外担保监督管理暂行办法》(浙国资发〔2005〕9号)	2005年3月29日	浙江省人民政府国有资产监督管理委员会办公室	第二十四条　为了规避风险,出资企业应要求被担保人落实反担保措施或提供相应的抵押物。 第二十六条　出资企业提供重大对外担保的,由出资企业上报省国资委备案。重大对外担保一般指担保金额超过企业净资产的10%或担保额5000万元以上的担保。 第二十七条　以上对外担保的备案,是指出资企业做出对外担保的决定后,在10个工作日内将董事会做出的对外担保会议记录及被担保人的财务资信情况上报省国资委。
河北省	《河北省国资委监管企业对外担保管理办法》	2020年7月7日	河北省人民政府国有资产监督管理委员会	第九条　下列对外担保事项由监管企业批准: (一)监管企业及其所属各级独资、全资及控股子公司之间担保; (二)监管企业及其所属各级独资、全资及控股子公司向其他监管企业及其所属各级独资、全资及控股子公司提供担保; (三)监管企业及其所属各级独资、全资及控股子公司向其参股公司提供担保。 第十二条　监管企业及其各级独资、全资、控股子公司为本监管企业及所属各级子公司范围之外的其他企业提供非对等担保,必须要求被担保人提供合法、有效的反担保。除本条规定外的其他担保事项,是否提供反担保,由担保人和被担保人自行协商确定。
天津市	《天津市国资委出资人监管权责清单(2023版)》	2023年5月15日	天津市人民政府国有资产监督管理委员会	9.1条　对外担保事项核准由天津市国资委财务评价与经营预算处实施,需提交《天津市国资委监管企业对外担保事项核准表》。
	《天津市国资委监管企业担保事项管理办法》	2021年2月3日	天津市人民政府国有资产监督管理委员会	第十七条　监管企业的对外担保应当报市国资委核准。 第十八条　监管企业对外担保的续保应按照本办法规定重新向市国资委履行核准程序。 第十九条第一款　监管企业及所属企业应依据所提供担保的风险程度和反担保人的财务状况、履约能力来确定接受反担保的方式。

续表

省/市	文件名称	发布时间	发布机构	关于担保的部分规定摘要
四川省	《关于加强省属企业融资担保与借款管理的指导意见(试行)》(川国资评价〔2023〕7号)	2023年2月6日	四川省政府国有资产监督管理委员会	(六)加强预算管理 省属企业应当将年度融资担保计划和提供借款规模纳入预算管理体系,提交集团董事会审议决定。年度融资担保计划包括担保金额、违规担保清理计划等关键要素,担保关键要素发生重大变化或追加担保预算、追加借款预算,需重新履行预算审批程序。 (八)严控集团内融资担保与借款范围 规定了省属企业一般应在本集团范围内开展融资担保业务和提供借款,包括集团本部和纳入合并范围内的各级子企业。……原则上不得对以下几类企业提供担保和借款:……以上三种情况确因客观情况需要提供担保和借款且风险可控的,需经集团董事会审批。 (九)严控超股比融资担保 (十一)科学设定融资担保规模上限 省属企业应当……根据自身财务承受能力合理确定融资担保规模,原则上集团合并层面总融资担保规模不得超过集团合并净资产的50%,其中对未纳入合并范围的企业融资担保总额不应超过集团合并净资产的10%,资产负债率超过管控线的企业总融资担保规模不得比上年增加。若因企业发展需要,确需突破上述融资担保控制限额的,需经集团董事会审批并报省国资委备案。
江苏省	《省属企业借出资金与提供担保管理若干规定》(苏国资规〔2022〕4号)	2022年6月29日	江苏省政府国有资产监督管理委员会	二、严格落实禁止性和限制性规定。省属企业不得向自然人和无产权关系的企业借出资金或提供担保(省属企业集团内通过集团财务公司借出资金及集团内企业之间提供担保的除外),不得超持股比例向无实际控制权的参股企业借出资金或提供担保。严格控制超持股比例向控股(实际控制)企业借出资金或提供担保。……因特殊情况需要借出资金或提供担保的,应按照谨慎、可控的原则,由省属企业董事会审批。……

续表

省/市	文件名称	发布时间	发布机构	关于担保的部分规定摘要
				三、加强预算管理。省属企业应制定年度借出资金和提供担保计划……贸易类省属企业原则上担保总额(已授信未融资的担保除外)不应超过最近一个年度合并会计报表所有者权益的50%、对单户子企业担保限额不应超过被担保方所有者权益5倍的标准。 六、严格决策程序。省属企业借出资金或提供担保的年度计划,以及年度计划外借出资金或提供担保事项,由股东会或董事会审议批准。超持股比例借出资金或提供担保的,借款方或被担保方资产负债率超80%的,以及企业认为属于高风险事项的,均应在年度计划中特别列示,充分说明借出资金或提供担保的必要性、规模、期限和风险控制措施等,也可以出具专项风险评估报告,作为股东会或董事会决策的重要参考资料。
湖南省	《湖南省国资委关于加强监管企业担保管理有关事项的通知》(湘国资预算〔2014〕17号)	2014年1月29日	湖南省人民政府国有资产监督管理委员会	二、监管企业对控股子企业和参股企业提供担保(以下简称对内担保)必须坚持同股同权、同股同责的原则……监管企业原则上不得为……的子公司或参股企业提供担保;监管企业原则上不得为无产权关系的法人、非法人单位和自然人提供担保(以下简称对外担保)。 三、监管企业应于每年3月底前将上年度担保业务情况、本年度担保总额控制的计划、担保风险控制措施报省国资委备案。……监管企业全年累计对内担保总额一般不得超过最近一期经审计企业合并报表净资产总额的50%,额度以内的对内担保,按程序由企业董事会审议决定;额度之外以及单笔达到年度担保总额50%的对内担保,在履行企业内部决策程序后,应及时逐笔报省国资委确认。监管企业因特殊情况确需提供对外担保的,必须逐笔报省国资委审核。企业任何部门或个人不得私自决定担保事项。

续表

省/市	文件名称	发布时间	发布机构	关于担保的部分规定摘要
福建省	《福建省人民政府国有资产监督管理委员会所出资企业担保事项管理暂行办法》(闽国资运营〔2017〕69号)	2017年4月10日	福建省人民政府国有资产监督管理委员会	第四条　企业担保属于企业“三重一大”事项,应按“三重一大”事项相关管理规定履行决策程序。 第五条　所出资企业及其权属企业的对内担保,由所出资企业按照内部管理程序自主决策。 原则上所出资企业及其权属企业不得对外担保,特殊情况需要对外担保的,除本办法第六条、第七条规定的情形外,应报省国资委批准后方可进行。 第六条　……已建立规范董事会,且外部董事占多数、法人治理结构完善的所出资企业,其对外担保行为,由该所出资企业董事会依照公司章程的规定自主决策或审批。 第七条　以下对外担保事项,由所出资企业自主决策。…… 第九条　……出现以下情形之一的,企业不得对外提供担保:……

(三)国资委关于国有企业为他人提供担保的问题答复

无论是75号文还是18号文,其作为国资委发布的规范性文件,内容都较为精简,但实务操作中,国有企业所需开展的融资担保事项可能面临不同的问题,例如,根据金融产品的监管规定,提供担保的主体必须针对债务本息全额提供不可撤销连带责任保证,无法按比例进行担保。再如,根据金融产品的结构设计,国有企业作为增信主体提供了信用增级措施,但并非传统意义上的担保等。对于此等特殊情况,笔者注意到国资委在其官网的互动交流板块①对相关问题进行了解答,笔者对实操中影响较大的问题答复进行了梳理,具体如表2所示。

① 参见国资委网站:http://www.sasac.gov.cn/n2588040/index.html。

表 2　实操中影响较大的问题的问答

问题类别	问答内容
适用范围	1. 75 号文中的中央企业集团是指中央企业本部及全部各级子企业，中央企业对子企业和参股企业的融资担保均适用 75 号文，中央企业所属事业单位也适用 75 号文。文中的单户子企业融资担保规模适用子企业单体报表，中央企业集团总融资担保规模适用集团合并报表。国资委根据债务风险量化评估模型对中央企业债务风险进行量化评估，将债务风险较高的企业纳入年度债务风险管控范围。 2. 国有参股企业不适用《关于加强地方国有企业债务风险管控工作的指导意见》。国资委对“国有参股企业能否为不存在产权关系的境外企业提供担保”没有规定要求
担保形式	75 号文中的融资担保主要包括中央企业为纳入合并范围内的子企业和未纳入合并范围的参股企业借款和发行债券、基金产品、信托产品、资产管理计划等融资行为提供的各种形式担保，如一般保证、连带责任保证、抵押、质押等，也包括出具有担保效力的共同借款合同、差额补足承诺、安慰承诺等支持性函件的隐性担保。若不是为企业融资行为提供的担保，则不适用于 75 号文
具体要求	1. 根据 75 号文的精神，如确因客观情况需要对金融子企业提供担保，需经中央企业集团董事会审批，金融子企业具体包括的企业类型请参考《关于加强中央企业金融业务管理和风险防范的指导意见》（国资发资本规〔2019〕25 号）有关规定。金融子企业范围参考中央企业每年度向国务院国资委报送的金融子企业决算报表库里的企业名单。 2. 75 号文第五条规定的“员工持股计划”包含《关于印发〈关于国有控股混合所有制企业开展员工持股试点的意见〉的通知》（国资发改革〔2016〕133 号）文中相关形式的员工持股。 3. 中央企业集团内无直接股权关系的子企业之间不得互保，如确因客观情况需要提供担保的，需经中央企业集团董事会审批，其中：子企业对母公司提供担保适用本要求。直接股权关系不仅限于直接的母子公司关系，某个企业对其实际控制的各级子公司均有直接股权关系。例如，A 公司通过其两层子公司间接持有 B 公司 100% 股权，A 公司和 B 公司不属于“无直接股权关系”
决策流程	1. 75 号文中共有 5 处（5 大类）需报“集团董事会”审批的规定，分别为：制定和修订融资担保管理制度；融资担保预算管理；对金融子企业等 3 种情况提供担保；对子企业超股比担保；对所控股上公司等提供超股比担保且无法取得反担保。上述五类融资担保管理事项中，除融资担保预算管理事项可由集团董事会或其授权决策主体审议决定外，其余事项均由集团董事会审批决定，不得授权子企业董事会或其他决策主体审批。 2.“中央企业不得对进入重组或破产清算程序、资不抵债、连续三年及以上亏损且经营净现金流为负等不具备持续经营能力的子企业或参股企业提供担保，不得对金融子企业提供担保，集团内无直接股权关系的子企业之间不得互保”，以上三种情况确因客观情况需要提供担保且风险可控的，需经集团董事会审批。集团董事会对以上三种担保事项的审批权限不得授权给总经理办公会

续表

问题类别	问答内容
其他	1. 融资担保余额是指实际提供担保的融资余额。对子企业确需超股比担保的,需报集团董事会审批,同时,对超股比担保额应由小股东或第三方通过抵押、质押等方式提供足额且有变现价值的反担保。对所控股上市公司、少数股东含有员工持股计划或股权基金的企业提供超股比担保且无法取得反担保的,经集团董事会审批后,在符合融资担保监管等相关规定的前提下,采取向被担保人依据代偿风险程度收取合理担保费用等方式防范代偿风险。 2. 按照《关于加强中央企业融资担保管理工作的通知》要求,企业提供共同借款合同、差额补足承诺、安慰函、支持函等函件是否具有担保效力,需要企业法律部门根据具体条款进行判定,具有担保效力的则属于隐性担保。融资担保应当作为企业内部审计、巡视巡查的重点,因违规融资担保造成国有资产损失或其他严重不良后果的,应当按照有关规定对相关责任人严肃追究责任

三、监管的关注要点

(一)担保的形式

75 号文对于担保活动的监管并不局限于《中华人民共和国民法典》(以下简称《民法典》)所规定的法定担保形式,如保证、抵押、质押等,其也将具有担保效力的共同借款合同、差额补足承诺、安慰承诺等支持性函件作为隐性担保纳入监管范畴。但如何判断是否“具有担保效力”,75 号文并未给出明确答复。根据国资委在其官网的互动交流板块所作的问题答复来看,是否具有担保效力需要根据具体条款进行判定。除 75 号文外,地方国资监管的文件中也有明确将隐性担保纳入监管范围的规定,如宜宾市国有资产监督管理委员会于 2022 年 10 月 9 日发布的《宜宾市属国有企业融资和借款及担保监督管理办法》。

由于金融产品交易结构越发复杂,交易结构中不同种类的增信措施也创新不断,对不同增信措施进行甄别,确认其是否属于隐性担保,是否具有担保效力,进而判断是否需要遵循相关监管文件的规范要求,是国有企业在担保活动内部管控上需要面对的难题。

(二)担保额度的管控

国有企业担保规模在近些年增长较快,进而导致国有企业可能面临的代偿风险加大,因此无论是 75 号文还是地方国资监管文件,均对国有企业为他人提供担保的额度提出了要求,该等要求主要体现在如下方面:(1)单项担保额度超过一定金额或一定期限内累计担保额度超过一定金额需要提级审批;(2)担保额度与国有企业的净资产挂钩,明确担保余额不得超过国有企业净资产的一定比例;(3)虽然没有明确的担保额度要求,但要求国有企业年度预算计划中涵盖担保,并要求将该年度计划报送国资监管部门批准,其后开展的担保额度应在年度计划额度内,超过年度计划额度需要再次履行报批程序。担保额度的管控是防范国有企业因担保活动面临风险最直接的管控方法,为有效落实该等管控要求,笔者建议国有企业建立担保事宜专项台账,具体详见本专题第三章"国有企业担保活动内控管理的建议"项下"四、建立担保事宜专项台账"。

(三)担保比例的管控与反担保的要求

如上文所述,从事担保活动需接受管控的国有企业应包括国有独资企业、国有独资公司、国有产权比例超过50%的国有控股企业或国有控股公司、国有全资企业、国有实际控制企业。除国有独资企业、国有独资公司、国有全资企业外,其他主体的资本结构中还涵盖了非国有的成分。因此,笔者注意到,对于担保活动的监管关注点中除了担保额度外,还包括国有企业与担保对象是否存在持股关系,为担保对象提供担保是否超过其所持担保对象的股权比例,如上海市国资委于2023年4月17日发布的《市国资委监管企业融资担保及资金出借管理办法》中要求企业应按持股比例对子企业和参股企业提供担保。

然而实践中,可能存在金融产品不允许担保主体按比例提供担保,而要求担保主体对全部债务本息提供担保,如国有企业与保险资管公司合作的保险债权投资计划就对此有明文要求;同时,亦可能存在融资主体除国有股东外,其他股东的资信情况不符合金融机构的要求,因而无法直接为金融产品提供增信的情形。基于此,国有企业担保活动的相关规范中通常会对超股比提供担保作出特殊规定,除对于超股比担保进行提级审批外,另外会要求担保对象的其他股东提供反担保,如江苏省国有资产监督管理委员会于2022年6月29日发布的《省属企业借出资金与提供担保管理若干规定》第五条即提出该等要求。需要关注的是,部分地方国资委要求中对于反担保的要求,并非与超股比提供担保挂钩,如浙江省国有资产监督管理委员会于2005年3月29日发布的《浙江省国资委出资企业投资及对外担保监督管理暂行办法》第二十四条直接规定:"为了规避风险,出资企业应要求被担保人落实反担保措施或提供相应的抵押物。"

(四)收取担保费用的要求

在某些特殊情况下,国资监管还会对担保主体是否向被担保主体收取担保费用进行规定,该等担保费用的收取系为了防止被担保主体无法向担保主体偿还代偿债务而提供的资金保障。例如,75 号文第五条要求,对所控股上市公司、少数股东含有员工持股计划或股权基金的企业提供超股比担保且无法取得反担保的,不仅需要经集团董事会审批,同时要求采取向被担保人收取合理担保费用等方式防范代偿风险。在地方国资委发布的规范性文件层面,上海市国资委于 2023 年 4 月 17 日发布的《市国资委监管企业融资担保及资金出借管理办法》与江苏省国有资产监督管理委员会于 2022 年 6 月 29 日发布的《省属企业借出资金与提供担保管理若干规定》均有类似规定。

第二章　国有企业担保活动的决策流程与效力问题

一、国有企业担保活动的决策流程

国有企业担保活动的决策流程分为企业内部需要履行的决策程序(以下简称内部决策流程)以及外部需要履行的事前审批或事后报备流程(以下简称外部决策流程)。

(一)内部决策流程

国有企业针对担保事宜履行内部决策流程的依据主要是外部的法律法规或规范性文件的规定,同时也应遵守企业章程与内部制度的规定。基于国资监管对国有企业为他人提供担保事宜越发关注的现状,实务中大部分国有企业自身或者国有企业所属的集团企业均制定了专门用于规范担保活动或者融资担保活动的内部制度文件。

根据《公司法》(2023 修订)的相关规定,国有出资公司为非股东或者实际控制人的第三人提供担保应根据公司章程的规定,由董事会或者股东会进行决策,为股东或者实际控制人提供担保,则应由股东会进行决策,且所涉股东或实际控制人应回避表决,而该项表决必须由出席会议的其他股东所持表决权的过半数方可通过。从《公司法》(2023 修订)第十五条的规定来看,其根据担保对象的不同,区分规定了公司提供担保时不同的内部决策流程要求。

笔者在实操中注意到,国有企业的担保活动也会根据担保对象的不同区分为“对内担保”与“对外担保”,“对内担保”系指国有企业为其合并报表范围内的主体提供担保,相对而言,“对外担保”即指为其合并报表范围外的主体提供担保。对此,笔者认为需要进一步关注的问题是,《公司法》(2023 修订)第十五条所规定的“为他人提供担保”中的“他人”是否包含担保主体合并报表范围内的主体,如果包含该等主体,那么无论国有企业是进行“对内担保”还是“对外担保”,有权对此进行决策的主体只能由其章程在股东会或董事会中择一进行约定;如果“他人”并不包含担保主体合并报表范围内的主体,那么对于该类“对内担保”则可由章程或其内部制度授权股东会或董事会以外的主体进行决策。

关于此问题,虽然《公司法》(2023修订)并未作出明确规定,但《最高人民法院关于适用〈中华人民共和国民法典〉有关担保制度的解释》(以下简称《担保制度司法解释》)规定,公司为其全资子公司开展经营活动提供担保,但又以公司未依照《公司法》(2023修订)关于公司对外担保的规定作出决议为由主张不承担担保责任的,人民法院不予支持。[①] 从前述规定看,司法实践中考虑到全资子公司属于公司合并报表范围内主体,将公司为全资子公司开展经营活动提供担保的情形,作为例外情况进行了特殊安排。但《担保制度司法解释》所作的该等特殊规定仅限于全资子公司,未包含担保主体合并报表范围内的控股子公司,且《担保制度司法解释》第八条第二款明确规定,如果担保主体是上市公司,则不适用该等特殊安排。

据此,笔者建议,国有企业无论开展对外担保还是对内担保,均应按照《公司法》(2023修订)的相关规定,依据章程将担保事项提交公司董事会或股东会进行审议,若为简化内部决策流程,将对内担保的相关事项授权给其他决策主体,授权的决定或授权所依据的内部制度也应依据章程提交公司董事会或股东会进行审议,获得批准后再予以执行。

除《公司法》(2023修订)外,针对国有企业担保活动内部决策流程的设置,还需关注《企业国有资产法》中的相关规定。如上文所述,《企业国有资产法》针对国有独资企业、国有独资公司、国有资本控股公司、国有资本参股公司为他人提供大额担保事宜均有不同要求:对于国有独资企业与国有独资公司,《企业国有资产法》进一步明确除依照有关法律、行政法规以及企业章程的规定,由履行出资人职责的机构决定的以外,国有独资企业由企业负责人集体讨论决定,国有独资公司由董事会决定为他人提供大额担保相关事宜;对于国有资本控股公司、国有资本参股公司,则应依照有关法律、行政法规以及企业章程的规定,由公司股东会或者董事会决定。与《公司法》(2023修订)相同,《企业国有资产法》亦未对该法中所述“为他人提供大额担保”是否涵盖担保主体为合并报表范围内主体提供担保进行明确。

(二)外部决策流程

国有企业担保活动的外部决策流程主要指针对担保事宜向企业内部治理机构

---

① 《担保制度司法解释》(2020年12月31日发布,2021年1月1日施行)第八条第一款第二项规定,“有下列情形之一,公司以其未依照公司法关于公司对外担保的规定作出决议为由主张不承担担保责任的,人民法院不予支持:(二)公司为其全资子公司开展经营活动提供担保”。

以外主体履行事前审批或事后报备流程，一般而言，对此具有审批权或备案权的主体是国有企业所属地方人民政府或地方国资委。实操中，在国有资产管理风险可控的前提下，为兼顾国有企业融资担保活动的效率，绝大多数地方人民政府或地方国资委就国有企业担保事宜出台的监管要求均采用区分不同情形设置外部决策流程的方法。例如，《西安市市属企业重大事项报告制度暂行规定》规定，西安市市属企业向与其无产权关系、主营业务关联度不高的法人或者其他组织提供担保属于须经西安市国有资产监督管理委员会审核同意的事项，或由西安市国有资产监督管理委员会审核并报西安市人民政府批准后方可实施的重大请示核准事项，而对于西安市市属企业向与其主营业务关联度较高的非控股企业提供1000万元以上担保，或担保额达到该市属企业净资产10%、累计担保额达到净资产30%以上的情形，仅需采取事后备案流程；又如，《福建省人民政府国有资产监督管理委员会所出资企业担保事项管理暂行办法》第五条规定，福建省国有资产监督管理委员会履行出资人职责的企业及其权属企业的对内担保，由该出资企业按照内部管理程序自主决策，原则上出资企业及其权属企业不得对外担保，特殊情况需要对外担保的，除该办法另有规定外，应报福建省国有资产监督管理委员会批准后方可进行。

根据笔者的梳理，地方人民政府以及地方国资委对于国有企业担保事项的规定可能会出台专项的监管文件，亦可能将对担保事项的规定作为国有企业国资管理的部分事项，出台国有企业融资担保或重大事项审批等监管文件。同时，随着国务院深入推进简政放权，各地方人民政府以及地方国资委会采取出具权责清单的方式，不断优化和调整对国有企业担保事宜的外部审批流程。例如，湖北省国有资产监督管理委员会于2022年7月15日发布《湖北省政府国资委出资人监管权责清单（2022版）》（鄂国资法规〔2022〕45号），天津市国有资产监督管理委员会于2023年5月15日发布《天津市国资委出资人监管权责清单（2023版）》，其中都包含对特定国有企业担保事宜审批权责划分的相关规定。

因此，国有企业在开展担保活动时，应关注其所属地方人民政府以及地方国资委出台的有关国有企业国资管理的相关文件以及相关监管权责清单，确认其中对于国有企业担保事宜的外部决策流程要求，并予以严格遵守。

二、“三重一大”的相关要求

2010年6月5日，中共中央办公厅与国务院办公厅联合发布《关于进一步推进国有企业贯彻落实“三重一大”决策制度的意见》（以下简称《“三重一大”决策制度的意见》），要求国有企业健全自身的议事规则，明确“三重一大”事项的决策规则和程序。根据《“三重一大”决策制度的意见》的规定,“三重一大”事项是指重大决策、重要人事任免、重大项目安排和大额度资金运作事项,其中“重大项目安排事项”系指对企业资产规模、资本结构、盈利能力以及生产装备、技术状况等产生重要影响的项目的设立和安排,包括担保项目。《“三重一大”决策制度的意见》明确国有和国有控股企业(含国有和国有控股金融机构)均属于其适用范围,但未对此处的“国有企业”作出明确规定。笔者认为,相对于国有控股企业而言,此处的国有企业应该包括国有独资企业(公司)、国有全资企业。

根据《“三重一大”决策制度的意见》对于“三重一大”事项决策的基本程序的相关规定,在董事会或未设董事会的经营层对“三重一大”事项进行审议之前,相关事项应先提交党委(党组)讨论,并听取党委(党组)的意见。进入董事会或未设董事会的经营层的党委(党组)成员,在参与董事会或经营层对于相关事项的审议程序时,应当贯彻党组织的意见或决定。

因此,国有企业在为他人提供担保之前,不仅需要根据章程以及内部担保制度流程的规定履行股东会、董事会、经营管理层等治理机构层面的审批程序,也要关注落实《“三重一大”决策制度的意见》中要求的党委(党组)前置审议程序。

三、违反决策流程的担保效力问题

公司在违反决策流程情形下签署的担保合同是否有效一直以来都是理论界和实务界关注的重点和疑难问题。如上文所述,国有企业为他人提供担保不仅适用国资层面的特殊规定,亦适用《民法典》、《公司法》(2023修订)以及《担保制度司法解释》中对公司担保所作的一般规定。因此,国有企业违反决策流程所作的担保效力问题更为复杂。笔者将从国有企业未履行或未按要求履行内部决策程序及未按照国资层面的要求履行外部审批/备案手续两个层面对国有企业违反决策流程的担保效力进行分析。

(一)未履行/未按照内部制度要求履行内部决策程序

1.未取得股东会或董事会决议

《公司法》(2023修订)第十五条规定,公司为股东或者实际控制人提供担保,应当由股东会进行决策,为其他主体提供担保应当依据公司章程规定由董事会或者股东会进行决策。若提供担保未经相关股东会或董事会决议通过,是否影响担保合同的效力?笔者认为,应当从《公司法》(2023修订)第十五条的规范目的出发进行分析。若将《公司法》(2023修订)第十五条解释为效力不对外的公司内部管理方面的规范,那么担保仅需取得公司法定代表人的同意即可,无须审查公司内部是否已经履行相关的决策流程。在此种情况下,即使公司法定代表人作出越权担保行为,该行为依然会对公司产生法律效力,如此一来,公司的权益便无法得到有效保障。《公司法》(2023 修订)结合现有的公司治理环境,将重点置于公司利益的保护之上,为公司在复杂的商业环境中更好地维护自身利益提供了坚实的法律保障。《公司法》(2023 修订)第十五条不仅仅是从内部管理、控制程序方面规范公司担保的行为,否则规范公司担保行为以及保护公司合法权益的初衷将落空。因此,笔者认为,就公司担保行为而言,由于其对公司可能产生或有负债,对公司利益影响较大,交易相对方不能当然相信法定代表人具有代表权限,而应当审查担保主体的公司章程,确认其内部决策程序符合公司章程的规定。若担保主体未提供相关决议文件,则表明公司未经过内部决策程序提供担保,即使法定代表人在担保合同上签字或担保合同上有担保主体的公章,亦构成越权代表,担保合同不发生法律效力。

司法实践中亦认可前述观点。例如,在重庆 HC 医药公司、重庆 JE 医疗设备公司与重庆 HY 医药公司等借款合同纠纷案①中,重庆市高级人民法院认为:"公司为他人提供担保,必须以公司董事会或股东大会等公司机关的决议作为授权的基础和来源";"《中华人民共和国公司法》第十六条对公司对外担保的法定限制,应为公司股东、法定代表人等公司高级管理人员以及债权人知晓,未经决议程序对外提供公司担保的,属于越权行为;债权人接受公司担保时对公司章程及董事会或股东会、股东大会决议未尽到形式审查义务的,不属善意相对人;若公司董事会或者股东会、股东大会决议未予追认,按照《中华人民共和国合同法》第五十条的规定该担保行为无效"。笔者注意到,司法实践中亦有法院认为,应从对外担保是否符合公司利益进行分析,若未额外增加担保主体的负担,亦不会损害担保主体的利益,则其法定代表人即使是越权担保,也并不违反为公司最佳利益行事的忠实义务,债权人有理由相信担保主体法定代表人的行为系职务行为,构成表见代表,担保合同有效。②

值得注意的是,《担保制度司法解释》第八条规定了三种例外情形,即在该三种情况下,即使担保主体未履行内部决策流程,亦不影响担保合同的效力:(1)金融机构开立保函或者担保公司提供担保;(2)公司为其全资子公司开展经营活动提供担保;(3)担保合同系由单独或者共同持有公司三分之二以上对担保事项有表决权的

① 参见重庆市高级人民法院民事判决书,(2019)渝民终 933 号。持有同类观点的还有:最高人民法院民事判决书,(2020)最高法民再 270 号;最高人民法院民事判决书,(2017)最高法民再 258 号;最高人民法院民事判决书,(2019)最高法民终 1603 号。

② 参见安徽省高级人民法院民事判决书,(2020)皖民再 223 号。

股东签字同意。但《企业国有资产法》第三十条规定,国家出资企业为他人提供大额担保等重大事项,应当遵守法律、行政法规以及企业章程的规定,不得损害出资人和债权人的权益;第三十二条规定,国有独资企业、国有独资公司有该法第三十条所列事项的,除依照该法第三十一条和有关法律、行政法规以及企业章程的规定,由履行出资人职责的机构决定的以外,国有独资企业由企业负责人集体讨论决定,国有独资公司由董事会决定。因此,对于国有独资公司而言,在为他人提供大额担保的情况下,应当由履行出资人职责的机构或者董事会决定。此情形不应参照《担保制度司法解释》第八条中有关公司对外担保无须履行内部决策流程的规定。至于国有独资公司除大额担保以外的其他担保,由于法律并未作出明确界定,故而可以适用《担保制度司法解释》的相关规定。至于其中的"大额担保"如何界定,笔者认为需要参照地方国资委出台的相关规范性文件进行确认。例如,《合肥市市属国有企业担保管理暂行办法》(合国资办〔2016〕45 号)第十四条规定:"重点监管企业下列担保行为,在履行内部决策程序后,报市国资委审批:(一)单笔担保额超过担保人上年度经审计净资产 10% 或单笔担保额超过 2 亿元人民币的……"若在担保主体所属的国资监管部门并未查询到相关的地方性规范文件,则基于审慎义务,交易相对方应要求国有独资公司按照《企业国有资产法》的相关规定履行内部决策流程。

此外,在公司章程以及内部制度文件对于公司担保行为没有相关规定时,是否意味着交易相对方无须取得相关决议文件?笔者认为,即使公司章程及内部制度文件未有明确规定,也应依照《公司法》(2023 修订)的要求履行相关的内部决策流程。而鉴于股东会作为公司的最高权力机构,在公司章程对于公司担保行为未作明确规定的情况下,应当由公司股东会对担保事宜进行决策。

2. 公司章程/内部制度规定不符合法律规定

若公司章程或内部担保管理制度规定的担保流程与《公司法》(2023 修订)不符,此时应该按照公司章程或内部担保管理制度进行决策还是按照法律要求进行决策?例如,《公司法》(2023 修订)规定为股东或实际控制人提供担保的,应当由股东会进行审议,但公司章程却规定为股东或实际控制人提供担保的应出具董事会决议;《公司法》(2023 修订)规定为除股东或实际控制人之外的主体提供担保的应当由股东会或董事会进行审议,但公司章程却规定由总经理办公会等进行决策。笔者认为,如认为公司章程或内部担保管理制度规定可以突破公司法的一般要求,则不仅将架空《公司法》(2023 修订)第十五条的规范目的,而且有可能促使交易相对方和公司的法定代表人合谋损害公司的利益。因此,在公司章程或内部担保制度与法律法规要求不符的情况下,应按照法律法规的要求履行相关的决策流程。若仅按照公司章程或内部担保制度文件履行决策流程，且该等决策流程违反《公司法》(2023修订)的规定，将影响担保合同的效力。

3. 取得的决议文件与公司章程/内部制度规定不符

在公司章程或内部担保制度与《公司法》(2023 修订)的规定相匹配的情况下，若公司就对外担保事项所履行的决策流程与公司章程或内部担保制度的规定不符，担保效力如何确定？此时涉及公司提供担保的决议是否为适格决议的问题。

所谓适格决议，系指担保主体在何种情形下应当履行何种决策程序方才符合法律法规和公司章程的规定。而判断担保主体的担保决议是否为适格决议，根据《公司法》(2023 修订)的规定，需要区分关联担保和非关联担保。在为股东或实际控制人提供关联担保的情况下，必须经过股东会决议，公司章程或内部担保制度文件即使将权限下放给董事会或其他决策主体，也不产生效力。若法定代表人仅提供董事会决议，其对外签署的担保合同构成越权代表。而在法律规定如此明确的情况下，交易相对方若未审核股东会决议，即不属于受保护的善意相对人，此时交易相对方无法引用表见代表制度请求确认担保合同有效。在非关联担保的情况下，由股东会决议还是董事会决议取决于公司章程的规定。若公司章程规定由董事会决议，则根据"举轻以明重"的规则，董事会和股东会均有权作出决议；若公司章程仅规定由股东会决议，若担保主体仅提供董事会决议，则该等决议即为不适格决议。虽然《全国法院民商事审判工作会议纪要》(法〔2019〕254 号)将交易相对方对于公司决议内容的审查义务限定为"一般限于形式审查，只要求尽到必要的注意义务即可，标准不宜太过严苛"，但《担保制度司法解释》第七条进一步强化了交易相对方的审查义务，要求交易相对方的善意系指在订立担保合同时不知道且不应当知道法定代表人超越权限，且应当有证据证明其已对公司决议进行了合理审查。笔者认为前述合理审查包括对于担保主体公司章程的审查义务。因此，在公司章程明确规定需要经过股东会决议，而担保主体仅提供董事会决议的，不能认定交易相对方属于善意相对方，该等担保合同应该被认定为无效。

(二)未履行外部审批/备案手续

基于国资监管的要求，国资层面的法规往往会规定国有企业担保需要履行一些特殊的事前审批或事后备案流程。笔者已在本专题第一章第二部分对此进行了梳理和归纳。若国有企业已经按照法律规定及公司章程履行了内部决策流程，但未按国资监管规定履行事前批准或事后备案程序是否会影响担保合同的效力？

实际上，就该等问题，司法实践中亦存在争议。例如，在贵州威宁 C 公司、WN

信用社借款合同纠纷案中[①]，贵州省毕节市中级人民法院以交易相对方未取得担保主体出具的公司出资人同意担保书面意见及董事会决议作为其不属于善意相对人的理由，最终认定保证合同无效。但笔者认为，该案件的关键实际上在于交易相对方未取得担保主体的内部决策文件，未取得出资人同意担保的书面文件仅是交易相对方不构成善意相对人的理由之一，并不是使担保无效的唯一决定性因素。相反，在安徽 TK 公司、ZY 银行某支行金融借款合同纠纷再审案[②]中，最高人民法院认为，相关法律并未规定国有独资公司对外担保必须经过国有资产管理机构的审批程序，同时也未有法律明确规定国有独资公司签订对外担保合同必须经过批准方能生效，因此，该案件中交易双方签署的担保合同不属于必须经过审批方可生效的合同。

根据《民法典》第五百零二条第二款[③]的规定，只有当法律、行政法规作出特殊规定，明确合同需经批准方可生效时，在未获批准之前，该合同才不生效。就国有企业担保而言，无论是《公司法》（2023 修订）还是《企业国有资产法》等重要法律法规，均未提及国有企业担保需经批准才生效。另外，结合《全国法院民商事审判工作会议纪要》（以下简称《民九纪要》）第三十一条[④]的规定，地方国资委作为地方性的国资监管部门，其所制定的涉及担保流程的相关规范性文件一般属于部门规章效力级别以下的规范性文件，且系为了国有企业债务风险管控的目的而制定，除非国有企业的该等担保行为被认定为涉及金融安全、市场秩序、国家宏观政策等公序良俗，否则不应认定为会影响担保合同的效力。

（三）国有企业提供担保被认定无效后的责任承担

内外部决策流程瑕疵等原因导致国有企业提供的担保无效的，并不意味着国有

---

① 参见贵州省毕节市中级人民法院民事判决书，（2019）黔 05 民终 4339 号。

② 参见最高人民法院民事裁定书，（2017）最高法民申 370 号。

③ 《民法典》（中华人民共和国主席令第 45 号，2020 年 5 月 28 日发布，2021 年 1 月 1 日施行）第五百零二条第二款规定："依照法律、行政法规的规定，合同应当办理批准等手续的，依照其规定。未办理批准等手续影响合同生效的，不影响合同中履行报批等义务条款以及相关条款的效力。应当办理申请批准等手续的当事人未履行义务的，对方可以请求其承担违反该义务的责任。"

④ 《九民纪要》第三十一条规定："违反规章一般情况下不影响合同效力，但该规章的内容涉及金融安全、市场秩序、国家宏观政策等公序良俗的，应当认定合同无效。人民法院在认定规章是否涉及公序良俗时，要在考察规范对象基础上，兼顾监管强度、交易安全保护以及社会影响等方面进行慎重考量，并在裁判文书中进行充分说理。"

企业并不承担任何责任。相反,《担保制度司法解释》第十七条[①]已明确规定法院应根据担保人与债务人之间的过错区分其各自应当承担的缔约过失责任。除此之外,基于国有企业内部管控的相关规定,国有企业可能会基于国资监管规定或内部制度文件对违反担保规定的相关人员予以追责。例如,《国有企业管理人员处分条例》第二十四条明确,国有企业管理人员违反规定提供担保,对违法票据予以保证的,应当依据《中华人民共和国公职人员政务处分法》第三十九条的规定进行追责。

---

① 《担保制度司法解释》(法释〔2020〕28 号,2020 年 12 月 31 日发布,2021 年 1 月 1 日施行)第十七条规定:"主合同有效而第三人提供的担保合同无效,人民法院应当区分不同情形确定担保人的赔偿责任:(一)债权人与担保人均有过错的,担保人承担的赔偿责任不应超过债务人不能清偿部分的二分之一;(二)担保人有过错而债权人无过错的,担保人对债务人不能清偿的部分承担赔偿责任;(三)债权人有过错而担保人无过错的,担保人不承担赔偿责任。主合同无效导致第三人提供的担保合同无效,担保人无过错的,不承担赔偿责任;担保人有过错的,其承担的赔偿责任不应超过债务人不能清偿部分的三分之一。"

第三章　国有企业担保活动内控管理的建议

国有企业提供担保是一项重要的财务活动，由于国有企业的特殊性质，其为他人提供担保的行为不仅涉及企业自身的利益，还直接关系到国有资产的安全和企业的财务健康。因此，国有企业担保活动是国有资产监督管理的重点内容之一，2016年8月2日，国务院办公厅发布《关于建立国有企业违规经营投资责任追究制度的意见》（国办发〔2016〕63号），将违规担保作为资金管理方面的事项之一纳入应当追究国有企业经营管理有关人员责任的范围。2024年7月1日正式施行的《公司法》（2023修订）亦强化了公司董监高履职所需承担的责任，其中第一百八十八条明确规定董监高执行职务如违反法律、行政法规或者公司章程的规定，给公司造成损失的，应当承担赔偿责任。如上文所述，对于国家出资公司而言，其为他人提供担保需遵守《公司法》（2023修订）的相关规定，如国家出资公司的董监高在对公司担保活动进行审议决策时违反《公司法》（2023修订）或公司章程规定，造成国有出资公司损失的，那么个人可能需要承担赔偿责任。

因此，无论从保障国有资产安全的角度出发，还是出于对国有企业经营管理人员自身的保护，国有企业应该重视内部对于担保活动的管理。笔者结合实务经验，对国有企业针对担保活动进行内部管控提出如下建议。

一、内部制度的合规性与可行性审查

无论上文所述的75号文、18号文，还是《"三重一大"决策制度的意见》，均要求国有企业针对为他人提供担保活动的相关事宜建立内部管理制度。该等内部管理制度应涵盖国有企业开展担保活动的内外部决策流程，同时应结合国有企业自身适用的法律法规或者地方人民政府、地方国资委下发的国资监管规定，从担保对象、担保额度、担保比例、反担保的提供等方面进行规定，以确保内部管理制度符合外部法律法规或规范性文件的要求，保障其合规性。

在保障内部制度合规性的基本前提下，笔者认为，内部制度能否有效执行的前提是其规定是否与企业的实际情况相符，以及企业能否保障制度得到执行。笔者在为某金融资管产品设立提供法律服务时,需核查为该金融资管产品项下债务人提供担保的主体是否已就担保事宜履行完毕内部决策流程,该担保主体为地方国资委下属二级国有全资企业,即其唯一股东系地方国资委作为出资代表的一级国有全资企业。笔者从担保主体处获取了其内部对于担保事项的制度文件,并进一步检索了当地人民政府与地方国资委就国有企业担保事项的监管文件规定。根据检索结果,地方国资委出台了针对以地方国资委为出资代表的一级国有全资企业、国有控股企业的担保活动的监管文件,该监管文件最后明确,下属各级国有全资企业、国有控股企业可参考该监管文件结合自身实际情况制定融资担保的内部制度。笔者在查阅担保主体的内部制度时发现,其内部制度的内容与地方国资委出台的监管文件高度重合。由于监管文件系对地方一级国有全资企业、国有控股企业的担保活动进行管控,因此其中提及的内部决策流程是由一级国有全资企业、国有控股企业的董事会审议,笔者注意到担保主体作为二级国有全资企业,其内部制度亦规定其担保活动应由一级国有全资企业董事会进行审批。笔者与担保主体进一步核实情况,担保主体才意识到其内部制度与实际操作存在差异。

从上述实务经验中可以窥见,国有企业在落实外部规定对于担保活动的要求时,可能存在未关注外部规定适用对象,且未结合本企业实际情况制定内部制度的情形。该等情形的发生,不仅使本应该用于防范国有企业担保风险的内部制度流于形式,还会造成国有企业在金融市场进行融资担保时存在障碍。同时,当发生针对国有企业担保活动的监管审查时,国有企业内部亦可能被认定存在缺陷。因此,笔者认为,国有企业应该对其关于担保活动的内部制度进行不定期的审查,确保内部制度与最新有效的外部规定保持一致,同时应该结合企业担保活动的实际情况,对其可行性进行评估,不断作出完善。

二、决策流程执行完备性的审查

在已建立了具备合规性及可行性的担保内部制度基础上,国有企业应该严格遵守内部制度履行决策流程。如上文所述,国有企业担保的决策流程通常不仅包括内部决策流程,也涉及外部决策流程。章程与内部制度往往是对担保所涉的内部决策流程进行规定,外部决策流程则依据地方人民政府以及地方国资委出台的有关国有企业国资管理的相关文件以及相关监管权责清单制定,且由于简政放权的需要,地方人民政府或地方国资委会不断更新和调整监管权责清单,故而需要国有企业及时对外部规定进行不定期的审查,以确担保活动开展所依据的决策流程的完备性。

此外,外部决策流程不仅指事前审批,亦包括事后报备流程。实务中,为实施简政放权,较多地方国资委采用事后备案方式对监管范围内的国有企业担保活动进行监督管理。例如,上海市国有资产监督管理委员会(以下简称上海市国资委)发布的《市国资委监管企业融资担保及资金出借管理办法》(沪国资委评价〔2023〕79号)中首先要求上海市国资委监管的国有独资、国有控股企业及其子企业制定和修订的融资担保管理制度需经企业集团董事会审批,并报上海市国资委备案,其次规定对于不符合该办法的相关规定,但确实需要提供融资担保的,企业集团董事会进行审批后,报上海市国资委备案。

因此,国有企业在审查担保活动决策流程完备性时不应遗漏担保活动开展后的报备流程。

三、担保合同的审查

《民法典》第六百八十四条①明确规定了保证合同需包含的条款内容,在实务中,国有企业主要参照该法条所述的相关要素对担保合同进行审查。但随着金融市场的发展,金融机构提供的担保合同文本日趋完善,早已不仅覆盖前述法条中的基本要素,对于担保主体义务的设置也不局限于担保责任的承担,还包括重大事项的信息披露义务,担保主体发生重大变更时所需履行的债权人事先批准程序或事后告知义务。金融机构为保障自身的利益以及债权的安全,对于前述重大事项、重大变更的设置越发细化,一旦担保主体未能按照担保合同约定履行该等义务,可能会触发主债务的加速到期,进而增加担保主体代偿的风险。

因此,国有企业对于担保合同的审查不应仅局限于担保责任的履行,同时也应该关注担保合同项下为担保主体设置的其他义务,评估实操中该等义务履行是否存在阻碍,是否存在违约的可能性,同时关注该等义务的不履行可能带来的法律后果,做好风险应对措施。

四、建立担保事宜专项台账

近年来,国有企业的融资需求不断增加,融资路径也日益开拓,国有企业集团体系内具有良好信用评级的国有企业主体为该等融资提供担保的规模也呈上升趋势。75号文中明确要求中央企业应就融资担保制订年度计划,年度计划需要提交集团董事会或其授权决策主体审批。地方人民政府以及地方国资委出台的担保监管文件

---

① 《民法典》(中华人民共和国主席令第45号,2020年5月28日发布,2021年1月1日施行)第六百八十四条规定:"保证合同的内容一般包括被保证的主债权的种类、数额,债务人履行债务的期限,保证的方式、范围和期间等条款。"

中亦有要求国有企业针对担保活动制订年度计划，例如四川省国有资产监督管理委员会发布的《关于加强省属企业融资担保与借款管理的指导意见（试行）》（川国资评价〔2023〕7号）规定，省属企业应当将年度融资担保计划纳入预算管理体系，提交集团董事会审议决定。

笔者认为，面对日益增长的担保规模，国有企业应该针对担保事宜建立专项台账，记录每一笔担保所对应的被担保人、主债务金额、债务期限以及担保合同所涉特殊约定等信息。担保台账的建立既为国有企业制订年度担保计划提供依据，同时也便于国有企业定期盘点自身的或有负债情况，对担保业务进行分类，并对被担保人的整体资信状况变化情况、财务情况进行重点关注，及时进行风险识别，采取应对措施以减少担保事项可能导致的国有资产损失。

结　语

国有企业作为国家经济的重要支柱，其开展担保活动与国有企业的财产和资金安全存在密切的联系。近年来，国有企业因违规担保而增加自身连带偿债风险的案例屡见不鲜。此外，部分国有企业担保规模增长过快、隐性担保风险扩大、代偿损失风险升高等问题也越发受到关注。对国有企业的担保活动的管控逐渐成为国有资产管理的重要板块。

除国有资产管理本身的要求外，随着《民法典》《担保制度司法解释》对公司担保规则的不断完善，加强并完善对担保行为的管理成为国有企业日常经营活动中必要且重要的课题之一。国有企业担保活动内部管控制度的建立和决策流程的完善，对提高国有企业的管理水平、促进国民经济平稳运行具有不言而喻的重要作用。严格筛选被担保对象、严控担保比例与管理流程，确保担保行为符合法律法规和企业章程的规定，加强对担保合同的审查、潜在法律风险的评估，有效制定风险应对措施，对防止国有资产流失、维护国有企业的稳定发展具有积极作用。

法律适用篇

专题六

金融类犯罪案件的刑民交叉研究

国浩律师（上海）事务所　万志尧　史秀灿

综观司法实践，近年来因经济低迷等外部因素的影响，金融类纠纷案件频发，且在众多金融类纠纷案件中，刑民交叉案件的比重更是逐年递增。然而刑民交叉并非一个严格的法律概念，目前实践中尚无明确的法律条文对刑民交叉加以定义，亦无具体、稳定的规则对刑民交叉案件的处理进行明确规定，进而导致个案差异较大，司法适用较为混乱，更有甚者存在滥用刑事手段干预民商事审判，搞地方保护，影响营商环境等情形的发生。金融类犯罪案件涉案金额高，案件事实复杂，缺乏法律依据，导致法院在实践中的处理方式纷繁复杂，并无统一的处理标准。

基于上述背景，笔者拟结合相关规定及案例，对金融类犯罪刑民交叉案件中，刑事案件与民事案件是否应当分开审理的判断标准，包括同一事实的认定、刑事案件对民事案件的影响（包括对民事合同的效力、民事责任的划分等的影响）以及金融类犯罪刑民交叉案件中金融机构过错及责任承担等问题进行分析、研究。

第一章　概　　述

一、刑民交叉的立法沿革

提及刑民交叉，大家熟知的便是传统意义上的“先刑后民”原则，也即同一案件事实同时涉及刑事犯罪和民事纠纷时，民事诉讼的进行以刑事诉讼为前提，民事诉讼未立案的不予立案，已立案的驳回起诉或中止审理，并将刑事犯罪涉及的相关材料、线索移送公安机关或检察机关。实际上，刑民交叉案件“一刀切”地适用“先刑后民”原则这一传统早已被取缔，实践中多根据个案实际情况，依据司法解释之规定分别处理。笔者梳理了自1979年以来，我国司法解释等相关规定对刑民交叉案件的处理原则的规定（见表1），以更加清晰地呈现刑民交叉案件从单一适用“先刑后民”原则至依据个案情况分别适用“先刑后民”“刑民并行”“刑事吸收民事”原则的演变。

表1　刑民交叉案件处理原则

文件名称	发布时间	内容	效力
《人民法院审判民事案件程序制度的规定（试行）》	1979年2月2日	六、裁判6. 民事案件中需要追究刑事责任的民事案件通过调查审查，发现有需要追究刑事责任的，可按刑事附带民事或先刑事后民事处理。	失效
《最高人民法院、最高人民检察院、公安部关于及时查处在经济纠纷案件中发现的经济犯罪的通知》	1985年8月19日	各级人民法院在审理经济纠纷案件中，如发现有经济犯罪，应按照1979年12月15日最高人民法院、最高人民检察院、公安部《关于执行刑事诉讼法规定的案件管辖范围的通知》，将经济犯罪的有关材料分别移送给有管辖权的公安机关或检察机关侦查、起诉，公安机关或检察机关均应及时予以受理。	失效

续表

文件名称	发布时间	内容	效力
《最高人民法院、最高人民检察院、公安部关于在审理经济纠纷案件中发现经济犯罪必须及时移送的通知》	1987年3月11日	一、最高人民法院、最高人民检察院、公安部于1985年8月19日联合发出的《关于及时查处在经济纠纷案件中发现的经济犯罪的通知》指出："各级人民法院在审理经济纠纷案件中，如发现有经济犯罪，应按照1979年12月15日最高人民法院、最高人民检察院、公安部《关于执行刑事诉讼法规定的案件管辖范围的通知》，将经济犯罪的有关材料分别移送给有管辖权的公安机关或检察机关侦查、起诉，公安机关或检察机关均应及时予以受理。"对此，各级公安、检察机关应严格执行，不得互相推诿、扯皮。 二、各级人民法院在审理经济纠纷案件中，如果发现有经济犯罪事实的，即应及时移送。 三、人民法院在审理经济纠纷案件中，发现经济犯罪时，一般应将经济犯罪与经济纠纷全案移送，依照刑事诉讼法第五十三条和第五十四条的规定办理。如果经济纠纷与经济犯罪必须分案审理的，或者是经济纠纷案经审结后又发现有经济犯罪的，可只移送经济犯罪部分。 对于经公安、检察机关侦查，犯罪事实搞清楚后，仍需分案审理的，经济纠纷部分应退回人民法院继续审理。	失效
《最高人民法院关于在审理经济纠纷案件中涉及经济犯罪嫌疑若干问题的规定》（1998）	1998年4月21日	第十条　人民法院在审理经济纠纷案件中，发现与本案有牵连，但与本案不是同一法律关系的经济犯罪嫌疑线索、材料，应将犯罪嫌疑线索、材料移送有关公安机关或检察机关查处，经济纠纷案件继续审理。 第十一条　人民法院作为经济纠纷受理的案件，经审理认为不属经济纠纷案件而有经济犯罪嫌疑的，应当裁定驳回起诉，将有关材料移送公安机关或检察机关。 第十二条　人民法院已立案审理的经济纠纷案件，公安机关或检察机关认为有经济犯罪嫌疑，并说明理由附有关材料函告受理该案的人民法院的，有关人民法院应当认真审查。经过审查，认为确有经济犯罪嫌疑的，应当将案件移送公安机关或检察机关，并书面通知当事人，退还案件受理费；如认为确属经济纠纷案件的，应当依法继续审理，并将结果函告有关公安机关或检察机关。	已被修订

续表

文件名称	发布时间	内容	效力
《九民纪要》	2019 年 11 月 8 日	十二、关于民刑交叉案件的程序处理 …… 128.【分别审理】同一当事人因不同事实分别发生民商事纠纷和涉嫌刑事犯罪,民商事案件与刑事案件应当分别审理,主要有下列情形: (1)主合同的债务人涉嫌刑事犯罪或者刑事裁判认定其构成犯罪,债权人请求担保人承担民事责任的; (2)行为人以法人、非法人组织或者他人名义订立合同的行为涉嫌刑事犯罪或者刑事裁判认定其构成犯罪,合同相对人请求该法人、非法人组织或者他人承担民事责任的; (3)法人或者非法人组织的法定代表人、负责人或者其他工作人员的职务行为涉嫌刑事犯罪或者刑事裁判认定其构成犯罪,受害人请求该法人或者非法人组织承担民事责任的; (4)侵权行为人涉嫌刑事犯罪或者刑事裁判认定其构成犯罪,被保险人、受益人或者其他赔偿权利人请求保险人支付保险金的; (5)受害人请求涉嫌刑事犯罪的行为人之外的其他主体承担民事责任的。 审判实践中出现的问题是,在上述情形下,有的人民法院仍然以民商事案件涉嫌刑事犯罪为由不予受理,已经受理的,裁定驳回起诉。对此,应予纠正。 …… 130.【民刑交叉案件中民商事案件中止审理的条件】人民法院在审理民商事案件时,如果民商事案件必须以相关刑事案件的审理结果为依据,而刑事案件尚未审结的,应当根据《民事诉讼法》第 150 条第 5 项的规定裁定中止诉讼。待刑事案件审结后,再恢复民商事案件的审理。如果民商事案件不是必须以相关的刑事案件的审理结果为依据,则民商事案件应当继续审理。	现行 有效
《最高人民法院关于在审理经济纠纷案件中涉及经济犯罪嫌疑若干问题的规定》(2020 修正)	2020 年 12 月 29 日	第十条　人民法院在审理经济纠纷案件中,发现与本案有牵连,但与本案不是同一法律关系的经济犯罪嫌疑线索、材料,应将犯罪嫌疑线索、材料移送有关公安机关或检察机关查处,经济纠纷案件继续审理。	现行 有效

续表

文件名称	发布时间	内容	效力
		第十一条　人民法院作为经济纠纷受理的案件,经审理认为不属经济纠纷案件而有经济犯罪嫌疑的,应当裁定驳回起诉,将有关材料移送公安机关或检察机关。 第十二条　人民法院已立案审理的经济纠纷案件,公安机关或检察机关认为有经济犯罪嫌疑,并说明理由附有关材料函告受理该案的人民法院的,有关人民法院应当认真审查。经过审查,认为确有经济犯罪嫌疑的,应当将案件移送公安机关或检察机关,并书面通知当事人,退还案件受理费;如认为确属经济纠纷案件的,应当依法继续审理,并将结果函告有关公安机关或检察机关。	现行有效

二、刑民交叉的概念及特征

(一)刑民交叉的概念

刑民交叉并非一个严格的法律概念,目前尚无明确的法律条文对刑民交叉的内涵及外延加以详尽定义,刑民交叉案件的处理原则散见于部分案例、司法解释及会议文件中,且标准也不尽一致。实践中,对于刑民交叉存在不同观点,有部分观点认为刑民交叉应限缩为刑事及民事案件中所涉及的事实是“同一事实”这一情形,如黄祥青法官认为,刑民交叉应当包括三种情形:需要分别提起刑事和民事两种程序予以救济一个行为所带来的两种以上的损害结果;损害结果由多个行为或事由造成,然而行为人之间并无共犯关系,应当分别承担相应的刑事与民事责任;刑事、民事诉讼相继因犯罪行为或其后续处置行为引发。① 周光权教授认为,所谓的“刑民交叉”案件,应当特指某种行为究竟应当被作为犯罪处理,还是认定为民事违法性质不明、“难办”的情形。②

尽管学界对刑民交叉的概念多有争论,但这些争论在内涵上并无本质上的沟壑。笔者认为,“同一事实”并非区分某案件是否为刑民交叉案件的标准,而系判断刑事案件与民事案件是否应当分开审理的标准。对于刑民交叉这一概念,笔者认为可以从实体和程序两个层面进行解读。

---

① 参见黄祥青:《刑民交叉案件的范围、类型及处理原则》,载《法律适用》2020 年第 1 期。

② 参见周光权:《“刑民交叉”案件的判断逻辑》,载《中国刑事法杂志》2020 年第 3 期。

从实体层面而言,刑民交叉是指刑事法律关系与民事法律关系存在竞合、牵连、影响等多种关系之一。即,行为人的同一行为或多个有牵连的行为既涉及刑事法律关系,又涉及民事法律关系,刑法、民法都对该行为触发的法律关系存在相应规定,导致刑事和民事的法律适用存在相互交叉、牵连及相互影响的案件。

从程序层面而言,刑民交叉是指行为人的同一行为或者多个有牵连的行为在接受法律评价时,存在适用刑事诉讼程序和民事诉讼程序的交叉,也即行为人的行为在诉讼程序上聚焦于刑事程序是否吸收民事程序、刑事程序是否与民事程序并行、刑事程序是否先于民事程序。

(二)刑民交叉的特征

1. 刑事主体与民事主体的同一性。根据上述对刑民交叉概念的论述可见,刑民交叉系指行为人的同一行为或者多个有牵连的行为既触发刑事法律关系又触发民事法律关系,因此在刑民交叉案件中,刑事法律责任和民事法律责任的承担主体为同一主体。

2. 刑事程序与民事程序的冲突性。刑民交叉案件最为突出的特征便是刑事程序与民事程序之间可能存在的冲突性,该特征从刑民交叉案件的处理原则中亦可窥见。因刑法与民法对行为人的同一行为所进行的法律评价不同,因此在程序上可能会产生冲突,也即会有“先刑后民”“刑民并行”“刑事吸收民事”几种不同的情形。

3. 刑事责任与民事责任的竞合性。正如上文论述,行为人的同一行为同时触发刑事与民事法律关系,需同时接受刑法与民法的双重评价,而刑法与民法保护的法益有所不同,因此行为人所要承担的刑事法律责任与民事法律责任亦有所不同,存在刑事责任与民事责任的竞合性。

三、刑民交叉案件是否“分别审理”的判断标准:同一事实

从刑民交叉案件处理的相关规定可见,随着法律制度的逐渐完善,刑民交叉案件处理从传统的“先刑后民”单一原则逐渐演化成“先刑后民”、“刑民并行”以及“刑事吸收民事”三种处理原则。实践中,如何界定分别审理的标准尚未完全统一。

根据《最高人民法院关于在审理经济纠纷案件中涉及经济犯罪嫌疑若干问题的

规定》(以下简称《经济犯罪若干规定》)第一条[①]、第十条[②]的规定,《经济犯罪若干规定》采用的是“同一法律事实”“同一法律关系”标准。

根据《最高人民法院、最高人民检察院、公安部关于办理非法集资刑事案件适用法律若干问题的意见》第七条[③]的规定,该意见采用“同一事实”标准。

根据《九民纪要》第一百二十八条[④]的规定,《九民纪要》采用的是“同一事实”标准。

最高人民法院审判委员会刘贵祥认为,刑民交叉案件的一个基本规则是:刑事案件与民事案件涉及“同一事实”的,原则上应通过刑事诉讼方式解决。即其亦采纳“同一事实”的标准作为判决刑民交叉案件是否应当分别审理的标准。

由上文可见,虽然目前区分是否分别审理的标准尚不完全一致,但在实践中已经趋向根据“同一事实”标准进行判断。对于如何判断“同一事实”,刘贵祥认为,基于民事诉讼程序与刑事诉讼程序具有不同的职能,原则上应当分开审理,因此对于是否属于“同一事实”的认定,要从行为主体、相对人以及行为本身三个方面进行。[⑤]

(一)行为实施主体角度

“同一事实”特指同一主体实施的行为,只有同一主体实施的行为,才有可能被认定为“同一事实”,反之则不能作此认定。比如,职务行为的民事法律后果一般由公司承担,若该等人员构成犯罪,但公司本身并不构成犯罪,由于犯罪行为的主体与民事行为的主体并不是同一主体,因此一般不应当认定为“同一事实”。

例如,最高人民法院在(2020)最高法民再39号案中认为:“刑民交叉案件程序处理的基本原则是刑事案件与民事案件属同一事实的,应当按照刑事程序处理;如涉及刑事犯罪的实施主体、法律关系以及要件事实与民商事案件虽有牵连但不属于同一事实的,民商事案件与刑事案件应当分别审理。本案中,刘某顺依据其与XZ村

---

① 《经济犯罪若干规定》第一条规定:“同一自然人、法人或非法人组织因不同的法律事实,分别涉及经济纠纷和经济犯罪嫌疑的,经济纠纷案件和经济犯罪嫌疑案件应当分开审理。”

② 《经济犯罪若干规定》第十条规定:“人民法院在审理经济纠纷案件中,发现与本案有牵连,但与本案不是同一法律关系的经济犯罪嫌疑线索、材料,应将犯罪嫌疑线索、材料移送有关公安机关或检察机关查处,经济纠纷案件继续审理。”

③ 《最高人民法院、最高人民检察院、公安部关于办理非法集资刑事案件适用法律若干问题的意见》第七条规定:“关于涉及民事案件的处理问题”第一款规定:“对于公安机关、人民检察院、人民法院正在侦查、起诉、审理的非法集资刑事案件,有关单位或者个人就同一事实向人民法院提起民事诉讼或者申请执行涉案财物的,人民法院应当不予受理,并将有关材料移送公安机关或者检察机关。”

④ 《九民纪要》第一百二十八条规定:“同一当事人因不同事实分别发生民商事纠纷和涉嫌刑事犯罪,民商事案件与刑事案件应当分别审理……”

⑤ 参见刘贵祥:《全国法院民商事审判工作会议上的讲话》。

委会、ZD旅馆分别签订的《协议书》、《借款合同》、《借款补充协议》、《抵押合同》、收条、转账凭证等证据提起本案诉讼,主张徐XZ村委会、ZD旅馆偿还借款并承担抵押担保责任。……虽然《协议书》等合同的经办人、时任XZ村委会主任赵某明因涉嫌伪造国家机关印章罪被公安机关立案侦查,但该刑事案件与本案民事纠纷当事人不同,法律关系不同,并非属于同一事实。"①

(二)法律关系角度

民事法律关系的相对人与刑事案件的受害人为同一人的,该事实一般可以被认定为"同一事实"。例如,《九民纪要》规定,主合同的债务人构成刑事犯罪,债权人依据担保合同请求担保人或保证人承担民事责任的,因涉及不同的法律关系,两事实并非"同一事实"。

例如,最高人民法院在(2020)最高法民申1196号案中认为:"《20121127借款合同补充协议一》可理解为各方当事人在原借贷双方与担保人对《借款合同》进行确认的基础上重新签订的一份借款合同,该补充协议所涉借贷关系与2012年11月27日《借款合同》所涉借贷关系尽管涉及同一笔借款,但法律关系并不完全同一;许某南、金某泉以及XL公司的债务加入行为与王某涉嫌的非法吸收公众存款犯罪行为,并非同一事实,福建省仙游县公安局也未将该债务加入行为纳入王某单独或者与他人共同涉嫌的犯罪事实进行侦查。二审判决认定本案不符合裁定驳回起诉并将全案移交公安机关或者检察机关的情形,有相应的事实依据,并无不当。至于王某申请再审主张本案民事判决生效后将导致与刑事案件产生司法冲突的问题,因两案中承担民事和刑事责任的主体并不完全相同,所谓的冲突并非必然产生,即便存在可能的某些冲突,也可以在后续执行过程中协调解决,该刑事案件的处理并不影响本案作为民事案件的继续审理。"②

(三)要件事实角度

仅在民事纠纷案件中所争议的事实与刑事犯罪的要件事实一致的情况下,两事实才属于"同一事实"。例如,在票据纠纷案中,出票人构成票据诈骗罪,但因背书转让行为并不是票据诈骗犯罪的构成要件,故民事案件与刑事案件并非"同一事实"。③

---

① 最高人民法院民事裁定书,(2020)最高法民再39号。

② 最高人民法院民事裁定书,(2020)最高法民申1196号。

③ 参见刘贵祥:《全国法院民商事审判工作会议上的讲话》。

例如,最高人民法院在(2020)最高法民申1187号案中认为:《经济犯罪若干规定》第十一条的适用条件为当事人争议的主要法律事实“有经济犯罪嫌疑”的情形,可能系以民事经济纠纷为表象的刑事犯罪,并未要求经济犯罪的事实达到证据确凿的程度,故原审法院驳回XD公司的起诉并将案涉犯罪线索移送公安机关,符合本案的实际情况。目前公安机关对原审法院移送的犯罪线索是否予以刑事立案尚无定论,未形成正式的刑事诉讼案件,如将来经法定程序认定当事人的行为不构成犯罪,本案可以作为民事纠纷案件继续处理,XD公司届时可以再行寻求民事诉讼程序救济。①

除此之外,《九民纪要》第一百二十八条②明确了“同一事实”认定的五种除外情形,该五种情形已经基本涵盖了实践中最常见的刑民交叉情形,但实践中法院在实际适用上述规则以及对“同一事实”进行认定时,标准仍未完全统一,具体仍需根据个案情况进行分析。

---

① 参见最高人民法院民事裁定书,(2020)最高法民申1187号。

② 《九民纪要》第一百二十八条“分别审理”规定:“同一当事人因不同事实分别发生民商事纠纷和涉嫌刑事犯罪,民商事案件与刑事案件应当分别审理,主要有下列情形:(1)主合同的债务人涉嫌刑事犯罪或者刑事裁判认定其构成犯罪,债权人请求担保人承担民事责任的;(2)行为人以法人、非法人组织或者他人名义订立合同的行为涉嫌刑事犯罪或者刑事裁判认定其构成犯罪,合同相对人请求该法人、非法人组织或者他人承担民事责任的;(3)法人或者非法人组织的法定代表人、负责人或者其他工作人员的职务行为涉嫌刑事犯罪或者刑事裁判认定其构成犯罪,受害人请求该法人或者非法人组织承担民事责任的;(4)侵权行为人涉嫌刑事犯罪或者刑事裁判认定其构成犯罪,被保险人、受益人或者其他赔偿权利人请求保险人支付保险金的;(5)受害人请求涉嫌刑事犯罪的行为人之外的其他主体承担民事责任的。审判实践中出现的问题是,在上述情形下,有的人民法院仍然以民商事案件涉嫌刑事犯罪为由不予受理,已经受理的,裁定驳回起诉。对此,应予纠正。”

第二章　金融类犯罪刑民交叉案件中刑事案件对民事案件的影响

在金融类犯罪案件中,犯罪分子多采取以合法形式谋取非法利益的手段牟利,因此,当行为人的行为涉及刑事犯罪时,不可避免会使相关被害人或第三人权益受到损害,此时刑民交叉便会使刑事案件对民事案件产生影响,包括程序影响和实体影响两个层面。

一、刑事程序对民事程序的影响

根据前述对刑民交叉案件的概念和特征之讨论可见,刑民交叉案件在程序中存在三个处理原则,具体而言包括“先刑后民”“刑事吸收民事”“刑民并行”,体现在法院审理实践中,具体程序包括“中止审理”“终止审理,驳回起诉”“继续审理”。

(一)先刑后民:中止审理

《九民纪要》第一百三十条①及《最高人民法院、最高人民检察院、公安部关于办理非法集资刑事案件适用法律若干问题的意见》第七条②均规定,在刑民交叉案件中,若刑事案件的审理结果系民事案件的必要审理依据,而刑事案件还未审结,则民事案件应当中止审理。

例如,最高人民法院在(2023)最高法民再246号案中认为:《经济犯罪若干规定》第一条规定了同一主体因涉及刑事案件和民事案件应当分开审理的情形,《长春

---

① 《九民纪要》第一百三十条“民刑交叉案件中民商事案件中止审理的条件”规定:“人民法院在审理民商事案件时,如果民商事案件必须以相关刑事案件的审理结果为依据,而刑事案件尚未审结的,应当根据《民事诉讼法》第150条第5项的规定裁定中止诉讼……”

② 《最高人民法院、最高人民检察院、公安部关于办理非法集资刑事案件适用法律若干问题的意见》第七条“关于涉及民事案件的处理问题”第二款规定:“人民法院在审理民事案件或者执行过程中,发现有非法集资犯罪嫌疑的,应当裁定驳回起诉或者中止执行,并及时将有关材料移送公安机关或者检察机关”;第三款规定:“公安机关、人民检察院、人民法院在侦查、起诉、审理非法集资刑事案件中,发现与人民法院正在审理的民事案件属同一事实,或者被申请执行的财物属于涉案财物的,应当及时通报相关人民法院。人民法院经审查认为确属涉嫌犯罪的,依照前款规定处理。”

市公安局刑事案件立案侦查情况通报》认为本案与该局侦查的某乙公司前法定代表人戴某等人以法人名义订立合同的行为涉嫌犯罪属于同一事实,二审法院据此驳回起诉。最高人民法院认为,长春市公安局通报的刑事案件犯罪主体系某乙公司前法定代表人戴某,而非某乙公司,二者并非同一主体。某乙公司再审提交的《补充起诉决定书》,亦未将某乙公司作为犯罪主体。戴某等人涉嫌经济犯罪行为,与本案金融借款合同纠纷涉及的法律主体和法律关系并不相同,该刑事案件事实可能与本案事实有牵连,但并非同一事实。行为人以他人名义订立合同的行为涉嫌刑事犯罪或者刑事裁判认定其构成犯罪,合同相对人基于表见代理请求被代理人承担民事责任;或者单位工作人员的职务行为涉嫌刑事犯罪或者刑事裁判认定其构成犯罪,受害人请求该单位承担民事责任的,民商事案件与刑事案件应当分别审理。本案中,某甲公司有权以合同相对人的身份请求作为法人的某乙公司和相关公司承担民事责任。民商事案件与刑事案件是否属于同一事实,应由审判机关依法独立判断。即使本案的审理需要以刑事案件的结果为前提,也应中止诉讼,而非驳回当事人起诉。①

(二)刑事吸收民事:终止审理,驳回起诉

在刑民交叉案件中,刑事程序和民事程序是否应当分开进行,笔者在上文"刑民交叉案件是否'分别审理'的判断标准:同一事实"部分作了详细论述,也即若刑民交叉案件中,刑事案件与民事案件涉及的是同一事实,则刑事案件应当吸收民事案件。《经济犯罪若干规定》第十一条②亦有此规定。

比如,甘肃省高级人民法院在(2021)甘民申2460号案中根据上述规定认为:根据《经济犯罪若干规定》第十一条的规定,本案原审期间,因申请人已向公安机关报案,原审法院驳回其起诉,符合法律规定,且申请人已在刑事案件中被列为被害人,法院对涉案赃款已做处理。③

(三)刑民并行:继续审理

《九民纪要》第一百三十条④规定,如果刑事案件的审理结果并不是民商事案件审理必须的依据,那么民商事案件就不应中止。也就是说,在此种情形下,民事案件

---

① 参见最高人民法院民事裁定书,(2023)最高法民再246号。

② 《经济犯罪若干规定》第十一条规定:"人民法院作为经济纠纷受理的案件,经审理认为不属经济纠纷案件而有经济犯罪嫌疑的,应当裁定驳回起诉,将有关材料移送公安机关或检察机关。"

③ 参见甘肃省高级人民法院民事裁定书,(2021)甘民申2460号。

④ 《九民纪要》第一百三十条"民刑交叉案件中民商事案件中止审理的条件"规定:"……如果民商事案件不是必须以相关的刑事案件的审理结果为依据,则民商事案件应当继续审理。"

与刑事案件的审理并无先后区分，彼此之间互相独立，可同时进行。

例如，最高人民法院在(2019)最高法民终114号案中认为："需要注意的是，由于刑事案件和民事案件审理的法律关系和救济的法益不同，在刑事判决判令追赃、民事判决判令责任人承担民事责任的情形下，应对追赃与民事责任的认定和执行进行协调。本案执行程序中，如果相关刑事案件执行过程中发还GK银行款项，则应冲抵BS公司依本判决应支付的金额，执行法院应结合民事责任、刑事责任的认定，确定民事责任人应承担的民事责任范围和赃款退还的对象，避免民事权利人(刑事被害人)双重受偿。此外，DA集团上诉主张，本案应中止审理，以等待其他案件的处理结果。有关案件已经有生效判决，故本案不需要中止审理。"①

再如，最高人民法院在(2018)最高法民终778号案中认为："本案纠纷系XT银行与其前手HF银行青岛分行之间基于《转贴现合同》产生的民事纠纷，与案外人崔某、逯某强等人涉嫌票据诈骗罪被提起公诉形成的刑事法律关系之间并无必然联系，不属于《中华人民共和国民事诉讼法》第一百五十条规定的应当中止审理的情形。HF银行青岛分行方有关本案应当根据'先刑后民'规则中止审理的理由不能成立。"②

二、刑事实体对民事实体的影响

在刑民交叉案件中，由于刑事法律关系与民事法律关系存在竞合、牵连、影响等多种关系，这使刑事案件对民事案件产生的实体影响引发广泛讨论。因刑事案件与民事案件保护的法益有所不同，尤其是在金融犯罪案件中，若当事人涉嫌骗取贷款罪、保险诈骗罪等金融犯罪，刑事案件对民事金融合同效力的影响、刑事案件对金融合同继续履行的影响、刑事退赔对民事诉讼请求的影响以及刑事案件对民事各主体责任的影响等问题的研究尤为重要，但目前实践中对上述问题尚无统一的判断标准，仍需根据个案具体情况具体分析。因此，笔者拟结合相关规定及实践中的案例，就上述问题进行分析论述。

(一)刑事案件对金融合同效力的影响

在金融犯罪案件中，行为人在刑事层面一般采取的行为手段为"诈骗"，刑事上的诈骗行为体现在民事案件中一般为欺诈行为，由于刑事法律规范与民事法律规范评价的对象和标准不同，刑事法律规范规定的内容是犯罪、刑事责任与刑罚，其中并

① 最高人民法院民事判决书，(2019)最高法民终114号。

② 最高人民法院民事判决书，(2018)最高法民终778号。

不涉及金融合同效力的问题,也即刑法评价的对象不包括金融合同效力,因此不能简单当然地将二者的评价结果等同。

根据《民法典》的规定,合同被认定为无效的情形包括:(1)意思表示不真实;(2)违反法律、行政法规的强制性规定;(3)违背公序良俗;(4)恶意串通,损害他人合法权益。金融犯罪民刑交叉案件中,刑事案件是否会对金融合同效力产生影响,关键在于签订金融合同的行为违反刑事法律规范是否属于上述"违反法律、行政法规的强制性规定"的情形。

《民法典》第一百五十三条第一款①规定了因违反法律、行政法规等强制性规定而无效的除外情形,该但书条款为"强制性规定"明确了范围,此处的"强制性规定"并不是指所有法律规范,而是"只有违反法律、行政法规的效力性禁止性规定才导致民事法律行为无效"②。《民法典》第一百五十三条所说的"强制性规定",在合同效力认定的问题上应当理解为民事法律规范对合同无效的规定。简言之,刑民交叉案件中的合同效力,仍应当结合《民法典》关于合同效力的有关规定加以认定。

根据最高人民法院民二庭编著的《〈全国法院民商事审判工作会议纪要〉理解与适用》的规定,违法性程度考察仅是法益衡量的一个因素,但不是全部因素,在确定违法合同的效力时,还要兼顾考察交易安全保护等因素,如合同诈骗在合同法中的效力是可撤销,为充分保护受害者的合法权益,应赋予受害者撤销权,并由其决定合同是否无效。

由此可见,刑事法律规范是对构成要件的规定,其所关注的是行为是否构成犯罪、是否应当给予行为否定评价的问题;民事法律规范是对平等主体之间法律关系的规定,其所关注的是民事法律行为所产生的民事法律关系的产生、变更与结束。由于刑法评价的对象是犯罪行为,而非民事法律关系,因此即便依据刑事法律对案件中被告人的行为予以有罪的法律评价,亦不能就此认定金融合同必然无效。基于此,民事案件对于合同的效力判断应当回归《民法典》的相关规定,以审查合同是否存在无效、可撤销等情形。

此外,司法实践中对于金融犯罪刑民交叉案件中,民事合同的效力认定问题,亦存在两种不同的观点:一种观点认为民事合同因行为人构成刑事犯罪进而违反法律强制性规定而无效;另一种观点认为在存在刑事犯罪的情况下,民事合同并不当然

---

① 《民法典》第一百五十三条第一款规定:"违反法律、行政法规的强制性规定的民事法律行为无效。但是,该强制性规定不导致该民事法律行为无效的除外。"

② 李玉林:《民刑交叉案件实体裁判规则研究——以合同效力、责任认定为中心》,载《中国应用法学》2022 年第 5 期。

无效，因存在民事上的欺诈行为，符合可撤销合同的构成要件的，应当兼顾考察交易安全保护等其他因素，赋予受欺诈方法定的撤销权。由此可以看出，实践中法院采取的是“合同并不必然无效”的立场。申言之，对于民刑交叉的案件，当事人的行为涉嫌刑事犯罪并不必然导致合同归于无效，金融合同的效力应当独立于刑事案件判断。

1. 双方意思表示真实，无法律规定的无效情形，金融合同应当认定为有效

如上文所述，金融类犯罪刑民交叉案件中民事合同的效力问题，应当依据《民法典》中对合同效力的规定进行判断。如金融合同中，合同主体双方意思表示真实，并无任何法律规定的无效情形，此时金融合同并不因涉及犯罪而当然无效。

例如，浙江省高级人民法院在（2019）浙民终 332 号案中认为：刑事判决书认定 GD 银行绍兴支行系受损方，借款人 KH 公司、陈某康等人骗取票据承兑、信用证的行为是其单方面对 GD 银行绍兴支行作出的，不存在恶意串通。本案中，仅有 KH 公司、陈某康等人一方提供虚假材料骗取贷款，仅有一方当事人有“非法目的”，不属于双方当事人以合法形式掩盖非法目的的情形。银行工作人员龚某峰等人构成违法票据承兑罪，亦未违反我国合同法上的效力性强制性规范，不影响合同的效力。案涉《综合授信协议》有效。在案证据无法证明 GD 银行绍兴支行知情 KH 公司对 JY 公司实施欺诈，JY 公司对在案所涉《最高额保证合同》提供担保时，其有权利也有义务去审核借款人的资产状况、识别财务资料是否真实。JY 公司对该合同盖章确认，说明其担保意愿是真实意思表示。案涉《最高额保证合同》有效。①

最高人民法院在（2020）最高法民申 58 号案中亦肯定了上述观点。②

2. 金融合同存在无效的情形，应当认定为无效

在判断金融类犯罪刑民交叉案件中民事合同是否存在《民法典》规定的五种合同无效情形时，需要特别关注以下事宜。

第一，2023 年《全国法院金融审判工作会议纪要（征求意见稿）》规定了犯罪行为导致合同违反法律、行政法规的强制性规定，因而无效的三种情形：其一，将犯罪行为约定为合同义务的；其二，合同相对方对对方系为实施犯罪筹集资金、买卖、借用物资等而签订合同的行为知道或者应当知道的，如明知为集中资金优势实施操作证券市场犯罪签订的委托理财合同；其三，合同标的物属法律、行政法规禁止或者限制流通物。③

---

① 参见浙江省高级人民法院民事判决书，（2019）浙民终 332 号。

② 参见最高人民法院民事裁定书，（2020）最高法民申 58 号。

③ 参见陈成伟、范庆云等：《金融案件中的民刑交叉司法实践（二）——合同效力认定》，载《银行与金融》2023 年第 8 期。

第二,若要判断金融机构与刑事案件被告人之间是否存在恶意串通行为,或是否存在"以合法形式掩盖非法目的"(违背公序良俗)的情形,不能因金融机构或其工作人员具有刑事责任便当然肯定存在恶意串通的情形,应具体到个案中,分析双方是否有共同的合意、串通的行为。

例如,最高人民法院在(2018)最高法民申61号案中认为:"根据已生效的刑事判决书、刑事裁定书的查明和认定,JD公司在办理案涉贷款过程中虚构贷款用途,伪造虚假采购合同和其他经济合同,提供了虚假财务报表以虚构公司经营收入和利润,伪造SX公司收取JD公司股权转让款的收据,使用伪造的SX公司印章与HC信用社(后更名为FZ农村银行)签订抵押合同、担保合同,用SX公司的财产为JD公司的贷款提供抵押担保,最终骗取贷款4000万元。JD公司骗取贷款的行为已被上述生效刑事裁判书认定构成骗取贷款罪……HC信用社的信贷人员杨某在办理JD公司贷款过程中,没有仔细审核JD公司提供的相关合同的真伪;没有仔细核实SX公司出具的收取股权转让款收据的真伪;在办理案涉贷款担保时,未对抵押人SX公司是否盖章进行核实,也未对SX公司人员不在场的情况下,抵押人SX公司委托债务人JD公司的人员作为公证事项的代理人进行公证提出合理怀疑。杨某违反国家规定,违法发放贷款4000万元,数额特别巨大,亦被上述生效刑事裁判书认定构成违法发放贷款罪。JD公司及其实际控制人庞某的上述犯罪行为足以证明JD公司构成以'签订《借款合同》'这一合法形式,掩盖其'骗取银行贷款'之非法目的。杨某的行为属于FZ农村银行的职务行为,在杨某已经构成违法发放贷款罪的情况下,足可认定FZ农村银行在案涉贷款合同签订和履行过程中存在明显过错,并因此导致JD公司在采取多种违法行为之后以'签订《借款合同》'之合法形式进而掩盖'骗取银行贷款'的非法目的得以实现。根据以上事实和法律,二审法院认定案涉《借款合同》明显构成合同法第五十二条第三项关于'以合法形式掩盖非法目的'的合同无效情形,JD公司和FZ农村银行签订的《借款合同》应当被认定为无效合同,该认定并无不当,本院予以维持。"①

第三,若金融机构存在未尽法律规定义务的过错行为,应当具体判断是否"违反法律、行政法规的强制性规定",不应"一刀切"地认定为无效。

例如,在上述(2019)浙民终332号案中,法院认为案涉银行工作人员未尽严格审查之责,构成犯罪,但无论该等工作人员的犯罪行为是否系《中华人民共和国民法总则》(已失效)上的职务行为,其侵犯的客体是国家对金融票证的管理制度,均未

---

① 最高人民法院民事裁定书,(2018)最高法民申61号。

违反我国合同法上的效力性强制性规范,不影响合同效力。

3. 在无法律规定的无效情形前提下,刑事案件被告人存在单方欺诈行为的,应当认为金融合同可撤销

结合上述论述,若金融民事合同中不存在法律规定的无效情形,刑事案件被告人又存在单方欺诈行为的,应当认为金融合同可撤销。若金融机构不撤销或者在法律规定的除斥期间内未行使撤销权导致撤销权消灭的,应当认定合同有效。

例如,最高人民法院在(2016)最高法民终655号案中认为:"JC公司及其法定代表人那某志使用虚假审计报告提高信用等级,骗取案涉借款,在刑法上,因其欺诈手段和非法目的构成骗取贷款罪,应当据此承担刑事责任;但在合同法上,其行为构成单方欺诈。根据《合同法》(已失效)第五十四条第二款'一方以欺诈、胁迫的手段或者乘人之危,使对方在违背真实意思的情况下订立的合同,受损害方有权请求人民法院或者仲裁机构变更或者撤销'之规定,JS银行鸡西分行享有撤销权。因JS银行鸡西分行未按照该条规定主张撤销案涉借款合同,故原审判决认定借款合同有效并无不当。"①

再如,最高人民法院在(2017)最高法民申1914号案中认为:对于刑事判决书认定签订《代理协议》为合同诈骗罪的行为和手段,一、二审法院将该行为认定为合法的民事合同行为,是否与刑事判决书认定的事实相冲突的问题。刑事责任和民事责任在保护法益、证明标准、归责原则、责任形式等方面均存在不同。刑事判决认定的事实在民商事领域的法律效力应根据民商事法律规定进行认定。尽管签订案涉《代理协议》等行为被认定为诈骗行为,构成合同诈骗罪,但在民商事领域,并不当然导致合同无效。刑事上构成诈骗罪,一般而言,民事上属于以欺诈手段订立合同,除非存在特殊情形。因此,根据《中华人民共和国合同法》(已失效)第五十四条②规定,案涉《代理协议》在效力上应认定为可撤销合同。在撤销权人ZQ公司不行使撤销权的情形下,该合同应认定有效。③

(二)刑事案件对金融合同继续履行的影响

在金融类犯罪刑民交叉案件中,刑事案件对民事金融合同效力认定的影响与刑

---

① 最高人民法院民事判决书,(2016)最高法民终655号。

② 《中华人民共和国合同法》(已失效)第五十四条规定:"下列合同,当事人一方有权请求人民法院或者仲裁机构变更或者撤销:(一)因重大误解订立的;(二)在订立合同时显失公平的。一方以欺诈、胁迫的手段或者乘人之危,使对方在违背真实意思的情况下订立的合同,受损害方有权请求人民法院或者仲裁机构变更或者撤销。当事人请求变更的,人民法院或者仲裁机构不得撤销。"

③ 参见最高人民法院民事裁定书,(2017)最高法民申1914号。

事案件对金融合同继续履行的影响这两个问题呈现前后衔接的关系。如前文所述,认定行为人的行为是否构成犯罪与认定合同效力分属刑事、民事两个领域,合同效力应当依据民事法律规范作出独立判断,而合同效力决定了合同能否继续履行,因此,刑事案件不会对金融合同继续履行产生直接影响,二者通过合同效力这一桥梁联系起来。

法院对金融合同效力的认定有三种结果:合同有效、合同无效与合同可撤销。若法院在厘清案件事实、结合法律规定的基础上作出金融合同有效的判决、裁定,则刑事案件的存在对金融合同继续履行不会产生其他影响。

若法院认定在合同订立的过程中存在单方欺诈行为,合同处于可撤销的状态,且被欺诈一方所享有的撤销权未过除斥期间,此时被欺诈方可以依据案件情况与自身意愿选择不行使撤销权,继续履行合同或者行使撤销权撤销合同,并要求欺诈方承担违约责任或者损害赔偿责任、主张由担保人承担担保责任。在三种合同效力认定结果中,法院认定合同处于可撤销状态的情形给予了受害方最大的选择空间,最有利于受害方依据自身情况主张权利,"体现了私法领域意思自治的基本原则,也更好地体现法律的风险控制和社会引导功能"①。

若法院认定合同无效,在涉嫌骗取贷款罪、贷款诈骗罪且金融机构存在过错的情形下,可能产生不利于受害方主张权利的后果。

例如,西藏自治区高级人民法院在(2019)藏民终41号案件中认为:"Z药材基地在办理案涉贷款过程中存在篡改政府批复文件和公司章程,提供虚假资料,虚构公司经营收入等违法行为。在取得贷款后,未用于Z药材基地经营,而是将贷款转移至与贷款用途无关的其他公司并一直消极甚至长期拖延偿还借款……而S支行在案涉借款合同签订和履行过程中未尽应有核查之责,未核查相关文件的真实性,未核实Z药材基地的经营场所、经营活动,未核实抵押标的物的权属,使虚假的贷款资料和手续合法化。发放贷款后又对贷款用途和使用监督不力,在Z药材基地还款状况极其不良,贷款信用严重失信的情况下,S支行又继续与之签订了《借款展期协议》。S支行对案涉借款从贷前调查、贷时审查、贷后检查等方面存在明显违规行为,导致借款人非法获得贷款结果,具有明显的过错责任。以上因素共同导致Z药材基地以虚假的借款申请资料构成的合法表象通过了银行贷前审查,从而实现了其非法获取贷款的目的,符合《中华人民共和国合同法》第五十二条第三项'以合法形式掩盖非法目的'的合同无效之情形,故案涉《借款合同》及《借款展期合同》应当认

---

① 安玥、马彤:《涉及刑事犯罪的金融借款合同纠纷案件相关问题研究》,载微信公众号"永嘉信律师事务所"2021年9月22日,https://mp.weixin.qq.com/s/X3Vn06Zf613TJAJReg5pBA。

定为无效合同。……关于 S 支行主张的利息、逾期利息、复利利息合计 5,549,408.44 元等诉请，一审法院对正常应收利息 16,597.14 元予以支持，按照双方过错比例，Z 药材基地应承担 70% 的损失，即 11,618.00 元，S 支行应承担 30% 的损失，即 4979.14 元，对逾期利息 3,891,880.72 元、复利 1,640,930.58 元，认为在合同无效前提下，不属于资金占用利息损失而不予支持。本院认为，一审法院的上述裁判并无不当，予以维持。”①

（三）刑事退赔对民事诉讼请求的影响

众所周知，刑民交叉案件中，刑事案件被告人的犯罪行为给被害人带来损失的案件屡见不鲜，但是被害人的损失赔偿问题，一直是实践中亟待解决的难题。刑事案件的被害人经追缴或退赔后仍不能弥补其因犯罪行为遭受的经济损失的，能否通过另行提起民事诉讼的方式救济自己的权利之问题，在实践中亦被广泛讨论。总结而言，这个问题可以概括为两个问题：其一是刑民交叉案件中，被害人经由民事诉讼程序主张损失的范围问题；其二是刑民交叉案件中，被害人经由民事诉讼程序主张损失的承担主体问题。

1. 在刑民交叉案件中，被害人通过民事诉讼程序主张损失的范围

《最高人民法院关于刑事附带民事诉讼范围问题的规定》（法释〔2000〕47 号）第五条第二款②明确被害人可以向人民法院另行提起民事诉讼的情形。该规定虽已经废止，但实践中仍有法院援引，法院强调根据该规定，被害人可以通过民事诉讼程序向法院另行提起诉讼主张损失的范围限于被害人的财产因被犯罪分子非法占有、处置而产生的“物质损失”在追缴或退赔后仍不能弥补的情形，而不包括刑事被告人非法占有、处置受害人财产而使财产无法追回、退赔的情形。

例如，最高人民法院在（2017）最高法民申 1158 号案中认为：《最高人民法院关于刑事附带民事诉讼范围问题的规定》第五条第二款规定中可以受理的民事诉讼范围，限于犯罪分子非法占有、处置被害人财产而产生的“物质损失”在追缴或退赔仍不能弥补的情形，而不包括刑事被告人非法占有、处置受害人财产而使财产无法追回、退赔的情形。本案 YX 洗煤公司主张的是被江某和、王某非法占有的财产，而非因非法占有财产而产生的物质损失，不属上述规定中人民法院可以受理的民事诉讼

---

① 西藏自治区高级人民法院民事判决书，（2019）藏民终 41 号。

② 《最高人民法院关于刑事附带民事诉讼范围问题的规定》第五条第二款规定：“经过追缴或者退赔仍不能弥补损失，被害人向人民法院民事审判庭另行提起民事诉讼的，人民法院可以受理。”

范围。①

再如,最高人民法院在(2018)最高法民终967号案中认为:"案涉《流动资金借款合同》、《抵押合同》及《无限责任担保承诺书》均系当事人真实意思表示,内容不违反法律行政法规强制性规定。DL银行沈阳分行发放案涉贷款,是否违反有关贷款审查、审批的相关管理制度和要求,属于银行内部行政处罚的范畴,不属于合同法第五十二条规定的应认定合同无效的法定情形;根据合同法、民法总则相关规定,MC广场主张受KF公司、陶某军欺诈提供案涉抵押担保,有权在法定期限内行使撤销权,而其并未主张撤销案涉抵押合同;本案民事案件的处理与陶某军涉嫌骗取贷款犯罪有交叉,即使陶某军构成犯罪,并不能因此免除各当事人在借款合同、抵押合同以及保证合同中应承担的民事责任,但应相应扣减通过刑事案件的追赃而取得的返还资金。"②

此外,最高人民法院在(2019)最高法民他123号复函中也认为:"刑事责任的承担不妨碍民事责任的认定,且责任的认定与实际执行应予以区分。刑法第64条是关于对犯罪所得财物如何执行处理的规定,而并非对刑事责任或者民事责任的认定,因此刑事判决退赔被害人损失,不妨碍民事判决对于赔偿范围的认定。如果犯罪所得已在刑事案件中返还了被害人,可以在实际执行时予以扣减。"

2. 在刑民交叉案件中,被害人通过民事诉讼程序主张损失的承担主体

《最高人民法院关于适用〈中华人民共和国刑事诉讼法〉的解释》第一百七十六条③明确禁止被害人在已获得刑事退赔的情况下,再以被告人为民事被告提起附带民事诉讼,表明了最高人民法院对此问题的态度。但是不得不指出的是,该司法解释并未禁止被害人向被告人以外的其他主体提起民事诉讼,此"其他主体"包括被告人所在单位、民事法律关系中的其他主体如担保人等。

最高人民法院于2019年11月8日颁布的《九民纪要》亦对此问题作出了明确表态,该纪要第一百二十八条规定受害人请求涉嫌刑事犯罪的行为人之外的其他主体承担民事责任的,法院应当受理。

例如,最高人民法院在(2018)最高法民终509号案中认为:"本案中,徐某生因犯集资诈骗罪被判处刑罚,但韦某对该犯罪行为既不知情,亦未参与,且刑事判决认

① 参见最高人民法院民事裁定书,(2017)最高法民申1158号。

② 最高人民法院民事判决书,(2018)最高法民终967号。

③ 《最高人民法院关于适用〈中华人民共和国刑事诉讼法〉的解释》第一百七十六条规定:"被告人非法占有、处置被害人财产的,应当依法予以追缴或者责令退赔。被害人提起附带民事诉讼的,人民法院不予受理。追缴、退赔的情况,可以作为量刑情节考虑。"

定韦某属于徐某生犯罪行为的受害人。因此,本案借款合同并不属于韦某与徐某生恶意串通损害国家利益或以合法形式掩盖非法目的的合同。同时,韦某依据本案借款合同出借款项的民间借贷行为不违反法律和行政法规的禁止性规定,该合同亦不具有《中华人民共和国合同法》第五十二条规定的合同无效的其他情形。其次,根据本案事实,本案借款合同亦不具有《最高人民法院关于审理民间借贷案件适用法律若干问题的规定》第十四条规定的任一情形。因此,本案民间借贷合同应当认定为有效合同……关于 SY 公司、SY 公司江西分公司应否承担本案还款责任以及承担责任的方式及数额问题。基于前述分析,韦某系与 SY 公司江西分公司成立借款合同关系,因此 SY 公司江西分公司及 SY 公司应当承担直接向韦某还款的责任。根据徐某生在案涉借条上承诺为借款提供担保的意思表示,徐某生在本案中的地位系担保人。原审中,韦某并未起诉徐某生承担直接还款责任或承担担保责任,且经发回重审后韦某仍未变更其诉讼请求。因此,原审判决认定徐某生为本案借款的直接还款人,SY 公司江西分公司及 SY 公司对徐某生的还款承担赔偿责任,属于适用法律不当,应予以纠正。”①

(四)刑事案件对民事各方主体责任的影响

根据上文论述,在金融类犯罪刑民交叉案件中,由于金融合同的效力并非当然无效,因此,民事各主体应当承担的责任有所不同。主要可以从两个层面进行讨论,即金融合同有效时各主体责任的承担以及金融合同无效时各主体责任的承担。

1. 刑事案件并未影响金融合同效力,金融合同有效的

在刑民交叉案件中,民事金融合同效力未受刑事案件影响的,各方民事主体仍按照生效的金融合同履行义务并无疑问。然而金融案件中常出现一种情形,如在金融借款合同纠纷中,金融机构多要求借款人安排资金充沛的第三方提供保证担保,此时便涉及主从合同,金融借款合同作为主合同有效时,不能当然认为担保合同必然有效,而是要结合《民法典》对于合同效力的规定具体判断担保合同是否存在无效的情形。

例如,浙江省高级人民法院在(2019)浙民终 332 号案中指出:欲以保证人系在被欺诈、胁迫情况下违背真实的意思进而提供保证,债权人对欺诈、胁迫事实知情或者应当知情来否定保证合同的效力的,不仅要证明银行知道借款人的真实财务状况,还要证明银行在接受保证人的保证时,知道或者应当知道借款人对保证人构成

---

① 最高人民法院民事判决书,(2018)最高法民终 509 号。

欺诈。浙江省高级人民法院进一步认为:“本案中,根据刑事判决认定的事实,债务人KH公司在申请授信过程中向GD银行绍兴支行提供虚假财务报表等资料,采取欺诈手段骗取授信。银行工作人员未尽认真审核义务,在申请资料明显存疑的情况下,未进一步审核资料真实性,导致债务人以虚假资料通过银行审查。GD银行绍兴支行所作案涉有关不良贷款的问责通报,反映GD银行绍兴支行对KH公司贷款审查、监控不足致资金流失,在内部管理方面存在不足。但是,刑事判决认定GD银行绍兴支行在签订《综合授信协议》中系受欺诈一方,现有证据亦不能认定GD银行绍兴支行对KH公司以欺诈手段骗取授信的行为系‘明知’。对于KH公司是否对JY公司实施了欺诈,GD银行绍兴支行称并不知情,JY公司也无有效证据证明GD银行绍兴支行当时知晓。有关借款人KH公司的经营、财务状况,JY公司理应自行审查,GD银行绍兴支行不负有相关的告知义务。相反,GD银行绍兴支行称是基于JY公司愿意提供最高额担保才同意放贷的。至于JY公司对本案所涉《最高额保证合同》在提供担保时,其有权利也有义务去审核借款人的资产状况、识别财务资料是否真实。JY公司对所涉《最高额保证合同》盖章确认,说明其担保意愿是真实意思表示。据此,JY公司主张GD银行绍兴支行明知KH公司以欺诈手段骗取授信缺乏证据证明。综上所述,原审认定案涉《综合授信协议》、《最高额保证合同》均为有效合同,有相应的事实和法律依据。”①

2. 金融合同因刑事案件而无效的

当金融合同因刑事案件而无效时,各方主体应当如何承担责任值得关注。

《最高人民法院关于审理民间借贷案件适用法律若干问题的规定》第十二条第二款②明确,当主合同无效时,担保合同作为从合同一并无效。

《民法典》第一百五十七条③明确,合同无效后的法律责任主要包括三个方面:一是财产返还与折价补偿,二是价款的返还,三是损害赔偿。

---

① 浙江省高级人民法院民事判决书,(2019)浙民终332号。

② 《最高人民法院关于审理民间借贷案件适用法律若干问题的规定》第十二条第二款规定:“担保人以借款人或者出借人的借贷行为涉嫌犯罪或者已经生效的裁判认定构成犯罪为由,主张不承担民事责任的,人民法院应当依据民间借贷合同与担保合同的效力、当事人的过错程度,依法确定担保人的民事责任。”

③ 《民法典》第一百五十七条规定:“民事法律行为无效、被撤销或者确定不发生效力后,行为人因该行为取得的财产,应当予以返还;不能返还或者没有必要返还的,应当折价补偿。有过错的一方应当赔偿对方由此所受到的损失;各方都有过错的,应当各自承担相应的责任。法律另有规定的,依照其规定。”

（1）财产返还与折价补偿

根据《九民纪要》第三十三条[①]的规定，在合同无效后确定财产返还时，需要对财产是否增值或贬值予以充分考虑。若应当予以返还的财产相对于合同约定价款出现增值或者贬值的，人民法院需对市场因素、受让人的经营或者添附等行为与财产增值或者贬值之间的关联性等进行综合考虑，在当事人之间合理分配或者分担，避免一方因合同无效而获益。在标的物已经灭失、转售他人或者其他无法返还的情况下，当事人仍主张返还原物的，人民法院不予支持，但其主张折价补偿的，人民法院依法予以支持。折价时，应当以当事人交易时约定的价款为基础，同时考虑当事人在标的物灭失或者转售时的获益情况综合确定补偿标准。

（2）价款的返还

案涉金融合同无效后，根据《民法典》第一百五十七条的规定，借款方获取的借款应当返还。实践中，价款返还往往还涉及资金占用费的问题。实践中，法院可能支持由借款方按照一定的标准向作为出借方的金融机构返还借款。

（3）损害赔偿

《九民纪要》第三十五条[②]为损失求偿提供了依据。即在合同无效时，若返还财产或者折价补偿不足以弥补损失的，一方还可以向有过错的另一方请求损害赔偿。损害赔偿的范围需要根据当事人的过错程度、确定财产返还范围时已经考虑的财产增值或者贬值因素等综合界定，避免重复获利或者重复受损的情形发生。

如前文所述，合同无效后，过错方承担的损害赔偿责任性质上属于缔约过失责任，也即在合同订立过程中，合同一方违背诚信原则使合同未能成立而应承担的民事责任。其构成要件包括：①合同一方违反诚实信用原则；②合同另一方信赖利益

---

① 《九民纪要》第三十三条“财产返还与折价补偿”规定：“合同不成立、无效或者被撤销后，在确定财产返还时，要充分考虑财产增值或者贬值的因素。双务合同不成立、无效或者被撤销后，双方因该合同取得财产的，应当相互返还。应予返还的股权、房屋等财产相对于合同约定价款出现增值或者贬值的，人民法院要综合考虑市场因素、受让人的经营或者添附等行为与财产增值或者贬值之间的关联性，在当事人之间合理分配或者分担，避免一方因合同不成立、无效或者被撤销而获益。在标的物已经灭失、转售他人或者其他无法返还的情况下，当事人主张返还原物的，人民法院不予支持，但其主张折价补偿的，人民法院依法予以支持。折价时，应当以当事人交易时约定的价款为基础，同时考虑当事人在标的物灭失或者转售时的获益情况综合确定补偿标准。标的物灭失时当事人获得的保险金或者其他赔偿金，转售时取得的对价，均属于当事人因标的物而获得的利益。对获益高于或者低于价款的部分，也应当在当事人之间合理分配或者分担。”

② 《九民纪要》第三十五条“损害赔偿”规定：“合同不成立、无效或者被撤销时，仅返还财产或者折价补偿不足以弥补损失，一方还可以向有过错的另一方请求损害赔偿。在确定损害赔偿范围时，既要根据当事人的过错程度合理确定责任，又要考虑在确定财产返还范围时已经考虑过的财产增值或者贬值因素，避免双重获利或者双重受损的现象发生。”

遭受损失;③缔约不能与损失之间具有因果关系。

例如,最高人民法院在(2020)最高法民再194号案中认为:“缔约过失责任是对交易当事人所遭受的信赖利益损失进行救济的责任形式,其产生的观念基础为诚实信用原则和信赖保护原则。由于当事人开始为缔结合同而进行磋商时,已处于超越普通人之间的一般关系的信赖关系中,这种关系虽不以给付为内容,但依据诚实信用原则,当事人应负有必要的协助、通知、说明、保密、照顾、保护等义务。当事人若违反上述先合同义务,给对方造成损害,应承担法律上的缔约过失责任。因此,缔约过失责任是指在合同订立过程中,缔约一方故意或者过失地违反依据诚实信用原则所应负的先合同义务,致使另一方的信赖利益受损,而应承担的民事责任。《中华人民共和国合同法》第四十二条亦对缔约过失的几种情形进行了规定。此外,信赖利益又被称为消极利益,对信赖利益进行赔偿的结果,是使当事人达到合同未曾发生时的状态,通常包括缔约费用、履约费用以及支出上述费用所失去的利息,但不能超出合同履行利益。”①

金融合同中涉及担保合同的,担保合同无效的后果与上述论证的逻辑一致,均需要结合《民法典》对各方主体的过错进行认定,进而分析责任承担问题。

---

① 最高人民法院民事判决书,(2020)最高法民再194号。

第三章　金融类犯罪刑民交叉案件中金融机构过错问题的法律分析

金融类犯罪刑民交叉案件除上述讨论的问题之外，因该类案件涉案金额高，案件事实复杂，疑难问题多，实践中争议较大的问题还包括金融机构的过错问题。细言之，在金融类犯罪案件中，比较普遍的情形为金融机构人员犯罪或金融机构人员与其他人员串通共谋犯罪，进而引发刑事案件。在此种情况下，金融合同乃至担保合同等从合同的效力可能受到该等刑事犯罪的影响，而各合同的相对人为减轻己方责任，在实践中多以金融机构存在过错等理由进行抗辩，由此引发对金融机构是否存在过错以及如何承担责任等问题的争议。鉴于此，笔者拟从骗取贷款类、保险诈骗类、证券虚假陈述类刑民交叉案件中的银行、保险公司、中介机构过错层面进行分别论述。

一、骗取贷款类刑民交叉案件：银行过错

在金融类犯罪案件中，较为常见的涉案单位之一为银行，近年来骗取贷款罪也已经成为高发罪名之一。在骗取贷款罪中，作为金融机构的银行如存在过错，将对合同的效力产生何种影响，以及如何判断银行是否存在过错亦成为实践中亟待研究的课题，正如前文所述，金融合同的效力不因案件涉及刑事犯罪而当然无效，在贷款诈骗罪中亦然，合同是否有效需根据《民法典》等法律法规进行个案判断，基于此，笔者将从银行的不同过错类型所导致的合同效力风险层面结合案例进行分析。

（一）银行在贷款审核和批准方面存在违规行为

银行在办理贷款的过程中，在贷款审核和批准方面违规，如在贷前调查、贷时审查、贷后检查等方面均存在明显的违规行为时，法院会以合同构成“以合法形式掩盖非法目的”的理由，认定合同无效。

例如，西藏自治区高级人民法院在（2019）藏民终41号案中认为：Z药材基地在办理案涉贷款过程中存在篡改政府批复文件和公司章程、提供虚假资料、虚构公司

经营收入等违法行为,未按照约定用途使用贷款,且主观上具有非法占有的目的。S支行对案涉借款从贷前调查、贷时审查、贷后检查等方面存在明显违规行为,导致借款人非法获得贷款结果,具有明显的过错,应当承担部分相应的责任。以上因素共同导致Z药材基地以虚假的借款申请资料构成的合法表象通过了银行贷前审查,从而实现了其非法获取贷款的目的,符合"以合法形式掩盖非法目的"的合同无效之情形,故案涉《借款合同》及《借款展期合同》应当认定为无效合同。①

江苏省高级人民法院在(2019)苏民申1884号案中认为:"YL公司盐城分公司在对贷款人进行资格审查时也存在明显的违规行为,客观上为骗取贷款的王某东获取贷款创造了便利条件,该项内容也是PF银行南京分行贷款审核的重要环节,故PF银行南京分行自身也有过错。根据以上分析,本案PF银行南京分行以金额借款纠纷为由起诉张某付,请求法院判令张某付按照约定归还贷款本息的诉讼请求不能成立。"②

湖北省孝感市中级人民法院在(2021)鄂09民终3256号案中认为:YH公司法定代表人徐某升的贷款诈骗行为已被生效的刑事裁判文书认定构成骗取贷款罪,足以证明YH公司构成以"签订《流动借款合同》"这一合法形式,掩盖其"骗取银行贷款"之非法目的。YM农商行及其工作人员存在内部管理不严、调查不尽职等情形,足以认定其在签订和履行案涉贷款合同过程中存在明显过错,导致徐某升的非法目的即骗取银行贷款得以实现。因此《借款合同》构成"以合法形式掩盖非法目的"的合同无效情形,应当被认定为无效合同,从合同亦应认定为无效。YH公司过错较大,对合同无效承担主要责任,YM农商行及工作人员对借款合同无效也存在一定过错,故对逾期利息部分依法不予支持。③

(二)银行工作人员有违法发放贷款的行为

根据《经济犯罪若干规定》第三条④的规定,银行工作人员如存在违法发放贷款行为或其他犯罪行为的,该工作人员本身以非法发放贷款罪或其他相关犯罪论处,其行为属于职务行为,民事后果由银行承担。

例如,最高人民法院在(2018)最高法民申61号案中认为:根据已生效的刑事判

---

① 参见西藏自治区高级人民法院民事判决书,(2019)藏民终41号。

② 江苏省高级人民法院民事裁定书,(2019)苏民申1884号。

③ 参见湖北省孝感市中级人民法院民事判决书,(2021)鄂09民终3256号。

④ 《经济犯罪若干规定》第三条规定:"单位直接负责的主管人员和其他直接责任人员,以该单位的名义对外签订经济合同,将取得的财物部分或全部占为己有构成犯罪的,除依法追究行为人的刑事责任外,该单位对行为人因签订、履行该经济合同造成的后果,依法应当承担民事责任。"

决书、刑事裁定书，JD 公司构成骗取贷款罪。HC 信用社的信贷人员杨某在办理 JD 公司贷款过程中，存在没有仔细审查相关资料的真伪等行为，构成违法发放贷款罪。杨某的行为属于 FZ 农村银行的职务行为，FZ 农村银行在案涉贷款合同签订和履行的过程中存在明显过错，并导致 JD 公司在采取多种违法行为之后以“签订《借款合同》”之合法形式掩盖“骗取银行贷款”的非法目的得以实现。该《借款合同》系无效合同。①

广东省高级人民法院在（2021）粤民申 3743 号案中认为：根据已生效的（2018）粤刑终 954 号刑事判决，银行工作人员卢某与国某公司工作人员谢某、刘某互相勾结，通过制作虚假会计资料及虚构购销合同的方式，以并未实际经营的祥某公司（“空壳公司”）名义与某行签订案涉借款合同，将获得的钱款用于支付国某公司的投资款以及向社会集资的高额利息，法院认定卢某犯违法发放贷款罪。卢某的行为属于某行的职务行为，某行在案涉借款合同签订和履行的过程中存在明显过错，案涉借款合同存在恶意串通的情形，合同无效。②

然而实践中亦有案例认为，虽然银行的工作人员存在违法发放贷款行为，且该行为构成犯罪，但因该贷款已实际发放，且贷款用途正当合法，因此不影响相关贷款合同的效力。

例如，辽宁省高级人民法院在（2010）辽民二初字第 22 号案中认为：“虽经公安、检察机关认定 YT 公司有骗取贷款犯罪行为，NY 银行岫岩支行工作人员在贷款过程中有收受贿赂犯罪行为及违法发放贷款犯罪行为。鉴于该贷款已实际发放，且贷款用途正当合法，故各份借款合同及抵押合同均为有效。YT 公司应按合同约定返还借款本金、利息，并承担违约责任……鉴于抵押人兰某不知道债务人 YT 公司抵押物不存在，NY 银行岫岩支行没有对债务人固定资产贷款必须专款专用进行监督，也没有按约定投入 1800 万元，而是收回了 1087 万余元，其行为的后果导致固定资产生产线未上，从而加大了兰某的抵押风险。而兰某在没有过错责任的情况下，依法应免除其抵押担保责任。”③

（三）银行在办理抵押权、质押权过程中，未尽审慎审查的义务

在金融贷款类案件中，抵押、质押等担保合同依附主合同存在，涉及刑民交叉的该类案件中，如银行在办理抵押权、质押权等过程中未尽审慎审查的义务，法院往往

---

① 参见最高人民法院民事裁定书，（2018）最高法民申 61 号。

② 参见广东省高级人民法院民事裁定书，（2021）粤民申 3743 号。

③ 辽宁省高级人民法院民事判决书，（2010）辽民二初字第 22 号。

会认定银行对其抵押权、质押权等不能实现存在主要/部分过错。

例如,湖南省高级人民法院在(2015)湘高法民二终字第68号案中认为:检察院以JM公司法定代表人兼股东唐某维的行为构成骗取贷款罪向东安县人民法院提起公诉。GS银行东安支行作为质押权人,其本身负有对质押物权属、数量的审查义务。虽然GS银行东安支行将对质押物的核查、监督、保管事务概括性地委托给监管人ZY物流公司实施,但GS银行东安支行对质押物权属、数量进行审查的义务并不因与ZY物流公司签订了《商品融资质押监管协议》而免除,故GS银行东安支行对质押物的短少亦存在过错。①

又如,湖南省高级人民法院在(2019)湘民再287号案中认为:已生效刑事判决书认定黎某亮构成骗取贷款罪。黎某亮持虚假的委托书和公证书办理了土地使用权抵押登记和房屋所有权抵押登记,NY银行湘阴支行领取了涉案房屋所有权抵押他项权证。NY银行湘阴支行不具有善意取得抵押权的条件,因其未尽到审慎审查的义务,本案不动产抵押无效,且NY银行湘阴支行负有主要过错。②

(四)银行在办理贷款的过程中存在过失,但贷款合同不存在效力瑕疵

虽然银行在办理贷款的过程中存在一定的过失,如未采取有效方式对贷款资金使用及还款资金来源进行跟踪检查和监控分析等,但该等过失并未使贷款合同存在法律上规定的效力瑕疵的,合同仍然有效,但银行应当对其损失承担相应的责任。

例如,北京市高级人民法院在(2022)京民申254号案中认为:"GF银行北京分行与马某签订的贷款合同为双方真实意思表示,贷款合同有效。因马某未履行合同约定的还款义务,GF银行北京分行有权起诉马某要求支付本金及相应的利息、罚息、复利。虽然北京银保监局认为GF银行北京分行在审核中存在一定的问题,但也明确未发现充分证据证明GF银行北京分行存在明知HF公司存在重大风险,也未发现GF银行北京分行纵容协助HF公司以办理信用卡为名共同欺骗马某办理贷款等情况。二审法院根据查明的事实,认定GF银行北京分行在贷款审核过程中存在一定的过失,并判决其承担10%的责任并无不当。"③

---

① 参见湖南省高级人民法院民事判决书,(2015)湘高法民二终字第68号。

② 参见湖南省高级人民法院民事判决书,(2019)湘民再287号。

③ 北京市高级人民法院民事裁定书,(2022)京民申254号。

二、保险诈骗类刑民交叉案件:保险公司过错

在保险合同纠纷中,刑民交叉案件经常涉及的罪名是保险诈骗罪。实践中,保险公司若存在管理疏漏、审核把关不严,会使签订的保险合同存在一定的瑕疵,不法分子有可能利用保险公司的过错进行虚假理赔,造成保险公司财产损失。当事人涉及保险诈骗罪与保险公司存在过错的民刑交织案件如何处理,便成了一大难题。

应当明确的是,判断保险合同的效力与判断当事人是否构成保险诈骗罪亦应当分别进行,正如前文所述,刑事法律规范与民事法律规范评价的对象不同,不能当然依据有罪的判决结果认定保险合同必然无效,也不能依据无罪的判决结果认定保险合同必然有效。即使当事人在投保的过程中确实存在虚假陈述的事实,保险合同的效力仍然应当依照保险法律法规判断。

(一)投保人的犯罪行为与保险合同订立行为交织,保险公司签订合同时存在过错

在涉及刑事犯罪的保险纠纷案中,保险公司存在过错的,应予赔付,具体的过错责任问题,法院认为应当结合事实情况,确定赔偿金额。

《中华人民共和国刑法》(以下简称《刑法》)第一百九十八条第一款规定了保险诈骗罪的五种行为方式,其中“投保人故意虚构保险标的,骗取保险金的”行为属于在订立保险合同的环节便实施了欺诈行为,因此,投保人的犯罪行为与保险合同订立行为交织。实践中,保险公司工作上存在疏漏,未察觉或已察觉投保人的虚构标的行为,仍与投保人签订保险合同,致使保险公司遭受财产损失。《中华人民共和国保险法》(以下简称《保险法》)第十六条第二款、第六款①明确,保险人对投保人虚构保险标的行为明知的,保险合同有效,保险人应当按照保险合同约定承担保险事故发生后的赔偿或者给付保险金责任;若保险人对投保人虚构保险标的行为并不知情,保险合同效力待定,保险人有权解除保险合同。

---

① 《保险法》第十六条第二款规定:“投保人故意或者因重大过失未履行前款规定的如实告知义务,足以影响保险人决定是否同意承保或者提高保险费率的,保险人有权解除合同。”第六款规定:“保险人在合同订立时已经知道投保人未如实告知的情况的,保险人不得解除合同;发生保险事故的,保险人应当承担赔偿或者给付保险金的责任。”

《保险法》第十六条第三款[①]规定了解除权的除斥期间,保险公司对保险合同享有解除权的,必须在除斥期间内行使。除斥期间经过,合同解除权消灭,此时保险公司以投保人虚假陈述为由要求法院认定合同无效的,法院不予支持。

行使合同解除权是保险公司拒绝赔偿保险金的必要前提,根据《最高人民法院关于适用〈中华人民共和国保险法〉若干问题的解释(二)》第八条的规定,保险人未行使合同解除权,直接以存在《保险法》第十六条第四款、第五款规定的情形为由拒绝赔偿的,人民法院不予支持。

以帅某骗保案为例,帅某于1998年、2000年两次为母亲投保RS保险公司的"KN险"。KN终身保险合同约定:"凡70周岁以下,身体健康者均可作为被保险人。"帅某1998年为母亲投保时,母亲已有77岁高龄,帅某通过修改年龄使母亲成为被保险人(保险业务员对此知情,此处的保险业务员不直接处理与决定理赔事项)。2003年帅某母亲身故后,保险公司向受益人帅某理赔保险金27万元。帅某的行为属于虚构保险标的,因为帅某修改了被保险人的年龄,隐瞒了事实真相,这种行为导致被保险人死亡后,保险公司具有处分权限的人陷入了认识错误进而处分了财产。所以,帅某的行为完全符合保险诈骗罪的构成。《保险法》第三十二条第一款[②]规定了保险人可以解除合同的情形以及行使解除权的规定。[③] 根据《保险法》第十六条第三款、第六款[④]规定,因被保险人年龄不符合规定行使解除权的,解除权的除斥期间为30天,最长期限为自合同成立之日起2年。保险人在合同订立时对于投保人未如实告知的事宜知情的,不得按照上述规定行使解除权。帅某与保险公司于2000年签订最后一份保险合同,帅某理赔的行为发生于2003年,距离保险合同成立之日已超过两年,保险人的合同解除权消灭,因此合同有效。法院以此认定保险公

---

① 《保险法》第十六条第三款规定:"前款规定的合同解除权,自保险人知道有解除事由之日起,超过三十日不行使而消灭。自合同成立之日起超过二年的,保险人不得解除合同;发生保险事故的,保险人应当承担赔偿或者给付保险金的责任。"

② 《保险法》第三十二条第一款规定:"投保人申报的被保险人年龄不真实,并且其真实年龄不符合合同约定的年龄限制的,保险人可以解除合同,并按照合同约定退还保险单的现金价值。保险人行使合同解除权,适用本法第十六条第三款、第六款的规定。"

③ 依照案发时的法律规定,帅某与保险公司的合同依然有效。1995年《保险法》第五十三条第一款规定:"投保人申报的被保险人年龄不真实,并且其真实年龄不符合合同约定的年龄限制的,保险人可以解除合同,并在扣除手续费后,向投保人退还保险费,但是自合同成立之日起逾二年的除外。"

④ 《保险法》第十六条第三款规定:"前款规定的合同解除权,自保险人知道有解除事由之日起,超过三十日不行使而消灭。自合同成立之日起超过二年的,保险人不得解除合同;发生保险事故的,保险人应当承担赔偿或者给付保险金的责任。"第六款规定:"保险人在合同订立时已经知道投保人未如实告知的情况的,保险人不得解除合同;发生保险事故的,保险人应当承担赔偿或者给付保险金的责任。"

司应当按照保险合同理赔。[1]

又如,在(2020)冀07民终1841号案中,一审法院认为,段某伟在TP保险公司张家口支公司处投保的“YA恶性肿瘤疾病保险A款条款”商业保险,系双方的真实意思表示,不违反相关法律和行政法规的规定,应为合法有效,对当事人具有法律约束力。TP保险公司张家口支公司与段某伟对于双方所签订的保险合同均不持异议,二审法院认为争议焦点是TP保险公司张家口支公司向段某伟发出的“理赔决定通知书”是否发生解除合同的法律后果,其应否对段某伟主张的保险金承担理赔责任。段某伟于2017年10月26日,向TP保险公司张家口支公司提出理赔的申请,TP保险公司张家口支公司在核查的过程中发现段某在投保前已经确诊肺部疾病,随即作出了理赔决定书,但该决定书中并无段某伟签字确认的时间,经一审查明,TP保险公司张家口支公司所提交的该份证据中所体现的日期2017年11月23日系其业务人员自行书写。二审中,TP保险公司张家口支公司的代理人窦某霞陈述,该份理赔申请书系在得知段某存在带病投保的情形之后作出,并通知段某伟前来领取,但段某伟一直拒绝领取,直至2017年11月23日其遇到段某伟的爱人,才将理赔决定书及段某的相关资料交付给她,段某伟爱人拒绝在理赔决定书中签字,无奈业务人员自行填写日期,该日期就是实际的签收日期。TP保险公司张家口支公司无法证明其在法律规定的30日内行使合同解除权,故其提出的该份理赔决定书不能发生解除合同的法律后果。保险人在未解除合同的情况下,仅以投保人违反最大诚信原则,未能如实告知而不予理赔,对此法院不予支持。[2]

(二)投保人的犯罪行为发生于合同订立过程中,但投保人未缴纳保费

在保险合同纠纷中,若投保人订立合同后未依约缴纳保费,此时受益人主张保险人根据保险合同承担保险责任的,法院往往认为应当根据保险合同相关条款的效力进行评判。

例如,上海市高级人民法院在(2023)沪民终567号案中认为:本案系争焦点在于保险公司是否有权依据案涉保单所附《财产基本险条款》第二十一条的约定拒赔。如该条款有效,因上诉人确未支付保险费,保险公司有权依据合同约定拒赔。反之,

---

① 参见张明楷:《刑法学》(第6版),法律出版社2021年版,第1049页;温行健:《刑民交叉实体问题破解途径探究——以“帅英骗保案”为基点》,载江溯主编:《刑事法评论42:刑法方法论的展开》,北京大学出版社2019年版。

② 参见河北省张家口市中级人民法院民事判决书,(2020)冀07民终1841号。

如该条款无效,保险公司应对发生的保险事故予以理赔。[①]

(三)投保人的犯罪行为发生于合同订立后,保险公司在理赔过程中存在过错

《刑法》第一百九十八条第一款规定了保险诈骗罪的五种行为方式,其中"投保人、被保险人或者受益人对发生的保险事故编造虚假的原因或者夸大损失的程度,骗取保险金""投保人、被保险人或者受益人编造未曾发生的保险事故,骗取保险金""投保人、被保险人故意造成财产损失的保险事故,骗取保险金""投保人、受益人故意造成被保险人死亡、伤残或者疾病,骗取保险金"属于犯罪行为发生在保险合同订立后的情形。由于犯罪行为发生于合同订立后,不存在投保人虚构事实以订立保险合同的情形,因此,保险合同系投保人与保险公司的真实意思表示,保险合同有效。此时争议的问题在于受益人是否可以根据保险合同向保险公司申请赔偿保险金以及保险公司是否应当承担赔偿责任。由于该类情形较为复杂,笔者试以具体案例加以说明。

例如,在(2019)皖民终706号案中,原审法院认为:关于保险合同效力,2014年8月1日,HT公司向RM保险公司滁州分公司投保的财产一切险,系双方当事人的真实意思表示,内容不违反法律、行政法规的强制性规定,合法有效。双方当事人应按合同的约定履行各自的义务。关于是否属于保险事故,2014年8月21日,HT公司厂房发生火灾,并无事故认定书认定该等火灾是人为导致,故属保险责任范围。因此,RM保险公司滁州分公司应当根据保险合同的约定对HT公司因此次火灾产生的财产损失承担赔偿责任。RM保险公司滁州分公司辩称此次火灾存在蓄意放火的嫌疑,但其提供的证据不足以证明该事实的成立,应承担举证不能的不利后果。关于过错责任,确定火灾造成的损失,需要根据完整、可印证的财务账册、凭证等进行界定。HT公司的相关材料不完整、不准确,该公司库存货物的情况无法根据其提交的现有材料进行判断,故因火灾被烧毁财物的价值因HT公司未规范经营而无法确定,HT公司对此存在过错。而RM保险公司滁州分公司在未审慎核保情况下,便与HT公司签订了保险合同,金额高达1700余万元,RM保险公司滁州分公司亦存在一定过错。

二审法院认为,案涉保险合同系HT公司对2013年所投一切险的续保,虽然保险单中载明的保险金额/赔偿限额1757.45万元系HT公司在投保时自行确定的数

① 参见上海市高级人民法院民事判决书,(2023)沪民终567号。

额,但对于HT公司在两次投保时所确定的流动资产(存货)数额均相同这一明显不合常理情况,RM保险公司滁州分公司未进行核实具有一定的过错。

综合考虑HT公司资金情况、生产能力、生产能力与库存匹配程度,兼顾双方当事人的过错程度等因素,一审法院根据公平原则和诚实信用原则,酌定RM保险公司滁州分公司赔付HT公司保险金300万元,二审法院予以维持。①

蓄意纵火造成财产损失的行为既是保险诈骗罪的预备行为,又是能够依据保险合同申请理赔的前置条件,保险公司欲以投保人、被保险人故意造成保险事故为由拒绝理赔,必须提供相应的证据证明该事实的成立。本案中,安徽省全椒县公安局出具的全公(经)撤案字〔2017〕A002号《撤销案件决定书》载明,因在侦查过程中发现不应对犯罪嫌疑人追究刑事责任,因此决定撤销HT公司涉嫌的保险诈骗案。RM保险公司滁州分公司亦未向法院提供新的证据证明HT公司犯罪事实的存在,因此应当自行承担举证不利的后果。

由此可见,投保人的犯罪行为发生于合同订立后,保险公司在理赔过程中存在过错的,应当承担相应的赔偿责任。

三、证券虚假陈述类刑民交叉案件:中介机构过错

近年来,证券虚假陈述案件频发,中介机构被判决承担“天价赔偿”的案件屡有发生,尤其是自《中华人民共和国证券法》(以下简称《证券法》)颁布实施以来,包括承销商、律师事务所等在内的中介机构的法律职责更加明晰,对资本市场中的证券违法行为的打击力度也越来越大。此外,《中华人民共和国刑法修正案(十一)》亦呈现同样的态势,该修正案加大了对欺诈发行证券、违规披露信息、不披露重要信息等行为的刑事处罚,同时拓宽了对应当纳入刑事处罚主体的打击范围,大幅提升了对金融证券犯罪活动的刑罚力度。在此种背景下,在证券虚假陈述类刑民交叉案件中,中介机构的责任形式以及过错认定等问题尤为值得关注。

(一)中介机构责任形式

《证券法》第一百六十三条②、《最高人民法院关于审理涉及会计师事务所在审

---

① 参见安徽省高级人民法院民事判决书,(2019)皖民终706号。

② 《证券法》第一百六十三条规定:“证券服务机构为证券的发行、上市、交易等证券业务活动制作、出具审计报告及其他鉴证报告、资产评估报告、财务顾问报告、资信评级报告或者法律意见书等文件,应当勤勉尽责,对所依据的文件资料内容的真实性、准确性、完整性进行核查和验证。其制作、出具的文件有虚假记载、误导性陈述或者重大遗漏,给他人造成损失的,应当与委托人承担连带赔偿责任,但是能够证明自己没有过错的除外。”

计业务活动中民事侵权赔偿案件的若干规定》第五条①、《全国法院审理债券纠纷案件座谈会纪要》第三十一条②均规定，在证券虚假陈述案件中，中介机构的责任形式主要包括连带责任和补充责任，即需要根据中介机构是否存在故意、过失等情形，分别判断其应当承担的法律责任。

例如，浙江省高级人民法院在(2021)浙民终515号“WY债”案中认为：“债券承销机构、会计师事务所、律师事务所、信用评级机构等资本市场中介机构应当切实而严肃地践行资本市场信息披露制度中的‘看门人’义务，审慎开展中介服务，勤勉尽责。中介机构违反证券法律规定，在证券发行或者交易过程中，对重大事件作出违背事实真相的虚假记载、误导性陈述，或者在披露信息时发生重大遗漏、不正当披露信息，导致投资者产生损失的，应当对投资者的损失与发行人承担相应的连带赔偿责任。中介机构具体承担连带责任的比例，应结合案件事实，根据中介机构过错程度加以确定。”③

若中介机构与发行人恶意串通或者明知证券虚假陈述的事实却不指明，法院往往认定中介机构承担连带责任。

如北京市高级人民法院在(2021)京民终244号案中认为：“本案中，YT北京分所为案涉债券出具审计报告。相关刑事判决书已认定，在审计程序中，使用YT北京分所名义的王某刚明知ZF皮业公司的财务状况不符合发行债券的要求，却为实现发债目标，要求ZF皮业公司提供虚假的财务数据，并介绍伪造财务凭证的相关人员，在欺诈发行债券的共同犯罪中起积极、重要作用，YT北京分所根据王某刚提供

---

① 《最高人民法院关于审理涉及会计师事务所在审计业务活动中民事侵权赔偿案件的若干规定》第五条规定：“注册会计师在审计业务活动中存在下列情形之一，出具不实报告并给利害关系人造成损失的，应当认定会计师事务所与被审计单位承担连带赔偿责任：(一)与被审计单位恶意串通；(二)明知被审计单位对重要事项的财务会计处理与国家有关规定相抵触，而不予指明；(三)明知被审计单位的财务会计处理会直接损害利害关系人的利益，而予以隐瞒或者作不实报告；(四)明知被审计单位的财务会计处理会导致利害关系人产生重大误解，而不予指明；(五)明知被审计单位的会计报表的重要事项有不实的内容，而不予指明；(六)被审计单位示意其作不实报告，而不予拒绝。对被审计单位有前款第(二)至(五)项所列行为，注册会计师按照执业准则、规则应当知道的，人民法院应认定其明知。”

② 《全国法院审理债券纠纷案件座谈会纪要》第三十一条规定：“债券服务机构的过错认定。信息披露文件中关于发行人偿付能力的相关内容存在虚假记载、误导性陈述或者重大遗漏，足以影响投资人对发行人偿付能力的判断的，会计师事务所、律师事务所、信用评级机构、资产评估机构等债券服务机构不能证明其已经按照法律、行政法规、部门规章、行业执业规范和职业道德等规定的勤勉义务谨慎执业的，人民法院应当认定其存在过错。会计师事务所、律师事务所、信用评级机构、资产评估机构等债券服务机构的注意义务和应负责任范围，限于各自的工作范围和专业领域，其制作、出具的文件有虚假记载、误导性陈述或者重大遗漏，应当按照证券法及相关司法解释的规定，考量其是否尽到勤勉尽责义务，区分故意、过失等不同情况，分别确定其应当承担的法律责任。”

③ 浙江省高级人民法院民事判决书，(2021)浙民终515号。

的内容不实的现场审计底稿及有关虚假财务凭证出具了内容严重失实的审计报告。因此,根据上述相关规定,一审判决认定'YT北京分所的上述行为属于知道或者应当知道发行人虚假陈述,而出具内容严重失实的案涉审计报告,构成共同侵权,对投资人的损失应承担连带责任',是正确的。YT会计所关于一审判决适用法律错误的上诉理由,不能成立,本院不予支持。"①

若无证据证实中介机构存在恶意串通或者明知证券虚假陈述的事实却不加以指明的情形,仅能认定中介机构存在重大过失,其应在一定比例范围内承担连带责任。该等责任承担范围根据中介机构的故意程度、主观过错程度以及中介机构过错在导致投资者损失因素中所占比重等进行综合评估。

如最高人民法院在(2021)最高法民申6708号案中认为:"RH事务所未能提供证据证明其实施了必要审计程序并对'智慧石拐'项目的实际开工情况、施工进展、完工进度等给予应有的关注以及必要的数据复核,其在未能确认案涉项目真实存在的情况下仅按完工百分比法确认合同收入,这一做法本身即可认定为未能履行适当的审计程序。原审法院结合证监会的行政处罚情况及RH事务所提供的工作底稿等证据,认定RH事务所存在未勤勉尽责的情形,具有一定过错,并无不当。在此基础上,鉴于RH事务所作为外部审计机构,其基于ZX技术公司提供的框架协议等材料进行盈利预测审核,并不存在明显过错,项目所涉虚假陈述金额较小,对于审计重要性而言相对较低;且RH事务所不存在明显故意,主观过错程度较轻;并考虑到认定为虚假记载的营业收入所占比例对投资者的决策影响程度,原审根据《证券法》(1998年修订)第一百六十一条、《最高人民法院关于审理证券市场因虚假陈述引发的民事赔偿案件的若干规定》第二十四条、2007年《最高人民法院关于审理涉及会计师事务所在审计业务活动中民事侵权赔偿案件的若干规定》第六条的规定,酌定RH事务所在15%的范围内对ZK公司的证券虚假陈述民事责任承担连带赔偿责任,已对RH事务所的过错程度、造成投资者损失原因力等因素进行了综合考量,具有相应的事实和法律依据,并无不当。"②

(二)刑事判决对中介机构责任认定的影响

根据上文论述,中介机构的责任认定与中介机构主观上系故意还是过失有着直接的关系,在证券虚假陈述类刑民交叉案件中,刑事判决书可能对中介机构的行为进行判断,即认定中介机构的行为是否属于故意,在该等情况下,有案例直接根据生

① 北京市高级人民法院民事判决书,(2021)京民终244号。

② 最高人民法院民事裁定书,(2021)最高法民申6708号。

效的刑事判决认定中介机构在民事案件中的主观责任。

例如,北京市高级人民法院在(2021)京民终244号案件中认为:“相关刑事判决书已认定,在审计程序中,使用YT北京分所名义的王某刚明知ZF皮业公司的财务状况不符合发行债券的要求,却为实现发债目标,要求ZF皮业公司提供虚假的财务数据,并介绍伪造财务凭证的相关人员,在欺诈发行债券的共同犯罪中起积极、重要作用,YT北京分所根据王某刚提供的内容不实的现场审计底稿及有关虚假财务凭证出具了内容严重失实的审计报告。因此,根据上述相关规定,一审判决认定‘YT北京分所的上述行为属于知道或者应当知道发行人虚假陈述,而出具内容严重失实的案涉审计报告,构成共同侵权,对投资人的损失应承担连带责任’,是正确的。”①

目前并无相关规定认为刑事判决中对相关行为人主观层面上的评价可以作为界定民事案件中中介机构是否存在过错的判断标准,法院也未就此形成统一裁判口径。因此,笔者认为,虽有案例使用刑事案件判决书对民事案件的相关责任进行分析,但实践中仍需要根据个案结合相关行为人的具体行为及民事法律法规等相关规定进行判断。

结　语

金融领域刑事犯罪案件纷繁复杂,且呈现频发的态势,实践中涉及该类案件的审理规则仍不够翔实,且理论与实践存在一定的断层。本专题通过梳理现有刑民交叉案件相关的法律、法规规定以及相关案例发现,刑民交叉案件的处理原则逐渐演变,不再是单一的“先刑后民”原则,而是根据个案情况选择适用三种原则。此外,判断刑民交叉案件中,刑事案件对民事案件的影响,包括程序影响及实体影响,主要还是通过刑事案件与民事案件中涉及的事实是否属于“同一事实”这一标准进行判断。研究发现,实践中对于“同一事实”的判断标准亦逐渐趋于明确,即从行为实施主体、法律关系、要件事实三个层面进行判断。在金融类犯罪刑民交叉案件中,刑事案件对金融合同的效力影响、刑事退赔对民事案件财产损失主张范围及主体的影响等,都与刑事案件事实与民事案件事实是否为“同一事实”息息相关。此外,对于刑民交叉案件中金融合同的效力问题、金融类犯罪案件中金融机构相关过错等问题,亦不能“一刀切”地根据刑事法律评价的结果进行判断,而应当回归《民法典》,对刑民问题的衔接进行逐案判断。

---

① 北京市高级人民法院民事判决书,(2021)京民终244号。

专题七

涉外民商事案件中域外法查明的司法实践研究

国浩律师（上海）事务所　赵德林　王泽锋

我国适用域外法律进行民商事审判的情形包括法律强制规定适用域外法、当事人约定适用域外法。在进行域外法查明的案例中，中级人民法院管辖的案例最多，且主要集中在上海、北京、广东等地。域外法查明的相关案例自2017年后逐年增多，其中查明我国香港地区的案例最多，法定适用域外法的情况占多数，当事人自行查明域外法的案例比例相对较高，委托域外法查明机构、域外法专家进行查明是域外法查明的主要途径。

法定适用域外法时，法院负有查明义务，但是当事人查明亦属于有效的查明途径；约定适用域外法时，当事人负有查明义务。除法院主动查明、当事人自行查明域外法的启动方式外，实践中也存在当事人向法院申请启动域外法查明的案例。我国司法实践中进行域外法查明的途径主要包括委托法律查明服务机构进行查明、委托域外法专家进行查明、通过外国使领馆进行查明、公开途径自行查明、援引其他已生效判决中查明的域外法。

就域外法的性质，目前学界存在"事实说""法律说""双重性质说"等不同学说，我国司法实践倾向于将域外法认定为事实。在域外法查明中心进行查明时，法院一般认可其主体资格；域外法专家应具有相关国家的执业资格或大学教授的职位，从事法律工作多年，执业、研究领域与案涉纠纷相关；当事人自行查明时，成功率较低。对于域外法查明中心出具法律意见书的形式，法律未有具体规定；我国香港地区、我国澳门地区、我国台湾地区的法律专家出具意见书须进行公证认证，其他国家或地区的法律专家出具意见书无须进行公证认证。对于查明报告的翻译，法院不会进行特别审查。查明的域外法应具有全面性、关联性及可适用性，且有成文法或判例法的支撑，一方当事人独立委托域外法查明中心、域外法专家不会影响查明结果的效力。无法查明域外法时应适用域内法，但随着域外法查明途径的增多，无法查明域外法的案例目前较少。约定适用域外法时，查明费用应由查明方支付并最终根据具体情况由法院判决是否由败诉方承担；关于法定适用域外法时的查明费用承担，目前实践中未有定论。

第一章　涉外民商事案件中的域外法适用规则

涉外民商事案件的域外法查明是指法院在审理涉外民商事案件时，如依据域内的冲突规范应适用某一域外实体法，对该域外法关于案涉纠纷特定问题的规定进行证明。[①] 随着我国对外开放的水平不断提高，我国法院审理的涉外案件数量不断增加，而查明域外法是涉外案件正确适用法律的基础和前提，域外法查明的重要性不言而喻。

根据《中华人民共和国涉外民事关系法律适用法》（以下简称《法律适用法》）的相关规定，适用域外法的情形主要包括法定适用域外法以及约定适用域外法。

一、法定适用域外法

法定适用域外法的情形包括法律强制性规定适用域外法，以及根据最密切联系原则适用域外法，《法律适用法》第二条第二款[②]、第四条[③]和《最高人民法院关于适用〈中华人民共和国涉外民事关系法律适用法〉若干问题的解释（一）》（以下简称《法律适用法司法解释一》）第四条[④]对此进行了详细规定。从相关规定看，我国对于域外法适用以法定适用为主，除了在《法律适用法》等冲突法中明确规定当事人可以自行选择适用域外法的情况，其他情形均应根据法律强制性规定或最密切联系原则确定具体适用的法律。

二、约定适用域外法

各方当事人在事前有约定或事后达成一致并通过明示的方式选择适用法律，且

---

① 参见肖永平：《国际私法原理》，法律出版社2007年版，第105页。

② 《法律适用法》第二条第二款规定："本法和其他法律对涉外民事关系法律适用没有规定的，适用与该涉外民事关系有最密切联系的法律。"

③ 《法律适用法》第四条规定："中华人民共和国法律对涉外民事关系有强制性规定的，直接适用该强制性规定。"

④ 《法律适用法司法解释一》第四条规定："中华人民共和国法律没有明确规定当事人可以选择涉外民事关系适用的法律，当事人选择适用法律的，人民法院应认定该选择无效。"

在该涉外民事法律关系的适用法律上没有强制性规定的,则应当尊重当事人的选择,按照约定适用域外法。需要注意的是,在可以约定适用域外法的情况下,各方当事人在纠纷发生前未能对适用的域外法达成一致的,进入诉讼审判阶段后也可以向法庭明示选择适用的法律。对此,《法律适用法司法解释一》第六条第一款规定:"当事人在一审法庭辩论终结前协议选择或者变更选择适用的法律的,人民法院应予准许。"在北京ZC企业管理公司与CQ投资公司等保证合同纠纷案①中,双方当事人并未就案涉保证书所适用的法律进行约定,但在法庭辩论终结前原、被告双方达成一致选择适用我国香港地区法律(香港法),法院最终适用香港法作出了判决。

① 参见北京市第四中级人民法院民事判决书,(2019)京04民初628号。

第二章　司法实践中的域外法查明情况

一、域外法查明案件的基本情况

笔者使用“威科先行”数据库进行检索,截至2024年1月17日,共检索、筛选出85件涉及域外法查明的民事裁判文书,其中系列案件有9件。过滤系列案,剩余76件案例中,基层人民法院审理的案件共17件,占比约22%;中级人民法院审理的案件共41件,占比约54%;高级人民法院审理的案件共10件,占比约13%;最高人民法院审理的案件共8件,占比约11%。(见图1)在上述案件中,中级人民法院管辖的案例最多,其中有12件案例系海事法院审理,而在所有的案例中,共有20件案例的一审审理法院系海事法院。

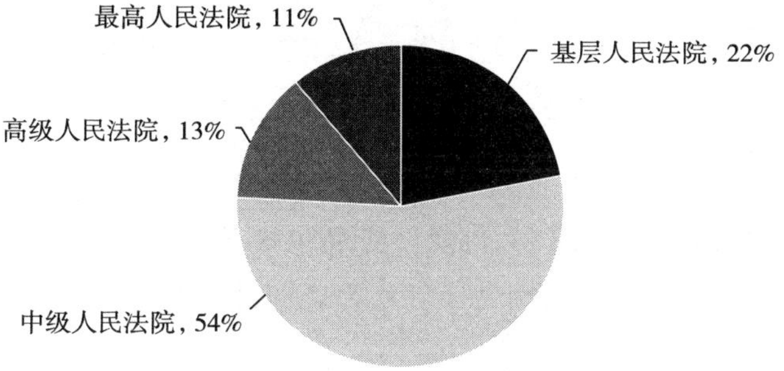

图1　相关案件审级情况

根据《全国人民代表大会常务委员会关于在沿海港口城市设立海事法院的决定》第三条第三款的规定,由海事法院所在地的高级人民法院管辖对海事法院的判决和裁定的上诉案件。许多海事案件由于涉及航运、船舶而存在涉外因素,需要适用域外法,因此,海事案件进行域外法查明的频率较高。目前,我国已在上海、天津、广州、青岛、大连和武汉等市设立了10个海事法院,海事法院的审级等同于中级人民法院,由此导致中级人民法院、高级人民法院审理的存在域外法查明情况的案件数量相对较多。此外,对于涉外案件的级别管辖,中级人民法院管辖一审涉外案件的标的金额要求相对较低,①这也进一步增加了中级人民法院管辖的域外法查明案件数量。

关于上述案件的地域分布情况,将上述案件以一审法院所在地为准进行统计,76件案例的审理法院分布于13个省、自治区、直辖市。其中,上海审理的案件共21件,北京审理的案件共13件,广东审理的案件共12件,浙江、山东审理的案件各6件,福建、天津审理的案件分别为4件,湖北审理的案件共3件,辽宁、陕西审理的案件分别为2件,江苏、广西、重庆审理的分别为1件。(见图2)涉及域外法查明的涉外案件主要集中于上海、北京、广东等地,这从侧面反映了上述地区对外开放程度高、对外交流较为频繁。

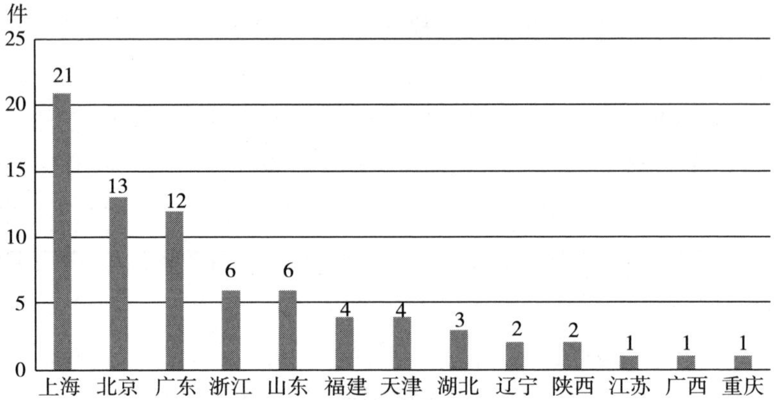

图2 相关案件的地域分布情况

在检索到的76件案例中,判决日期为2013年、2014年、2016年的案例各1件,判决日期为2017年的案例共8件,判决日期为2018年、2019年的案例各11件,判决日期为2020年的案例共15件,判决日期为2021年的案例共22件,判决日期为2022年的案例共6件。(见图3)

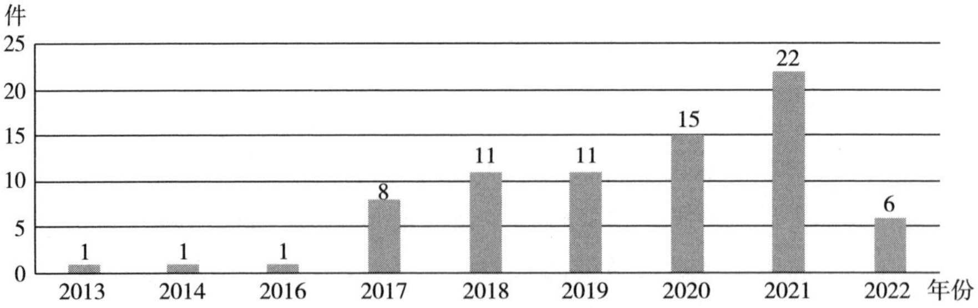

图3 相关案件的判决时间情况

---

① 关于涉外案件的管辖标准,详见最高人民法院颁布的《关于明确第一审涉外民商事案件级别管辖标准以及归口办理有关问题的通知》。

最高人民法院于2010年11月21日发布的《关于人民法院在互联网公布裁判文书的规定》(以下简称《公布文书规定》)第二条第一款规定“人民法院的生效裁判文书可以在互联网公布”。之后最高人民法院修订了《公布文书规定》①,2014年版《公布文书规定》第四条第一款规定“人民法院的生效裁判文书应当在互联网公布”。2016年,最高人民法院再一次修改了《公布文书规定》②,2016年版《公布文书规定》第三条列举了应当在互联网公布的文书类型,将未生效的裁判文书也纳入了公布文书的范畴。从《公布文书规定》的几次修订看,自2014年起生效裁判文书必须在互联网进行公布,2016年起需要“上网”的裁判文书的范围进一步扩大,由此导致2016年之前的涉及域外法查明的案例较少;但是自2018年起,涉及域外法查明的案件明显增多,除了裁判文书“上网”范围扩大的影响之外,这也是因为我国对外开放与对外联系的程度不断提高,涉外案件不断增多,且域外法查明的途径与方式愈加多样化及便利化。

二、涉外案件中的域外法查明情况

在检索到的76件案例中,共涉及23个国家及地区,其中查明中国香港地区法律的案例共28件,查明英国法的案例共7件,查明美国法的案例共6件(其中查明美国特拉华州法、美国纽约州法、美国加利福尼亚州法各2件),查明巴拿马法、墨西哥法、新加坡法、韩国法的案例各4件,查明日本法、印度法的案例各3件,查明瑞典法、菲律宾法的案例各2件,查明俄罗斯法、匈牙利法、法国法、英属维尔京群岛法、英属百慕大群岛法、德国法、澳大利亚法、泰国法、希腊法、瑞士法、加拿大法、中国台湾地区规定的案例各1件。(见图4)

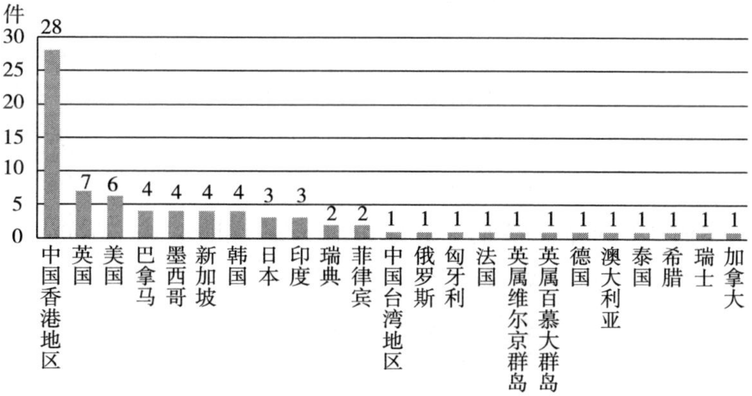

图4　查明域外法所属的国家及地区

① 2014年版《公布文书规定》由最高人民法院于2013年11月21日发布,于2014年1月1日实施。
② 2016年版《公布文书规定》由最高人民法院于2016年8月29日发布,于2016年10月1日实施。

仅从查明的法律数量来看,涉外案件中查明我国香港地区法律的案件最多,且数量远超第二位,在一定程度上反映了我国香港地区与内地的经济交流、沟通往来最为密切。查明英国法的案例为7件,查明美国法的案例为6件,说明我国和英、美两国的经济联系较为紧密,故涉及英国法、美国法的纠纷也相对较多。查明巴拿马法、墨西哥法的8件案例均为海事法院审理的海商海事案件,而查明新加坡法的4件案例中,有3件系海商海事案件或与船舶、运输有关的案件。巴拿马、墨西哥、新加坡的地理位置优越,处于世界海上运输的咽喉要道,因此涉及上述国家法律的案件多为海商海事案件。

在检索到的案例中,有3件案例中存在查明多个国家、地区法律的情况。在杰某、TD投资公司劳动合同纠纷案[①]中,查明的法律为希腊法、菲律宾法。该案系船员与船东之间的劳动合同纠纷,原告系菲律宾公民,案涉雇佣合同约定适用菲律宾法;原告请求的劳务报酬等债权的数额是由希腊籍"TL"轮的船长予以确认,因此案涉雇佣协议的效力及有关事项适用菲律宾法,有关该船长的行为效力是否可代表被告应适用希腊法律确定。

在GM信托与黄某森等金融借款合同纠纷案[②]中,被告TH投资集团公司系我国内地公司,XD(香港)公司系我国香港公司,百慕大TH投资公司系英属百慕大群岛公司,上述三个主体之间通过股权投资相互控制;该案系因境外并购进行金融借款而产生纠纷,因需对上述公司的行为能力进行判断,故对我国香港地区法律、英属百慕大群岛法律进行查明。

在DF资源公司、孙某罡与李某裕、ZY投资集团(香港)公司、余某坚、王某、深圳ZY房地产开发公司、深圳MK投资公司股权转让纠纷案[③]中,孙某罡系我国香港公民,DF资源公司系英属维尔京群岛注册公司,该案系因转让香港注册公司股权而产生纠纷,因案涉股权转让协议约定适用香港法,DF资源公司的民事权利能力、民事行为能力、公司与董事之间的权利义务事项适用英属维尔京群岛法律,故该案对我国香港法律、英属维尔京群岛法律进行查明。

从上述案例来看,在同一案例中查明多个国家或地区规定的情况多见于海事海商纠纷以及涉及境外并购、股权转让纠纷的案件中——上述类型的案件中,存在多个国家、地区的主体,且同时存在协议约定适用域外法和法律强制规定适用域外法的情况。

---

① 参见广州海事法院民事判决书,(2021)粤72民初956号。

② 参见北京市第四中级人民法院民事判决书,(2020)京04民初327号。

③ 参见广东省深圳市中级人民法院民事判决书,(2015)深中法涉外重字第1号。

在检索到的76件案例中，法定适用域外法的案例共43件，占比57%，其中7件案例中法院根据最密切联系原则适用域外法；约定适用域外法的案例共23件，占比30%，其中有3件案例系当事人在进入审判程序后达成一致意见选择适用域外法；另有4件案例既存在法定适用也存在约定适用的情况，占比5%。（见图5）

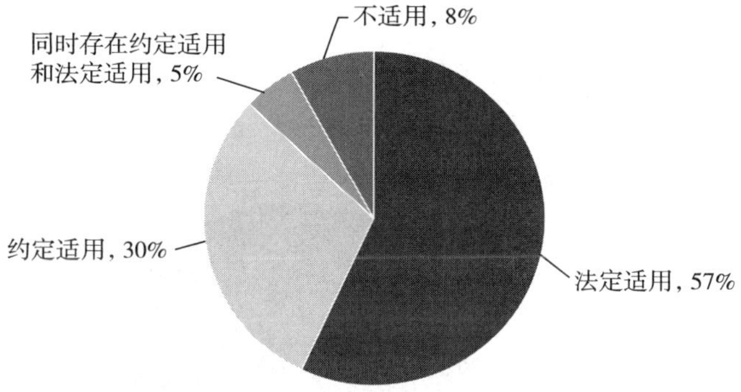

图5　相关案件适用域外法的情形

此外，有6件案例并未适用域外法，而是以中国法律作为准据法。其中，上海KY数码科技公司与福州DL科技公司、福州JB网络公司等侵害作品信息网络传播权纠纷案[①]系因不存在适用域外法的情形而未适用域外法；W公司、英国DH公司等公司债券交易纠纷案[②]系因当事人未能举证证明案涉债券产生及履行的事实存在，故法院未按照债券约定适用香港法；T珠式社会、青岛HT石墨科技公司行纪合同纠纷案[③]、长沙HK化工公司与上海DY物流公司等多式联运合同纠纷案[④]均系因各方当事人在庭审中一致选择适用中国法律而未适用域外法；北京YJ生物科技公司与美国BR公司居间合同纠纷案[⑤]（以下简称YJ案）中，案涉合同并未约定所适用的法律，双方当事人亦未就法律适用达成一致，且主张适用域外法的一方当事人未能提供有效的域外法律，故法院根据最密切联系原则适用中国法；DX公司、DZ石化公司国际货物买卖合同纠纷案[⑥]（以下简称DX案）中，法院认定负有域外法查明义务的当事人未能查明域外法，故适用中国法律。

---

① 参见上海市杨浦区人民法院民事判决书，(2019)沪0110民初8708号。
② 参见辽宁省高级人民法院民事判决书，(2020)辽民终758号。
③ 参见山东省青岛市中级人民法院民事判决书，(2021)鲁02民初1109号。
④ 参见最高人民法院民事裁定书，(2021)最高法民申6506号。
⑤ 参见最高人民法院民事裁定书，(2014)民申字第270号。
⑥ 参见最高人民法院民事裁定书，(2017)最高法民申2704号。

关于域外法查明的启动方式，在76件案例中，由法院主动进行查明的案例共25件，占比33%；当事人自行查明的案例共32件，占比42%；当事人向法院申请进行域外法查明的案例共15件，占比20%。此外，AH航运公司、DH公司等非法扣押船舶损害责任纠纷案①，杰某、TD投资公司劳动合同纠纷案②，JP公司及LW科技公司等国际货物买卖合同纠纷案③，王某甲及王某乙等股权转让纠纷案④4件案例中既存在法院主动查明的情况，也存在当事人自行查明的情况，该类案件占比5%。（见图6）

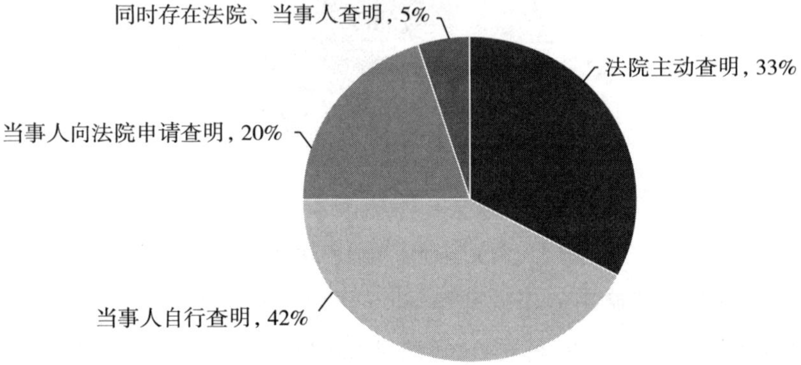

图6　相关案件域外法查明的启动方式

关于域外法查明的途径，在检索到的案例中，法院或当事人委托域外法查明中心进行查明的案例共56件，约占68.3%；法院委托外国驻我国使领馆进行查明的案例共2件，约占2.4%；法院自行查明的案例共2件，约占2.4%；法院及当事人援引其他判决文书中对域外法查明内容的案例共1件，约占1.3%；当事人委托域外法律专家进行查明的案例共19件，约占23.2%；当事人自行查明的案例共2件，约占2.4%。（见图7）其中，有6件案例中法院和当事人通过多种途径对域外法进行查明。从司法实践看，委托专业的域外法查明中心、域外法律专家是目前进行域外法查明的主要途径。

① 参见山东省高级人民法院民事判决书，(2019)鲁民终1424号。
② 参见广州海事法院民事判决书，(2021)粤72民初956号。
③ 参见广东省深圳市中级人民法院民事判决书，(2021)粤03民终11125号。
④ 参见山东省高级人民法院民事判决书，(2021)鲁民终1428号。

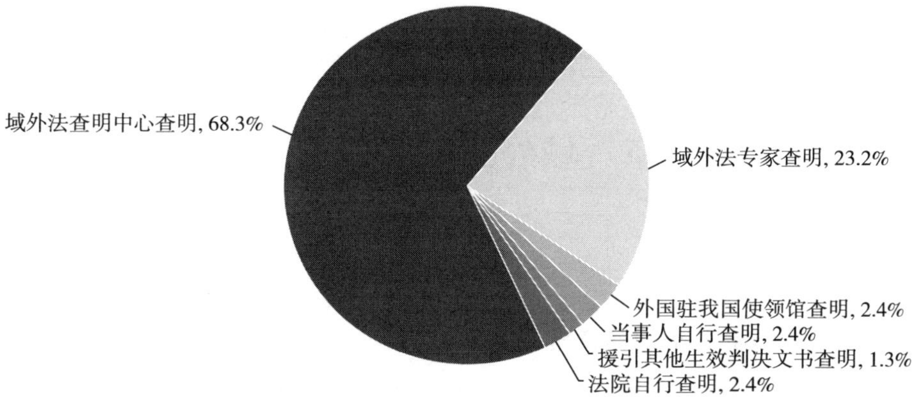

图7　相关案件域外法查明的途径

在域外法查明中心进行查明的56件案例中,委托华东政法大学外国法查明研究中心查明的案例共26件,占比46%;委托深圳市蓝海法律查明和商事调解中心查明的案例共18件,占比32%;委托中国政法大学外国法查明研究中心查明的案例共10件,占比18%;委托武汉大学外国法查明研究中心查明的案例共1件,占比2%;委托西南政法大学中国—东盟法律研究中心查明的案例共1件,占比2%。(见图8)从上述情况看,位于一线城市的查明中心查明接受当事人及法院的委托相对更多;由于上海市法院受理的存在外国法查明的涉外案件最多,相关法院及当事人在委托域外法查明中心时优先考虑同处上海的华东政法大学外国法查明研究中心,这使委托华东政法大学外国法查明研究中心查明域外法的案例数量居于首位。

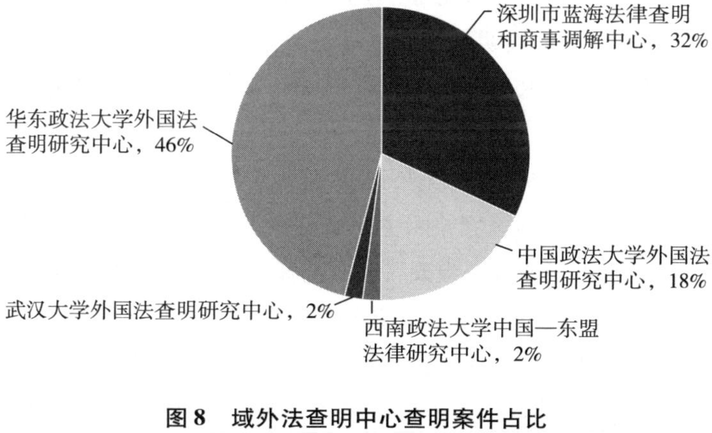

图8　域外法查明中心查明案件占比

第三章　域外法查明的司法程序

一、域外法查明的义务主体

《法律适用法》第十条第一款规定，“涉外民事关系适用的外国法律，由人民法院、仲裁机构或者行政机关查明。当事人选择适用外国法律的，应当提供该国法律”。《最高人民法院关于适用〈中华人民共和国涉外民事关系法律适用法〉若干问题的解释（二）》（以下简称《法律适用法司法解释二》）第一条第二款、第三款规定：“当事人选择适用外国法律的，应当提供该国法律。当事人未选择适用外国法律的，由人民法院查明该国法律。”《法律适用法司法解释二》第二条第一款规定，“人民法院可以通过下列途径查明外国法律：（一）由当事人提供……”该条第三款规定：“人民法院依据本条第一款第一项的规定要求当事人协助提供外国法律的，不得仅以当事人未予协助提供为由认定外国法律不能查明”。因此，在诉讼案件中，若法定适用域外法时，应由主审法院对案涉域外法律进行查明，此时当事人亦有辅助查明的义务；在当事人选择适用域外法时，则应由当事人对案涉域外法进行查明。

应当注意的是，虽然《法律适用法》第十条第一款、《法律适用法司法解释二》第一条、第二条已经对域外法查明的义务主体进行了明确的规定，但是在司法实践中也存在法定适用域外法时由当事人进行查明或约定适用域外法时由法院进行查明的情况。

在 XH 航运公司与深圳 XL 物流公司、大连 KS 公司海上、通海水域货物运输合同纠纷案[①]（以下简称 XH 航运案）中，主审法院根据《中华人民共和国海商法》第二百六十九条规定认定本案的合同当事人可以选择合同适用法律；案涉提单背面条款第二十七条约定，提单条款未尽事宜受新加坡法律管辖，无论如何提单条款适用新加坡法律解释，因此，法院确认该案适用新加坡法律。该案系在当事人的约定下适用域外法的情形，当事人本应该承担域外法查明的义务，但在该案审理过程中，法院委托了中国政法大学外国法查明研究中心查明新加坡法律中与涉案纠纷相关的

---

① 参见大连海事法院民事判决书，(2018) 辽 72 民初 758 号。

法律。

在JL(香港)公司、YH实业公司等股权转让纠纷案[1]中,案外人廖某铎代表YH实业公司与JL(香港)公司签订了《股权转让协议》,法院认为对于案外人廖某铎是否有权代表YH实业公司签订该协议,应根据《法律适用法》第十四条的规定,适用YH实业公司登记地法律即中国香港地区法律,而法定适用域外法的情形不受合同约定和当事人选择法律适用的限制。YH实业公司在法定适用域外法的情况下,亦委托深圳市蓝海法律查明和商事调解中心对案涉争议相关的我国香港地区法律进行了查明,并出具了相关法律意见书,最终法院接受了该意见书中所查明的我国香港地区法律。

在厦门LK矿业公司、福建AG投资公司股权转让纠纷案[2](以下简称LK矿业案)中,法院认定案涉公司登记注册地为菲律宾,根据《法律适用法》的规定,应当根据菲律宾法律确定案涉公司的股权结构等问题;被告福建AG投资公司提交其委托菲律宾律师出具的《法律意见书》,以证明菲律宾法律的相关规定。原告据此向最高人民法院提起再审申请,其认为本案两审法院适用的均是菲律宾律师出具的法律意见书,而非菲律宾有权机构颁布的正式法律,是严重的法律适用错误。最高人民法院指出,一、二审法院未直接采用《法律意见书》的内容,而是根据举证责任,结合其他证据综合分析,认定原告提交的证据均未能证明其持有案涉JD公司70%的股权;在我国的法律实践中,当事人提供也是域外法查明的一种途径;一、二审法院持审慎态度,未直接引用当事人提供的《法律意见书》,而是从举证角度否定当事人的主张,并无不当。

根据《法律适用法司法解释二》第二条第一款第一项的规定及上述案例的审理情况,在法院负有查明义务时,当事人查明也属于域外法查明的一种途径,当事人可以自行开展域外法查明工作。当事人在进行域外法查明时,可根据自身立场对相关域外法律进行解读;[3]对于域外法律的翻译,当事人也可根据实际情况,在不影响文意的情况下对中文翻译文件进行调整。若当事人所提交的法律意见书已准确查明域外法,法院一般不会再另行通过委托域外法查明中心等途径重新对域外法进行查明。因此,在案涉争议焦点已经明确的情况下,即使法律规定应由法院进行域外法

① 参见山东省高级人民法院民事判决书,(2021)鲁民终2049号。

② 参见最高人民法院民事裁定书,(2019)最高法民申319号。

③ 参见康健、宋嘉怡:《涉外案件的外国法适用与查明规则——涉外案件代理过程中如何推进外国法查明工作》,载微信公众号“天同诉讼圈”2021年7月30日,https://mp.weixin.qq.com/s/rd98fYaHv5SQaMMl61KuZw。

查明,当事人亦可先行查明案涉域外法律,以帮助法官高效、准确地查明案涉域外法,并在查明、适用域外法的过程中取得主动地位。

二、域外法查明的启动方式

(一)法院主动查明域外法

如上文所述,在法定适用域外法的情形下,主审法院负有查明域外法的义务,绝大多数情况下系法院通过委托域外法查明中心等途径启动域外法查明程序;而在当事人约定适用域外法的情形下,亦存在法院主动开启域外法查明程序的情况。

(二)当事人自行查明域外法

在当事人约定适用域外法的情形下,当事人负有查明域外法的义务,其应当自行查明。同时,如上文所述,在法定适用域外法的情形下,当事人提供域外法亦属查明途径,当事人有权自行查明案涉域外法律。

(三)法院根据当事人申请查明域外法

在法定适用域外法的情形下,法院负有查明域外法的义务,但是在部分案件中当事人依旧向法院主动提出查明域外法的申请,而后法院根据当事人的申请启动域外法查明程序。在RM财险公司上海分公司与青岛HM物流公司海上、通海水域货物运输合同纠纷案[①]中,根据《中华人民共和国海商法》的相关规定,该案被告应承担的赔偿责任和责任限额应适用墨西哥法律进行确定,而后被告向法院提出申请要求查明案涉域外法,法院根据当事人的申请委托中国政法大学外国法查明研究中心查明墨西哥相关法律。

在部分当事人约定适用域外法的案例中,也存在当事人向法院提出申请要求由法院委托查明机构进行域外法查明的情况。在莫某、李某伟不当得利纠纷案[②]中,原、被告明确"对于香港公司注销后债务承担的问题"适用我国香港地区法,主审法院根据《法律适用法》第三条的规定,确认该案适用我国香港地区法,其后原告向法院申请委托有资质机构对法律问题进行查明,法院依申请委托深圳市蓝海法律查明和商事调解中心对案涉法律问题进行查明。

---

① 参见厦门海事法院民事判决书,(2019)闽72民初972号。

② 参见广东省恩平市人民法院民事裁定书,(2020)粤0785民初545号之三。

在 HQ 公司与 HJ 海运公司海运集装箱租赁合同纠纷案①中，案涉《集装箱长期租赁协议》明确约定协议适用英国法，法院根据《法律适用法》第四十一条的规定对适用英国法进行了确认，审理中原告委托法院由中国政法大学外国法查明研究中心就适用的法律进行查明。

在笔者统计的 14 件当事人向法院申请进行域外法查明的案例中，有 12 件案例系法定适用域外法，约定适用域外法的案例仅有上述 2 件。需要注意的是，《法律适用法》及其司法解释目前并未规定启动域外法查明程序需当事人向法院提出申请，因此当事人申请并非法律明确规定的域外法查明启动方式。在法定适用域外法的相关案件中，当事人之所以提出查明申请可能系出于要求法院适用域外法、尽快进行域外法查明的考虑；而在上述约定适用域外法的 2 件案例中，当事人提出查明申请可能是由于法院委托查明中心进行查明更加便利，或是当事人并不了解域外法查明的具体途径，由其启动域外法查明存在困难，但是上述两件案例主审法院的审级较低，且该种情况较为少见，故约定适用域外法时当事人向法院申请启动域外法查明的情况并不具有普遍性。

三、域外法查明的途径

对于域外法查明的途径，《法律适用法司法解释二》第二条第一款②规定了包括当事人提供、通过司法协助渠道提供、使领馆提供等 6 种具体途径，并兜底规定了可以通过"其他适当途径"查明域外法；而在检索到的案例中，法院及当事人主要通过以下方式查明域外法律。

（一）委托法律查明服务机构进行查明

2019 年 11 月 29 日，最高人民法院联合西南政法大学中国—东盟法律研究中心、深圳市蓝海法律查明和商事调解中心、中国政法大学外国法查明研究中心、华东政法大学外国法查明研究中心、武汉大学外国法查明研究中心五家机构共建"最高人民法院域外法查明平台"③，并发挥最高人民法院聘请的来自 14 个国家和地区的

---

① 参见天津海事法院民事判决书，（2016）津 72 民初 874 号。

② 《法律适用法司法解释二》第二条第一款规定："人民法院可以通过下列途径查明外国法律：（一）由当事人提供；（二）通过司法协助渠道由对方的中央机关或者主管机关提供；（三）通过最高人民法院请求我国驻该国使领馆或者该国驻我国使领馆提供；（四）由最高人民法院建立或者参与的法律查明合作机制参与方提供；（五）由最高人民法院国际商事专家委员会专家提供；（六）由法律查明服务机构或者中外法律专家提供；（七）其他适当途径。"

③ 该平台网址，https://cicc.court.gov.cn/html/1/218/347/。

31 位国际商事专家委员的作用,为各级人民法院和社会各界提供法律查明服务。[①]根据检索的案例情况,2019 年"最高人民法院域外法查明平台"成立后,进行域外法查明的案例显著增加。目前,通过域外法查明机构进行域外法查明是司法实践中最常用的途径,且法院和当事人均可委托域外法查明机构进行查明。

(二)委托域外法专家进行查明

在约定适用域外法的情况下,当事人应承担域外法查明的义务,而在法定适用域外法的情况下,当事人提供域外法亦属法院查明域外法的法定途径,此时当事人可自行委托如外国律师、大学教授等对域外法进行查明。如上文所提到的 LK 矿业案中,在法定适用菲律宾法的情况下,被告福建 AG 投资公司通过委托菲律宾律师出具《法律意见书》的形式查明域外法,而一审、二审法院均未另行进行域外法查明。对此,最高人民法院于再审审查中予以支持。

《法律适用法司法解释二》第四条[②]规定,法律查明服务机构、法律专家提供域外法律的,应提交相应的身份、资质证明及无利害关系声明。在《法律适用法司法解释二》出台前,实践中当事人自行委托的法律专家无须出具与案件无利害关系的书面声明;关于法律专家的身份及资历证明,大部分案例中当事人系委托外国律师对该国法律出具意见书,对于域外法专家的身份,当事人一般只要能够提供相关证据证明该律师的从业资格真实、执业领域与案涉纠纷相关,即可认定其具有资格。在 MS 航运公司与青岛 HM 物流公司等国际货物多式联运合同纠纷案[③](以下简称 MS 案)中,当事人提交了墨西哥执业律师 BMG 出具的书面证词和墨西哥相关法律规定及公证、认证件及中文译本,对此,法院指出,域外法查明专家是指能够提供有关域外法的存在及其具体内容和见解,有一定从业经历并具备专门知识的人,而我国法律对域外法查明专家资质的情况并未提出具体要求;相关证据显示,BMG 律师系墨西哥公民和墨西哥城居民,自 2004 年以来一直以律师身份在墨西哥从事法律工作,主要执业领域是海事、港口、能源和运输法,其教育背景与职业领域满足域外法查明的相关资质,审理法院对其查明域外法的资质予以认可。

---

① 参见《最高法:全国法院域外法查明统一平台正式建立》,载百家号网 2019 年 11 月 29 日,https://baijiahao.baidu.com/s?id=1651531382312092902&wfr=spider&for=pc。

② 《法律适用法司法解释二》第四条规定:"法律查明服务机构、法律专家提供域外法律的,除提交本解释第三条规定的材料外,还应当提交法律查明服务机构的资质证明、法律专家的身份及资历证明,并附与案件无利害关系的书面声明。"

③ 参见上海市高级人民法院民事判决书,(2018)沪民终 405 号;该案当事人其后向最高人民法院提出再审申请,再审申请已被驳回。

虽然多数案件中,当事人系委托外国律师进行查明,但也有部分案件,当事人委托外国大学教授对该国法律进行查明。在新加坡CR公司与DC保险公司国际货物多式联运合同纠纷案①(以下简称CR海运案)中,新加坡CR公司于再审中补充提供了墨西哥法律专家S博士出具的法律意见,该教授自述为墨西哥国立自治大学阿卡特兰专业研究学院"C类"前任全职教授、国际海事组织2013年国际海事奖获奖人。对于该教授的法律意见书中所引用的墨西哥法律,最高人民法院最终予以认定。

(三)通过使领馆查明域外法

根据《法律适用法司法解释二》第二条第一款第三项的规定,当事人可以通过最高人民法院请求我国驻该国使领馆或者该国驻我国使领馆查明域外法律。但由于使领馆并无法定配合义务,相关工作人员亦并非法律专业人员,故在实践中极少运用该途径进行域外法查明。笔者检索到的案例中仅有2件案例的法院试图通过外国驻我国使领馆查明法律,但2件案例均未能成功通过使领馆进行查明;对于向我国驻外国使领馆申请进行域外法查明的方式,目前未发现有成功运用该方式的案例。

在AH航运公司、DH公司等非法扣押船舶损害责任纠纷案②中,一审法院为查明印度共和国有关错误扣押船舶及错误扣船诉讼时效的法律规定,先发函至印度共和国驻中华人民共和国大使馆,被退回后,委托华东政法大学外国法查明研究中心出具法律意见。

在CR海运案中,一审法院为查明墨西哥关于涉案纠纷承运人责任及责任限制等事项的法律规定,分别向华东政法大学、上海海事大学、墨西哥驻上海总领事馆就墨西哥法律查明事宜发函,但未能查明。需要指出的是,该案一审判决于2015年2月12日作出,由于当时"最高人民法院域外法查明平台"还未成立,法院查明域外法的途径有限,最终一审、二审法院均认定墨西哥法律未能查明。

(四)公开途径自行查明

司法实践中,法院及当事人也可通过互联网等公开途径自行查明域外法。

在RK公司与上海LX贸易公司买卖合同纠纷案③中,法院通过类案检索方式检

① 参见最高人民法院民事判决书,(2018)最高法民再196号。
② 参见山东省高级人民法院民事判决书,(2019)鲁民终1424号。
③ 参见上海市第一中级人民法院民事裁定书,(2021)沪01民辖终1211号。

索我国法院的生效裁判文书,得出瑞士法承认临时仲裁的初步结论,其后又自行通过互联网登录瑞士联邦议会的官方网站,直接查明《瑞士联邦国际私法法典》的相关条文,认可了临时仲裁条款的效力。

在S航运公司、唐山GL钢铁公司申请海事强制令损害赔偿纠纷案①(以下简称S案)中,法院通过公共网站、中国政法大学图书馆查阅了英国法律专家John F. Wilson教授撰写的《海上货物运输》、英国法律专家Stephen Girvin所著《海上货物运输》以及Alan Abraham Mocatta爵士、Michael J. Mustill爵士和Stewart C. Boyd修订的《Scrutton论租约与提单》等法律著作,并根据其查明的英国法规定作出了判决。关于法院自行通过公开途径查明的情况,原告S航运公司提出异议,其认为如果适用英国法查明应当依据判例,而不是法律著作,且中国法律规定了域外法查明的途径,不能通过查阅法律著作进行摘录得出结论。对于该观点,再审法院未予支持。

在当事人自行查明域外法的2件案例中,法院均未适用当事人自行查明的域外法。在S案中,除上文提到的法院自行查明域外法的情况外,该案原告也提交了其从网络下载的相关英国判例的复印件,被告亦提供了有关英国法的证据,但法院认定上述材料不足以查明英国法,故在当事人提供材料的基础上自行查明。在YJ案中,当事人原TK公司自行提供了《美国代理法重述》、美国特拉华州最高法院的判例、美国密歇根州南部东区地区法院判例、J.丹尼斯·海因斯所著的《代理、合伙和有限责任公司》。对此,法院直接认定由于原TK公司未能提供有效的美国法律或判例,人民法院无法查明适用于本案的美国法律或判例。

需要注意的是,当事人自行查明的2件案例判决时间较早,S案系再审案件,域外法查明系于二审中完成,二审判决日期为2012年12月;YJ案的判决日期则为2013年12月。如上文所述,此时"最高人民法院域外法查明平台"还未成立,域外法查明存在障碍,故当事人未能通过委托域外法查明中心的方式查明域外法律。

(五)援引其他已生效判决中查明的域外法

《法律适用法司法解释二》第八条第三项规定:"域外法律的内容已为人民法院生效裁判所认定的,人民法院应当予以确认,但有相反证据足以推翻的除外。"司法实践中,部分法院直接适用其他案件判决中已经查明的域外法,而未另行进行域外法查明。

在上文所述的MS案中,原告提交了墨西哥律师为该案的其他关联案件出具的

---

① 参见天津市高级人民法院民事判决书,(2014)津高民再字第0005号。

书面证词，以及华东政法大学外国法查明研究中心在上海海事法院审理的另案中出具的法律意见书，被告对此提出了异议。法院在认定上述证据时指出，虽然相关材料系来自其他案件，但是法律规定及其有效性作为客观事实本身不会因为案件不同而有所不同。最终，法院根据原告提交的律师意见、华东政法大学外国法查明研究中心在另案中出具的法律意见书、最高人民法院（2018）最高法民再196号民事判决书①，对墨西哥法律进行了查明。

在JP公司及LW科技公司等国际货物买卖合同纠纷案中，原告JP公司援引了上海知识产权法院（2017）沪73民终248号民事判决书中查明的香港法律；主审法院则引用了（2017）粤03民终3296号②国际货物买卖合同纠纷案中，其委托深圳市蓝海现代法律服务发展中心查明的香港法律。对此，法院指出，人民法院发生法律效力的裁判文书中已查明的域外法律规定，可作为另案查明域外法律的依据，当事人有相反证据足以推翻的除外；当事人提供的上海知识产权法院判决文书与法院在另案中查明的法律并无冲突。需要注意的是，该案法院最终并未支持JP公司的上诉主张，主审法院实际仍按照其自身在另案中所查明的香港法作出判决，而未引用上海知识产权法院所查明的香港法律。这是因为对于审理法院自身在另案中查明的香港法律，法院可以掌握查明的前因后果及相关域外法律的具体适用情况，且可通过调阅原始卷宗的方式了解查明结果的具体内容；对于其他法院另案查明的域外法则无法直接查阅原始的查明报告，对于不同案件案情的差异、法律规定的不同亦难以全面了解，因而法院更倾向优先适用本院的另案生效判决。由此可见，若其他案件的生效判决已经查明了域外法律，且另案查明的相关法律与正在审理案件的争议焦点直接相关，则该案可以直接援引、适用已查明的域外法律；在提供判决时，应尽量提供主审法院所作出的其他生效判决或最高人民法院的生效判决，以提高法院直接采用另案域外法查明结果的可能性。

综合我国司法审判的实践情况，在进行域外法查明时，当事人可优先选择委托域外法查明中心、委托域外法专家的方式对案涉域外法律进行查明；如主审法院另案生效判决中对该案纠纷所涉及的域外法律已经查明，当事人也可向法院提供相关案例作为参考；当事人应尽量避免自行通过公开途径查明域外法律；通过使领馆进行域外法查明的方式目前仍未有成功的先例，故该途径亦不具有司法实践意义。

---

① 该判决书即本专题提到的CR海运案判决书。

② 该案未能在中国裁判文书网、威科先行等数据库查询到。

第四章　域外法查明结果的司法认定

一、查明域外法的性质

（一）关于域外法性质的学术观点

关于域外法的性质，学界及实务界的争议由来已久，目前主流学说包括“事实说”“法律说”“双重性质说”。①

事实说，即认为域外法仅具有“事实”性质，而非真正的法律。一般认为，在普通法国家或地区或受其影响较大的国家或地区，域外法被认为属于案件事实。如英格兰法院明确认定域外法为事实问题；受到普通法系影响较大的国家如以色列，也将域外法视为事实证明。②

法律说，即认为域外法与本国法具有同样性质的法律。萨维尼的“法律关系本座说”③对于德国等大陆法系国家和地区的国际私法制度产生了深远的影响，德国等大陆法系国家和地区将域外法视作与本国法律性质类似的法律，规定在适用域外法时应由法院进行查明。如德国 2005 年的《民事诉讼法典》第 293 条规定域外法查明的主体系法院。④

双重性质说，即认为域外法既具有法律性质，又具有事实的性质。如在丹麦，一般认为域外法具有“法律”的性质，但是在民事诉讼程序中域外法并不能直接自动适用，亦不能期待法官知道或了解域外法，在查明、适用域外法时，丹麦法官既可以自

---

① 参见邓杰：《我国外国法查明的实践困境与破解路径——基于 43 个海事案例的实证分析》，载《江西社会科学》2021 年第 2 期。

② 参见刘艳娜：《得与失：外国法查明责任分配之困》，载《河北法学》2018 年第 9 期。

③ “法律关系本座说”认为，每种法律都有自己的“本座”（seat），即根据该法律关系的性质所必须归属的法域；法院进行法律选择时，应根据法律性质确定法律关系的本座所在地，而该本座所在地的法律就是该法律关系适用的法律。为了便于国际交往和减少法律上的障碍，必须承认内外国人法律地位的平等和内域外法律的平等。

④ 参见李建忠：《论我国外国法查明方法规定的重构》，载《法律科学（西北政法大学学报）》2019 年第 1 期。

行查明,也可以要求当事人协助查明域外法。①

对于域外法性质的不同认定,将直接影响域外法查明的义务、查明材料的提交方式及认证过程——若域外法属于事实,则应当由当事人进行查明,并将查明的域外法作为证据提交,双方当事人应就域外法进行举证、质证;若域外法属于法律,则应当由法院负责查明、审查并最终适用。在《法律适用法》已经明确规定查明义务承担主体的情况下,正确认识域外法性质的意义主要是确认域外法的提交方式,以及是否进行举证、质证。

(二)我国司法实践对于域外法性质的认定

对于法院或当事人查明的域外法律,《法律适用法司法解释一》第十六条规定:“人民法院应当听取各方当事人对应当适用的外国法律的内容及其理解与适用的意见,当事人对该外国法律的内容及其理解与适用均无异议的,人民法院可以予以确认;当事人有异议的,由人民法院审查认定。”《法律适用法司法解释二》第八条规定:“人民法院对外国法律的内容及其理解与适用,根据以下情形分别作出处理:(一)当事人对外国法律的内容及其理解与适用均无异议的,人民法院可以予以确认;(二)当事人对外国法律的内容及其理解与适用有异议的,应当说明理由。人民法院认为有必要的,可以补充查明或者要求当事人补充提供材料。经过补充查明或者补充提供材料,当事人仍有异议的,由人民法院审查认定;(三)外国法律的内容已为人民法院生效裁判所认定的,人民法院应当予以确认,但有相反证据足以推翻的除外。”

根据《法律适用法司法解释一》《法律适用法司法解释二》的规定,若当事人对于查明的域外法无异议的,则法院可以予以认定;若当事人对查明的域外法存在异议,当事人应当说明理由,法院认为有必要的可以补充查明或者要求当事人补充提供材料,经过补充查明或者补充提供材料当事人仍有异议的,则由法院审查认定。从法律规定来看,我国更多地将域外法视作证据而非法律。

在上文提到的 MS 案,LK 矿业案,XH 航运案,YH 实业公司、廖某铎等损害股东利益责任纠纷案,以及 HY 银行与胡某诺等保证合同纠纷案②等诸多案例中,当事人均将查明的域外法作为证据提交给法院;而如 T 株式社会、青岛 HT 石墨科技公司行纪合同纠纷案,上海 KY 数码科技公司与福州 DL 科技公司、福州 JB 网络公司等

---

① Clement Salung Petersen, *Proof and Information About Foreign Law*, SSRN, http://ssrn.com/abstract=2450047. 转引自刘艳娜:《得与失:外国法查明责任分配之困》,载《河北法学》2018 年第 9 期。

② 参见上海市浦东新区人民法院民事判决书,(2020)沪 0115 民初 4843 号。

侵害作品信息网络传播权纠纷案等案件中,法院并未适用域外法,但案件部分事实涉及其他国家或地区的法律规定,对于该事实情况,当事人进行了相应的域外法查明,并将查明结果作为证据提交。

司法实践中,也有部分法院将域外法的性质确定为法律而作出判决。如S案的一审法院在判决时直接列明了法律依据包括"已查明的英国法";郑某燕与浙江TB网络公司、徐某姓名权纠纷案①(以下简称郑某燕案)中,法院亦在判决依据处写明"依照《韩国宪法》第十条、第十七条,《韩国民法》第750条、第751条……判决如下……"但是S案的一审判决系天津海事法院于2012年之前②作出,郑某燕案判决系浙江省杭州市余杭区人民法院于2017年5月作出,两件案例的管辖法院审级较低,判决时间较早,且S案中当事人依旧将其自行查明的域外法作为证据提交,在目前暂未发现有其他法院直接引用查明的域外法作出判决的情况下,可以推断,我国司法实践一般将域外法视作事实,若由当事人查明,应当将其作为证据提交,并做好质证准备。

二、域外法查明结果的形式要求

如上文所述,在涉外案件进行域外法查明时,法院启动域外法查明程序时一般通过委托域外法查明中心、通过公开途径自行查明、引用已生效判决书等方式查明域外法律;此时,由于是法院一方主动查明域外法,对于域外法查明的结果主审法院基本会予以认可、采信。但是,在当事人自行进行域外法查明时,相关查明结果不仅需要法院具体认定,另一方当事人也可能提出异议。因此,在当事人自行进行域外法查明时,对于域外法查明结果应当予以重视,以避免出现法院不予采纳的不利情况。

(一)对查明主体的要求

首先,《法律适用法司法解释二》第四条③规定了查明主体所需要提供的相关证明、声明。在委托域外法查明中心进行查明时,因五大域外法查明中心已由最高人民法院认可,故当事人委托域外法查明中心查明的成功率较高,所得出的查明结果,

---

① 参见浙江省杭州市余杭区人民法院民事判决书,(2016)浙0110民初960号。

② 该案一审判决未能于公开途径查到,该案二审系于2012年1月5日受理。

③ 《法律适用法司法解释二》第四条规定:"法律查明服务机构、法律专家提供外国法律的,除提交本解释第三条规定的材料外,还应当提交法律查明服务机构的资质证明、法律专家的身份及资历证明,并附与案件无利害关系的书面声明。"

法院一般会予以认可,目前已检索到的案例中并未发现有法院因当事人未提交域外法查明中心的资质证明而导致查明失败;即使法院不认可相关查明报告中的结论,也会认可其所查明的域外法律。在鄂州 ZJ 小额贷款公司、湖北 BL 典当公司等船舶权属纠纷案[①]中,当事人委托武汉大学外国法查明研究中心对巴拿马法进行查明,武汉大学外国法查明研究中心出具了法律意见书,列明了巴拿马法律,并据此认定鄂州 ZJ 小额贷款公司享有案涉船舶的所有权;对此,法院最终引用了巴拿马法律,但是并未采纳武汉大学外国法查明研究中心的意见结论,而是认为鄂州 ZJ 小额贷款公司未根据巴拿马《一般商船法》第三条的规定,提供充分证据证明其已善意取得案涉船舶的所有权,且鄂州 ZJ 小额贷款公司存在恶意规避中国法律适用的高度可能性,因此,鄂州 ZJ 小额贷款公司为案涉船舶办理的登记,缺乏基础,不能产生相应的法律效力。

其次,在当事人委托域外法专家进行查明时,大多数案件系委托外国律师进行查明,根据《法律适用法司法解释二》第四条的规定,当事人需提交法律专家的身份及资历证明。由于《法律适用法司法解释二》于 2024 年 1 月 1 日实施,目前暂未发现适用该司法解释作出的判决文书,而在该司法解释公布之前,在 MS 案中,法院认定域外法查明专家是指能够提供有关域外法的存在及其具体内容和见解,有一定从业经历并具备专门知识的人;在 CR 海运案中,新加坡 CR 公司于再审中委托了墨西哥国立自治大学阿卡特兰专业研究学院"C 类"前任全职教授、国际海事组织 2013 年国际海事奖获奖人 S 博士查明外国法。根据上述案例,域外法专家资质一般要求应具备该国的律师执业资格或大学教授的职位,并已从事法律工作多年,执业领域、研究领域与案涉纠纷相关。在具备上述条件的情况下,法院通常会认定该主体具备域外法专家的资格。

再次,根据《法律适用法司法解释二》第四条的规定,在法律查明服务机构、法律专家提供域外法律时,除了提交资质证明和身份证明,还需提交与案件无利害关系的书面声明,以此强化法律查明服务机构、法律专家的中立性,避免其与案件存在利害关系而导致域外法查明结果出现严重的偏颇。

最后,如上文所述,在目前的司法实践中,自行查明的途径包括通过公开途径自行查明,以及援引其他已生效判决进行查明,而当事人自行查明的成功率较低,当事人自行查明成功率较低也体现了法院对于域外法查明主体仍具有一定的要求——案件当事人并非熟知域外法的专家,即使当事人委托国内律师参与案件处

---

① 参见湖北省高级人民法院民事判决书,(2020)鄂民终 479 号。

理,因相关律师不具有其他国家的律师执业资格而难以被认定为已具备相关域外法的专门知识。因此,除非需查明的域外法问题简单,且该国法律有具体、明确、直接的成文法规定,否则当事人应尽量避免自行通过公开途径查明。对于援引其他已生效判决的查明方式,当事人应当审慎使用,当与审理案件近似的案例对同一国家、地区法律曾进行查明,且判决书中详细论述了域外法查明结果的细节、该判决书亦系主审法院作出时,当事人可考虑通过援引该已生效判决的方式查明域外法。

(二)对查明报告的要求

在当事人委托域外法查明中心、域外法专家进行查明时,相关主体一般会出具域外法查明的报告或法律意见书。对于域外法查明中心出具的法律意见书的形式,目前相关法律并未有明确规定,法院一般不会对相关法律意见书的格式有特别要求。

如在丁某、丁某红侵权责任纠纷案①中,法院委托华东政法大学外国法查明研究中心对我国香港地区法律进行查明,华东政法大学外国法查明研究中心其后出具了法律意见书。对于该法律意见书,被告丁某红称法院委托出具的法律意见书上没有写明专家姓名、资质材料,程序不合法。对此,法院指出,当前相关法律法规对该等事项并无强制规定,丁某红关于法律意见书存在瑕疵的主张不能成立。

对于域外法专家出具的法律意见书,2002 年 4 月实施的《最高人民法院关于民事诉讼证据的若干规定》(法释〔2001〕33 号)第十一条第一款明确规定:“当事人向人民法院提供的证据系在中华人民共和国领域外形成的,该证据应当经所在国公证机关予以证明,并经中华人民共和国驻该国使领馆予以认证,或者履行中华人民共和国与该所在国订立的有关条约中规定的证明手续。”(最高人民法院 2019 年修正该规定时删除了该条款,修正后的规定于 2020 年 5 月 1 日施行)因此,在 2020 年 5 月前,若域外法律专家出具的法律意见书未经过公证认证则不会被法院采纳。

在 CR 海运案中,最高人民法院认定,新加坡 CR 公司在一审期间没有为其提供的域外法律专家意见办理公证认证手续,一审法院不予认定并无不当;而在其对法律意见进行公证认证后,最高人民法院采纳了当事人提交的法律意见。

2020 年 5 月 1 日实施的《最高人民法院关于民事诉讼证据的若干规定》(法释

① 参见上海市高级人民法院民事判决书,(2018)沪民终 330 号;该案当事人其后向最高人民法院提出再审申请,再审申请已被驳回。

〔2019〕19号，以下简称《证据规定》）对公证认证的规则进行了修改，根据《证据规定》第十六条第一款、第三款的规定，对于域外形成的公文书证，应当经所在国公证机关证明；相关证据是在我国香港地区、我国澳门地区、我国台湾地区形成的，当事人向人民法院提供时应当履行相关的证明手续。最高人民法院于2021年公布的《全国法院涉外商事海事审判工作座谈会会议纪要》（以下简称《2022海商纪要》）第十六条第一款规定："《最高人民法院关于民事诉讼证据的若干规定》第十六条规定的公文书证包括外国法院作出的判决、裁定，外国行政机关出具的文件，外国公共机构出具的商事登记、出生及死亡证明、婚姻状况证明等文件，但不包括外国鉴定机构等私人机构出具的文件。"根据上述法律规定，对于我国香港地区、我国澳门地区、我国台湾地区的法律专家出具的法律意见书需要办理公证认证手续，而对于其他国家或地区的法律专家出具的法律意见书则无须办理公证认证手续。

（三）对查明结果翻译的要求

《证据规定》第十七条规定："当事人向人民法院提供外文书证或者外文说明资料，应当附有中文译本。"因此，对于域外法专家出具的外文法律意见书，应当进行翻译。外文文件翻译内容的差别，可能会直接影响法院对于域外法的认定，故对于查明结果的翻译应当慎重，尽量选择可靠、专业的翻译机构进行翻译工作。

对于域外法查明结果的翻译机构，目前并未有法律予以明确规定，法院一般也并不会对相关文件的翻译机构进行特别审查。如CR海运案中，DC保险公司认为该案相关域外法查明结果的中文翻译由上海JH咨询公司翻译，该公司与新加坡CR公司的代理律师具有关联性，其提出当事人提供的域外法应当由域外官方机构出具证明并由法院指定的合格翻译机构翻译。对此观点，最高人民法院进行了驳斥，其认为新加坡CR公司再审中通过墨西哥法律专家S博士提供法律意见并附有关墨西哥法律文本，该法律专家的意见基本上与所附墨西哥法律条文的文义相符；DC保险公司提出当事人提供的域外法应当由域外官方机构出具证明并由法院指定的合格翻译机构翻译，没有法律依据，其也没有就上述法律意见和墨西哥法律及其中文译本提出明确的相反意见及相应依据，最高人民法院最终采信了案涉墨西哥法律专家意见及所附的墨西哥相关法律规定。

三、域外法查明结果的实质要求

(一)查明的域外法具有全面性、关联性及可适用性

《法律适用法司法解释二》第三条①对当事人提供域外成文法、判例法的要求进行了规定。结合上述规定,涉外案件进行域外法查明时,查明的法律需能够全面反映该国或该地区的法律规定的情况,而无与其相悖或优先适用的其他法律;相关法律须完整、现行有效,与本案纠纷、争议相关联,能够全面反映本案纠纷的相关依据,且相关域外法现行有效,可以适用于案涉纠纷。

在DX案中,该案当事人约定适用英国法,经过审理法院总结该案的争议焦点为,"一、管辖及法律适用问题;二、涉案买卖合同成立及生效时间;三、涉案买卖合同价格如何认定,DX公司应否返还款项",被告DX公司就案涉英国法委托英国XL律师事务所出具了专家报告,但是二审法院山东省高级人民法院指出,在本案中如果专家报告被视为查明的英国法律,则需要对专家报告的内容的准确性、全面性进行判断,并考量其能否解决本案争议的焦点,但是该专家报告并未对合同成立时间确认事宜进行分析。对此,最高人民法院在再审裁定书中也指出,虽然DX公司提交了英国XL律师事务所出具的英国法下的法律意见,但该法律意见并未针对解决本案争议的焦点问题,因此仅凭该法律意见无法对英国合同法的相关内容作出合理的理解。该案最终仍适用中国法律进行审理、判决。

需要注意的是,对于域外法查明结果的关联性,当事人在查明域外法前应当尽量明确该案的争议焦点,并可就域外法查明的要点、内容及时与法官进行沟通,以防止因遗漏争议焦点而导致未能有效查明域外法。对此,《法律适用法司法解释二》第六条亦明确规定:"人民法院可以召集庭前会议或者以其他适当方式,确定需要查明的域外法律的范围。"对于域外法查明结果是否具有全面性和可适用性,另一方当事人提出异议需明确提出理由或完成相应的举证责任,如提出与查明结果相反的有效域外法律。

在CR海运案中,新加坡CR公司于该案二审时提交了相关墨西哥法律条文,DC保险公司仅提出域外法律专家的法律意见不完整,但未具体指出域外法专家的法律意见和新加坡CR公司提交的墨西哥法律的部分条文在哪些问题上不能满足案件审理需要,也未充分说明理据,最高人民法院最终认定该案墨西哥法律可以查明。

---

① 《法律适用法司法解释二》第三条规定:"当事人提供外国法律的,应当提交该国法律的具体规定并说明获得途径、效力情况、与案件争议的关联性等。外国法律为判例法的,还应当提交判例全文。"

(二)查明意见具有成文法或判例法支撑

根据《法律适用法司法解释二》第三条规定及目前的司法裁判情况,当事人在向法院提供关于域外法查明的法律意见时,应当提供具体完整的域外成文法或判例法,相关法律意见书不能仅就案涉域外法律问题提出意见。上文所述的五大域外法查明中心进行域外法查明的案例中,笔者并未发现存在相关案例中域外法查明中心所提供的法律意见书未列明具体的域外成文法或判例法的情况;当事人自行委托域外法专家进行查明时,因相关域外法专家可能并不熟悉我国法院对于相关法律意见书的要求,故应当格外注意法律意见书的内容,确保相关法律结论有明确的成文法或判例法支持。

如在 DX 案中,山东省高级人民法院指出,对于"买卖合同的成立时间、双方是否通过信用证的开立就第一船货物的价格进行了变更"的争议焦点,DX 公司提交的法律意见报告仅有"接受了信用证的修改就是改变了基础买卖合同"的法律意见,并无英国判例或成文法予以支持,该法律意见不足以客观说明英国就此问题的法律规定。最终,因当事人提交的法律意见书既不具有全面性、关联性,对于部分争议焦点的意见也未提供明确的成文法及判例法支持,法院认定案涉英国法未查明,最终适用中国法作出裁判。

由于我国系成文法国家,法院主动查明域外法律时更希望优先查明成文法①,在适用判例法时法院往往会存在顾虑,如在 HG 公司、CQ 投资公司股权转让纠纷案②(以下简称 HG 公司案)中,一审法院未接受原、被告双方所提供的法律意见书的原因之一,就是相关法律意见书未引用香港成文法。

近代以来,由于不同法域国家或地区特别是不同法系国家或地区之间的交流越发密切,普通法国家或地区也曾有过大规模的法典化思潮,并制定了诸多成文法典,③因此,在查明、援引域外法时,若就案涉纠纷存在可适用的有效成文法,当事人可优先援引成文法以提高法院采纳域外法查明结果的概率。

(三)一方当事人委托不影响查明结果的效力

如上文所述,在域外法查明中心进行查明时,无论是法院委托还是一方当事人

---

① 参见《上海涉外商事审判域外法查明白皮书(2015－2021)》,载微信公众号"上海高院"2022 年 9 月 13 日,https://mp. weixin. qq. com/s/csgaeh8DA7wl6Au7QpXH8w。

② 参见最高人民法院民事判决书,(2013)民四终字第 3 号。

③ 参见许中缘:《论普通法系国家法典的编纂》,载《比较法研究》2006 年第 5 期。

委托启动域外法查明,对于域外法查明中心的查明结论,法院一般会予以采纳。在当事人自行委托域外法专家进行查明时,虽然根据《法律适用法司法解释二》第四条的要求,域外法查明专家要提供与案件无利害关系的书面声明,但因相关域外法专家系受当事人单方委托,且域外法专家并非法院所认可的专家,而是外国律师,故《法律适用法司法解释二》第四条规定的声明可能并无法从根本上解决域外法专家本身立场的偏向性,域外法专家的结论也往往偏向于其委托方。对此,法院并不会因域外法专家的立场偏向一方而拒绝适用其所得出的域外法查明结论;若对方当事人所得出的域外法查明结果对己方不利,己方也可以通过委托域外法专家的方式就对方当事人所得出的域外法查明结果进行驳斥,在此情况下,法院会综合判定双方所提供的域外法律。

如在 MS 案中,原告青岛 HM 物流公司认为被告 MS 航运公司委托的 BMG 律师系接受单方委托,因而质疑其公正性,并主张其需要出庭接受质询。对此,法院指出该观点并不具有法律依据,并认为被告所委托的墨西哥律师具有执业资格且执业领域与该案纠纷相关,最终认可了其域外法专家的资质,未认可原告提出的异议。

在 HG 公司案中,该案各方当事人约定适用我国香港地区的法律,各方当事人就案涉争议相关的我国香港地区的法律各自多次提交了法律意见书,以对该案所适用的我国香港地区的法律进行查明,并就对方的意见进行反驳;相关法律意见书均系当事人委托香港律师作出,而相关意见书的结论针锋相对、互相矛盾。一审法院据此认为,由于双方提交的法律意见书所引用的案例不相同,结论相互矛盾,无法确定案例的效力从而找到本案可以适用的普通法判例,故应认定本案无法查明可以适用的我国香港地区的法律。对此,最高人民法院在该案二审中指出,案涉双方提交的法律意见书在观点上不一致,系法律适用问题上的正常现象,在该情况下,应当由法院对如何适用我国香港地区的法律作出评判,不能据此认定不能查明可适用于该案的香港法律。

需要注意的是,《法律适用法司法解释二》第七条规定:“人民法院认为有必要的,可以通知提供外国法律的法律查明服务机构或者法律专家出庭接受询问。当事人申请法律查明服务机构或者法律专家出庭,人民法院认为有必要的,可以准许。法律查明服务机构或者法律专家现场出庭确有困难的,可以在线接受询问,但法律查明服务机构或者法律专家所在国法律对跨国在线参与庭审有禁止性规定的除外。出庭的法律查明服务机构或者法律专家只围绕外国法律及其理解发表意见,不参与其他法庭审理活动。”《法律适用法司法解释二》对于域外法专家出庭的新规定可能会改变以往涉外案件中域外法查明的惯常做法,在一方当事人就对方自行提供的域外法专家的查明意见提出异议时，法官可能会根据实际情况要求域外法专家出庭接受询问，对此，当事人可提前与相关的域外法专家确认其是否可以出庭说明，以便打消法官的顾虑，提高己方查明意见被采纳的可能性；若法律专家所在国法律对跨国在线参与庭审并无禁止性规定，但相关域外法专家无法出庭说明，此情况是否会导致相应的查明结果不被采纳，还需进一步观察后续的司法裁判情况。

四、无法查明域外法时的司法裁判情况

《法律适用法》第十条第二款规定："不能查明外国法律或者该国法律没有规定的，适用中华人民共和国法律。"《法律适用法司法解释一》第十五条第一款规定："人民法院通过由当事人提供、已对中华人民共和国生效的国际条约规定的途径、中外法律专家提供等合理途径仍不能获得外国法律的，可以认定为不能查明外国法律。根据涉外民事关系法律适用法第十条第一款的规定，当事人应当提供外国法律，其在人民法院指定的合理期限内无正当理由未提供该外国法律的，可以认定为不能查明外国法律。"《法律适用法司法解释二》第九条规定："人民法院应当根据域外法律查明办理相关手续等所需时间确定当事人提供外国法律的期限。当事人有具体理由说明无法在人民法院确定的期限内提供外国法律而申请适当延长期限的，人民法院视情可予准许。当事人选择适用外国法律，其在人民法院确定的期限内无正当理由未提供该外国法律的，人民法院可以认定为不能查明外国法律。"根据上述规定，在通过包括当事人提供的各种查明途径无法查明域外法律，或在法院确定的域外法查明期限内负有域外法查明义务的当事人未能提供域外法时，法院可以认定无法查明域外法；而在当事人负有查明义务的情况下，为了提高域外法查明的成功率，当事人可以尽量向法院申请延长查明期限。

我国域外法查明制度的建立时间较晚，长期以来域外法查明存在诸多障碍，在此情况下，许多法院或以"无法查明"为由，拒绝适用域外法律，①或以"最密切联系原则"为依据，直接适用我国法律。② 但由于近年来涉外案件不断增多，应适用域外法的案例逐年增加，域外法查明途径逐渐明确、成熟，特别是2019年"最高人民法院域外法查明平台"成立后，五大域外法查明中心极大地提高了域外法查明的效率和成功率，故未能成功查明域外法的案例逐渐减少，甚至在当事人负有查明义务的情形下，部分案件的法院也主动进行了域外法查明。在检索到的案例中，仅在DX案

① 参见肖芳：《我国法院对"外国法无法查明"的滥用及其控制》，载《法学》2012年第2期。

② 参见王徽、沈伟：《论外国法查明制度失灵的症结及改进路径——以实证与法经济学研究为视角》，载《国际商务(对外经济贸易大学学报)》2016年第5期。

中负有域外法查明义务的当事人未能查明域外法,最终适用中国法律。

需要注意的是,如在案件一审时未能成功查明案涉域外法律,二审时当事人完成了查明域外法义务,法院依旧可以认定域外法律已查明,并适用域外法律规定进行判决。

在广东 TH 羊毛衫织造厂、株洲 YG 针织品公司借款合同纠纷案①中,主合同约定适用我国香港地区法律,原告系主合同当事人,其在一审中同意适用我国内地法律,而主合同的另一方当事人未到庭,主合同担保人到庭后主张主合同应当适用香港地区法律但是其未提供香港法律,一审法院认定不能查明香港地区法律,该案主合同应适用我国内地法律。二审中,法院认定主合同另一方当事人未到庭,亦未与原告就更改合同约定适用的法律另行达成一致意见,故原告不能单方改变已经选择的法律,对此,原告就案涉香港法委托香港 G 律师行出具法律意见书。最终,法院认定案涉主合同适用香港地区法律,并根据原告所查明的香港地区法律,认定案涉主合同合法有效,支持了原告主张。除此之外,HG 公司案、CR 海运案中,均存在一审时未能查明域外法,二审查明域外法后予以适用的情况。

五、域外法查明费用的承担情况

关于在委托域外法查明中心或域外法专家进行查明时所支付查明费用的负担问题,《法律适用法司法解释二》第十一条规定:“对查明外国法律的费用负担,当事人有约定的,从其约定;没有约定的,人民法院可以根据当事人的诉讼请求和具体案情,在作出裁判时确定上述合理费用的负担。”据此,若当事人将查明费用作为诉讼请求提出,则法院首先审查当事人是否就法律查明费用的负担有约定,有约定按照其约定处理;没有约定的,则由法院根据当事人主张,结合域外法律查明情况和案件具体情况酌情支持合理的查明费用。

《2022 海商纪要》第二十六条规定:“对于应当适用的域外法,根据涉外民事关系法律适用法第十条第一款的规定由当事人提供的,查明费用由当事人直接支付给查明方,人民法院不得代收代付。人民法院可以根据当事人的诉讼请求和具体案情,对当事人因查明域外法而发生的合理费用予以支持。”

根据上述规定,在约定适用域外法且当事人未就域外法查明费用的负担进行约定的情形下,首先应根据“谁主张,谁负担”的原则由当事人支付查明费用,最终由哪一方负担则应由法院根据案件情况进行判断。如在 RX 财务公司与逄某峰借款合

① 参见广东省广州市中级人民法院民事判决书,(2016)粤 01 民终 14763 号。

同纠纷案[①]中,当事人约定适用香港地区有关规定,原告对于案涉香港有关规定委托深圳市蓝海法律查明和商事调解中心进行查明并支付了相关费用,法院最终判决由败诉方即被告向原告支付相关查明费用。

《法律适用法司法解释二》及《2022 海商纪要》虽然对域外法查明费用的负担予以规定,但是对于法定适用域外法情况下查明费用的负担未进行单独规定。《2022 海商纪要》第二十六条基本延续了《诉讼费用交纳办法》第十二条、第二十九条的立法精神,即相关费用"谁主张,谁负担",并由败诉方最终承担;在"谁主张,谁负担"的原则之下,有学者认为,在法定适用域外法时,应由法院承担查明费用——在该情形下,查明域外法是法院的职责和义务,相关费用当然应由法院承担。[②] 但是,即使是法定适用域外法,许多法院也未承担相关查明费用,而是选择将查明费用直接转嫁给当事人。[③]

司法实践中,对于法定适用域外法时查明费用如何承担,我国法院之间的观点并不一致。已检索到的相关案例中,既存在查明费用由原、被告双方共同承担的情况,如胡某某与江某某离婚后财产纠纷案[④],也存在由申请查明方负担的情况,如江苏 XQ 玻璃公司、青岛 WJ 物流公司连云港分公司合同纠纷案[⑤],还存在由败诉方承担的情况,如黑龙江 NK 商贸公司与 BH 控股公司、江某军合同纠纷案[⑥]。此外,在 RZ 香港实业公司与 OZ 公司买卖合同纠纷案[⑦]中,因 OZ 公司不同意适用中国内地法律,故审理法院根据最密切联系原则适用香港地区有关规定,其后法院委托华东政法大学外国法查明研究中心就案涉香港地区有关规定进行查明,查明费用共计人民币 30,000 元,由 RZ 香港实业公司与 OZ 公司各自先行垫付一半,法院最终判决上述费用由败诉方承担。

虽然目前未能查到有案例明确域外法查明费用由法院承担,但许多裁判文书中并未对域外法查明费用进行论述,对于这些案例中查明费用最终的承担主体笔者无从得知,故也有可能相关外国法查明的费用系由法院最终承担。综合上述案例的情况,无论法定适用域外法还是约定适用域外法,当事人就其所支付的域外法查明费

---

① 参见北京市第四中级人民法院民事判决书,(2021)京 04 民初 893 号。

② 参见仇念轩、肖永平:《完善我国法院运用专业机构查明外国法的建议》,载《国际法学刊》2022 年第 4 期。

③ 参见林燕萍、黄艳如:《外国法为何难以查明——基于〈涉外民事关系法律适用法〉第 10 条的实证分析》,载《法学》2014 年第 10 期。

④ 参见上海市徐汇区人民法院民事判决书,(2017)沪 0104 民初 11893 号。

⑤ 参见南京海事法院民事判决书,(2020)苏 72 民初 1061 号。

⑥ 参见广东省深圳前海合作区人民法院民事判决书,(2018)粤 0391 民初 2921 号。

⑦ 参见上海市徐汇区人民法院民事判决书,(2019)沪 0104 民初 16073 号。

用都可主张由对方承担;当然,该主张能否获得支持亦将由法院根据胜诉情况最终判定。

结 语

近年来,我国涉外案件越来越多,与此同时,需要查明域外法的案例也与日俱增,域外法查明在我国司法实践中越来越普遍。随着域外法查明制度的不断完善,域外法查明的路径愈加明确,法院及当事人对域外法查明的畏难心理也逐渐“退潮”,域外法查明的水平和适用域外法的频率在不断提升。但对于域外法查明,司法实践中仍有一些模糊不清的地带,仍存在一些问题和挑战。梳理、总结我国域外法查明的司法实践情况,为域外法查明制度“祛魅”,将进一步保障当事人的合法权益,维护司法公正,为我国提升对外开放水平、拓宽对外交流广度奠定法律制度基础。

应诉策略篇

专题八

证券虚假陈述民事赔偿案件中上市公司的减免责抗辩方向及司法实例

国浩律师（上海）事务所　刘　悦　欧阳琪　杨安娜[①]

① 实习生肖正阳、邓嘉琪亦对本专题撰写给予帮助。

第一章　概　述

一、证券虚假陈述民事赔偿案件的变革

《最高人民法院关于审理证券市场虚假陈述侵权民事赔偿案件的若干规定》（以下简称《虚假陈述若干规定》）取代《最高人民法院关于审理证券市场因虚假陈述引发的民事赔偿案件的若干规定》（已失效，以下简称旧《若干规定》），于 2022 年 1 月 22 日起正式施行。《虚假陈述若干规定》根据《民法典》和《证券法》等相关规定，依托旧《若干规定》过去近 20 年的审判实践，结合中国证券市场的变化，进一步细化和明确了证券市场虚假陈述侵权民事赔偿责任的构成要件及追究机制等各项主要内容，完善了证券虚假陈述民事赔偿案件的审判规则。

相较于旧《若干规定》，《虚假陈述若干规定》修订的主要审判规则包括：（1）取消前置程序。法院立案受理虚假陈述案件时，不再以监管部门的行政处罚和生效的刑事判决为前置条件。（2）修改"重大性"标准。新规一改 2019 年最高人民法院发布的《九民纪要》第八十五条中重大性认定标准，将"法律法规等规定的重大事件"结合"价格敏感性"作为认定原则，同时明确了被告能够证明虚假陈述不具有重大性，并以此抗辩不应当承担民事责任的，人民法院应当予以支持。（3）完善虚假陈述认定中实施日、揭露日、重大性和交易因果关系等关键内容，并规定了预测性信息安全港制度等。（4）细化了对董事、监事、高级管理人员和其他直接责任人员、独立董事、保荐承销机构、证券服务机构等主体的过错认定标准及免责抗辩事由。（5）明确了损失因果关系认定相关内容，系统完善了损失认定规则。

《虚假陈述若干规定》对旧《若干规定》的系统修改完善，直接改变了证券虚假陈述民事赔偿案件的诉讼格局，极大地影响了证券虚假陈述民事赔偿案件中各方的抗辩方向。本文结合《虚假陈述若干规定》实施后的司法实例对上市公司在虚假陈述民事责任案件中的减免责抗辩事由进行梳理，以帮助各责任主体明悉权责及义务，助力上市公司合规经营。

二、证券虚假陈述民事赔偿案件的现状

(一)证券虚假陈述民事赔偿案件的新特点

自《虚假陈述若干规定》施行以来,证券虚假陈述民事赔偿案件出现了新特点、新趋势以及新变化,包括但不限于以下内容。

1. 诉讼主体类型多样化

很多机构投资者加入原告行列,而上市公司、发行人及其董事、监事、高级管理人员、相关中介机构多被列为共同被告。在部分案件中,“配合造假方”也被一并起诉。此外,鉴于信息披露义务人在证券发行市场、证券交易市场、全国性交易市场、区域性股权市场作出的行为以及针对《证券法》规定的各类“证券”产品的虚假陈述行为都适用《虚假陈述若干规定》,协议转让、非公开发行等“面对面”交易中的当事人也得以通过《虚假陈述若干规定》进入证券虚假陈述民事侵权损害赔偿案件中。

例如,《虚假陈述若干规定》实施前,在ZJ投资公司、江苏B视像科技公司证券虚假陈述责任纠纷案[案号:(2019)粤民终2080号,裁判日期:2020年12月15日]中,广东省高级人民法院认为:“对于特定投资者购买股票后因发行人虚假陈述行为受到侵害的,此种情形属于传统‘面对面’的交易,与普通侵权纠纷并无本质差异,其可以单独对行为人提起违约损害赔偿诉讼或者侵权赔偿诉讼,旧《若干规定》[①]亦排除了上述情形属于其适用的对象。”而《虚假陈述若干规定》删除了旧《若干规定》第三条[②]的适用范围限制,不再以是否公开发行作为判断标准,极大地拓展了《虚假陈述若干规定》的适用范围,直接影响了诉讼主体的类型。

2. 责任范围认定精细化

例如,在中介机构责任认定上,旧《若干规定》未对中介机构过错类型进行区分。而《虚假陈述若干规定》第十三条明确将中介机构需要承担责任的过错限制为故意和重大过失。在司法实践中,司法机关会结合中介机构所涉虚假陈述对投资者投资决策和损失的影响、中介机构履职手段的时代局限性、虚假陈述本身的高隐蔽性、中介机构的过错大小等因素,综合认定中介机构承担与其责任相当的责任。

例如,2023年,北京金融法院对LS信息技术公司虚假陈述案作出(2021)京74民初111号民事判决。北京金融法院认为,对于中介机构,应坚持“过责相当”,精准

---

① 引用的案例原文表述为“《证券虚假陈述若干规定》”,为免疑义,本处按照前文对《最高人民法院关于审理证券市场因虚假陈述引发的民事赔偿案件的若干规定》设定的简称进行调整,下同。

② 旧《若干规定》第三条规定:“因下列交易发生的民事诉讼,不适用本规定:(一)在国家批准设立的证券市场以外进行的交易;(二)在国家批准设立的证券市场上通过协议转让方式进行的交易。”

追责，避免其注意义务、注意能力与赔偿责任显著失衡，因而判决 PA 证券在 10% 范围内承担连带责任，LA 会计师事务所在 1.5% 的范围内承担连带赔偿责任，HT 会计师事务所、RC 会计师事务所共同对 IPO 后买入过股票的投资者损失在 1% 范围内承担连带赔偿责任，XZ 会计师事务所在 0.5% 范围内承担连带赔偿责任；ZD 证券、ZT 证券、JD 律师事务所对 LS 信息技术公司非公开发行股票不承担赔偿责任。

3. 裁判工具运用专业化

证券投资损失认定涉及经济、金融、数学等跨行业知识，在认定投资损失时，不少法院会选择委托第三方专业机构计算投资者损失并核定市场风险、非市场风险致损比例，而该等计算方法和模型仍在不断更新迭代。目前，核定市场风险和非市场风险的专业机构主要包括中证资本市场法律服务中心有限公司（以下简称中证法律服务中心）、中国证券投资者保护基金有限责任公司以及上海高金金融研究院等。

如上海高金金融研究院受上海金融法院委托研发的"证券虚假陈述投资者损失计算模型"，其开创了股票量化多因子模型应用于中国司法审判的先河，并且得到了多地法院的认可，为法院审判提供了重要参考依据。在宁波 SL 公司证券虚假陈述案中，最高人民法院在（2021）最高法民申 7407 号判决书表示："上海高金金融研究院出具的《证券投资者损失核定专家意见书》（以下简称《专家意见书》）的计算方法在评估证券市场系统风险等因素时，包括了大盘因素、行业因素、个股风格因素等众多共性因素，并将宁波 SL 公司再审申请中主张的发生了被出具监管函措施、被实施退市风险警示暨停牌、发布多次业绩预告等可能影响宁波 SL 公司股价的若干重大事件因素考虑在内，并在此基础上构建量化计算模型计算出投资者损失数额，该计算方法更为全面、合理地评估了刘某因受与虚假陈述行为无关的其他因素造成的损失，故原审根据《专家意见书》认定宁波 SL 公司应承担的赔偿金额，并无不当。"

4. 诉讼结果导向多元化

过往实践中，证券虚假陈述民事赔偿基本以司法判决方式结案，而由于证券虚假陈述责任纠纷涉及人数众多、案件情况复杂、社会影响巨大，按照普通诉讼流程审理，对于当事人而言诉讼成本过高，也无法最大化利用司法机关诉讼资源，严重影响诉讼效率。

鉴于此，随着审判经验的积累，证券虚假陈述纠纷解决模式逐渐走向多元化，除了诉讼模式，非诉模式也成为可能，如 ZJ 存储案采用了先行赔付制度。即使启动诉讼，也存在直接判决外的其他可能。2023 年年底，上海金融法院审理的投资者诉上市公司 ZY（天津）科技公司及其实际控制人、高管、中介机构等 12 名被告证券虚假陈述责任纠纷案，最终以调解方式结案生效，成为我国证券集体诉讼和解第一案。

就诉讼模式本身而言,亦存在普通代表人诉讼、特别代表人诉讼、示范案例、一案一诉等多种形式。

(二)证券虚假陈述民事赔偿案件的常见争议焦点

如前文所述,《虚假陈述若干规定》取消了前置程序要求,修改了重大性认定标准,系统完善了虚假陈述民事责任案件的若干审判规则,极大地改变了该类案件中的攻防格局。司法实践中,虚假陈述民事责任案件的主要争议焦点包括以下内容。

1. 案涉虚假陈述行为是否具有重大性

《虚假陈述若干规定》颁布以前,人民法院在证券虚假陈述民事责任案件中,极大地依赖相关监管部门的判断,如果案涉虚假陈述行为受到行政处罚,则"理所当然"地具有重大性。《虚假陈述若干规定》第十条[①]改变了这一审判趋势,以"法律法规等规定的重大事件"结合"价格敏感性"作为认定原则,并赋予了被告"重大性"反证权利。原告可以从股价涨跌幅和实施日交易量情况,说明虚假陈述行为的重大性,而上市公司也可以从其股价波动情况和大盘指数、行业指数进行对比等角度着手,综合分析相关虚假陈述行为的实际市场影响。如果案涉虚假陈述行为被法院认定为不具有重大性,投资者损失与虚假陈述行为的因果关系及损失赔偿基础尽失,被告也就免予被民事追责。

2. 案涉虚假陈述实施日、揭露日/更正日、基准日及基准价认定

实施日、揭露日或更正日、基准日及基准价(以下合称"三日一价")的认定在证券虚假陈述民事责任案件至关重要,直接影响原告的损失赔偿以及被告的责任承担范围,几乎是绝大部分虚假陈述民事责任案件的争议焦点。而尽管《虚假陈述若干规定》中的"三日一价"认定标准非常明确,但是虚假陈述行为被实施、揭露或更正时,不同的发布平台、实际的市场表现、相关公告表述方式等因素都会影响具体日期的判断,甚至否定虚假陈述本身。例如,发行人发布的关于业绩盈利预测性的公告,在一定条件下可以受到预测性信息安全港规则的保护,不视为虚假陈述行为。

---

① 《虚假陈述若干规定》第十条规定:"有下列情形之一的,人民法院应当认定虚假陈述的内容具有重大性:(一)虚假陈述的内容属于证券法第八十条第二款、第八十一条第二款规定的重大事件;(二)虚假陈述的内容属于监管部门制定的规章和规范性文件中要求披露的重大事件或者重要事项;(三)虚假陈述的实施、揭露或者更正导致相关证券的交易价格或者交易量产生明显的变化。前款第一项、第二项所列情形,被告提交证据足以证明虚假陈述并未导致相关证券交易价格或者交易量明显变化的,人民法院应当认定虚假陈述的内容不具有重大性。被告能够证明虚假陈述不具有重大性,并以此抗辩不应当承担民事责任的,人民法院应当予以支持。"

3. 因果关系及损失认定

信息披露义务人承担民事赔偿责任的范围，以原告因虚假陈述而实际产生的损失为限。因而，虚假陈述因果关系的成立与否以及程度深浅，直接影响被告的赔偿范围。就交易因果关系的认定，《虚假陈述若干规定》依旧遵循“欺诈市场理论”，推定投资者在虚假陈述实施日至揭露日/更正日之间的投资决定系基于对虚假陈述的信赖，但此等推定信赖也可以被交易时间、虚假陈述公开性、其他重大事件影响等推翻。就损失因果关系的认定，如果被告能够举证证明原告的损失部分或者全部是由他人操纵市场、证券市场的风险、证券市场对特定事件的过度反应、上市公司内外部经营环境等其他因素导致的，其责任也可以减轻或者免除。

除上述争议焦点外，结合个案实际情况，法院还会审查相关主体的过错情况等重要问题。以 LS 信息技术公司虚假陈述案［案号：(2021)京 74 民初 111 号，裁判日期：2023 年 9 月 21 日］为例，北京金融法院一共总结了 12 项争议焦点①，除上述提及的常见争议焦点，法院还审查了涉案诉讼时效、机构投资者是否负有更高注意义务等内容。

综上，在虚假陈述民事责任案件中，法院审理重点一般集中于虚假陈述行为本身的重大性、交易因果关系、损失因果关系、是否存在系统风险等其他因素以及损失怎么计算等问题，而虚假陈述民事责任案件的被告也主要从上述角度进行抗辩，下文将详细介绍此等抗辩方向及司法裁判观点。

---

① 12 项争议焦点包括：基准日及基准价；诉讼时效；虚假陈述行为与投资者的投资决定是否存在交易因果关系；非公开发行过程中欺诈发行与二级市场投资者交易决定是否存在交易因果关系；被非公开发行中欺诈发行吸收的信息披露违法行为的主体是否应当承担民事责任；股份登记与虚假陈述之间是否存在交易因果关系；股票期权激励行权获得的证券可否要求赔偿；损失因果关系链条中是否存在系统风险的影响；损失因果关系链条中是否存在非系统风险的影响；机构投资者是否应有更高的注意义务；赔偿的范围；各被告的具体责任承担。

第二章　虚假陈述发行人免责的抗辩方向和司法裁判观点

依据《虚假陈述若干规定》第十条第三款、第十一条、第十二条的规定，发行人免责的抗辩事由包括：第一，虚假陈述行为不具有重大性；第二，投资者的决定与虚假陈述之间不存在交易因果关系。下文结合相关司法案例，分别阐述重大性、交易因果关系的抗辩方向。

一、关于"重大性"的抗辩方向及司法裁判观点

证券虚假陈述的"重大性"，是指虚假陈述的信息是否对投资者的投资决策具有重大影响。《虚假陈述若干规定》实施前，重大性可抗辩的空间很小，因此司法实践中很少有因不具有重大性而被驳回的案例。据统计，2003 年至 2021 年，仅有 10 件案件经法院独立审查后因不具有重大性而驳回，被驳回的案件中，法院否决重大性的理由主要有四：一是被非证券监管部门进行行政处罚；二是披露格式错误；三是量化指标不满足；四是阶段性净利润未对整体收购方案产生影响。该四类裁判类型所涉案例的市场影响都不大。① 而《虚假陈述若干规定》实施后，已经有多起司法裁判认定虚假陈述行为并未导致股价或交易量的明显变化，进而认为已受到行政处罚的虚假陈述行为不具备重大性，驳回了投资者的全部诉讼请求。

根据《虚假陈述若干规定》第十条的规定，具有重大性的虚假陈述可分为两种：一是虚假陈述内容属于《证券法》或监管部门制定的规章和规范性文件中规定的"重大事件"或"重要事项"，但被告能证明交易价格或交易量不存在明显变化的除外；二是虚假陈述行为导致交易价格或交易量产生明显变化。可见，重大性判断的

① 参见严加武、陆文川：《虚假陈述重大性的司法认定》，载《金融法苑》2021 年第 3 期。

考量因素包括[①]:一是法定重大事件或重大事项;二是价格敏感性,即交易价格与交易量的明显变化。

在此基础上,关于重大性的抗辩可以考虑:

第一,判断案涉行为是否属于虚假陈述。存在虚假陈述行为是进行重大性判断的前提,若案涉行为本身并未违反法定披露义务,则公司披露行为合规合法,不需要对投资者的损失承担责任,也无须进行下一步重大性的判断。

第二,若案涉行为属于虚假陈述,则进入重大性判断环节。当案涉虚假陈述行为落入《虚假陈述若干规定》规定的重大事件或重要事项范畴时,上市公司需要证明案涉行为未导致交易价格与交易量的明显变化,方可脱责。但交易价格与交易量同时受诸多外界因素影响,金融市场往往牵一发而动全身,大到国际形势、国家政策、行业前景,小到公司经营、个体举动,都可能使证券数据产生波动,故对于交易价格与交易量变化,需要综合虚假陈述行为的宏观和微观背景进行判断。

(一)重大性判断之前提

1.案涉信息披露行为是否构成虚假陈述

虚假陈述行为的存在是进行重大性判断的前提,若案涉行为根本不构成虚假陈述行为,则无须进行重大性判断。

(1)典型案例

在(2022)京74民初602号判决书中,法院认为:“本院认为,是否构成证券虚假陈述,要考察相关信息是否符合信息披露标准,即是否属于法律、行政法规、监管部门制定的规章和规范性文件所规定的需要披露的信息……本案中,FT汽车公司在其官网及‘上证e互动’上发布的‘FT汽车品牌价值突破1800亿元’‘中国500最具价值品牌证书’等宣传信息并不属于法律、法规、监管部门规章等规范性文件有关需要强制披露的重大事项,不属于构成证券虚假陈述所要求的信息披露行为。”

在(2022)京74民初1227号判决书中,法院认为:“2015年5月26日HY资本公司股东会公告内容并不具有重大性,不构成虚假陈述行为。根据《证券法》第七十八条、第八十条的规定,本院认为,重大性是指违法行为对投资决定的可能性影响,人民法院对于证券市场虚假陈述行为是否具有重大性的判断,应当从违法行为的性

---

① 该等标准系以股票市场为基础,我国债券市场未达到与股票市场一致的市场有效程度,“法定事项+价格敏感性”的重大性判断标准套用到债券市场时,可能会出现不适配的情形。《全国法院审理债券纠纷案件座谈会纪要》《公司信用类债券信息披露管理办法》则采用了“影响发行人偿债能力或投资者权益”的安全标准。

质、对证券交易价格和成交量的影响等方面综合考虑……2015 年 5 月 26 日 HY 资本公司股东会审议通过的《关于授权 HS 投资公司 2015 年度在医疗相关产业对外投资总额不超过 50 亿元的议案》……该决议系股东大会授权开展投资业务的时间范围和金额限额,不是基于现有事实,也不存在对未来作出判断和预测,并不属于《虚假陈述若干规定》第六条第一款规定的预测性信息,并不能认定为虚假陈述行为。”

(2)案例分析

构成虚假陈述的前提是违反了法定的信息披露义务。信息披露制度本身并不要求上市公司事无巨细、面面俱到地披露信息,而是选择性地要求上市公司披露法律认为必须公开的信息,故若上市公司披露的信息不属于法律强制披露的范围,则披露该信息的行为就不可能构成虚假陈述。前述案例中,上市公司披露的宣传信息本质上不属于强制信息披露的法定范围,故法院据此认定上市公司不存在虚假陈述行为。

为此,涉及虚假陈述纠纷时,应当首先判断上市公司披露的信息是否属于法定披露的范围,若不属于,则可以据此抗辩上市公司的披露行为不构成虚假陈述行为。

2. 行政处罚不能直接推出虚假陈述行为具有重大性

《虚假陈述若干规定》推翻了《九民纪要》中以行政处罚直接推定重大性的判断标准,在新规背景下,法院也已摒弃了《九民纪要》的旧标准,受到行政处罚已不是虚假陈述行为具有重大性的充分要件。

(1)典型案例

在(2023)沪民终 487 号案中,法院认为:“关于涉案虚假陈述的内容是否具有重大性的问题。一审查明,某某公司 1 的股票于 2016 年 4 月 16 日复牌后股价并未明显上涨,而是连续三个交易日跌停;而在揭露日当天,股价虽然下跌 2.31%,但嗣后两日股价发生了连续上涨,并未发生明显下跌。一审法院根据上述情况及其他查明之事实,认定某某公司 1 的虚假陈述行为并未导致其股票的股价或交易量明显变化,并无不当……吴某有关‘已经有行政处罚即应当直接认定具有重大性’的上诉理由,亦不符合《虚假陈述若干规定》的规定,故本院不予采纳。”

在(2022)沪民终 668 号案中,某公司收到《行政处罚决定书》,该案决定书认定某公司作为上市公司,未按规定披露关联交易和对外担保事项,虚构保理和原油转口贸易业务,一审法院认为:“某公司的股价飞涨发生在实施日之前,与证券虚假陈述无关;两次股价暴跌发生在揭露日之前,均系市场因素(包括系统性风险及非系统性风险)导致,亦与虚假陈述无关。”二审法院维持原判。

(2)案例分析

披露信息是上市公司应履行的法定义务,上市公司未履行或未适当履行该义务均可能构成虚假陈述行为，进而受到行政处罚，故行政处罚的原因是信息披露义务人的信息披露行为违规。但并非所有法定强制披露的信息都会影响投资者的决策，进而给投资者造成损失。而虚假陈述民事赔偿案件的索赔基础在于虚假陈述作为侵权行为，直接导致了投资者的损失。可见，行政处罚标准与民事赔偿案件存在固有的差异。故而，行政处罚仅能作为案涉披露行为是否构成虚假陈述的参考标准，但判断虚假陈述行为是否具有重大性，应当考虑价格敏感性的客观标准。若虚假陈述行为本身没有引起交易价格或者交易量的明显变化，即使案涉行为被行政处罚，也不能认为具有重大性。

（二）重大性判断之标准

1. 案涉虚假陈述行为是否构成重大事件或重要事项

虚假陈述行为属于《证券法》或监管部门制定的规章和规范性文件中规定的重大事件或重要事项，被告未能证明虚假陈述行为未导致交易价格与交易量明显变动的，法院可以直接据此推定案涉虚假陈述行为具有重大性。

（1）典型案例

在（2021）辽02民初1508号案中，法院认为："本案中，被告TB公司未经相关决策程序对外提供担保事项，属于可能对公司的资产、负债、权益和经营成果产生重要影响之情形，属于重大事件，被告TB公司未及时披露该担保事项行为构成《证券法》和《虚假陈述若干规定》中规定的'虚假陈述'。"本案中被告也未提交证据证明交易价格与交易量无明显变动，故法院最终判决被告公司赔偿原告徐某投资差额损失、佣金及印花税共计190,118.33元。

在（2022）新01民初145号案中，法院认为："根据证监会出具的行政处罚决定书可以看出，YW公司未在临时报告、2010—2014年年度报告以及2015年半年报中披露重大债务，该重大遗漏符合《证券法》关于重大事件的规定。故，YW公司的该重大遗漏行为构成虚假陈述行为，具有重大性。"

（2）案例分析

根据法律规定，法院可依法以案涉虚假陈述行为属于《证券法》或监管部门制定的规章和规范性文件中规定的重大事件或重要事项推定虚假陈述具有重大性，当上市公司的虚假陈述行为确实构成法定的重大事件或重要事项时，上市公司需要从交易价格与交易量无明显变化入手，对法院直接以构成重大事件、重要事项为由推定重大性的行为进行阻却。这也意味着，相比于法律法规等规定的重大事件与重大事项，交易价格与交易量这一标准对于重大性的判断更为重要。

2. 交易价格是否符合预测,交易量是否存在显著变化

依据虚假陈述的预期市场表现,虚假陈述可以区分为诱多型虚假陈述和诱空型虚假陈述。以揭露日为例,两类虚假陈述行为的证券价格的波动趋势完全相反,在诱多型虚假陈述中,虚假陈述释放出利空信号,则揭露日当天开始,应能预见到证券价格断崖下跌,以及交易量的剧烈波动;在诱空型虚假陈述中,虚假陈述释放出利好信号,应能预见到证券价格急剧上升,以及交易量的剧烈波动。但若揭露日及之后的交易价格表现不符合前述预测,且交易量不存在显著变化,则可据此抗辩虚假陈述行为不具有重大性。

(1)典型案例

在(2022)新民终1号案中,法院认为:"本案中,根据查明的事实,至2019年3月21日(新疆证监局认定的收回全部款项时间),关联交易款项均已收回并取得利润。HJ公司的股票价格在揭露日至基准日期间并未下跌,反而呈上升趋势。即使在杜某主张的2019年4月30日至10月29日期间,交易量即换手率亦未超出正常区间,最高值为5.27%仅一天,大多数时间均为1%以下。该虚假陈述未导致证券交易价格、交易量的明显变化,故该虚假陈述不具有重大性。"

在(2022)浙05民初135号案中,法院认为:"2020年6月19日披露MD能源于2016年为闻某某向WY公司借款31亿元提供担保但未经过内部决策程序审议通过的信息当天,MD能源股票处于停牌期间,2020年6月29日为进入退市交易整理期的第一个交易日,股票收盘价0.37元,换手率为0.01%,接下来连续三个交易日的股票收盘价依次为0.33元、0.3元、0.27元,换手率依次为0、0、0.01%。可见,上述虚假陈述行为的披露并未造成交易价格或交易量的明显变化。"

在(2022)粤04民初76号案中,被告公司实施了虚增利润的虚假陈述行为,法院认为:"DR公司揭露日前后股票交易价格和交易量没有明显变化,换手率也在正常范围内波动。由上可证明DR公司的股票并未因案涉虚假陈述行为而大幅下跌,案涉虚假陈述行为并未对DR公司股价造成明显不利影响,故案涉虚假陈述内容不具有重大性。"①

---

① 第一个虚假陈述行为揭露日(2019年7月10日)至基准日(2019年8月20日),DR公司股价走势与同行业基本保持一致;揭露日前30个交易日内以及揭露日前后2个交易日的换手率均在正常范围内波动。第二个虚假陈述行为揭露日(2019年8月30日)至基准日(2019年10月18日),DR公司股票交易价格和交易量没有明显变化;揭露日前后2个交易日的股票均价及换手率均在正常范围内波动。第三个虚假陈述行为揭露日(2019年11月18日)至基准日(2019年12月27日),DR公司的股票价格是大幅上涨的,涨幅高达39.57%,远高于小家电行业的同期涨幅7.33%。

(2)案例分析

司法实践中,不少虚假陈述行为的表现形式为隐瞒利空消息,但隐瞒利空消息的行为通常无法被外界感知,导致虚假陈述行为实施日至揭露日/更正日之间的证券价格或交易量没有明显变化。而虚假陈述行为被披露后,市场开始对该等违规操作作出正常反应。因此,法院会重点关注揭露日或更正日至基准日之间的证券交易价格以及交易量变化。

前述案例中,公司隐瞒关联交易、隐瞒担保、虚增利润的行为,有极大可能损害公司利益,故当此类行为被揭露或者更正时,相当于向市场发出了强烈的利空信号,基于这一背景可以合理预测:自揭露日至基准日,公司股价应当大幅下降、股票换手率应当大幅波动。但在前述案例中,要么股价呈现了与预测相反的趋势,不降反升,要么股价和换手率相较于公司揭露日/更正日前后的数据并无明显波动,以上情况说明投资者对于虚假陈述行为的揭露与更正不敏感甚至无动于衷,虚假陈述行为不能左右投资者的决策,故法院以此认定虚假陈述行为不具有重大性。

3. 交易价格或交易量走势是否与同期大盘或行业指数走势等基本一致

上市公司股票交易价格不仅受虚假陈述行为本身的影响,还受证券市场波动、上市公司所在行业波动的影响。故当虚假陈述行为所涉证券符合诱多型或诱空型证券市场的预期市场表现时,若交易价格与交易量的走势基本符合同期的大盘指数、行业指数,则发行人可据此抗辩交易价格与交易量的变动系受大盘指数、行业指数等波动的影响,进而抗辩虚假陈述行为不具有重大性。

(1)典型案例

在(2022)粤04民初76号案中,被告涉及三个诱多型虚假陈述行为,法院认为:“DR公司从2019年7月10日起发布数个公告揭露其虚假陈述行为,但从DR公司提交的不同日期的股价数据截屏及小家电行业指数数据截屏数据来看,DR公司股票的交易价格及交易量并未发生明显变化,且涨跌幅也与同行业指数基本保持一致。”结合该公司对于三个虚假陈述行为提供的股市数据:第一个揭露日,公司股票平盘收盘,当天小家电行业指数收跌0.39%;第二个揭露日,公司股票收跌2.08%,但小家电行业指数也收跌1.57%,之后的第2个交易日公司收涨2.13%,小家电行业指数收涨2.45%;第三个揭露日,公司股票收涨4.32%,当天小家电行业指数收涨1.1%,可见,针对该公司前两次虚假陈述行为,虽然在揭露日公司股价下降,但其跌幅与行业指数基本保持一致,法院也基于此认为被告公司的虚假陈述不具有重大性。

在(2021)沪74民初1895号案中,法院认为:“本案中,虽然揭露日当天被告安徽 HX 公司股价下跌 2.31%,同期大盘上涨 0.63%,但嗣后两日,被告安徽 HX 公司股价连续上涨,其中第一日上涨超过同期大盘。总体而言,揭露日以及后续两日,被告安徽 HX 公司股价并未出现高于大盘的明显下跌。在揭露日至基准日期间,被告安徽 HX 公司虽然股价下跌,但跌幅小于同期大盘。故,被告安徽 HX 公司诱多型虚假陈述行为的揭露,并未导致股价明显下降。纵观被告安徽 HX 公司从 2016 年 3 月 1 日至 2018 年 10 月 11 日的整体走势,被告安徽 HX 公司的股价主要受到证券市场系统风险和其自身资产重组失败的重大影响,虚假陈述行为并未导致其股价明显变化。"

(2)案例分析

特定证券在市场中的表现受多种因素影响:一方面,虚假陈述行为的揭露与更正可能影响证券的走势;另一方面,证券市场中的宏观波动如大盘指数、行业指数的波动,都可能对特定证券产生影响。虚假陈述行为重大性的判断,虽然着眼于证券价格与交易量的变化,但若这种变化并非由虚假陈述行为本身引起,也不应当据此认为虚假陈述行为具有重大性。

在前述案例中,公司股价与交易量的波动与大盘指数、行业指数的波动基本一致,这意味着其与虚假陈述行为本身无关,故法院据此判决案涉虚假陈述行为不具有重大性。

为此,为举证证明案涉虚假陈述行为不具有重大性,可以结合实施日至揭露日/更正日、揭露日/更正日至基准日期间的案涉证券价格、交易量、涨跌幅以及发行人所处行业指数、大盘指数、同类企业在前述期间范围的相关数据,通过横向对比、行业对比、大盘对比等多个视角,综合论证虚假陈述行为对于案涉证券的市场影响。

(3)延伸:交易价格与交易量变化模式分析(以诱多型虚假陈述为例)

理想情形中,暂不考虑大盘与行业波动等因素影响,在诱多型虚假陈述揭露日/更正日,投资者应大量卖出公司证券、证券价格应呈下降趋势、交易量应有明显波动,若证券价格不降反升,交易量相比揭露日前后也无明显波动,则可以据此抗辩虚假陈述行为不具有重大性。

当市场受大盘与行业波动影响时,则需要综合考虑前述大盘指数、行业指数等的波动以及虚假陈述行为的揭露对案涉证券共同的影响。在揭露日/更正日,公司证券实际走势与相应指数走势可以归纳为表 1 中几类情况。

表1　交易价格与交易量变化的四类情况

序号	预测股价	实际股价	对比指数①	股价跌幅 vs 指数跌幅	交易量波动	与预测走向是否一致
1	跌	跌	跌	基本符合	不明显	不一致
				股价跌幅明显高于对比指数	明显	一致
2		跌	涨	—	—	一致
3		涨	跌	—	—	不一致
4		涨	涨	—	—	不一致

第一种情况，预测股价、实际股价、对比指数均呈现下跌趋势。此时若实际股价与预测股价走势一致，则需要进一步比对上市公司股价下跌幅度与对比指数的股价下跌幅度、上市公司揭露日/更正日前后的交易量变化，若跌幅基本相符、交易量无明显变化，但交易量波动与预测走向明显不一致，则可以据此抗辩案涉虚假陈述行为不具有重大性。若跌幅明显不相符、交易量变化明显则表示交易价格与交易量的变化与预测趋势一致，需要进一步从其他方面进行抗辩。

第二种情况，预测股价、实际股价均下跌，对比指数上涨。这种情况下虚假陈述行为的影响大于对比指数波动的影响，实际股价的走势与预测模式具有一致性，需要进一步从其他方面进行抗辩。

第三种情况，预测股价、对比指数股价均下跌，实际股价上涨。这种情况下，上市公司股价受虚假陈述行为、对比指数波动的影响均较小，证券数据走势与预测模式不一致，可以据此抗辩案涉虚假陈述不具有重大性。

第四种情况，预测股价下跌，实际股价、对比指数均上涨。此时对比指数变动的影响大于证券虚假陈述的影响，可以据此抗辩案涉虚假陈述行为不具有重大性。

前述分析从静态视角出发，仅考虑了揭露日②当日的证券数据波动，但对交易量和交易价格的判断需要考虑实施日至揭露日、揭露日至基准日的整个期间证券数据的变化。故一方面，可以分日期梳理揭露日至基准日期间每日的证券数据波动；另一方面，可以在以上期间内取各证券数据的平均值或整体走势进行比较，以弱化某一日期证券数据贴合预测模式所带来的影响。

① 此处的对比指数指大盘指数、行业指数、行业领先企业证券数据等可能从宏观层面影响上市公司证券数据的指数。

② 鉴于揭露日与更正日具有同质性，故如非必要，本专题不作重复表述。

二、关于"交易因果关系"的抗辩方向及司法裁判观点

证券虚假陈述中的"交易因果关系",是指投资者是否基于对于虚假陈述的信赖而投资案涉证券。"交易因果关系"的存在是"损失因果关系"存在的前提,因此,"交易因果关系"抗辩成功与否能从根本上决定案件的裁判结果。旧《若干规定》有关因果关系的规定载于第十八条、第十九条,分别从正面认定与反面排除两个方向规定了因果关系认定方法,但旧《若干规定》未将"交易因果关系"从"损失因果关系"中独立出去。《虚假陈述若干规定》第十一条①独立规定了"交易因果关系"的成立条件,第十二条②规定了交易因果关系成立的反证事由,《虚假陈述若干规定》将交易因果关系与损失因果关系区别规定的做法契合了传统侵权法理论中对因果关系分层的做法:第一层为交易因果关系,即事实因果关系;第二层为损失因果关系,即法律因果关系。通过对因果关系的分层,将事实判断与价值判断两种不同性质的判断区别开来,有利于更加合理确定被告是否承担责任、承担多少责任。

就判断标准而言,《虚假陈述若干规定》延续了旧《若干规定》中关于因果关系的推定立场。这种立场源自美国的"欺诈市场理论":"当被告有虚假陈述或其他证券欺诈行为而原告遭受了损失时,只要原告能够证明他有权信赖自己买进或卖出的证券的市场价格的真实性,就满足了证明自己是受到欺骗而实施了交易行为,他所受损害与被告虚假信息披露之间存在法律上因果关系的举证责任。"③此理论认为,只要原告能证明自己信赖股票价格,则无须再证明自己信赖虚假陈述,进而大大减轻了投资者的举证责任。在 Basic v. Levison 案④中,美国联邦最高法院首次正式采用了这一理论,但应当注意的是美国联邦最高法院并未将"信赖"从侵权责任成立要件中删除,而是基于投资者对股票价格的信赖先推定其对虚假陈述信赖的存在,然

---

① 《虚假陈述若干规定》第十一条规定:"原告能够证明下列情形的,人民法院应当认定原告的投资决定与虚假陈述之间的交易因果关系成立:(一)信息披露义务人实施了虚假陈述;(二)原告交易的是与虚假陈述直接关联的证券;(三)原告在虚假陈述实施日之后、揭露日或更正日之前实施了相应的交易行为,即在诱多型虚假陈述中买入了相关证券,或者在诱空型虚假陈述中卖出了相关证券。"

② 《虚假陈述若干规定》第十二条规定:"被告能够证明下列情形之一的,人民法院应当认定交易因果关系不成立:(一)原告的交易行为发生在虚假陈述实施前,或者是在揭露或更正之后;(二)原告在交易时知道或者应当知道存在虚假陈述,或者虚假陈述已经被证券市场广泛知悉;(三)原告的交易行为是受到虚假陈述实施后发生的上市公司的收购、重大资产重组等其他重大事件的影响;(四)原告的交易行为构成内幕交易、操纵证券市场等证券违法行为的;(五)原告的交易行为与虚假陈述不具有交易因果关系的其他情形。"

③ 参见焦津洪:《"欺诈市场理论"研究》,载《中国法学》2003 年第 2 期。

④ 参见 Basic, Inc. *v.* Levinson, 485 U. S. 224 (1988),本案文书见 Justia US supreme Court Center, https://supreme. justia. com/cases/federal/us/485/224/。

后给被告推翻这一推定的机会。我国的《虚假陈述若干规定》第十一条、第十二条无疑是对这一做法的借鉴。“交易因果关系”抗辩事由和司法实践情况如下。

(一)投资者交易行为未发生在实施日至揭露日/更正日期间

在实施日之前,虚假陈述尚未作出,投资者不可能基于虚假陈述信息作出投资决策;在揭露日或更正日之后,虚假陈述的泡沫已被戳破,投资者不可能再受到虚假陈述的误导。故只有在实施日至揭露日或者更正日期间的交易行为,才可能与虚假陈述有因果关系。

1. 典型案例

在(2022)京74民初2849号案中,法院认为:“我院认为应当认定为披露期限届满之日后的第一个交易日即2017年3月17日为实施日……2018年9月27日盘后,GS控股发布《2018－97号公告》,称因GS控股涉嫌信息披露违法违规,中国证监会决定对GS控股进行立案调查,根据《虚假陈述若干规定》第八条规定,本案的揭露日应为2018年9月28日……结合本院认定的事实,季某某在虚假陈述实施后揭露前没有交易行为,故本院认定季某某的投资损失与GS控股虚假陈述行为之间不具有因果关系。”

在(2023)鲁02民初144号案中,法院认为:“《虚假陈述若干规定》第十二条第一项规定,原告的交易行为发生在虚假陈述实施前,或者是在揭露或更正之后,人民法院应当认定交易因果关系不成立。本案中,原告实施的交易行为均发生在涉案虚假陈述行为揭露日之后,故其投资决定与涉案虚假陈述行为之间不存在交易因果关系。原告要求被告向其承担赔偿损失责任的诉讼请求,无事实及法律依据,本院不予支持。”

2. 案例分析

被告若要主张交易因果关系不成立,需要推翻法院对于投资者对虚假陈述存在信赖的推定。而投资者只有在虚假陈述实施日与揭露日、更正日之间作出的投资决策才有可能受到虚假陈述的影响。因此,若交易行为未发生在虚假陈述产生影响的时间段,被告可以此为抗辩推翻因果关系的存在。而在被告以《虚假陈述若干规定》第十二条第一项为抗辩事由的案件中,争议的焦点通常在虚假陈述实施日与揭露日或更正日的确定上,有关实施日、揭露日或更正日的确定详见后文对“三日一价”的论述。

(二)投资者交易时知道或者应当知道存在虚假陈述

除依据投资者的交易时间判断交易因果关系外,当投资者知道或应当知道发行人的陈述是虚假的,虚假陈述行为的交易因果关系也会被切断。

1. 典型案例

在(2022)粤01民初2092号案中,法院认为:“原告系定增投资者,其通过与中某科技之间‘面对面’签订股票认购协议的方式购入涉案股票,有别于在二级市场购入股票的投资者,难以与发行股票的公司直接沟通,主要靠公司信息披露文件作出投资决定,在原告提交上述初步证据的情况下,不应直接推定交易因果关系成立,而应综合全案证据进行判断……《股票发行方案》显示,中某科技定向发行股票价格系与发行对象沟通后确定……中某科技发布存在虚假记载的2014年财务报告的时间为2015年5月18日,原告与中某科技签订案涉《中某科技股票发行认购协议》的时间为2015年5月20日,前后仅相差两日,按照常理,原告作为机构投资者,进行数百万元的定增认购交易,理应提前与交易对手协商交易标的及细节,可以推知,原告是在中某科技发布2014年财务报告之前就与其进行协商,甚至确定了涉案交易内容,作出投资决定。”

2. 案例分析

投资者在明知或应当知道虚假陈述存在的情况下仍然作出交易,从理性经济人的角度分析是不合理的,必然有其他强力的理由促使投资者进行交易,因此其交易与虚假陈述无关,所受损失也不应由被告承担。但该种抗辩事由的证明难度较高,因为通常情况下虚假陈述若已经被证券市场广泛知悉,其被知悉日会被认定为揭露日,被告一般会直接主张交易行为不满足成立交易因果关系的时间条件。而虚假陈述未被证券市场广泛知悉时,想要证明原告明知虚假陈述行为存在这一主观状态非常困难。因此,更为常见的做法是证明投资者应当知道存在虚假陈述,即投资者尽到了合理的注意义务后应当发现存在虚假陈述,如存在被告发布的多份陈述之间互相矛盾等情形。若原告的身份、职务具有特殊性,被告也可以举证证明原告凭借该特殊身份、职务能够了解到案涉陈述为虚假陈述的情况。

由于因果关系的推定源自“欺诈市场理论”,而“欺诈市场理论”从投资者对市场价格的信赖直接推定其信赖虚假陈述的主要原因在于证券市场交易的非“面对面”特性以及个体投资者与庞大上市公司之间的实力对比失衡。而在原告与被告的“面对面”定增投资交易中,这种推定基础并不存在,因此,此种情况下原告可能仍需要举证自己对虚假陈述行为本身产生了信赖。应当注意的是,尽管实务中通常是机构投资者进行定增投资,但机构投资者作为原告,是否需承担更多的注意义务,实践中仍存在不同看法,此处暂不予以讨论。

(三)投资者的交易行为系受实施日后其他重大事件影响

在实施日至揭露日或更正日期间,可能存在其他重大事件对投资者的决策产生影响,故对于投资者在此期间受其他重大事件影响而进行的交易行为,法院会认定不存在交易因果关系。

1. 典型案例

在(2022)新01民初109号案中,法院认为:"资产重组虽然具有破产风险以及导致股票终止上市的风险,但若资产重组成功,在一定程度上存在让投资者翻盘获利的可能性。2015年案涉股票指数和2015年11月9日至2015年12月4日的上证指数显示,2015年11月9日公司发布《关于法院受理公司重整事宜的公告》后,至2015年12月4日案涉股票呈上涨趋势,股价由之前的5元、6元多涨到7元、8元多,停牌前一交易日即2015年12月4日以7.4元的价格收盘。而2015年11月9日至2015年12月4日上证指数呈下跌趋势,案涉股票的走势与大盘走势相反。该客观数据与汪某关于'《关于法院受理公司重整事宜的公告》《关于确定重整投资人的公告》让我认为案涉股票存在潜力。'的陈述在一定程度上相互印证,能够证明投资者的投资决策系对YW公司的资产重组作出了较大反应……不排除其系基于资产重组的冒险、投机心理作出了购买决策。故,本院确认,汪某的购买决策与案涉虚假陈述行为之间不存在交易因果关系。"

在(2021)湘民终867号案中,法院认为:"该两份报告均是基于ZH公司重大资产收购以及公司未来国防军工业务发展的良好预期,并结合ZH公司股票当时走势的技术面分析作出的买入建议,与ZH公司年报公布的2014—2015年的财务数据并无直接关联。在ZH创投公司明确表示其是依据该两份报告作出交易决定的情形下,应认定ZH创投公司买入ZH公司股票系是受到虚假陈述实施后发生的上市公司的收购、重大资产重组、未来盈利改变等其他重大事件的影响,以及股价即将迎来波段性上涨的技术面分析后作出的交易决策,与案涉虚假陈述行为无关。"

在(2023)浙民终736号案中,法院认为:"仁某控股上诉事实及理由:本案存在阻断交易因果关系的事由,孙某购入仁某控股股票是受实际控制人变更为海淀区某委……以及其他重大利好事项和经营性利好消息影响……本院认为:仁某控股认为孙某购入行为是受实际控制人变更……以及其他重大利好和经营性利好的影响。但2019年8月14日仁某控股发布实际控制人变更为海淀区某委的公告后,股价并未明显上涨,难以认定该消息为利好消息以及孙某的购入行为系受该消息影响。"

2. 案例分析

当存在收购、重大资产重组等其他重大事件时,投资者是基于该等事件对相关证券的价值产生了预期,即使虚假陈述不存在,投资者仍会基于该预期进行交易,该等事件斩断了虚假陈述与交易决策之间的因果链条。但由于在证券交易过程中,影响投资者作出决策的因素往往是综合的、复杂的,因此,当同时存在虚假陈述与收购、重大资产重组等介入事件时,法院并不会直接推定介入事件的重大性足以推翻交易因果关系,被告需要论证收购、重大资产重组等其他重大事件为形成交易决策最直接的原因。

被告可以举证收购、重大资产重组等其他重大事件对股价造成的客观影响、一般投资者对该事件的预期、虚假陈述与重大事件同交易行为之间的时间间隔等。例如,收购、重大资产重组等重大事件发生在虚假陈述之后的,被告可以举证在重大利好事件发生后,案涉股票的股价或者换手率在短时间内大幅上升,而且这种变化显著大于案涉虚假陈述发生后短时间内股价变化。两相对比之下,可以证明投资者作出交易决策所信赖的并非虚假陈述,而是收购、重组等重大事件。此外,法院还会对事件与虚假陈述的关联性进行判断,如果重大事件的发生本身就是基于虚假陈述,那么重大事件显然并没有斩断虚假陈述与交易决策的因果链条,那么法院不会支持被告不存在交易因果关系的抗辩。

除明确列举的收购和重大资产重组这两项事由外,"其他重大事件"是兜底事由,视具体情形而定。例如,在前述(2023)浙民终736号案中,被告主张原告交易决策的作出是由于实际控制人变更,并举证实际控制人变更后股价持续15个月走高。但法院就实际控制人变更这一事件对股价影响的判断时间范围更小,法院认为变更公告发布后短时间内股价未明显上涨,因此不能推翻交易因果关系。可见,审判机关对于"其他重大事件"是否能抗辩因果关系的判断仍以交易量和交易价格为基准,若该事件的发生能够在短时间内使股价明显上升而使投资者买入,或者明显下降而使投资者卖出,那么该事件就可能属于《虚假陈述若干规定》第十二条中规定的能够推翻交易因果关系的"其他重大事件"。

(四)投资者的交易行为涉嫌证券违法行为

若投资者的交易行为系证券违法行为,则表明投资者实施该交易系出于达到某种违法目的的主观故意,并非受虚假陈述行为的误导,故法院会据此认定不存在交易因果关系。

1. 典型案例

在(2022)粤01民初2091号案中,法院认为:“被告某某证券辩称:一、原告是通过关联交易的方式在同一日以1元、5元的悬殊单价分别认购中某科技99.9万股和1000股,其根本不属于公开市场认购,甚至具有操纵市场的嫌疑……本院查明:……2015年5月20日,(2022)粤01民初2097号案原告张某某以1.5元的价格认购中某科技股票600万股。2015年12月14日,张某某依次以1元的价格卖出中某科技股票999,000股,以1元的价格卖出中某科技股票100万股,以5元的价格卖出中某科技股票1000股,合计200万股。当日,中某科技股票的成交量为200万股。因此,原告于2015年12月14日买入的100万股中某科技股票系由张某某向其转让……本院认为:……原告与张某某之间还存在以5元的价格转让1000股以锁定当日收盘价格的情况,其投资动机存疑。故此,鉴于原告未能进一步证明其系基于中某科技涉案虚假陈述行为作出投资决定,本院认定涉案交易因果关系不成立。”

2. 案例分析

在证券虚假陈述案件中,赔偿投资者损失的前提为投资者的交易行为系因虚假陈述行为作出,虚假陈述内容的误导让投资者对公司证券价值产生了相应的预期,即投资者的交易决策系基于虚假陈述的内容而作出。如果原告的交易行为构成操纵市场或者内幕交易等证券违法行为,那么原告投资决策的作出就可能并非基于发行人的虚假陈述,而是由于内幕消息或者其对操纵证券市场的谋划。正如前述案例中,投资人本身涉嫌操纵证券市场,其投资行为系出于违法牟利的动机,只是恰巧案涉发行人存在虚假陈述行为,在这种情况下,投资者从未对虚假陈述行为产生过信赖与预期,自然不可能受虚假陈述行为误导而作出投资决策,故其交易行为与虚假陈述内容没有因果关系,发行人自然不需要对这类投资者的损失承担赔偿责任。

(五)其他不具有交易因果关系的情形

除以上四种情形外,司法实践中还涉及一些其他会被法院判定为不具有交易因果关系的情形。

1. 典型案例

在(2023)京民申3181号案中,法院认为:“刘某将这一很可能是利好的消息予以隐瞒而没有披露。公开交易市场投资者如果受此影响,其结果可能是卖出所持有的某公司股票,而不是买入,投资人的买入行为与案涉虚假陈述行为之间很难建立交易因果关系。其次,刘某指示他人以他人名义增持股票导致刘某实际持股发生变化的信息并未对外进行披露,且该行为发生之时,某公司股票正处于停牌阶段。在复牌后很长一段时间内,各投资人亦并不持有某公司股票,可见该虚假陈述行为客观上没有直接影响众多投资人的投资决定,亦不会使投资人产生投资其股票的信赖。投资人的投资交易并不是由某公司虚假陈述行为所决定的。”

在(2022)京74民初2826号案中,法院认为:“本院认为,首先,王某某在本案虚假陈述实施日与更正日之间分四次买入4000股HH能源股票,虽然首次买入距虚假陈述实施日接近三年,但法律和司法解释并未把虚假陈述与投资者买入股票之间的时间间隔长短作为判断是否具有交易因果关系的判定依据,且实际上HH能源2015年至2018年财报均以虚假陈述内容为基础制定,《收购公告》中的虚假陈述影响一直在延续……因此,HH能源主张王某某投资决定与HH能源虚假陈述不具有交易因果关系的抗辩意见,本院不予采纳。”

2. 案例分析

第一个案例中,法院不认可交易关系存在的理由有二:一方面,虚假陈述的方向与投资者的交易方向并不一致(实际控制人未披露以他人名义增持股票的信息属于诱空型虚假陈述,而原告投资者实施了买入的交易行为);另一方面,虚假陈述行为的发生与投资者买入行为之间时间间隔极长。需要注意的是,虚假陈述与交易行为的时间间隔长可能无法单独作为抗辩事由,如第二个案例中法院就认为虽然原告首次买入距虚假陈述实施日接近3年,但法律和司法解释并未把虚假陈述与投资者买入股票之间的时间间隔长短作为判断是否具有交易因果关系的判定依据,并且案涉虚假陈述行为具有连续性,最终法院仍然认为交易因果关系成立。故综上,上市公司在以间隔时间作为抗辩事由时最好结合其他事由共同论述,单独以间隔时间抗辩存在风险。

第三章　虚假陈述发行人减责的抗辩方向和司法裁判观点

在明确案涉虚假陈述行为具有重大性、投资者交易行为与虚假陈述行为也具有交易因果关系后，发行人即需要对投资者的损失承担责任。而“三日一价”是投资者损失计算的基础，故应当首先对“三日一价”进行认定，再计算出投资者的损失总额。但正如前文所述，投资者的交易行为同时受到虚假陈述行为本身以及证券市场其他波动的影响，故需进一步判断前述损失是否均由虚假陈述行为导致，即需判断是否具备“损失因果关系”，对于不存在“损失因果关系”的部分，应当在损失总额中予以剔除。

一、“三日一价”认定

（一）虚假陈述实施日

《虚假陈述若干规定》第七条第一款对实施日进行定义，即“虚假陈述实施日，是指信息披露义务人作出虚假陈述或者发生虚假陈述之日”，第七条第二款规定了实施日的认定标准，第三款规定了“未及时披露”型虚假陈述的判断标准。以下分别对这两种标准涉及的问题及案例进行讨论。

1. 积极型和消极型虚假陈述行为实施日的认定

积极型虚假陈述，即发行人主动在其披露信息中进行虚假陈述的行为，其实施日依照前述规定判断即可。除了积极型虚假陈述，《虚假陈述若干规定》第七条第三款还对消极虚假陈述行为的实施日作出了明确规定，即“因未及时披露相关更正、确认信息构成误导性陈述，或者未及时披露重大事件或者重要事项等构成重大遗漏的，以应当披露相关信息期限届满后的第一个交易日为实施日”。可见，消极型虚假陈述指发行人因未及时披露相关信息给投资者造成误解。

（1）典型案例

在（2023）粤 01 民初 2518 号案中，公司存在未如实披露募集资金使用的情况、未如实披露对外担保情况等虚假陈述行为，法院认为：“本院对 BL 公司存在虚假记载、误导性陈述或者重大遗漏的事实予以确认,并认定本案存在证券虚假陈述行为。关于案涉虚假陈述行为的实施日问题。2015 年 6 月 17 日,BL 公司披露存在虚假记载的首次公开发行股票招股说明书,此日期应当被认定为虚假陈述行为的实施日。"

在(2023)浙民终 1435 号案中,法院认为:"原审法院认为……海某公司存在的非经营性关联交易中,在 2020 年 2 月 25 日的金额即达 4000 万元。参考《上海证券交易所股票上市规则》6.3.6 条,海某公司应当以临时公告的形式及时披露,但海某公司未及时披露,根据《最高人民法院关于审理证券市场虚假陈述侵权民事赔偿案件的若干规定》第七条第三款'因未及时披露相关更正、确认信息构成误导性陈述,或者未及时披露重大事件或者重要事项等构成重大遗漏的,以应当披露相关信息期限届满后的第一个交易日为实施日'的规定,该院认定 2020 年 2 月 27 日为海某公司的虚假陈述行为实施日。"该案二审维持原判。

在(2022)新 01 民初 109 号案中,法院认为:"就上述重大事件 YW 公司应当及时在临时报告中进行披露,其未及时披露构成重大遗漏的,应当以披露相关信息期限届满后的第一个交易日为实施日。鉴于 YW 公司存在多个未及时披露重大事件的虚假陈述行为,在时间上连续且持续,应以首次发生时间为实施日的起算点,YW 公司应当披露的首次重大事件发生于 2010 年 6 月 25 日,就该重大事件 YW 公司应当及时于 2010 年 6 月 29 日内在临时报告中进行披露,其未于该期限内及时披露,以应当披露该信息期限届满后的第一个交易日为实施日,即 2010 年 6 月 30 日为本案的实施日。"

在(2022)浙 02 民初 587 号案中,法院认为:"审理中,经向中国证监会宁波监管局了解,WH 公司并未专门就 2017 年 10 月 23 日转账 6000 万元的行为签订相应的采购合同,故本案实施日应以转账行为的发生日期来认定。根据 2007 版《上市公司信息披露管理办法》第七十一条规定,'……及时,是指自起算日起或者触及披露时点的两个交易日内',WH 公司应当最晚于 2017 年 10 月 26 日依法履行信息披露义务,本案虚假陈述的实施日应认定为 2017 年 10 月 26 日。"

在(2021)辽 02 民初 1508 号案中,法院认为:"本院认为,证券虚假陈述行为分为积极的作为和消极的沉默,本案 TB 公司所实施的属于消极的证券虚假陈述行为,消极的证券虚假陈述行为的实施日的确定取决于信息披露的法定期限,法定期限的最后一个期日即为消极虚假陈述的实施日。"

(2)案例分析

对于积极的虚假陈述,一般情况下,其认定仅需要依据实施日认定的一般规则判断即可。如前述第一个案例中,案涉公司被行政机关处罚,认定其存在虚假陈述行为，法院即据此以虚假陈述行为作出之日作为本案的实施日；但如果上市公司前期发布的公告（例如盈利预测性质的公告）中涉及相关虚假陈述行为，实施日如何认定就成为案件的争议焦点。

对于消极的虚假陈述。人民法院在实践中认定实施日时往往遵循以下规则：第一，消极型虚假陈述行为若呈连续状态，或同一事实多次应当披露而未披露的，应以其首次违反信息披露义务的时点作为虚假陈述行为的实施日，这一点与下文论述的多项积极虚假陈述行为实施日确定规则相同。第二，消极型虚假陈述实施日的确定取决于信息披露的法定时限，应当披露相关信息的期限届满后的第一个交易日为实施日。第三，及时性原则。人民法院在界定"及时"时，往往会依据《证券法》第八十条、第八十一条中规定的"立即"的表述，认为发行人应当在合理的期间内将相关信息及时公告，并根据《上海证券交易所股票上市规则》以及《上市公司信息披露管理办法》，将"及时"认定为自起算日起或触及披露时点的 2 个交易日内。[①]

2. 单个和多个虚假陈述行为实施日的认定

《虚假陈述若干规定》第七条第二款规定了三项具体的揭露日认定标准。[②] 对于仅有单个虚假陈述行为的案件，相关时间节点的认定见前文论述，但对于存在多个虚假陈述行为的案件，如何适用前述标准认定实施日就需要进一步探讨，故本部分主要讨论存在多个虚假陈述行为时前述标准的适用问题。

（1）典型案例

在（2023）浙民终 736 号案中，一审法院认为："本案中，仁某控股有两个相互独立的虚假陈述，即前一个虚假陈述为 2019 年年报、2020 年半年度报告虚增保理业务收入或者利润，后一个虚假陈述为未能按规定及时披露未能清偿到期重大债务的违约情况。前一个虚假陈述呈连续状态，以 2019 年年报公告日即 2020 年 4 月 28 日为实施日。"本案二审维持原判。

在（2022）浙 02 民初 587 号案中，法院认为："根据中国证监会宁波监管局作出的（2022）1 号行政处罚决定书，WH 公司存在未按规定披露为关联方提供担保的情

---

① 《上市公司信息披露管理办法（2021）》第三条第一款规定："信息披露义务人应当及时依法履行信息披露义务，披露的信息应当真实、准确、完整，简明清晰、通俗易懂，不得有虚假记载、误导性陈述或者重大遗漏。"该办法第六十三条第一款第三项规定："本办法下列用语的含义：（三）及时，是指自起算日起或者触及披露时点的两个交易日内。"本文撰写时 2025 新修版本尚未生效，新版未修改前述条文内容。

② 第一，信息披露义务人在证券交易场所的网站或者符合监管部门规定条件的媒体上公告发布具有虚假陈述内容的信息披露文件，以披露日为实施日；第二，通过召开业绩说明会、接受新闻媒体采访等方式实施虚假陈述的，以该虚假陈述的内容在具有全国性影响的媒体上首次公布之日为实施日；第三，信息披露文件或者相关报道内容在交易日收市后发布的，以其后的第一个交易日为实施日。

况、未按规定披露关联方非经营性占用资金的关联交易情况。根据《中华人民共和国证券法》(2014 年修正)第六十三条规定,WH 公司的前述行为构成证券虚假陈述。因 WH 公司涉及多次虚假陈述,故本案虚假陈述实施日应主要结合首次虚假陈述来认定。”

在(2021)新 01 民初 975 号案中,法院认为:“本案中,根据行政处罚决定书的认定,存在三项虚假陈述的行为,即违规未披露 DX 广告与关联方发生非经营性资金往来、为关联方提供担保以及重大诉讼的情况。具体而言,在涉案资产重组期间及重组完成后,DX 广告曾多次与关联方发生非经营性资金往来或为其提供担保,且 DX 广告该系列担保行为致使其牵涉到众多诉讼之中,TS 生物对关联交易、担保及重大诉讼情况均未能履行披露义务,因该多个虚假陈述行为发生在 TS 生物与 DX 广告资产重组前后,其披露义务均是因实施重大资产重组产生,TS 生物未披露的行为在一段时间内连续发生,性质相同或存在因果关系,故应当将该系列虚假陈述行为视为一个整体,该系列行为首次实施日作为虚假陈述实施日。”

在(2022)浙 05 民初 135 号案中,法院认为:“案涉虚假陈述并非连续状态而系相互独立,需分别认定实施日、揭露日或更正日”,并据此针对案涉虚假陈述行为分别认定实施日,“1. MD 能源未及时披露为闻某某向 WY 公司借款 31 亿元提供担保情形中……故应当披露相关信息期限届满后的第一个交易日至少在以《信托资金贷款合同》签署日 2016 年 10 月 21 日为基础认定的虚假陈述实施日 2016 年 10 月 25 日及以后;2. MD 能源未及时披露为 MD 集团向 ZT 公司借款 10 亿元提供担保情形中……MD 能源应当披露相关信息期限届满后的第一个交易日 2017 年 11 月 8 日即该情形下的虚假陈述实施日;3. MD 能源未及时披露全资子公司 MD 美国资产质押事项中……MD 能源应当披露相关信息期限届满后的第一个交易日 2018 年 11 月 16 日即该情形下的虚假陈述实施日”。

(2)案例分析

《虚假陈述若干规定》并未明确对多项虚假陈述行为的实施日作出规定。由前述案例可知,在司法实践中主要有两种认定方式:

一是以违法行为首次实施之日为实施日。如前述第 1 个至第 3 个案例,若虚假陈述行为呈现持续状态,性质或因果关系相互关联,人民法院则一般会将该系列虚假陈述行为的首次实施日认定为虚假陈述行为的实施日。

二是对各项虚假陈述行为分别认定单独的实施日,如上述第 4 个案例,如多个虚假陈述行为彼此之间相互独立,则法院一般将分别判断各个虚假陈述行为的实施日。

可见,法院判断实施日的标准与《虚假陈述若干规定》第八条第四款中判断多个虚假陈述行为的揭露日的标准类似,如多个虚假陈述行为呈连续状态,以首次揭露时间为揭露日;如多个虚假陈述行为相互独立,则分别确定揭露日(揭露日的认定见后文论述)。实施日、揭露日的判断本身存在整体性和对应性,一个行为的实施日对应其揭露日,故当多个虚假陈述行为呈连续状态或存在因果关系时,相当于案涉的多个行为被视为一个整体,自然只有一个实施日、一个揭露日,此时实施日自然均应以首次作出行为时为准。

(二)虚假陈述揭露日

《虚假陈述若干规定》第八条第一款规定:"虚假陈述揭露日,是指虚假陈述在具有全国性影响的报刊、电台、电视台或监管部门网站、交易场所网站、主要门户网站、行业知名的自媒体等媒体上,首次被公开揭露并为证券市场知悉之日。"此外,《虚假陈述若干规定》第八条还规定了揭露日的具体情形。[①] 需要注意的是,人民法院在根据《虚假陈述若干规定》第八条第二款[②]"判断投资者是否知悉了虚假陈述"时,通常会考察揭露行为的首次性、全国性、警示性和相关性这四个因素,而以上四个因素的判断标准则需要结合相关案例作进一步的阐释。

1."首次性"认定标准

(1)典型案例

在(2021)辽02民初1554号案中,法院认为:"本案中,被告虚假记载、未及时进行信息披露的行为经国家证券监管机构立案调查,并最终依据我国证券法律相关规定,对被告作出了行政处罚。此结论性事实与被告于2018年12月26日发布《关于未履行审批决策程序对外担保的公告》的内容相符,该公告内容属于在全国范围内首次被公开揭露。该公开揭露对证券市场发出了一个警示信号,提醒投资者要重新判断股票价值,注意证券市场投资风险,足以对市场起到了足够的警示作用,故2018年12月26日应确认为虚假陈述揭露日。"

在(2023)浙民终307号案中,法院认为:"关于本案虚假陈述揭露日/更正日的认定,双方当事人争议焦点在于虚假陈述揭露日/更正日应确定为关联企业公告了

---

① 监管部门以涉嫌信息披露违法为由对信息披露义务人立案调查的信息公开之日;证券交易场所等自律管理组织因虚假陈述对信息披露义务人等责任主体采取自律管理措施的信息公布之日;信息披露义务人实施的虚假陈述呈连续状态的,以首次被公开揭露并为证券市场知悉之日为揭露日;信息披露义务人实施多个相互独立的虚假陈述的,人民法院应当分别认定其揭露日。

② 《虚假陈述若干规定》第八条第二款规定:"人民法院应当根据公开交易市场对相关信息的反应等证据,判断投资者是否知悉了虚假陈述。"

资金占用事项的2021年1月30日还是海某公司发布《关于公司股东及其关联方资金占用事项的提示性公告》的2021年4月30日……对虚假陈述揭露日/更正日的确定应当结合首次公开、风险提醒和价格变动等方面因素进行考察。海某公司关联企业于2021年1月30日公告了资金占用事项,但相关公告均未明确涉及海某公司的具体违法事实,难以对投资者产生明确的警示作用。而2021年4月30日,海某公司发布《关于公司股东及其关联方资金占用事项的提示性公告》,承认公司存在股东及关联方资金占用的情形,表明存在未依法依规及时披露其非经营性关联交易,足以提醒投资者重新判断股票价值。同时,该日后股票价格持续下跌。一审法院认定2021年4月30日为海某公司虚假陈述行为更正日有相应的依据。"

(2)案例分析

一方面,首次性的判断并非揭露日认定的充分条件。如前述第二个案例中,当事人之间就以哪一个公告的时间为虚假陈述揭露日产生冲突,如果仅从首次性的角度出发,则揭露日应当认定为2021年1月30日,但法院却结合公告的内容以及公告后的市场反应判定揭露日,这说明,仅是首次揭露还不够,还需要揭露到一定的程度,引起一定的市场反应,也即需要将首次性结合后文中将要讨论的全国性、警示性和相关性等因素共同认定揭露日。

另一方面,首次性判断的信息依据也并不局限于行政机关的处罚决定,还可以是公司发布的收到相关机关调查的公告、公司进行更正行为的公告等内容。揭露虚假陈述行为的信息来源有多种渠道,关键是要甄别该揭露行为是否符合首次性的特点,法律对揭露行为的信息本身采何种表现形式并不作限定。

2."全国性"认定标准

对于"全国性"的认定,实务裁判中采取了多种标准。

(1)典型案例

在(2022)冀民终692号案中,法院认为:"2017年5月3日,某某集团在相关报刊、网站上公布了上述公告,当日某某集团601258股票股价跌停。据此,一审判决认定2017年5月3日的公告已足以达到在全国范围内解释系争虚假陈述行为的效果。"

在(2021)新01民初975号案中,法院认为:"揭露日的确定,除上述规定的应当满足首次性、全国性的要求外,一般理解还应当具备揭露内容相对具体明确、揭露力度足以对投资者产生警示以及揭露后股价有明显反应等相关条件。具体到本案,TS生物于2019年1月25日发布的《关于收到立案调查通知书的公告》,系其首次在全国性的媒体上对被证监会调查的情况予以披露,虽该公告并无披露具体违规行为,但已明确被立案调查的原因是信息披露违法，证监会最终行政处罚事项与立案调查事项一致。”

在（2023）黑民终20号案中，一审法院认为：“2018年6月2日，AD公司首次在巨潮资讯网发布了《关于收到中国证券监督管理委员会立案调查通知的公告》。从揭示方式而言，AD公司公布立案调查通知书系通过中国证监会指定的信息披露网站，具有全国性影响，在该网站发布消息能够被市场投资者充分知晓；就揭示内容而言，公告已明确载明因该公司涉嫌违反证券法律法规，证监会决定立案调查，已经基本明确了所涉及的违法行为的类型，该公告对市场投资者的决策行为具有充分的警示强度，故认定2018年6月2日为虚假陈述揭露日。”本案二审法院维持原判。

在（2021）辽02民初1508号案中，法院认为：“本案中，被告虚假记载、未及时进行信息披露的行为经国家证券监管机构立案调查，并最终依据我国证券法律相关规定，对被告作出了行政处罚。此结论性事实与被告于2018年12月26日发布《关于未履行审批决策程序对外担保的公告》的内容相符，该公告内容属于在全国范围内首次被公开揭露。该公开揭露对证券市场发出了一个警示信号，提醒投资者要重新判断股票价值，注意证券市场投资风险，足以对市场起到了足够的警示作用，故2018年12月26日应确认为虚假陈述揭露日。”

（2）案例分析

在《虚假陈述若干规定》实施之前，司法实践对揭露日的认定往往以信息在全国范围发行或者全网公开发表为硬性标准，但是，随着现代信息网络技术的发展，信息更容易突破地域和原始载体的限制，达到广泛传播的效果，因此，《虚假陈述若干规定》除了要求信息在具有全国性影响的媒体发表，还将监管部门网站、交易场所网站、主要门户网站、行业知名自媒体等证券市场垂直领域的媒体纳入范围。如今的司法实践中，人民法院判断《虚假陈述若干规定》的“全国性”标准也不仅局限于信息在全国范围内发行或者发表，而且更加强调是否具有全国性影响以及传播是否具有广泛性，从而弱化了媒体的权威性，更加符合新媒体时代的信息传播特点。对于揭露媒体的全国性影响要求，实质上是判断信息能否在尽可能完全的证券市场传播，使尽可能多的投资者在同一时间得知。因此，全国性影响的判断标准在于证券市场的主要影响面。因此，人民法院在判断“全国性”时，往往以影响面能否尽可能覆盖证券市场的投资者为标准，揭露媒体的内涵也丰富至包括报刊、电台、电视台、监管部门网站、交易场所网站、主要门户网站和行业知名的自媒体网站等。

3."警示性"要件及"市场反应"的含义

"警示性"的判断往往从"市场反应"着手,市场产生剧烈反应往往代表着揭露行为具有"警示性"。

(1)典型案例

在(2022)粤民终1783号案中,一审法院认为:"上述公告属于对投资者具有较强警示性的投资信息,符合有关虚假陈述'揭露'之客观要求,足以对理性投资者起到重新判断股票价值、注意证券市场投资风险的警示作用。故一审法院认定涉案虚假陈述行为的揭露日为2018年8月20日。"本案二审法院维持原判。

在(2023)浙民终1435号案中,一审法院认为:"海某公司于2021年4月30日发布关于公司股东及其关联方资金占用事项的提示性公告,该日后股票价格持续下跌。该院据此认定2021年4月30日为海某公司虚假陈述行为更正日。"本案二审法院维持原判。

在(2021)新01民初975号案中,法院认为:"从市场的反映来看,该公告发布后当日即跌停,后一交易日跌幅亦超过9%,已经足以达到对投资者的警示作用,交易市场亦对此作出充分反应,因此应当认定2019年1月25日发布《关于收到立案调查通知书的公告》之日,为涉案虚假陈述行为揭露日。"

在(2022)鲁民终2368号案中,一审法院认为:"深圳证券交易所网站系具有全国影响性的交易场所网站,ZJ公司在该网站发布上述系列公告后,其公司股价连续3日跌停,'ZJ'的百度搜索指数、百度资讯指数暴增。2019年5月8日,中国证监会根据ZJ公司发布的上述公告中显示的关联方关系及交易的披露以及无实物流转的贸易性收入等问题,对ZJ公司及相关人员采取了行政监管措施。截至2019年6月17日,ZJ公司股票被深证成指(399001)等多个指数剔除。综上可见,ZJ公司于4月30日发布的系列公告引起了社会公众的广泛关注,市场亦对其揭露行为作出了强烈反应,足以警示投资者重新判断该股票的价值,满足揭露行为的警示性要件。"二审法院维持原判。

在(2021)辽02民初1508号案中,法院认为:"此结论性事实与被告于2018年12月26日发布《关于未履行审批决策程序对外担保的公告》的内容相符,该公告内容属于在全国范围内首次被公开揭露。该公开揭露对证券市场发出了一个警示信号,提醒投资者要重新判断股票价值,注意证券市场投资风险,足以对市场起到了足够的警示作用,故2018年12月26日应确认为虚假陈述揭露日。"

(2)案例分析

虚假陈述被揭露的意义在于其向证券市场发出了一个警示信号,提醒投资人重新判断股票价值,警示信号的发出通常伴随着相应的市场反馈,即虚假陈述行为被揭露后,市场价格必定有急剧上升或断崖下降的趋势。故虚假陈述的揭露力度是否足以对投资者产生警示,可以公开交易市场的反应程度作为参考。在前述司法实践中,多数情况下人民法院以虚假陈述行为被揭露后股价下跌作为判断市场存在反应的依据,上市公司在举证证明"警示性"时可以着重举证虚假陈述行为被揭露后上市公司的股票涨跌幅等信息,以证明市场的强烈反应。除此之外,还可以选择从搜索引擎搜索指数、媒体资讯指数、知名媒体转载情况、股民公开讨论情况、网络搜索数据变动情况等多维度举证"市场反应"。

4."相关性"的"非镜像原则"

揭露或更正的信息需要与虚假陈述的内容具有"相关性",但依据《九民纪要》,"相关性"并不需要达到全面、完整、准确的程度,遵循"非镜像原则"判断即可。

(1)典型案例

在(2023)藏民终5号案中,一审法院认为:"另,虽然西藏HY矿业于2021年4月29日披露的关联交易内容不全面,未包含2017年、2018年的关联交易事项,但根据全国法院第九次民商事审判工作会议纪要的精神,披露事项并不要求达到全面、完整、准确的程度,因此,就关联交易本身而言,该日依然为首次被公开揭露且为证券市场知悉之日,故认定案涉关联交易的虚假陈述的揭露日为2021年4月29日。"本案二审维持原判。

在(2022)鲁民终2368号案中,一审法院认为:"ZJ公司2019年4月30日系列公告披露的内容已基本涵盖了中国证监会认定的信息披露违规的主要情形。鉴于揭露日的认定不以'镜像规则'为必要,从披露内容上来讲,该日符合揭露日认定的要求。"本案二审维持原判。

在(2022)鄂01民初1981号案中,法院认为:"虚假陈述的揭露是指虚假陈述被市场所知悉、了解,并不要求达到全面、完整、准确的程度,只要由于披露行为虚假陈述被市场所知悉、了解,市场亦存在明显的反应,该披露日即可作为揭露日。本案中虽ZK公司发布的收到立案调查通知的公告中未对被立案调查的事由作出全面、完整的披露,且该时间正好处于ZK股票停牌期间,但从ZK股票复牌后连续跌停的情况来看,市场对该公告有明显的反应,ZK公司被立案调查这一信息的披露对市场存在警示作用。"故本院认定本案虚假陈述揭露日为2016年12月24日。

(2)案例分析

在制度层面,《虚假陈述若干规定》出台之前,《九民纪要》已经进一步确立了揭露日的"非镜像原则",强调"揭露"并不以"镜像原则"为必要。而实践中,人民法院在认定虚假陈述揭露日的“相关性”时,亦以虚假陈述被证券市场知悉了解为标准,不要求上市公司的公开揭露达到全面、完整、准确的程度,对精确程度的要求也并不以“镜像原则”为必要。一般情况下,只要交易市场对监管部门立案调查、权威媒体刊载的揭露文章等信息存在明显的反应,如交易价格大幅下跌,人民法院就会支持市场已经知悉虚假陈述的主张。

(三)虚假陈述更正日

《虚假陈述若干规定》第九条规定:“虚假陈述更正日,是指信息披露义务人在证券交易场所网站或者符合监管部门规定条件的媒体上,自行更正虚假陈述之日。”更正日与揭露日属于择一适用的关系,当发行人先行主动更正虚假陈述行为时,即适用更正日的规定,当发行人的虚假陈述行为被有关机关处罚等而被揭露于证券市场时,则适用揭露日的规定。

1. 典型案例

在(2022)浙05民初135号案中,法院认为:“MD能源未及时披露重要子公司多起担保事项中……MD能源分别于2018年11月17日、2019年3月30日对上海证券交易所监管工作函的回复公告予以披露担保总额,该两日期为该情形下的虚假陈述更正日”;“MD能源未及时披露全资子公司MD美国资产质押事项中……2019年4月23日,MD能源在2018年年度报告中披露了该事项,2019年4月23日即该情形下的虚假陈述更正日。”

在(2022)浙02民初587号案中,法院认为:“根据已查明事实,2019年4月27日,WH公司发布《关于公司违规担保、资金占用等事项的公告》,称其存在违规担保、资金占用等事项,公司未及时履行信息披露义务。本院认为,WH公司就其一系列的虚假陈述,在2019年4月27日以主动发布公告的方式进行更正,根据《最高人民法院关于审理证券市场虚假陈述侵权民事赔偿案件的若干规定》第九条规定,虚假陈述更正日,是指信息披露义务人在证券交易场所网站或者符合监管部门规定条件的媒体上,自行更正虚假陈述之日,故本案虚假陈述的更正日应认定为2019年4月27日。”

2. 案例分析

旧《若干规定》中关于更正日的判断,要求“履行停牌手续”,而《虚假陈述若干规定》取消了前述要求。如上述案例中,如发行人自行主动更正虚假陈述行为,即可将作出更正的日期认定为更正日。也即更正日的认定标准与揭露日统一,若发行人自行公告对更正的内容进行说明,对市场产生了一定的警示作用,更正程度已经能够反应客观情形，以虚假陈述被证券市场知悉、了解为标准即可，并不需要再履行特定的手续或者遵循特定的发布形式。

（四）虚假陈述基准日、基准价

基准日与基准价的计算以揭露日为基础，《虚假陈述若干规定》对于基准日与基准价的计算进行了详细的规定，司法实践一般将累计换手率达到100%之日为基准日，但为保证基准日确定之必要效率，平衡投资者与发行人的利益，《虚假陈述若干规定》第二十六条第三款还补充了“自揭露日或更正日起，集中交易累计换手率在10个交易日内达到可流通部分100%的，以第10个交易日为基准日；在30个交易日内未达到可流通部分100%的，以第30个交易日为基准日”的规则，以进一步提高基准日认定规则的合理性。

1.典型案例

在（2023）浙民终1435号案中，一审法院认为：“现上文已认定2021年4月30日为海某公司虚假陈述行为更正日，结合股票市场开闭市情况的客观实际，该院经核查，自揭露日起，集中交易累计换手率在30个交易日内未达到可流通部分100%，故第30个交易日即2021年6月17日为基准日，基准价为4.50元。”本案二审法院维持原判。

在（2022）粤民终1783号案中，一审法院认定揭露日为2018年8月20日，对于基准日的判断，一审法院认为：“因××科技股票自2017年5月2日起暂停转让直至2019年4月8日终止挂牌，且××科技于2019年4月3日被裁定进入破产程序，故一审法院认定涉案虚假陈述的基准日为2019年4月8日，基准价为0元。”二审法院维持原判。

在（2022）新01民初109号案中，法院认为：“本院查明：……公司因前任会计师事务所辞任、没有新会计师事务所承接审计等诸多因素影响，公司无法在2020年4月30日的法定期限内披露2019年年度报告。根据《股票上市规则》第12.7条的规定，公司股票自4月30日起继续停牌，进入退市程序。截至2020年6月29日，公司未按期披露2019年年度报告停牌已满2个月。根据《股票上市规则》第13.2.5条的规定，公司股票自2个月停牌届满的下一个交易日起复牌。经公司申请，公司股票将于2020年6月30日复牌……本院认为：……经查，案涉股票于2020年6月30日复盘后，在30个交易日内即2020年8月10日未达到可流通部分的100%，故2020年8月10日为本案的基准日。”

在（2022）浙05民初135号案中，法院认为：最后的更正日即2020年6月19日前均处于MD能源虚假陈述影响之中,故本案投资差额损失计算的基准日应自2020年6月19日起算。因MD能源于2020年5月28日至6月28日停牌,自2020年6月29日进入30个交易日的退市整理期交易,于2020年8月7日届满,该期间集中交易累计换手率未能达到可流通部分100%,根据《虚假陈述若干规定》第二十六条第三款规定,应以第30个交易日即2020年8月7日为基准日,相应的基准价经计算为0.19元。

2. 案例分析

《虚假陈述若干规定》第二十六条对旧《若干规定》第三十三条在基准日确定具体规则上进行了部分调整。但就此制度规范而言,《虚假陈述若干规定》与旧《若干规定》相关规定表述几无差异,即在证券市场虚假陈述侵权案件的审理中确定虚假陈述基准日,系为计算投资者的投资差额损失,通过规定合理的截止日期,将其应获赔偿限定在虚假陈述所造成的损失范围内。且总体逻辑一脉相承,即以"揭露日或者更正日起,至被虚假陈述影响的证券累计成交量达到其可流通部分100%之日"规则作为基准日确定的首选方式。

需要注意的是,如前述案例中,若法院确定的揭露日或更正日恰巧处于上市公司停牌、暂停转让等期间,即揭露日或更正日后市场无法通过证券交易对虚假陈述的揭露与更正作出反应,则法院一般会从复牌日、恢复转让日等证券恢复交易的日期开始计算换手率以确定基准日,若后续上市公司终止挂牌不再具有恢复交易的可能,则法院可能会视情况将基准价推定为0元。

二、损失范围的计算

投资者的损失包括投资差额损失与差额损失部分的佣金、印花税,实践中后者一般数额较小,也不存在争议,因此,本文仅就投资差额损失的计算进行讨论。《虚假陈述若干规定》第二十七条[①]、第二十八条[②]分别规定了投资者在揭露日/更正日

① 《虚假陈述若干规定》第二十七条规定:"在采用集中竞价的交易市场中,原告因虚假陈述买入相关股票所造成的投资差额损失,按照下列方法计算:(一)原告在实施日之后、揭露日或更正日之前买入,在揭露日或更正日之后、基准日之前卖出的股票,按买入股票的平均价格与卖出股票的平均价格之间的差额,乘以已卖出的股票数量;(二)原告在实施日之后、揭露日或更正日之前买入,基准日之前未卖出的股票,按买入股票的平均价格与基准价格之间的差额,乘以未卖出的股票数量。"

② 《虚假陈述若干规定》第二十八条规定:"在采用集中竞价的交易市场中,原告因虚假陈述卖出相关股票所造成的投资差额损失,按照下列方法计算:(一)原告在实施日之后、揭露日或更正日之前卖出,在揭露日或更正日之后、基准日之前买回的股票,按买回股票的平均价格与卖出股票的平均价格之间的差额,乘以买回的股票数量;(二)原告在实施日之后、揭露日或更正日之前卖出,基准日之前未买回的股票,按基准价格与卖出股票的平均价格之间的差额,乘以未买回的股票数量。"

至基准日期间买入或者卖出证券对应的投资差额损失。根据这两条规定，以诱多型虚假陈述为例，在揭露日或更正日之前，投资者持有发行人一定数量的证券，在揭露日或更正日至基准日期间内，投资者可能会卖出或继续持有手中的证券，在此期间，投资者的损失可以分为两个部分：

一是因揭露日或更正日后证券价格降低，投资者低价卖出手中证券所导致的损失，其计算公式为：

（买入证券平均价 - 卖出证券平均价）× 卖出证券数量

二是投资者因在揭露日或更正日至基准日期间未能卖出而持有证券的损失，因该部分证券未卖出，故以基准价代替卖出价，其计算公式为：

（买入证券平均价 - 基准价）× 未卖出证券数量

以上两部分相加为投资者的损失总额。可见，决定投资差额损失数额的参数包括买入证券平均价格、卖出证券平均价格、基准日与基准价等，有关基准日与基准价的确定详见前文“三日一价”论述，卖出证券平均价格的计算方式可以参照买入证券平均价格的计算方法，故本节仅就买入证券平均价格计算方式进行讨论。

（一）买入平均价计算方法

司法实践中，常见的买入平均价计算方法有四种，即实际成本法、加权平均法、先进先出加权平均法、移动加权平均法。

1. 实际成本法

买入均价 =（实施日至揭露日期间的买入总金额 - 实施日至揭露日期间的卖出总金额）÷（买入股数 - 卖出股数）

实际成本法以投资人在买入证券时的现金流入流出情况为计算基础，计算方式简单便捷，但其未考虑每次交易时投资者因证券价格波动产生的获利或者亏损，仅考虑了投资人买卖证券的实际成本，故其计算结果与投资者的真实损失存在差距。

2. 加权平均法

买入均价 = 实施日至揭露日期间的买入总金额 ÷ 实施日至揭露日期间买入总股票数

加权平均法的优势在于便捷，但其劣势在于此计算方式仅考虑投资人所有的买入，未考虑投资者在揭露日前卖出证券所产生的影响，其结果不能反映投资人在揭露日前卖出股票时的获利或亏损，无法准确反映投资者的实际损失。

3. 先进先出加权平均法

将投资人在实施日至揭露日期间依先后顺序卖出的股票抵扣投资人依先后顺序买入的股票,确定可索赔股数的范围后,再按加权平均法计算买入均价。

4. 移动加权平均法

买入均价 =(∑本次购入股票成本 + 本次购入前持股成本)÷(∑本次购入股票数量 + 本次购入前持股数量)

先进先出加权平均法假定先买入的证券先卖出,剔除了揭露日前已经被卖出的证券的影响,可以较为准确地反映投资者的损失;移动加权平均法在每次买入证券时都重新计算投资人持有证券的买入均价,其最终得出的结果最为精确,但是计算相较于先进先出加权平均法也更为复杂。

(二)买入平均价计算示例

接下来,本专题通过模拟案例来演示不同计算方法对买入均价的影响。假设实施日为5月6日,揭露日为5月31日,实施日前投资人原始持有股数为500股,实施日至揭露日期间,投资人买入、卖出股数及交易价格、交易金额数据如表2所示:

表2 买入平均价计算模拟案例

日期	买入/股	卖出/股	交易价格/元	交易金额/元
5月6日	实施日			
5月7日	1000	—	10	10,000
5月8日	—	800	12	9600
5月15日	500	—	11	5500
5月22日	—	100	13	1300
5月24日	1900	—	12	22,800
5月31日	揭露日			

依据以上数据,采用不同方法计算买入平均价的过程如下。

1. 实际成本法

买入均价 =(10,000 + 5500 + 22,800 − 9600 − 1300)÷(1000 + 500 + 1900 − 800 − 100)= 10.96元

2. 加权平均法

买入均价 =(10,000 + 5500 + 22,800)÷(1000 + 500 + 1900)= 11.26元

3. 先进先出加权平均法

买入均价 = [10 × (500[①] + 1000 − 800 − 100) + 500 × 11 + 1900 × 12] ÷ (500 + 1000 − 800 − 100 + 500 + 1900) = 11.43 元

4. 移动加权平均法

移动加权平均法买入均价计算结果如表 3 所示。

表 3　移动加权平均法模拟计算结果

日期	买入/股	卖出/股	交易价格/元	交易金额/元	持仓数量/股	买入均价/元
5 月 7 日	1000	—	10	10,000	1000	10
5 月 8 日	—	800	12	9600	1000 − 800 = 200	10
5 月 15 日	500	—	11	5500	200 + 500 = 700	(11 × 500 + 10 × 200) ÷ 700 = 10.71
5 月 22 日	—	100	13	1300	700 − 100 = 600	10.71
5 月 24 日	1900	—	12	22,800	600 + 1900 = 2500	(12 × 1900 + 10.71 × 600) ÷ 2500 = 11.69

可见，不同的计算方法直接影响买入均价的结果，进而影响赔偿范围。而现行法律法规并未对计算方法的选择作出明确规定，因此，被告在委托专业机构核定时有必要了解清楚机构选择的计算方法，并根据案件具体情况作出最符合自己利益的选择。

三、关于“损失因果关系”的抗辩方向和司法裁判观点

证券虚假陈述的“损失因果关系”要求，虚假陈述信息披露义务人应当对投资者在交易中遭受的虚假陈述导致的损失承担赔偿责任，其本质是防止因社会生活中无限延伸的因果关系链条，而使上市公司承担不应有的责任，[②]通过明晰发行人应当对其虚假陈述行为承担多大责任，给予其充分抗辩权，继而平衡当事人之间的法益。

《虚假陈述若干规定》实施前，针对损失因果关系，旧《若干规定》主要考虑“证券市场系统风险等其他因素”，而《虚假陈述若干规定》第三十一条第二款将损失因

---

① 卖出的 800 + 100 股依据买入顺序冲抵实施日前已持有的 500 股和实施日后买入的 1000 股。值得说明的是，实施日前持股数是否作为“先进先出”的股数消耗范围，在实践中也存在争议。为完整展示计算方式，本专题将其列入计算公式。

② 参见薛智胜、李峰：《我国债券市场虚假陈述民事责任问题的“求同存异”之道》，载《金融市场研究》2022 年第 4 期。

果关系问题明确为应予查明的案件基本事实，指引法院剔除与虚假陈述无关因素造成的投资者损失，例如，由他人操纵市场、证券市场的风险、证券市场对特定事件的过度反应、上市公司内外部经营环境等其他因素导致的损失。原因在于，证券价格及交易量的波动不仅受上市公司外部股市大盘、国家政策等系统性、全局性风险的影响，还可能受上市公司内部声誉、经营状况、重大事件及投资者的投资心理等孤立性、个体性风险的影响。上市公司可以通过举证证明投资者所受损失是由于虚假陈述行为以外的在证券市场中对股价同样产生影响的“其他因素”造成的，主张应免除或减轻上市公司相应的赔偿责任。

（一）他人操纵市场

若投资者的损失是案外人操纵市场导致，则这一部分的损失与虚假陈述行为没有损失因果关系，但他人操纵市场中的“他人”不应是公司内部人员。

1. 典型案例

在（2023）粤01民初2518号案中，法院认为：“本院对上述深圳价值在线最后确定的存在非系统风险的5个重大显著事件逐一分析如下：……事件5，证监会的《调查通知书》显示，涉嫌操纵公司股价的是公司的控股股东、实际控制人陈某某，而非上述规定中的他人操纵市场和股价，该行为属于BL公司自身的违规行为，且证监会已决定对陈某某立案调查，故该事件也不属于上述规定的情形。”

2. 案例分析

他人操作市场是《虚假陈述若干规定》中列明的可剔除的风险因素。如存在案外人操纵市场的违法行为，并由此引起市场或者公司股价的波动，则投资者因该违法行为产生的损失应当由案外人承担，该部分损失与发行人无关。在前述案例中，相关中介机构的测算结果中提到了操纵市场行为事件的存在，但由于该操纵行为系公司股东、实际控制人作出，故法院并未支持该部分的损失扣除。这也提示发行人在以“他人操纵市场”为由进行损失扣除的抗辩时，应注意“他人”不应当包含公司内部人员。

（二）证券市场风险

若投资者的损失是由证券市场风险造成的，则该部分损失与虚假陈述行为本身没有损失因果关系，应当予以剔除。

1. 典型案例

在（2022）甘民终499号案中，法院认为：“关于胡某的损失是否具有其他因素导致的问题……从2015年6月12日至2016年8月2日HK医疗股价跌幅为33.2%，而2015年下半年以及2016年上半年中国股市遭遇股灾，证券市场出现系统性风险，2015年6月12日至2016年6月22日，上证指数累计跌幅48.73%，深圳成指累计跌幅47.67%，HK医疗股票下跌叠加了股灾的因素，相比之下HK医疗股价跌幅远小于沪深两市跌幅，可以认定胡某的损失系股灾引发的证券市场的风险，股票复牌后补跌导致。综上分析，胡某的损失与HK医疗公司的虚假陈述并不具有因果关系，胡某的上诉理由不能成立。”

在(2022)鄂01民初188号案中，法院认为：“本案中，首先ZK公司股票股价因受到A股市场出现整体剧烈波动影响，ZK公司股票和大盘指数呈现同步下跌的走势，王某因此影响所造成的损失部分，应认定与虚假陈述行为没有因果关系，不应由ZK公司予以赔偿。”

在(2021)最高法民申7949号案中，法院认为：“虚假陈述行为人应当赔偿投资人因虚假陈述而实际发生的损失，若投资者全部或者部分损失系因证券市场系统风险等其他因素，而非虚假陈述行为所导致，则在计算投资者损失时应当予以扣除。本案中，二审判决基于案涉虚假陈述行为实施日至基准日期间ZH公司股票价格、交易量、股东户数变化情况，ZH公司发布重大信息情况，相关行业板块股指、同概念股票价格变化情况，以及胡某某买卖ZH公司股票的实际情况，在详实分析系统风险等其他因素对胡某某投资损失影响的基础上，采用个别比例扣除法酌情扣减一定损失，进而确定ZH公司应向胡某某承担的赔偿责任比例，有相应的理据，并无明显不当。”

在(2022)鲁民终566号案中，一审法院认为：“2015年6月至2016年1月初，我国股市先后经历股市异常波动和熔断事件的影响，杨某买入HZ股票的交易行为即发生在2015年4月27日至2015年6月25日。从中证法律服务中心出具的《损失核定补充意见书》(202147号)看，在对比区间2(第一笔有效买入日2015年4月27日至基准日2015年8月26日)，创业板综指跌幅22.411%，电气设备行业指数跌幅21.920%，工控自动化行业指数跌幅19.128%，智能电网概念指数跌幅21.239%，股票跌幅23.591%。以上数据可见，Z公司股票在该区间呈下跌走势，与同一时期大盘及行业板块等指数的下跌走势相一致，应认定Z公司股票下跌受到了证券市场系统风险影响，故应剔除系统风险部分。”二审法院维持原判。

2.案例分析

在交易因果关系存在的前提下，损失因果关系解决的是上市公司应对投资者所受损失承担多少责任的问题。而证券市场虚假陈述赔偿以“推定信赖”确定投资损失与虚假陈述之间的因果关系是否存在。如果上市公司有证据证明其股票的下跌除受到虚假陈述行为的影响外,还受到证券市场风险等其他因素的影响,则投资者受到证券市场风险影响的部分损失与其虚假陈述行为之间不存在因果关系,上市公司不应就该部分损失承担赔偿责任。

旧《若干规定》将"证券市场系统风险"作为损失因果关系的抗辩事由,《虚假陈述若干规定》第三十一条弱化该表述而采用"证券市场的风险"的表述,从文义解释来看,市场风险因素无须达到系统风险①的程度,即使是一般性的市场风险,如果确实造成投资者损失,该损失也应从推定损失中剔除。这无疑是对长期以来司法实践中仅将"证券市场系统风险"作为抗辩事由的纠正,为引导证券虚假陈述损失因果关系认定的精细化、科学化提供了有力的制度支持。

由以上案例可知,法院在界定市场风险因素时,考虑因素如下:

一方面,市场风险的特征在于,风险系因宏观因素引发,该因素对证券市场所有的股票价格均产生影响,这种影响是个别企业或行业不能控制的。因此,法院在判断投资者所受损失是否系证券交易市场的系统风险所致时,往往通过股市大盘综合指数走势、股市大环境、上市公司所属行业板块指数的走势、上市公司所处行业的整体发展及经营状况、案涉股票所属行业指数等波动情况进行考量。

另一方面,从影响规模来看,只需证明市场风险影响了上市公司的股价即可,而不需要举证市场风险因素对证券市场所有的股票价格均产生影响。虽然各个股票同处于证券市场之中,但是由于公司规模与发展情况、行业板块与发展前景等因素的不同,即使是在证券市场存在风险的情况下,这种风险投射在不同股票上产生的效果也不尽相同,上市公司仅需在抗辩中识别并举证存在前述证券市场的风险。

(三)证券市场对特定事件的过度反应

针对揭露日至基准日期间,公司发生的引起证券市场过度反应的特定事件造成的损失,公司也可以抗辩其与投资者损失不具有损失因果关系,应将其产生的损失在损失总额中予以扣除。

1. 典型案例

在(2023)浙民终1435号案中,一审法院认为:"海某公司提供的证据也可反映其关联企业存在连续发布负面公告、其自身经营业绩变化、北上资金净卖出、取消股权收购等方面情形,故原告的案涉投资损失不可全部归责于海某公司的虚假陈述。

---

① 系统风险是指上市公司外部风险,在证券交易市场中,汇率、利率等金融政策,国内和国际的突发事件,经济和政治制度的变动等所引发的系统风险,是整个市场或者市场某个领域所有参与者共同面临的全局性、整体性的共性因素。

综合本案实际以及证券市场的客观情况，该院酌情确定海某公司应对原告的案涉投资损失承担65%的赔偿责任。”本案二审维持原判。

在(2022)鄂01民初188号案中，法院认为：“ZK公司于虚假陈述实施日至揭露日期间多次发布的签订重要合同、重大资产购买等利好信息，于揭露日后发布重大资产购买终止等利空信息，均会对ZK公司股票股价产生影响。ZK公司股票股价在上述重大事件公告期间发生较大波动，不能完全归因于虚假陈述行为，王某由此所受损失与ZK公司虚假陈述之间没有因果关系，故这些重大事件应作为造成王某损失的其他因素予以考虑。”

2. 案例分析

如前述案例，人民法院在判定足以引起证券市场反应的特定事件时，常常以上市公司的经营性利好和利空消息作为判断依据，包括但不限于公司的重大投资行为、订立重要合同等均可能对股票交易价格产生较大影响的事件，如有关实施重大资产购买的公告、重大合同进入公示期的公告等属于利好消息，无法按期偿付的风险内容的公告、该公司被出具无法表示意见的审计报告等属于利空事件，以上事件同时也是《证券法》明确列举的法定披露事由。鉴于此，上市公司可以举证证明该系列特定事项对股价的影响较大，对于上市公司股价产生了相当的负面影响从而导致了投资者的损失，并主张将这部分损失予以剔除。

(四)上市公司内外部经营环境

上市公司内外部经营环境波动也会对证券价格产生影响，相较于证券市场对于特定事件的反应，上市公司内外部经营环境更加侧重于宏观层面的环境波动，对于这些波动引起的损失，在有相关证据证明的情况下，也应当予以剔除。

1. 典型案例

在(2022)鲁民终830号案中，一审法院认为：“同时TY公司2018年4月28日所发布的2017年年度报告亦载明：TY公司2017年度出具非标准意见审计报告，TY公司2017年度净利润为-227,455,972.32元。以上可以看出，TY公司股票本身系弱势股，该部分属于TY公司经营管理不善、内控制度存在缺陷等自身经营风险等因素所造成。并且TY公司该自身经营风险因素对股价的影响在虚假陈述揭露后仍会持续存在，故也应在本案虚假陈述赔偿中剔除。”二审法院维持原判。

在(2022)粤民终1783号案中，法院认为：“××科技是因未能按照规定时间披露2016年年报，自2019年4月8日起终止其股票挂牌。由此可见，××科技股票被终止挂牌的直接原因是未能按照规定时间披露年报，虚假陈述行为与终止挂牌并没有必然的因果关系。××科技股票自2017年5月2日暂停转让后,××科技因经营不善、资不抵债而被申请破产,由此导致陈××持有的股票的实际权益为零。因此,陈××主张所持股票自2017年4月28日之后的损失是因××科技虚假陈述导致,依据不足。一审法院认定××科技对于该部分损失53,940元(0.93元×58,000股)不承担赔偿责任,并无不当,可以予以维持。"

在(2022)浙02民初587号案中,法院认为:"本案实施日至基准日期间,深证指数、WH公司所在行业板块及同板块其他个股的走势存在波动,还存在一系列上市公司内部与虚假陈述无关的重大事件,亦对股价造成显著影响,属于证券市场的风险、上市公司内外部经营环境等其他因素等,应相应减轻WH公司的赔偿责任。"

2. 案例分析

上市公司内外部经营环境因素是新增的关于损失因果关系的抗辩事由,经营环境的变化无疑会影响公司股票价格,进而影响投资者的投资决策及投资损失。以上述案件为例,司法实践中,此类抗辩常见举证包括公司业绩下滑、核心资产减值、资产重组失败、营收不理想、主营业务承受压力、上市公司所处行业产业结构调整、市场供求关系发生变化等,以证明股价下跌系基于上市公司内部经营管理不善、上市公司自身经营不良的个别化风险影响。具体来说,上市公司可以列举的抗辩事由包括因公司内部经营因素无法按时披露年报,公司股票存在被暂停转让、终止挂牌的风险;权威媒体显示公司经营状况和盈利能力下滑严重的历史行情指标数据、上市公司的年度净利润为负数的公告或年度报告等。需要注意的是,上市公司以关于公司内外部经营环境的新闻媒体报道为证据时易招致投资者的质疑,但是人民法院一般会认可上述证据的效力和证明力。

(五)其他没有损失因果关系的情形

1. 上市公司终止上市等风险

(1)典型案例

在(2022)新01民初145号案中,法院认为:"至毛某卖出案涉股票时,其主张的虚假陈述行为还未受到明确指向性的行政处罚认定,相较于2015年12月29日公布的立案调查通知书可能引发的市场反应,重组过程中公积金转增股本引发的股价除权下调以及未按期披露2019年年报引发的终止上市风险与案涉股票复盘后的股价下跌关系更为紧密。故,不应当认定毛某的损失与其主张的虚假陈述行为之间存在损害因果关系。"

(2)案例分析

上市公司终止上市属于较为特殊的情况,终止上市本身属于证券市场的淘汰制度,其与暂停上市不同,终止上市是“上市公司”这一身份的消灭,公司终止上市代表其因无法满足上市的条件或者存在严重的违法行为被踢出了赛场,当上市公司存在终止上市风险时,即代表公司即将出局,如此股民就不会再为公司埋单,故这一情形无疑会对公司股价产生致命的影响。正如前述案例中,该公司向投资者公告终止上市风险的行为才是引起股价下跌的关键因素,此时公司的虚假陈述被揭露与终止上市比起来只是小巫见大巫,故法院据此认为股价下跌与终止上市的风险相关。

2. 投资者非理性投资行为或心理

理性投资者是《虚假陈述若干规定》的基础假设,若可以举证证明投资者的投资行为不符合理性投资者的逻辑,则公司可以主张将非理性投资行为导致的损失予以剔除。

(1)典型案例

在(2022)浙05民初135号案中,法院认为:“从原告投资时间看,沈某最早于2020年2月买入MD能源股票,此时MD能源已公开公告其2018年度净利润为负值,并发布了2019年年度业绩预亏公告,投资者应当知道上市公司连续两年业绩亏损的后果,且MD能源亦发布了退市风险警示,提醒投资者公司可能被实施退市风险,但沈某完全无视退市风险警示,数次买入股票,存在低价抄底的心理,并非理性的投资行为。沈某主张损失的两笔买入是在2020年3月后,此时MD能源已进行了退市风险警示的第二次提示,可见沈某投资MD能源股票并非基于上市公司公告的信息,其投资损失与非理性投资行为具有直接因果关系。”

(2)案例分析

对于投资者的非理性投资行为,其抗辩重点在于投资者在证券市场中出现利空、利好的消息时,作出了反常的不合理决策。如前述案例中,上市公司或主办券商多次发布了投资风险警示公告,包括但不限于连续两年业绩亏损的公告,风险提示公告,年度净利润为负值的公告,提醒投资者公司可能被实施退市风险公告,无法按时披露年报、公司股票存在被暂停转让、终止挂牌的风险预警,这些风险的发布明显意味着公司的股价会持续走低,从理性投资者的角度来看,持观望状态为最佳选择,但案例中的投资者仍数次买入股票,其行为与理性投资者相悖。故在这种情况下,投资者非理性投资行为或心理是其蒙受投资损失的重要原因,投资损失并非上市公司虚假陈述所致,故人民法院一般会推定投资者投资损失是由其无视风险、自身投资决策失误所致,与上市公司虚假陈述无因果关系。

(3)相关损失扣除规则

根据《虚假陈述若干规定》第三十一条的规定,被告有权主张在具体损失的基础上扣除由于他人操纵市场、证券市场的风险、证券市场对特定事件的过度反应、上市公司内外部经营环境等其他因素造成的部分或全部损失。因此,当被告依规定提出相关损失扣除的抗辩时,法院需要先计算出具体损失的数额,再计算出需要扣除的相关风险因素数额。前述第三十一条规定了多种情形的风险扣除因素,总体而言,这些风险大致可以分为市场性风险、非市场性风险两类。市场性风险,即为市场整体的风险,其从宏观角度出发,关注的是大盘或行业波动引起的证券价格变化,即《虚假陈述若干规定》中提到的证券市场的风险;而非市场性风险,即为个别事件对公司证券价格的影响,这类事件会影响公司证券价格,但不足以撼动整个证券市场,如《虚假陈述若干规定》中列明的他人操纵证券市场、证券市场对特定事件的过度反应、上市公司内外部经营环境等。不论是市场性风险还是非市场性风险,聘请第三方中介机构对前述风险造成的损失进行测算是当前案件处理的一大趋势,法院也可能会参考中介机构的测算结果在对当事人利益进行衡量的基础上判决扣除相应的损失。

①市场性风险所致损失扣除的计算方法

市场性风险所致损失扣除的计算方法主要包括酌定比例法、同步指数对比法、收益率曲线同步对比法。

A. 酌定比例法

a. 典型案例

在(2023)浙民终736号案中,一审法院认为:"本案中,结合孙某股票买卖情况,比对相关期间深证成指走势,以及某操纵案、上市公司内外部经营环境等因素,该院酌情考虑仁某控股对孙某损失承担40%的责任。"该案二审法院维持原判。

在(2022)鲁民终830号案中,法院认为:"关于系统风险,一审法院系综合参考上证综指、行业板块等指数的波动情况而认定本案存在系统风险因素。一审法院上述认定均符合本案实际情况,综合考虑上述因素后,一审法院判定TY公司承担30.2%的赔偿责任,并无不当。"

b. 案例分析

酌定比例法是法院根据个股涨跌幅与大盘/行业指数的涨跌幅的对应关系作出计算,其主要基于法院的自由裁量,不通过精密的计算而酌情认定扣除系统风险因素的比例。值得注意的是,酌定比例法本身也可以结合后文的其他方法使用,当案件中聘请了第三方机构测算相关损失时,法院也可能以测算结果为基础酌情认定损失。

B. 同步指数对比法

以指数的涨跌幅度反应证券市场的波动情况是法院确定证券虚假陈述案件中投资者损失的一大趋势。在《虚假陈述若干规定》前，一些案例[①]中法院会采用单个指数作为计算参数，但法院选择指数也无充足依据，因此科学性与合理性存疑，《虚假陈述若干规定》施行后更为常见的计算方法是"同步指数对比法"。

a. 典型案例

在(2022)京74民初2826号案中，法院认为："关于系统性风险的情况，中证资本市场法律服务中心采用以'3+X'组合参考指标体系为基础的'同步指数对比法'扣除证券市场系统风险影响具有科学性和合理性，本院对其扣除系统风险影响后测算出的王某某损失为7,048.04元，予以确认。"

在(2023)粤01民初1479号案中，法院认为："至于扣除方式，中证中心选取深证综合指数399106.SZ，(申万)纺织服饰行业指数801130.SL，(申万)休闲服装行业指数851324.SL为系统风险扣除的参考指数……中证中心采用'同步指数对比法'测算投资者证券市场系统风险扣除比例，即从投资者第一笔有效买入开始，假设投资者买卖案涉股票时，同时买入卖出相同数量的(申万)行业指数，每一笔交易均同步对应指数的买入卖出，并将每个投资者持股期间的综合指数、行业指数的平均跌幅与个股跌幅进行对比，扣除证券市场系统风险的影响。中证中心具体所采用的计算公式为：个股跌幅=(个股买入均价-个股卖出均价或个股基准价)/个股买入均价；指数跌幅=(指数买入均价-指数卖出均价或指数基准价)/指数买入均价；市场系统风险扣除比例=指数平均跌幅/个股跌幅；指数平均跌幅=(参考指数1跌幅+参考指数2跌幅+……参考指数N跌幅)/N(N代表参与计算的指数的数量)。"

b. 案例分析

同步指数对比法是一种以"N+X"组合参考指标体系为基础的精确的系统风险计算方法，其中N代表综合指数、一级行业指数和三级行业指数等其他可以反映市场波动的指数，X代表能够突出反映案涉股票特点的热点概念指数，如果案涉股票在计算期间内与热点概念无关，则计算时不用选择X指数。在选择指数后，对各指数的涨跌情况进行判断：若综合指数下跌，则证明全局存在风险，所有指数均参与计算；若综合指数上涨，一级指数下跌，则除综合指数外的所有指数参与计算；若仅有

---

① 参见广东省高级人民法院民事判决书，(2015)粤高法民二终字第13-967号。

三级行业指数下跌,则除综合指数与一级指数外的所有指数参与计算,依此类推。具体计算方法为:

市场性风险扣除比例=(参考指数1跌幅+参考指数2跌幅+……参考指数N跌幅)÷N÷个股跌幅①

C. 收益率曲线同步对比法

a. 典型案例

在(2023)闽01民初512号案中,法院认为:"通过'收益率曲线同步对比法'测算:模拟买入成本=模拟买入均价(4.14元)×实施日至揭露日期间的净买入股数(35,000股)=144,788.74元,模拟回收成本=揭露日至基准日期间卖出股票模拟回收成本+基准日持有股票模拟回收成本=92,467.13元,模拟损益比例=(模拟买入成本-模拟回收成本)÷模拟买入成本×100% =36.14%。因为名义损益比例小于模拟损益比例,因此,原告杨某因虚假陈述导致的投资差额损失为0元。"

b. 案例分析

收益率曲线同步对比法是先由专业机构通过构建多因子量化计算模型,得出案涉股票排除虚假陈述行为影响后的收益率曲线,并根据投资者实际投资时间、数量进行模拟投资形成模拟损益比例,然后对比投资者实际投资的损益比例(名义损益比例)与排除虚假陈述因素的模拟损益比例,得出投资者受虚假陈述影响而产生的差额损失。具体计算方法为:

投资差额损失金额=名义买入成本×(名义损益比例-模拟损益比例)

损益比例(名义或模拟)=(买入成本-回收成本)÷买入成本×100%

买入成本=买入均价×实施日至揭露日期间的净买入股数

回收成本=∑揭露日后每笔卖出股数×(实际或模拟)卖出股票价格+基准日仍持有股数×基准价②

这种计算方法较同步指数对比法更加全面、科学,因为它综合考虑了包括大盘、板块和个股经营等各类因素对投资人损失的影响,通过这种方式扣除虚假陈述外因素损失后就不必再对市场风险因素外的其他因素损失进行扣除。这种计算方法为上海金融法院首创③,由于其有效避免了虚假陈述外因素损失的重复计算或遗漏计算,实践中越来越多的法院开始采用这种计算方式。

---

① 参见山东省青岛市中级人民法院民事判决书,(2021)鲁02民初2332号。

② 参见肖凯、张文婷、阮申正:《构建多因子量化计算模型精准认定证券虚假陈述投资者损失——许某某等诉普天公司案评析》,载蔡建春、卢文道主编:《证券法苑》第32卷,法律出版社2021年版。

③ 参见上海金融法院民事判决书,(2018)沪74民初1399号。

②非市场性风险所致损失扣除的计算方法

从实务裁判看，在非市场性风险计算中引入专业中介机构是一个趋势，但对于机构的测算结果，法院往往不会直接采用。

A. 典型案例

在（2022）京74民初2826号案中，法院认为："HH能源提交的深圳价值在线科技股份有限公司作出的《证券市场非系统风险因素扣减测算文件》采用'事件分析法'，以同期发布同类事件公告的所有A股上市公司作为样本公司，计算得出本案非系统风险因素比例为39.66%。但是该测算方法仅以HH能源主张的四个重大利空事件为分析对象，而非以整个相关交易期间的全部具有参考意义的利好利空因素作为分析对象，且未考虑同期非系统风险是否叠加已经扣除的系统风险，缺乏必要的全面性、完整性和合理性，本院难以采信。"

在（2023）粤01民初2518号案中，法院认为："综观深圳价值在线的评估报告可知：其采用多因子模型算法，并对重大事件进行分类筛查，在获得叠加事件分析法的模拟日收盘价序列后，基于'滑动窗口模拟对比法'，最终确定对非系统风险造成重大影响的显著事件以及各事件的风险比例影响。经计算，深圳价值在线共确定5个事件存在非系统风险影响，在计算投资者损失时合计应扣减比例为19.77%……综上所述，BL公司单方委托的第三方评估机构——深圳价值在线作出的评估报告中认定的存在非系统风险的5个事件均不是上述规定中应减轻或免除BL公司相应责任的因素，根据现有证据显示，BL公司所述的本案中存在的非系统风险并不存在，中证中心对投资者作出的损失评估测算结果合理合法，可作为本案原告投资损失的认定依据。"

B. 案例分析

非市场风险的扣除更加强调上市公司对非市场性风险给投资者造成损失的举证责任，上市公司提出扣除非市场性风险所致损失的抗辩的，必须先举证该非市场性风险的存在。同时，上市公司在以非市场性风险为由进行损失因果抗辩时，应当更加重视第三方专业机构的损失核定方法能否合理剔除非市场性风险所致损失。

在现已公开的对非市场风险造成损失进行扣除的典型案例中，最常出现的损失核定机构包括中证法律服务中心、中国证券投资者保护基金有限责任公司、上海高金金融研究院和深圳价值在线信息科技股份有限公司。也陆续有新的机构尝试提供相关服务，如北京金融法院审理的WL科技公司证券虚假陈述纠纷案，就选取了北京华宇元典信息服务有限公司进行损失核算①。值得注意的是,上市公司在委托第三方专业机构计算非市场风险时,若采取“事件分析法”计算案涉非市场风险因素比例,应当以整个相关交易期间的全部具有参考意义的利好利空因素作为分析对象,且考虑同期非市场风险是否叠加已经扣除的市场风险,使其具有必要的全面性、完整性和合理性。专业机构需要采用多因子模型算法,并对重大事件进行分类筛查,在获得通过叠加事件分析法测算的模拟日收盘价序列后,基于“滑动窗口模拟对比法”,最终确定对非市场风险造成重大影响的显著事件以及各事件的风险影响比例。

但是,法院并不会直接认可计算结果,而会对参与计算的各个事件分别审查,判断是否属于《虚假陈述若干规定》第三十一条中规定的情形。目前,实践中,法院对于专业机构给出的非市场风险的损失扣除计算结果认可度并不高,通常法院仅将计算结果作为参考,最终用酌定的方式确定损失扣除范围甚至否认专业机构给出的计算结果。可见,尽管非市场风险存在且应当扣除这一观点已经得到法院的普遍认可,但如何用能够被审判机关认可的方式量化非市场风险因素造成的损失,还有待金融界与法律界共同探究。

3. 损失计算结果的性质

专业机构出具的损失扣除计算结果的属性认定在审判实践中尚存争议。以(2021)沪民终384号刘某某与上海FY公司等证券虚假陈述责任纠纷案为例,一审法院通过组织当事人当庭随机抽签的方式,最终确定中证法律服务中心为损失核定机构。这种当庭随机抽取核定机构的方式,从侧面反映出本案的审理法院将核定结果视作鉴定意见。其援引的法律依据《最高人民法院关于证券纠纷代表人诉讼若干问题的规定》(以下简称《证券纠纷代表人诉讼规定》)第二十四条第一款②未对专业机构的核定结果的性质进行明确,但其与《中华人民共和国民事诉讼法》第七十九条有关鉴定意见的规定是吻合的。③ 而在(2023)沪74民初1631号王某与某某有限公司证券虚假陈述责任纠纷案中,法院否定被告关于损失扣除的主张时论证道:“本案

① 参见陈广辉:《证券虚假陈述侵权损失核定的路径选择》,载《政法论坛》2023年第6期。

② 《证券纠纷代表人诉讼规定》)第二十四条第一款规定:“人民法院可以依当事人的申请,委托双方认可或者随机抽取的专业机构对投资损失数额、证券侵权行为以外其他风险因素导致的损失扣除比例等进行核定。当事人虽未申请但案件审理确有需要的,人民法院可以通过随机抽取的方式委托专业机构对有关事项进行核定。”

③ 《中华人民共和国民事诉讼法》第七十九条规定:“当事人可以就查明事实的专门性问题向人民法院申请鉴定。当事人申请鉴定的,由双方当事人协商确定具备资格的鉴定人;协商不成的,由人民法院指定。当事人未申请鉴定,人民法院对专门性问题认为需要鉴定的,应当委托具备资格的鉴定人进行鉴定。”

审理中被告并未提出新的证据,亦未明确其所述非系统性风险因素对股价影响的具体计算方式或依据,故对被告相关主张不予支持。"此案中法院又将计算方式、依据的举证责任分配给被告,未依职权对这一专门性问题申请鉴定。可见,此案审理法院虽然将核定结果定性为证据,但认为其并非鉴定意见。

在(2021)湘民终854号王某某、ZH公司证券虚假陈述责任纠纷案中,法院又将由三位专家作出的案涉《意见书》定性为专家辅助人意见,而非鉴定意见,并参考案涉《意见书》确定了赔偿范围。可见审判实践对于损失扣除的核定结果的性质并无统一认知。

如果将核定结果认定为一般的书证,那么当事人原则上就应当在举证期限内提交该核定结果。但一方当事人单独选定的核定机构往往得不到对方当事人的认可,若一方当事人提交证据后对方当事人表示反对的,依照《证券纠纷代表人诉讼规定》第二十四条的规定,法院还需要再次选择核定机构,这并非经济理性的做法。若将核定结果认定为专家辅助人意见,那么核定结果就属于当事人陈述的一部分,若当事人未主动申请,法院即使认为有必要也无法依职权委托机构核定损失,这与《证券纠纷代表人诉讼规定》第二十四条的规定是矛盾的。且由于法律并未对辅助当事人作出陈述的专家资质作出明确规定,其核定结果的证明力也不够充分。因此,从维护法律体系稳定、统一以及便于法院查明事实真相的角度出发,将核定结果定性为鉴定意见的观点有成文的法律、司法解释依据,同时又能充分发挥法院的专业性与能动性,是最优解。

4. 虚假陈述民事责任案件的审判流程

至此,证券虚假陈述民事责任案件中上市公司应承担损失赔偿责任的判断已经十分清晰:

首先,需要判断上市公司的行为是否构成虚假陈述,若不构成虚假陈述行为则上市公司不需要承担责任。

其次,若上市公司行为构成虚假陈述,则进入重大性的判断环节,若经判断,虚假陈述内容没有重大性,则上市公司不需要承担责任。

再次,若经判断虚假陈述的内容具有重大性,则进入交易因果关系的判断环节,若经判断投资者的交易行为与虚假陈述没有因果关系,则上市公司同样不需要对投资者的损失承担责任。

最后,若经判断认为存在交易因果关系,则上市公司需要对投资者的损失承担责任,上市公司需要将抗辩中心放在减责事由上。在这一环节,需要进行"三日一价"的确定,并在此基础上计算投资者损失总额,进而判断前述损失是否均与虚假陈述存在因果关系,对于不存在损失因果关系的部分,应当在损失总额中予以剔除。(见图1)

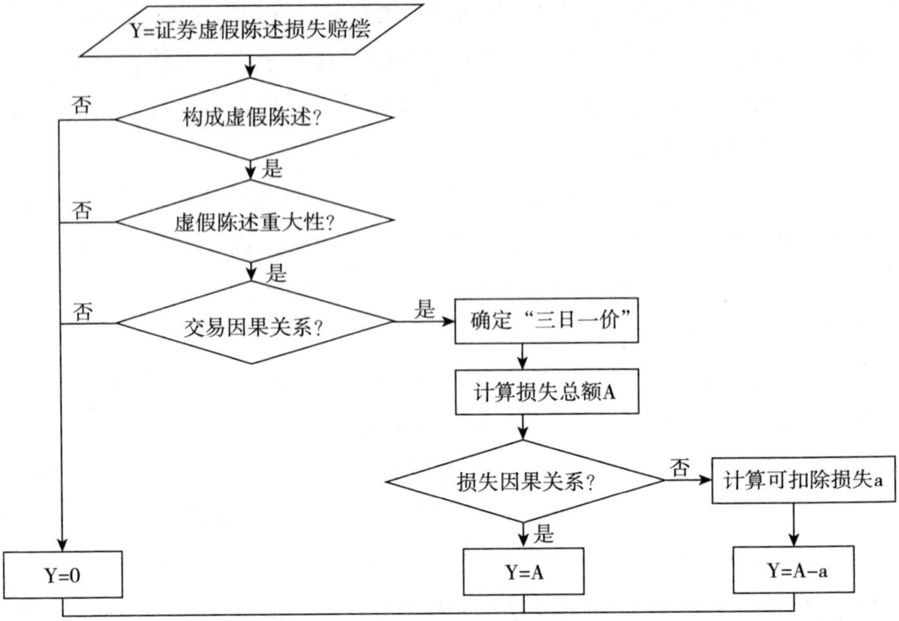

图1　证券虚假陈述损失赔偿判断流程

值得注意的是，以上仅为一般审理流程，真实的审判实践并非简单的单线流程。如前文所述，在判断重大性时，原被告已经就“三日一价”中的实施日、揭露日或更正日进行交锋。

结　语

《虚假陈述若干规定》相较于旧《若干规定》及《九民纪要》，对上市公司应负民事责任的判断规定得更加细致，相关规定涵盖重大性、交易因果关系、“三日一价”、损失因果关系四个重要环节，这四个重要环节之间层层递进、环环相扣，每一个环节的抗辩对于上市公司应承担的责任的判断都至关重要。《虚假陈述若干规定》实施仅几年，但针对以上四个关键环节，实务中均已经出现相关案例，甚至涉及较多《虚假陈述若干规定》未能解决的问题，这不仅为新规的理解提供了更多的实务素材，为上市公司减责甚至免责提供了更多的抗辩方向及抗辩空间，也为未来的裁判方向提供了更多的启示。为此，本专题从全流程抗辩视角出发，依据上市公司减免责抗辩的四个关键环节，密切结合相关案例，较为系统地梳理了上市公司应对证券虚假陈述案件的抗辩思路，以期为证券虚假陈述案件的处理提供参照。但随着证券虚假陈述案件的逐渐增多，未来司法实践中定会出现更多细化的问题、更多新的挑战与启示，上市公司减免责的抗辩思路也应随着司法实践不断补充与完善。